學校經營管理與領導

陳義明　著

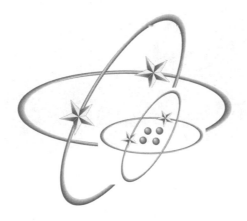

作者介紹

陳義明

1938 年 1 月 10 日生

學歷：

1950-1956 年　省立台中一中　初中、高中部畢業

1956-1960 年　台灣大學農學院　森林系農學士

1968-1971 年　台灣師範大學教育學院　教育系教育學分

1969-1970 年　暑期台灣師範大學教育研究所　教育心理組教育學分

1971-1973 年　美國舊金山州立大學　教育行政系碩士

主要經歷：

1961-1965 年　私立實踐設計管理學院　助教兼代註冊主任

1965-1968 年　私立實踐設計管理學院　講師兼註冊主任

1968-1971 年　私立實踐設計管理學院　副教授兼註冊主任

1973-1975 年　私立實踐設計管理學院　教授兼教務主任

1975-1977 年　私立實踐設計管理學院　專任教授

1977-1985 年　台灣省立台中高級農業職學校　校長

1985-1992 年　台灣省立台中二中　校長

1992-2003 年　國立台中師範學院　副教授、教授

兼任教職：

1973-1974 年　國立嘉義師院副教授　任教教育行政

1980-1983 年　國立中興大學副教授　任教教學法

1990 年　國立台中師院副教授　任教教育行政、學校領導原理

1986-1989 年　私立逢甲大學教授　任教管理學概論

1977 年　私立實踐設計管理學院教授　任教管理學概論、秘書實務

兼任主要職務：

1976-1977 年　台灣省政府經濟動員委員會　研究委員

1988 年　台灣省高雄市公立高中招生聯合命題印卷委員會　主任委員

1982-1990 年　中國國民黨台中市黨部　委員

1980 年　中國國民黨十二全會　代表

1990 年　教育部高級中學課程修訂　委員

社團經歷：

1999-2000 年　國際扶輪社台中西南社　社長

1995-1998 年　中華扶輪社教育基金會　秘書長

1988-1990 年　台灣大學台中市校友會　理事長

榮獲重要獎勵：

1988 年　列入台灣省教育廳杏壇芬芳錄第十輯

1989 年　榮獲中華民國師鐸獎

1990 年　榮獲行政院保舉總統核定特優公務人員

2002 年　榮獲服務滿四十年資優教育人員獎

特殊經驗：

2000 年　環遊世界一百三十天

自 序

　　「學校經營與領導」是一門從事學校行政工作者所必備的知能，它可以指導我們如何經營學校，把學校辦好。過去談到學校經營，通稱為「學校行政」或「教育行政」。有心辦教育者，除了研讀「教育行政」相關學理外，還要參考「企業管理」有關的知識。

　　近幾年來，隨著社會的民主開放，學校的競爭激烈，「學校經營」的專文或著作逐漸出現。有心辦學者，大可將企業經營的理論應用在學校行政上；不過，企業管理與學校經營畢竟有相當的差異，尤其在經營「目標」及組織的「結構」方面更為明顯。因此，我們不能將企業經營的理論全盤用在學校經營上。如何堅持教育理想，又適度應用企業經營的理論來治理學校，以便使學校經營能在競爭激烈、開放民主的社會裡生存發展，實現教育的宏願，這是大家所關心的課題。

　　筆者有鑑於此，特將從事學校行政實務三十年的經驗、任教學校行政及領導前後十多年的心得，並汲取學校行政及經營管理的菁華，融會貫通，完成《學校經營管理與領導》這本著作，提供從事教育工作者或研究學校經營者參考。

本書的特點

　　1.把握所有經營管理理論的主要精髓，並選擇較適用於學校經營的部分。

　　2.儘量減少引用過時或不適用的理論觀點，避免艱澀難懂。

　　3.行文時，無論引用專家觀點或摘錄文獻，都經過筆者斟酌修改潤飾，以求整體文章更為順暢。

4.文中許多內容皆是筆者個人學思所悟及教學研究經驗所得，因此較少引用他人的立論，希望文句更淺顯易懂，達成更實用的效果。

5.儘量包括學校經營有關的理論與實務，讓有經驗的學校工作者或初學者都能夠從中參考使用。

6.附錄筆者四十年教育生涯自述及生活管理相關文章，可以供教育工作者作為生涯規畫的參考。

本書之所以分為學校「經營」及「領導」兩大部，主要是筆者曾在一九九二年辭掉十五年的高中校長，轉任師院教授時，完成《學校行政領導》一書，將辦學理念整理出書，深獲各界好評，現將它列為本書第二部，提供後進者參考；現又經歷十多年的師院教學研究工作，心想如能將教學研究與實務經驗結合在一起，成為理論與實務兼備的學校經營及領導，不是更能嘉惠後進或有心研究者嗎？尤其在這段期間，筆者經常擔任學校評鑑工作、校長主任甄選工作，對於當前學校辦學的實務及面臨的困境與需求，有更加深入的了解。這些體悟更有助於本書寫作的思維方向及深度，使本書更能去蕪存菁，既把握重點精要，又能達成淺顯實用的功能。

如何閱讀本書

本書分成兩大部：第一部是學校經營管理；第二部是行政領導實務，其中包括同仁對本人治校領導的描述。因此讀者在閱讀時：

1.如果想知道筆者辦學領導理念、實作情形，可以直接參閱第二部第三篇「迴響篇」，然後再看其他部分，如此較易引起閱讀的興趣。

2.如果想掌握新時代經營管理的精要，可以直接閱讀第一部第一章，然後再根據文後的註腳進一步閱讀相關文章。

3.如果想確實了解經營管理重要的原理原則，可以直接閱讀第一部第二章到第十一章。

4.由於經營管理與領導中，每一環節都息息相關、互為融通，所以在閱讀時，不一定循序漸進，可以視情況跳躍選讀，或許較能滿足讀者個人的需求。

筆者雖然心存很大的抱負寫作，希望能將畢生經驗及所研究心得著作

成書，野人獻曝，奉獻社會；不過才疏學淺，只憑熱忱與幹勁去完成，因此疏漏之處在所難免，請大家多加包涵指導！在此特別感謝許多學者專家直接間接的指導，及對筆者深遠的影響，尤其好友黃昆輝、黃光雄、謝文全、簡茂發、吳清基、江文雄等教授，對本人有很大的鼓勵；台中師院劉前校長湘川、賴校長清標、國教系所主任楊銀興及同仁們的愛護與指導；還有其他許多學校行政專家，如吳清山、張明輝、秦夢群等人的著作，亦給予筆者諸多參考，在此表示由衷的感謝！還有許多文章出處欠明或遺漏者，因而未註明參考書目，對這些學者除了懷抱感謝之外，也在此深表歉意！

　　還要感謝好友劉昭仁、鄒錦秋的撥冗校閱，林本川校長提供意見，以及小兒健文在電腦處理上的技術協助，而學生助理王俐婷的整理打字，使本書的付梓工作推展順利。

　　最後，要感謝內人敏惠的支持，讓筆者能夠全心投入研究與撰述工作。

陳義明　謹識

二○○四年

原　序

（註：此文為作者《學校行政領導》一書的原序文，收錄於此，以保留原意）

　　筆者從事學校行政工作已逾三十年。首先擔任專科學校註冊組主任，嗣後出國兩年，進修教育行政，回國先後擔任專科學校教務主任、省政府研究員、高級農校校長，以至台中二中校長。三十年來始終未離開學校行政工作，而每一階段，每一職位，可以說都是磨練行政領導能力的機會。尤其自台大畢業，開始學校行政工作的初期，有感於對教育理念的欠缺，而毅然決然到台灣師大夜間部修讀教育學科，修滿三年後，又參加教育研究所二次暑期進修班，經過這一段努力後，對教育才有基本的認識。然而對經營理念、辦學方法，仍然覺得非常貧乏，乃克服各種困難，實現赴美進修教育行政計畫，二年後順利獲得碩士學位。回國後隨即接任專校教務主任，幸能將所學行政理論，實際加以應用。也因此奠定了學校行政若干基礎，爾後擔任中農校長，慘澹經營七年半，有更多歷練學校行政領導機會。到台中二中後，由於學校各項條件相當好，根據過去行政經驗與教育研究所建立的辦學理念與方法，來經營台中二中，果然辦學績效顯著，收穫豐碩，可以說在實踐自己的教育理念之餘，並享受豐盛的教育成果。

　　基於過去學校行政學習、磨練的歷程，很想以野人獻曝的心情，將辦學的一些實務經驗，坦誠地提出報告，希望達到拋磚引玉之效果。不過三十年的經驗實在太多，如果一一詳述，未免太過於繁瑣，經再三思考，乃以服務台中二中七年半的時段，作為實務報告的主要內容，如此希望更能把握重點，提煉菁華，建立更有系統的學校行政領導架構。

　　本書的內容，分為三大篇：第一篇談學校行政領導原理原則等，包括第一章至第四章；第二篇敘述辦學實務與績效，從第五章至第八章；第三

篇則為迴響,係與筆者共事的台中二中十五位同仁對筆者的描述;最後為結論以及部分辦學照片。

　　本書從構想到成稿,參考多位教育專家、學者之論述,尤其是當今行政院大陸委員會主任委員黃昆輝先生、教育部中教司司長吳清基先生、師大附中前校長黃振球先生等的大作,增廣筆者許多見解,而與好友師大教授黃光雄先生及實踐設計管理學院教授劉昭仁先生的多次切磋,也得到不少啟發,而蒙台中師院簡茂發院長、劉湘川教長及初教系李園會主任的厚愛,得有機會在該院任教行政課程,在教學過程中逐漸充實本書內容,是筆者首先要向他們致謝的。其次由於台中二中全體同仁的同心協力,才能締造良好的辦學績效,且十五位同仁更為筆者撰寫描述文字,不但充實本書內容,也為筆者辦學所堅持的理念,提出具體的印證;又承台中二中黃書鑑主任、謝璟忱老師為本書設計版面,陳美玲秘書、陳永泉主任,及林坤燦老師費神校稿,石德起主任拍照,都令筆者十分感激。而特別要感謝的是,本書付梓前,承省教育廳陳倬民廳長及二科林海清科長的指導及支持,獲得經費部分補助,使本書能順利出版。

　　最後讓筆者感謝內子敏惠女士協助,她除了細心照顧家庭外,三十年來並兼任筆者從事行政、教學與研究的助理。她的默默耕耘,任勞任怨,使筆者除了無後顧之憂外,並能得心應手地推展學校行政工作,實現各階段的人生目標。

　　由於筆者才疏學淺,且在校務繁忙之餘,倉促成書,疏漏及構想不周之處,在所難免。尚祈諸位教育先進不吝斧正。

陳義明 謹識

一九九二年六月九日

目　　錄

第一部　學校經營管理

第二部　學校行政領導 ⭐

第一部

學校經營管理

 新時代學校經營
的理念與策略

管理是一門科學，也是藝術。它無所不包，無所不在，既廣且深，巧妙運用，造福無窮。——筆者體驗

不管組織的特定使命為何，管理是知識社會的共同器官。——彼得・杜拉克

　　「學校經營」（school management）並非新的名詞，西方國家早已運用此名詞。而國內許多私立學校早已運用經營理念在治校方面，以求生存發展。但是，國內正式運用此名詞是近幾年的事。如不加詳察，以為現在所談的學校經營理念，應改變過去許多錯誤的觀念與做法，其實國內無論公私立學校，辦學績效良好者必定是運用較多的經營理念。不過，無論是「學校行政」（school administration）或「學校經營」，都有其共同的地方，例如：行政管理運作的程序都包含計畫、組織、領導、溝通、控制等。只是一般認為，行政是針對公共事務，而經營是針對企業——其實許多公共事務也都運用企業管理經營的理論。

　　早期的學校是在集權制度、官僚體系下的一個組織，一切都在嚴格法規制度的約束下行事；而今天學校行政已有很大的改變，例如：校園自由民主化、預算基金化，加上學校間競爭的激烈、WTO 開放的衝擊等，對學校組織已不能單以為公共事務來看待。學校雖然不能完全視為企業，但至少應把握教育目標原則，以經營理念來治校，才能因應社會需求。本章就以新時代學校經營所應有的經營理念，摘述其中菁華，分幾個重點加以敘述。

第一節　一般學校行政的概念

　　所謂「學校行政」（school administration），簡單來說，學校在教學以外的事務，包括人事、財務、場地的處理，都是學校行政的內涵。更詳細的說法，如：謝文全教授所稱，學校行政是對學校教學以外的事務，做系統化的管理，以求有效而經濟地達成教育目標（謝文全，1993）。又如吳清山教授認為：「學校行政乃是學校機關依據教育原則，運用有效的科學方法，對於學校內人事、財務等業務，做妥善而適當的處理，以促進學校教育發展、達成教育目標的一種歷程。」（吳清山，1993）

　　筆者以為，學校行政是為了有效達成學校教育目標，把握管理的原理原則，運用各種方法去處理人事、財務、場地等業務的歷程；其中管理原則原理方法包括：計畫、組織、領導、溝通、控制……等項目或歷程。而人事、財務、場地在學校通常歸納為教務、訓導、總務、輔導、會計、人事……等業務。至於學校教育目標，則視初等、中等或高等不同等級學校而有所差異。

　　除根據上述學校行政的一種定義，進一步敘述其主要的內涵：

一、學校行政事務的內容

　　學校的任務大約分為兩大類：一為教學，一為行政。教學是師生間的教學活動，為直接達成教育目標的主要活動；行政則為教學以外的活動，旨在支援教學活動，或者輔助學校直接間接達成教育目標的工作。通常學校行政的事務一般分為教務、學務（訓導）、總務、輔導、人事、會計、公共關係、研究發展……等部門。隨著各級各類型學校的不同，也有若干的差異。

二、學校行政的科學方法（或系統方法）

　　學校行政的運作必須把握行政管理的各種原則原理，以及運用各種方法，才能有效達成教育目標。一般而言，行政（administration）與管理（management）常混合使用，只是行政用在公共事務上，而管理用在工商企業較多。不過無論是行政或管理，都有共同相關的原則原理及系統方法。這些原則原理或方法歸納出來不外乎：計畫、組織、領導、溝通、激勵、控制⋯⋯等歷程。這些歷程所牽涉的原則原理及方法，將在後面章節做更詳細的討論與敘述。有關學校行政歷程與學校行政內容相關性說明如圖1-1：學校行政內容每一項業務都要運用行政的各種歷程，例如：教務工作的推展就要運用計畫、組織、溝通、領導、激勵、控制（督導及評鑑）等行政歷程，才能有效達成目標。

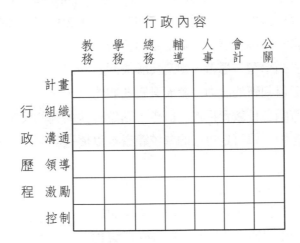

圖 1-1　學校行政結構圖

三、學校行政的目標

　　學校行政的推展，應先認明學校教育的目標。教育目標是一種教育活動發展的指針，是用來規範或指引教育活動的方向，因此學校行政的一切運作，都應遵循學校教育目標來努力，否則就徒勞無功或失去意義。例如美國一般的教育目標包括：自我實現、人際關係、經濟效能及公民責任等目標。至於我國各級學校教育目標可分為國民小學、國民中學、高級中學、高級職校、專科學校與大學等教育目標。例如：根據一九九三年「國民小學課程標準」的國民小學教育目標如下：

　　1.培養勤勞務實、負責守法的品德及愛家、愛鄉、愛國、愛世界的情操。

　　2.增進了解自我、認識環境及適應社會變遷的基本知能。

　　3.養成良好生活習慣，鍛鍊強健體魄，善用休閒時間，促進身心健康。

　　4.養成互助合作精神，增進群己和諧關係，發揮服務社會熱忱。

　　5.培養審美與創作能力，陶冶生活情趣。

　　6.啟迪主動學習、思考、創造及解決問題的能力。

　　7.養成價值判斷的能力，發展樂觀進取的精神。

　　此外，有關各校教育目標的訂定，固然有些共同的設定，但實際上各縣市都鼓勵各中小學訂定自己的學校願景，以便適應個別學校的需求或欲達成之願望。

　　例一、某國中訂定的新世紀教育願景如下：

　　1.發展精緻教育理念，培育優質博雅國民。

　　2.培養學生自律自治，建立終身學習觀念。

　　3.提供多元升學管道，適才適性全人教育。

　　4.提升人文素養教育，營造溫馨希望環境。

　　5.重視親職生涯教育，健全家庭社會功能。

　　6.創立教育發展基金，嘉惠優秀清寒子弟。

　　例二、某國小自訂之教育目標：

　　*1.*追求精緻績效，打造高效能學校。

　　*2.*多元適性教育，建立學童自信能力。

　　*3.*追求和諧團結，蘊育人本情懷。

　　*4.*鼓勵創新思考，培養終身學習能力。

　　筆者以為，在初等及中等學校教育都應把握德、智、體、群、美五育均衡發展的教育目標，如果偏重於智育或德育的發展，都是不正確的教育理念。

第二節　新時代學校經營理念的綜合探討

　　經營策略是引導達到目標的指針或原則，它是一種原則性的說明。當前學校面臨競爭激烈、校園民主化的衝擊下，學校經營勢必跟隨調整經營策略，以期有效達成目標或者確保學校的生存與發展。學校要有效地經營，雖然有共同根本經營原則原理可以遵循，但也要隨時代不同、社會變遷，調整重點策略。學校經營策略專家學者在此方面有許多論述主張。

　　有關新時代學校經營理念與策略，專家學者從不同角度提出各種立論，各有其獨到的見解，對建立新時代學校經營的理念有相當的建樹。筆者從中選擇幾位當前教育行政專家所提出的主張，分別加以摘要敘述，然後提出綜合立論，作為本著作闡述的要旨。

一、學校經營的九要策略

　　江文雄教授在《走過領導的關卡》一書中，提出：在二十一世紀的此刻，確實充滿多變與挑戰，觀念革新、科技革命及管理革命的交互影響，已經徹底改變原有的學校經營理念與策略。師資、智慧、效率、創新、形象、校風等無形的資產，將取代校舍、設備、經費等有形的資產，成為未來學校經營的新利器。

追求卓越，提升品質，是學校經營的具體目標，欲達成此一目標，必須依循下列九條經營策略（江文雄，1998）：

1. 要在辦學過程中抱持遠大的理想與抱負，深切了解與體認教育的目標，釐訂明確的校務發展計畫，並落實執行。

2. 要擴大參與管理，慎做各種行政決定，並提高其合理性。

3. 要力行高倡導、高關懷的人性民主領導方式，營造和諧的組織氣氛。

4. 要善用溝通，重視協調，激勵教師士氣，發揮團隊精神。

5. 要重建校園倫理與校園文化，採行人性化的訓輔措施，並致力學校環境改善，發揮境教作用。

6. 要使學校管理制度化、系統化、科學化，遵循成本效益原則，落實管制考核工作。

7. 要重視研究創造、在職進修、生涯規畫、終身學習，以提升教師素質。

8. 要以領導取代管理，化管理為教育，勇於授權，發揮影響力。

9. 要加強學校與家庭聯繫，做好公共關係，充分運用社會資源，支援學校發展。

二、精緻學校經營策略以及措施

張明輝教授在〈精緻學校經營的策略與執行措施〉中，提出學校經營的幾項重要理念（張明輝，2002）：

1. 就領導者方面：強調人性關懷的領導，具有開發前瞻、願景或校務發展規畫能力及發展學校特色。

2. 就策略規畫方面：能統整客觀的數據與主觀的判斷，以充分掌握必要資訊，使其執行上具備高度可行性與穩定性，並應善用SWOT分析，作為訂定修正校務發展計畫的參考。

3. 就組織再造方面：包括組織結構再造、組織運作的再造，還有組織工作流程的再造、組織文化的創新。

4. 就績效評估方面：重視多向度的評量，提供更為正確、客觀、多元

的資訊給受考評者，使其更為了解自己在工作上的表現，以持續提升其工作績效。

5.就資訊科技方面：善用資訊及網路科技，使訊息傳遞更具有即時性、方便性及選擇性；透過電腦網路下載的功能，使文字、聲音及影像等檔案的傳輸及運用更為方便。

6.就知識管理方面：善用資訊科技，配合組織文化及組織結構等特性，從事知識蒐集、整理、儲存、轉換、創新、分享及運用，以提升組織的生產力，增加組織的資產，藉以提高組織因應環境變化的能力以及不斷自我改造的動力。

7.就創新管理方面：包括技術創新、產品創新、服務創新、流程創新、活動創新、特色創新，以發展學校特色並成為學校經營的核心競爭能力。

以上所提策略係張明輝教授就精緻學校經營所提出的觀點，經筆者適度的修正所獲得的結論。

三、學校創新理念與策略 ⭐

吳清山教授在〈學校創新經營理念與策略〉中，所提出的學校經營理念應具有下列特質：

1.前瞻思維：它必須是一種突破性和前瞻性的想法，也必須是一種整體性、系統性和全面性的思維。也就是說學校經營者眼光要看遠、格局要開闊，並根據學校需求和特性以及教育潮流，思考學校經營的策略及作法，讓學校的行政及教學有所突破，以展現出學校的新作為和新氣象。

2.開放多元：個人創新腦力，需要在一個開放環境下滋潤成長；學校創新經營，也需要在開放的學校氣氛和環境下，學校成員敞開心胸，彼此願意對話和分享經驗，增加個人智慧和組織智慧。筆者以為，開放多元尚有更廣泛的意義。有關開放理念，詳見第五章〈組織〉。

3.品質卓越：創新也是一種行動、一種價值的追尋，應該為價值而創新，因此學校創新經營必須建立在教育品質和卓越的基礎。所謂品質卓越，是學校經營具有特色、獲得滿意和讚許、獲得肯定和成就。

　　4.持續改進：創新可能是「無中生有」，也可能是「有中求變、變中求精、精益求精」的過程，它是持續進步和不斷發展的歷程，因此學校創新經營不是一種藍圖，而是一種旅程；從這趟旅程中，經由不斷回饋，展現其追求進步永無止境的一種歷程。所以學校經營相當符合「十年樹木，百年樹人」的教育理念。

　　5.發展特色：創新應是一種優良體質的轉變，具有其獨特的教育價值。因此學校創新經營之實施，必須構築在發展特色的深層意義上。學校特色的發展是應經由有系統的創新經營，由點到線、由線到面持續進行，自然成為具有特色的學校。

　　6.容忍錯誤：創新是一種嘗試、一種冒險，從嘗試中可能遇到很多錯誤與挫折，若為錯誤或挫折所打敗，就無法有創新的成果。學校創新經營過程中，難免思慮不周，執行時可能產生錯誤，甚至與原來預期落差甚大，遇此情況，必須加以容忍並力求改進，不宜一味地苛責，以免影響成員創新意願。筆者以為，學校創新措施都要審慎考量、詳加規畫，執行時自然可以避免錯誤或遇到挫折，尤其學校重要的創新措施更不宜有錯誤發生。因此，創新由小而大、由易而難、由近而遠，就可避免挫敗。有關創新，詳見第十章〈組織變革〉。

四、知識經濟概念下的學校經營理念

　　徐大偉在〈知識經濟概念在學校經營與管理之應用〉中，提出學校經營管理的三項理念（引自《教育資料與研究》雙月刊）：

　　1.在學校組織結構方面：學校必須發展出「組織扁平化」的結構，建立「學習型組織」，推展「知識管理」，加強資訊科技能力的推展。

　　2.在領導風格方面：領導需要增強法職權之外的各種權力，包括專家權、參照權、溝通權等，並要能善於授權。且學校領導者能以身作則，熱愛知識，從事終身學習，以激發成員努力學習，追求成長。

　　3.在學校環境營造方面：充實學校硬體設備，健全圖書館及資訊設施，以提供教師從事教學研究及休閒的良好環境。其次，建構優質的校園文化，

鼓勵舉辦各種教師社團，如讀書會、教師成長團體、名師座談，以促進教師專業成長，使教師願意學習與分享新知識，形成優良的校園文化。

五、新時代經營理念綜合策略

綜合上述專家所提出的主張及筆者行政經驗和研究所悟，謹提出新時代經營的理念與策略：

1.採行民主與權變領導風格，追求卓越領導：民主與權變領導是時勢所趨，追求卓越領導是促進學校生存與發展的重要課題（詳見本章第三節和第二部）。

2.建構組織前瞻願景，擬訂前瞻學校發展計畫：願景是激發成員共同努力的目標，校務發展計畫是學校未來建設的藍圖，唯有具備吸引人的願景及周詳的規畫，才能促進成員產生奮發的動機及學校的健全發展（詳見本章第四節和第三章〈計畫〉）。

3.運用參與管理，作好明智決定：作決定是學校經營核心工作，學校的任何活動都要作好決定，以期有效達成預期目標；錯誤的決定導致錯誤的行政措施，造成學校資源的損失或浪費。為求明智決定，善用參與管理，集眾人智慧，乃是最佳策略（詳見第四章〈作決定〉）。

4.型塑學習型組織，推展組織改造：組織成長需賴成員不斷的學習，塑造學習型組織，推展組織改造，是強化組織、活化組織的有效途徑（詳見本章第五節和第四章〈作決定〉）。

5.重視公關行銷，善用各種資源：學校公關可增進校內外大眾關係以贏取大眾支持；行銷可積極展現學校優良產品，建立學校更良好形象，以吸引更多的學生與家長（詳見本章第六節及第二部）。

6.重視品質管制，推展績效評鑑：良好的品質控制是學校辦學績效的重要指標；推展評鑑制度，包括校務評鑑、教師評鑑是品質管制的重要措施（詳見第七章〈控制與評鑑〉）。

7.運用資訊科技，推展知識管理：資訊科技是現代管理必備的知能與設施；知識管理是現代管理的重要理念和策略，唯有運用現代資訊科技的

設施，才能促進知識管理的良好績效（詳見第十一章〈知識管理〉）。

8.提升創新理念，推展組織變革：學校組織需不斷創新與變革，才能確保學校的生存與發展；正確的組織變革理念及適當的推展策略，是變革成功順利的要訣（詳見第十章〈組織變革〉）。

9.善用溝通管道，發揮團隊精神：溝通是學校經營的血脈，是集思廣益、促進團結和諧的途徑，唯有善用溝通管道，把握溝通要領，才能達成溝通的目標（詳見第六章〈人際與行政溝通〉）。

10.從事校園環境改造，營造優質學校環境：良好校園環境是提高教師士氣及學生學習效率的主要條件，唯有營造優質的學校環境，才能促進師生士氣，增進學生學習（詳見本章第七節）。

第三節　領導力

領導是影響別人努力工作，以期達成團體目標的過程。領導者應具備崇高的理念、良好的素養、卓越的技巧與方法，引導屬下努力從事並同心協力朝向組織目標邁進。因此團體的生存與發展跟領導者的領導力息息相關。領導力與領導者的觀念及作為密切相關，先檢討舊時代的領導者錯誤觀念及作為，然後再詳述新時代的領導理念與作為。

一、舊時代的領導觀念與作為

舊時代的領導者，處在威權社會裡，僅憑關係或學歷即可成為學校領導者，甚至一帆風順，成為成功的領導者。但處在現今民主開放的社會裡，如果仍持有舊時代的領導觀念，必然會遇到困境或是遭受淘汰。一般錯誤的觀念有：

1.認為領導者有異於常人的稟賦，因此自己處處表現優於成員的優越態度。

2.誤以為領導者即決策者，因此常獨斷獨行，固執己見，忽視屬下的意見。

3.誤以為自己是組織中的領袖，是組織中獨一無二的核心人物，其他成員都要唯命是從。

4.因受傳統 X 理論的誤導，誤以為成員都好逸惡勞，必須監督鞭策，因此迷信形式上的賞罰權威，而忽視其他方式的影響力。

5.因受面子的影響，認為領導者不能輕易受侵犯，尤其無法接受屈居下風的屈辱，因此有「權力即知識」的迂腐觀念，強不知以為知，造成許多決策的錯誤。

由於上述錯誤的觀念，造成領導者若干缺失：

1.對時空缺乏警覺與認識，因此在新情勢下仍採陳舊的領導態度，必然產生領導無力感。

2.缺乏整體系統觀念，忽視校內與校外的整體系統，或閉門造車、或一意孤行，造成校務推展上的障礙。

3.不善於授權，不肯推展分層負責，以致事必躬親，不但成員無法發展潛力，領導功能也難以發揮。

4.缺乏彈性與彈性應變，以致無法因應社會新情勢的變化，校務就常束手無策，無法推展。

5.不重視對成員的關懷與激勵，強以命令、苛責、考績等相威脅，造成士氣低落。

6.不能以身作則、言行一致，以致破壞自我形象，因而失去領導威信。

7.未能洞察先機，敏察組織氣氛，直至事態嚴重，為時已晚，救援不及，因而造成領導者力不從心，組織分崩離析（熊智瑞，1988）。

二、新時代的領導觀念與作為

新時代學校經營者應該具備獨特的領導力，一般學校經營者所應具備的卓越領導能力：決策力、組織力、溝通力、公關力、督導力、激發力、變革力、環境改善力、知識管理力、權力運用力等（詳見各章）。

新時代學校經營者面對社會的急劇變化、民主意識的高漲、學校間競爭的激烈、科技的發展等等，學校領導者要有適應新時代趨勢的領導力。有關新時代的領導力，專家學者提出各種見解，筆者就其中提出三種領導作為領導力的指標：第一是學習型的領導力，第二是民主參與的領導力，第三則是權變的領導力。茲分述如下：

(一)學習型學校領導

學習型學校領導，強調整體學校組織成員的學習。而學習型學校的內涵，包括：學校行政、教師教學、學生學習、組織文化及組織變革等。至於學習型學校相關的領導理念，則有：教育領導、科技領導、組織結構領導、道德領導、文化與象徵領導、人力資源領導、政治領導及策略與轉型領導等。筆者以為，其中以科技領導、組織結構領導、人力資源領導、策略領導與轉型領導，為當前學校領導者所應特別重視的理念。其中道德領導從其敘述內涵而言，宜改為民主領導。茲分別摘錄其要義供作參考（張明輝，2002）：

1. 科技領導（technological leadership）

學習型學校之「科技領導」的主要責任，係確認科技與學校願景、學校教育目標和政策間的相關。因此，學校領導者也必須掌握電腦科技對學生在資訊和知識社會中的重要性，並且能安排學生在此方面新知的學習。領導者也必須具備基本的科技知識及帶動學校行政電腦化；再者，學校領導者也必須能授權和鼓勵他人，特別是專家與企業界人士共同支持全校性的科技教育措施。

2. （組織）結構領導（structural leadership）

學校結構領導包括：改善標準化的課程時間安排、增加標準化課程之彈性，以及改變學校傳統的教學時間安排等，此種重新建構學校組織結構的領導，需要學校領導者的支持，才能將重組後之高品質的課程內容傳遞給學生。

　　有效能的學校領導者，確信改進學校組織結構的管理，對於提升學校教學成效具有一定的影響力。因此，學校領導者具有組織理論和組織分析的相關知識，包括在學校組織再造的過程中，能具有「彈性組織設計」的新思維，例如：在學校再造的初始階段，對於學校傳統組織結構和缺乏彈性的課程架構等，能進一步加以重組改善。可見，有效能的學習型學校領導者，應承認調整學校組織結構的重要性，才能發揮學習型學校應具備的效能（另參考本章第五節及第五章〈組織〉）。

3.人力資源領導（leadership in human resource dimension）

　　領導者必須擁有帶領大家一起分工合作的能力，學校領導者除關懷師生外，也導引教師們關懷學生的學習。「人力資源領導」之具體作法，包括：使教師獲得個別和共同的專業成長機會，以及使學校成員接受來自「學校本位經營」之廣泛的行政管理職責等。

　　傳統學校將學生定位為學習的角色，而教師則為教學的角色。然而，學習型學校之「人力資源領導」，則強調學校領導者應該促進師生兩種角色的相互交流，以期進一步整合教與學的新觀念。教師們也應相互合作，建立相互信任及尊重之同儕合作關係。在學習型學校中，學校領導者將專業知識和教師的教學專業加以結合，教師們組成學年或課程的團隊，他們在計畫準備、分享教材和教學單元設計時，可將課程加以垂直或平行的整合。

4.策略領導與轉型領導（strategic and transformational leadership）

　　「策略領導與轉型領導」與學校革新有著密切的關聯。策略領導不僅是一項緊急策略而已，而應視環境狀況有不同的領導策略，以適應學習型學校的彈性領導需要。

　　策略領導提供學校直接的努力方向和指引，有些學校稱之為「願景」（vision），顯示學校的獨特性與一致性。策略領導必須和轉型領導相互配合，以凸顯學習型學校的特色，成為具有彈性及互動的教學模式（詳見本

章第三節）。

5.民主領導

民主的學校領導者相信民主的價值及重要性，諸如：容忍和尊重他人的權利、公平的參與機會，以及選擇個人學習興趣的機會等。這些理念和其他民主價值，都隱含在課程、學校結構及教學和學習的核心過程中。

此外，如何使學生不論能力、性別及族群的差異，都能在民主的學校氣氛中擁有參與學習的均等機會，正是學習型學校的領導者展現其民主領導能力的重點。

以上僅就張明輝教授所提出觀點摘要敘述。筆者以為，新時代的領導應能把握二種領導：民主參與領導及權變領導，茲分述如下：

(二)民主參與領導

民主參與領導是提高決策品質、管理水準和成員士氣的重要關鍵。特別是在這一個自由、民主、多元、開放性的社會，個人自主意識日益高張，價值觀念日益分化，學校的教職員生都受到影響。身為校園領導者，應隨著社會的變遷改變領導方式，加強民主參與的領導知能。

民主參與的領導方式，是在態度上，抱持對「人」的尊重與平等觀念，校長與教職員已無主從關係，應平等相待；在人性的觀點上，視入性偏向積極、主動、善良，只要善加激勵，即會追求成就感、發展潛能；在溝通上，重視意見及情感交流，不但能表達也能傾聽，兼重正式溝通與非正式溝通；在決策上，重視成員參與、接納眾人意見及訊息之回饋，以求決策過程之審慎，而非個人輕率的獨斷；在權力運用上，重視專家權、參照權，而少用法職權或強制權，領導者講求以德服人，以能力獲得部屬的敬佩；在用人上，能知人善任、適才適所，能激勵成員，發揮潛能及工作熱忱，使成員有成就感和榮譽感；在努力目標上，兼重組織目標的達成與同仁需求的滿足，而非一味要求同仁為組織效勞，忽視個人的需求，要特別重視工作環境的改善及良好組織氣氛的塑造（陳義明，1996）。

(三)權變領導

權變領導的基本觀點是：組織「情境」隨時在變化，領導的方式也應隨之改變。所謂情境：有因時、因人、因地的不同情境；有內在、外在的情境；單純、複雜的情境；和諧或衝突的團體情境；開放或閉鎖的團體情境；鬆散或嚴謹的組織情境；領導者與屬員關係好與壞的情境；成員素質優良的情境；組織內部族群不同的情境；以至於領導者本身受成員尊重程度變化的情境。至於領導方式：有專制、民主、放任的領導；有關懷或倡導、支持或要求的領導；有以成員需求為導向或組織目標為導向的領導；還有人性化領導、科學管理領導及參與式領導。這些領導方式各有其獨特的優點或缺點，端視應用是否合適的情境；換言之，再好的領導方式若用在不適合的情境，其領導效能也不彰顯。

基於上述權變領導的基本觀念，校長在治校時，要能屈能伸、恩威並濟、剛柔並用、情理兼顧、通情達變，在把握大目標、大原則之下，既不故步自封，也不輕率改變原則，能有所變、有所不變。正如儒家所謂「中庸之道」：「中」是不變的原則，「庸」是可變的運用。在現今的社會情境下，適度的彈性與變化，在領導上很有必要（陳義明，1996）。

第四節　規畫力

一、計畫的意義與功能

「計畫」是參考過去、了解現在、預測未來，認明目標，訂定方針、策略、程序、步驟、方法、編列預算等一系列的歷程。因此，一項完整的計畫內涵應包括：資料的蒐集，對未來目標的認明，並能制定較佳的策略或方針，陳述必須的各項工作及分工明細，明訂推展的時間步驟以及較佳

的方法，然後編列預算以及可以預期達成的效果等。

二、一般計畫的缺失及改進提示 ✦

計畫雖然是學校經營的首要任務，但由於種種因素造成計畫欠缺完整性，以致無法達成理想目標，使學校經營績效不彰。衡諸一般學校計畫的缺失，歸納如下：

㈠計畫目標的缺失

目標是一切努力的標的，目標有所偏差，努力的成果就打了折扣，甚至徒勞無功。計畫目標的缺失又可分為下列三種：

1.欠缺清楚的目標：也就是說，對目標認識不清楚。例如：對學校何去何從舉棋不定。

2.欠缺正確的目標：雖然具備清楚的目標，但所認明的目標並不正確。例如：光以升學率作為辦學的目標並不適當。

3.欠缺目標的完整性：雖然有正確目標，但所列的目標尚有不足。例如：光以培養健康活潑學生為唯一目標，但未列其他目標，如培養適應現代化社會的學童等。

㈡計畫策略或方針的缺失

策略是達成目標的指針或途徑，也是一種方向性的決策，策略偏差則無法達成目標。一般策略上的缺失又有下列四點：

1.有正確目標，卻沒有適當的策略：以致使一切的努力因欠缺適當的方向，無法迅速達到目標。

2.目標與策略不配合：因所採取策略的屬性與目標有所衝突，以致無法達成理想的目標。例如：以培養健康活潑的學生為目標，但採取管教嚴格的策略，兩者就有所衝突。

3.策略欠缺彈性：理想的學校經營策略應富有多元的彈性，太僵化缺乏彈性的策略就難因應多元變化的社會。例如：為建立良好社區關係的目

標所採取的開放學校策略，就應有相當彈性的措施，有些校區或某些時段可以採放寬的策略，有些校區或某些時段就要嚴格地把關。

4.策略欠缺齊全：一套完整的經營策略應該有比較周全的考量，應是沒有遺漏的策略系統，才能真正引導達成目標。例如：引導人們走到目的地的指示牌，在每一個分岔轉角處都應標示清楚，任何一處的疏漏都會造成可能的迷失或混亂。例如：良好人力資源開發的規畫就必須有審慎甄選人員、公平合理待遇、合宜的任用及遷調等策略互相一致的搭配，缺一不可。

(三)計畫內容欠缺完整性

如前所述，計畫應包含一系列完整的工作歷程，才能真正達成計畫的理想目標，任何一項的疏漏都無法使計畫達成預期的效果。例如：計畫欠缺一個明確的步驟或進程表，則使計畫實施時失去管制，造成混亂失序，如同火車缺乏時間表所造成的混亂可想而知。又如：計畫缺乏較詳細的工作項目及分工的明確敘述，則會造成百密一疏、前功盡棄，或者互相推託，致使計畫的推展受到挫折。

(四)計畫種類不齊全

學校經營計畫的種類繁多：就部門而言，有學校整體計畫、部門計畫；就計畫的期間而言，有短程計畫、中程計畫、長程計畫；就計畫的性質而言，有目標策略計畫、方案作業計畫。茲舉出一般學校計畫的缺失：

1.雖然有部門計畫，但缺乏學校整體計畫：許多學校只將各部門的計畫匯集起來就當作學校的整體計畫，其實各部門的計畫總合並不等於學校的整體計畫。完整的學校整體計畫，應該綜合各部門的計畫加上學校整體發展的考量，如此所研訂的計畫，才是學校的整體計畫。

2.有學年計畫，缺乏中長程計畫：大多學校都有學期及學年計畫，但缺乏完整的中長程計畫。一般公立中小學雖列有中程計畫，但它只不過是為了爭取經費補助所列的增建校舍、添購設備的分年經費需求計畫，這種硬體計畫不等於學校的中長程計畫，事實上都缺乏軟體計畫。

3.有一般計畫，缺乏策略計畫：傳統計畫都要依照部門所要做的工作，做時間進度分工及經費預算的編定，但忽視當今學校面對學校競爭壓力、社會的急劇變化和科技的迅速發展所應研訂的策略計畫。目前最普遍被採用的策略計畫模式為 SWOT（詳見第三章〈計畫〉）。

㈤計畫研訂歷程的缺失

計畫的首要工作是蒐集資料，然後據以進一步研訂。一般學校在計畫的過程中常犯的弊病，是在未蒐集足夠或適當的資料即進行計畫的研訂，因此造成計畫缺乏可行性及實用性。計畫資料的蒐集如果能夠依照民主參與的程序和方法，逐步由最基層的學生、教師、行政、家長、社區等反應，以及專家學者的見解等，再做進一步計畫的研訂，則比較確實可行。

三、計畫改進之策略

㈠就目標訂定方面改進：研訂富有魅力可行的遠大目標

學校計畫目標是師生共同追求的願景，有了魅力遠大的目標，就能夠激發師生努力的動機。例如學校目標可以訂為：「建立師生都喜歡的美好校園」，然後再加上幾條較具體的目標加以配合。新加坡前總理李光耀在立國初期，就以「建立一個世界最美麗的都市國家」為目標──這是多麼清楚又富有吸引力的目標。

今天許多學校也都訂有學校的共同願景，這些願景是經由師生們共同討論的結果，在這種願景的指引下，對校務的推展有很大的幫助。

事實上任何學校活動都需要研訂計畫，每一種計畫也都要認明目標，沒有計畫、沒有目標的活動，效果都是有限的，甚至產生反效果。以晨間升旗典禮為例，如果有詳細的規畫，有清楚的目標，則升旗典禮不但不會讓師生感到厭煩，反而能引起興趣，產生良好的效果，達成許多教育上的目的。

㈡就溝通方面改進：依循民主參與的程序訂定計畫

　　計畫的完善可行與否，與研定計畫的過程是否充分的溝通協調，有密切關係。如果事先缺乏溝通，計畫就會有所疏漏，執行時窒礙難行，或成效不佳。

　　計畫的溝通除正式會議上的溝通之外，私底下非正式的溝通更為重要。例如：多請教、徵詢意見、做雙向的溝通等，不但可以獲得資訊，增加創意，更可以滿足對方的參與感及受尊重感。雖然此種過程比較費時，然而計畫前多一分的溝通，就少一分執行的困難，而多一分的效果。

㈢就資訊蒐集方面改進：蒐集足夠最新資訊作為計畫參考的依據

　　計畫的研訂，如果具備充分較新的資訊作為參考依據，則所定計畫就較完善可行。反之，計畫如果缺乏足夠的資料為依據，所定的計畫就會有所不妥，或是計畫的執行會遭遇困難。例如：在訂定計畫之時，先蒐集最近其他學校類似計畫或有關動態等，經過分析比較後，再決定計畫的方案。如此就可以截長補短，研訂比較完善的計畫。

㈣就計畫功能方面改進：全面性改進各種校務計畫，發揮計畫功能

　　學校推展任何校務的工作，都要有周詳的計畫才會推展順利，達成良好的效果。前已敘述缺乏計畫或者計畫不善的工作，計畫推行的效果必然拙劣，衡諸現行各校（以國小為例）除了訂有年度校務計畫以外，其他各項業務若只憑相關規定以及過去經驗推展，都欠缺周詳的計畫。以校園的綠化美化為例，很少學校有做較周詳的計畫，因此綠化美化的工作就績效不彰。

　　再者，學校計畫的類型相當多，依時間來分有短程計畫、中程計畫和長程計畫；依功能而分有經常性計畫、改進性計畫、擴充性計畫、預防性計畫和臨時性計畫。一般而言，大部分學校定有短程計畫，較少訂定中長程計畫；大多訂有經常性計畫，少有改進性或擴充性計畫。

(五)就計畫人員方面改進：善用人力資源，加強計畫人員的訓練

　　計畫的完善與否，與計畫研訂人員的素養有密切關係，計畫人員的學術經驗、思考模式、人格特質，在在都影響計畫的品質和計畫研訂的效率。一位富有行政經驗又有教育理想的行政工作者，自然就會容易提出好的計畫草案，並且善於溝通協調，在廣納意見後，加以修正成為完善的計畫。

　　學校校務各種計畫的擬訂者，一般都由組長、處室主任或秘書來擔任，端視業務的性質而定。不過有些特殊的計畫也由校長親自執筆研訂。

　　茲提出五點提升計畫品質的要領：

　　1.計畫經辦人的短期訓練：經辦人係新手或已服務多年、墨守成規，則需要經過短期的訓練或指導。經由觀摩學習，是一項有效的方法。

　　2.適才適用：如果遇到比較特殊的案件，例如校務發展計畫，可商請有研訂計畫經驗的人起草，再提出討論修正。

　　3.組成規畫小組：為了校務長遠發展可以組織規畫小組，小組成員宜包括：行政業務熟練者、有創意者以及文筆較佳者，這三種基本人員的組合是最適當的。

　　4.建立計畫的資料檔：就是要指派專人蒐集校務計畫書，分類存檔；或者規定各部門建立計畫檔案，以便於參考，並確實列入移交。

　　5.加強校長的計畫理念：身為校長，不但要重視計畫的監督與指導，尤其要視校務計畫的性質調整指導方式。屬於一般性的計畫，授權處理即可；對於重要而困難的計畫，例如緊急性的、全盤性的、長遠性的、改革性的計畫，校長應多費神，負起監督指導、協調溝通的任務。

第五節　組織力

一、組織的性質

　　「組織」一詞，如以名詞「organization」而言，是一群人為了共同目標結合起來的團體；如以動名詞「organizing」而言，是指為了團體目標從事部門權責劃分、人員分派、分工合作等事宜的工作歷程。對於組織（organization）的看法，也可以把它當作靜態的結構、動態的機器、生態的人體生理、心態的人們心理等看待，從每一種角度去看組織都有其價值。

　　就構成組織的要素，有物質要素和精神要素。物質要素包括：人員、經費、房舍、設備；精神要素包括：宗旨、制度、規範、領導等。無論物質或精神要素，都是構成組織的必要條件，兩者都不能偏廢。

　　無論名詞的組織或動名詞的組織運作，它都有非常深奧的意涵，為便於參考者運用，僅提出若干重要理念陳述。

二、組織運作的原理

　　良好組織運作（organizing）才能確保組織的健全發展，如何才能獲致良好的組織運作，可以從許多方向來探討。唯管理學者常以人體的生理組織運作為例，作為參考的依據，其重點不外乎：第一，手腦統攝全身；第二，各器官事權分明；第三，具有新陳代謝作用；第四，保持平衡和諧；第五，不斷尋求成長發展。上述五個重點對團體組織運作具有重要的啟示。從管理學各學派主張，對組織的原理也有相當多的啟示。無論科學管理學派、管理功能學派、行為管理學派、系統管理學派或權變管理學派，都有其獨特的見解。不過衡諸當今社會潮流、時代趨勢而言，其中行為學派強

調人性化領導、民主參與、思想溝通；系統學派強調整體性、開放性、互動互依性；權變學派強調視情境不同彈性運用組織原理，最為值得參考（詳見第五章〈組織〉）。

　　過去傳統的組織理論，重視組織內部的完整統一、組織員工的協同一致、指揮靈活運用自如、人員編制的經濟合理、權責明確劃分等，其缺失在於：過分重視組織的理性面而忽略了非理性因素；只重視組織規範性而忽略其實際性；重視法制與權力而忽略人的因素及心理影響；重視機械性的效率及以最經濟的手段獲得最大的效果，而忽略民主參與及人員的尊嚴價值。

三、學校組織再造的經營理念

　　近年來，由於我國政治、經濟及社會環境的變遷，教育組織也產生若干變革，除了校園民主化的腳步持續加速邁進外，各級學校組織也出現重組或再造的現象。在高等教育方面，由於教育主管機關大幅授權大學自主，各大學院校得以彈性調整其組織架構，例如：設立分校、整合相關行政部門或成立新的部門等，以配合學校的實際需要及未來發展目標。在中小學教育方面，由於教師法等相關法令陸續公布，使得中小學校組織也出現再造的現象。學校教師會的成立、教評會的設置、家長會功能的提升，改變了學校行政的運作型態，傳統科層組織的行政模式，已無法因應中小學學校組織運作的需求（張明輝，2002）。

　　所謂「組織再造」，專家學者雖然有各種說法，其大意為：重新設計組織的作業流程，在其餘成本、品質、服務和速度等重要的組織績效上有大幅的改善。吳清山教授認為：「組織再造是一種典範的改變，從權力控制走向權力分享、從封閉系統走向開放系統、從教師專業束縛走向專業自主，因此行政架構、權力結構和觀念文化都必須重新設計與轉化，俾能適應社會變遷需求。」（吳清山，1998）

　　綜觀各專家所提之立論，學校的組織再造，可從下列幾種意涵探討（吳清山，1998）：

    *1.*透過組織結構與權力結構的改變，由權威領導走向民主領導，增加教師與家長對校務的參與，強化學校的經營體質；其最終目的，以在增進學校效能，提升學生學習表現。

    *2.*組織再造的內涵包括：學校目標與任務、組織與管理、課程與教學、經費與校外機構的參與等；而學校組織再造具體策略包括：學校本位管理、學校本位預算制度及教學型態的再造等。

    *3.*從學校組織部門的增設與強化而言，學校組織再造應加強：招生組織、募款組織、公關組織、危機處理組織、資訊管理組織、顧問組織、義工組織。以上組織雖非學校正式編制的組織，但衡諸當前學校的需要及未來的發展，無論大中小學都需要強化或成立正式永久的組織。

四、新時代學校組織運作應把握的原則

    綜合前述組織原理及組織再造的經營理念，衡諸當前學校組織所面對的各種衝擊，對過去傳統的學校組織運作就有必要重新思考，研訂新的組織運作策略，茲分述如下：

    *1.*以人為本的組織觀：重視人性的需求、人性的尊嚴，以學生為主、教師為重、行政為輔的組織觀。

    *2.*民主參與的組織運作：學校的任何措施都讓師生有參與決定的機會，讓每位師生都有責任分擔、權力分享的參與感（詳見第四章〈作決定〉）。

    *3.*建立榮辱與共、有福同享、同甘苦共患難的團體：學校組織在運作時要讓師生有生命共同體的體認。

    *4.*重視積極性的激勵或獎賞，少用消極性的制裁或懲罰：學校領導者要善用人性的需求，激發潛能及工作熱忱。

    *5.*強調思想溝通以建立共同信念、團體意識及責任感：學校宜廣開溝通管道，增進師生互相了解（詳見第六章〈人際與行政溝通〉）。

    *6.*強調整體觀念和團隊精神，加強團結合作，根除本位主義：學校宜建立共同願景或目標，大家協調一致，密切配合，朝向目標而努力。

    *7.*視組織為開放性系統，與大社會系統互動交流：學校宜開放與社會

各界互相交流，一方面向社會尋求支持與支援，一方面向社會提供服務。

　　8.視組織為新陳代謝的生長系統，不斷生長發展，保持動態平衡：學校宜不斷尋求發展，但要保持穩進狀態；也就是說，在保守與革新中保持平衡，在安定中求進步、在進步中求發展（詳見第五章〈組織〉）。

第六節　公關行銷力

一、學校公關行銷的意義

　　學校為了獲得大眾的支持，運用各種管道和活動與大眾建立良好的互動關係，以便彼此了解、互相信任，進而促進學校的進步和發展。其中，溝通管道包括：對談、會議、正式與非正式的溝通、新聞媒體報導、刊物傳遞報導，以及辦理各項慶典活動；至於學校公關的對象應包括：內部教職員工、學生、校外家長、社區民眾、民意代表、政府官員、企業各界及新聞媒體。

　　至於「行銷」則與公關相近，同樣以尊重大眾意向，利用溝通管道傳播及為學校（企業）促銷推廣；不過，公關較行銷具廣泛的意義。「行銷」一詞則針對產品銷售的方針策略所訂定的一系列行銷程序，包括：分析市場結構與行為、研究與選擇市場機會、發展行銷策略與方案、組織執行與控制行銷的措施。學校的行銷策略以「招生」為例，也可參照企業行銷要領，針對學生來源加以調查了解，有計畫地提出各種招生策略，進一步明訂組織成員推展的步驟、方法等細節，並適時督導評估每一系列的活動。

二、學校公關行銷的一般缺失

　　無論在城市或鄉村、是大專或小學，學校為了順利推展，或多或少都

有公關行銷的措施，與家長、社區保持互動建立良好的關係，鼓勵社區學童就讀本區學校；或者利用校刊宣傳學校辦學績效，以贏得大眾了解與支持。不過，由於學校經營者的理念與個性、學校傳統習慣等不同，對公關行銷的概念與作法就有很大的差異，所以造成學校公關的許多缺失。茲歸納下列四點缺失分別敘述之：

(一)在觀念上

學校經營者以為公關行銷是企業行為，教育工作者只要認真辦學即可，不宜花太多的精神在公關上。其實，公關與行銷應該是學校經常性的業務。

(二)在對象上

學校經營者以為公關行銷是針對校外的人士，而忽視校內教職員工與學生；即使重視校內公關，對象也常有偏頗，例如：只重視教師而忽視學生，或只重視學生而忽視老師，或重視師生而忽視職工。其實，學校公關行銷的對象應該是校內、校外任何大眾，即使校內的工友也都是公關的對象。

(三)在管道上

有些學校經營者只重視正式溝通，例如利用正式的集會進行溝通，而忽視非正式溝通的交談與接觸。而在溝通媒體方面，只重視校內的刊物或電子傳播的宣傳，而忽視新聞媒體的報導。其實，公關行銷的管道應採取多元途徑或路線，凡能夠達成傳播效果的任何管道或方式，都應善加利用。

(四)在推展策略上

有些學校經營者以為公關行銷是校長或行政人員的職責，而忽視教師與學生的重要性。其實，教師所接觸的大眾是家長與學生，學生對外所建立的學校形象影響很大，他們影響公關效果至巨。所以學校公關人員廣義地說，應是包括學校全體師生。不過，其中最重要的公關樞紐，是學校經營者——校長，由校長以身作則，對學校師生做好公關，進而再由師生對

外做好公關。

三、新時代學校公關行銷應有的策略 ✎

(一)學校經營者應有開放系統的觀念，重視學校組織的開放系統

　　學校內部由次級系統組成，包括各部門、教師、學生、職工；外在則有社區、家長、社會各界的投入與影響。無論內在任何部門或外在社區各界，都有交互作用、相互依存的現象，因此學校不能自我封閉、孤立於社會。學校內部也不能特別偏重哪一部門或哪一群對象，應把它當作生命共同體看待（詳見第五章〈組織〉）。

(二)學校經營者在推展策略上應先由本身做起

　　學校經營者本身不但是一位教育的領導者，也應是一位良好的公關者。除了要把握正確的教育理念，能知人善任、認真辦學以外，還應扮演從事公關行銷的主持者；並由學校內部做起，先建立良好的學校組織氣氛，進而結合全體師生向外推展（詳見第十四章〈扮好學校行政領導者的角色〉）。

(三)善用多重管道進行溝通活動

　　現代的溝通管道除了傳統的文字、語言外，還加上電子傳播媒體、視訊，並經由各種活動達成公關效果。尤其在資訊科技發達的今天，透過電腦網路更可以達成廣告宣傳，並與大眾作雙向溝通；對於新聞媒體的聯繫與溝通也不可忽視，學校可請專人與媒體記者打交道，以便提供值得報導的訊息刊載；至於與其他大眾的溝通，可以藉由書信、校訊，主動寄送給相關人物，以保持經常性的聯繫。

(四)要立足平時和長期的耕耘

　　學校公關並非臨時性、過渡性或短期性的工作，而是長期永續的活動，

完善的公關並能未雨綢繆，防患未然。因此學校平時就要與大眾建立良好關係，須細心經營，努力維護，長期耕耘，以建立良好的形象與信譽。必要時才能獲得大眾的支持與諒解，尤其學校遇到危機時，才能快速掃除陰霾，解決問題，減少學校的傷害。例如：平常學校與師生、家長建立和諧的關係，在學生發生意外事件時，師生較能同心協力，不會節外生枝，擴大事端，很快就能取得家長的諒解與合作，而使學校減低困擾與傷害（有關公關詳見第十四章〈扮好學校行政領導者的角色〉）。

公關經驗談──學生自殺案

　　這是筆者在台中二中校長任內所發生的不幸事件。某一天早上，當我進入校門，發現學校氣氛不對，原來是一名高二學生，於前晚在教室自殺。起因是前一天下午該生與老師衝突，受老師責罵後羞憤自殺。學校師生因這件不幸事件，受到很大的驚嚇與衝擊，頓時騷動不已。但由於學校平時建立和諧的組織氣氛，師生已將學校視為榮辱與共的生命共同體，因此在師生共同努力下，除了頻頻對家長致歉與安慰外，並為該同學舉辦了莊嚴隆重的告別式，因而使事件很快平息。最感人的是，家長痛失愛子，不但不苛責或控告學校，反而提供二十萬元作為學校獎學金，化悲痛為大愛，可說是不幸中的大幸。

　　檢討這次不幸事件之所以能有這種圓滿的結局，主要是學校平時就努力做好校內公關，與師生建立和諧的校園氣氛，因此在學校發生危機時，大家就能同心協力，處理危機，解決困難。而沒有發現任何一位學校成員在事件發生後趁機落井下石，擴大事端，從事不利學校的行為。而學生家長除了本身相當明理外，也因為各方的關懷以及所獲得的都是正面的訊息，致使家長作此明智的決定。經歷這一事件後，除了教師輔導獲得很好的教訓外，並增加危機意識，師生更加團結。而對於家長的包容與愛心，更富有啟發與激勵的作用。

第七節　學校環境改造力

一、學校環境的意義與性質

　　學校環境分為精神環境與物質環境。學校的精神環境涵蓋：學校組織氣氛、領導者的作風、成員的互動關係、全體的團結和諧、教師與學生的素質，以至於學校的傳統習慣等，都屬於精神環境。學校的物質環境則包括：學校建築、校園綠化美化、教室的布置、學校周邊的環境等，以至於學校的設備及管理。

　　物質環境為學校的形體，精神環境為學校的心靈，有完備的形體與健全的心靈結合，才成為一個完善的組織體。學校若只有完善的校舍而缺乏美好的精神環境，則如同學店或補習班；如果一味地建造良好的精神環境而缺乏完備的物質環境的配合，就如同個人追求心理健康而忽視生理健康一樣，也很難成為身心健康的人。而學校物質環境的重要性不亞於精神環境，因它具備多項的功能，包括：陶冶性情、穩定情緒、啟發心智思想、增進學習效果、塑造學生人格、維持生態平衡、促進身心健康、提供社區休閒活動場所、增進社區關係等。

　　有關良好學校精神環境的建造，將於其他章節分別詳述，本節僅就物質環境改造加以敘述。

二、學校環境規畫的基本概念

㈠規畫的內涵

　　良好的學校環境規畫，應具備優良的完整特質，因此在規畫的內涵應

考慮下列四項：

　　1.規畫的範疇上，應包括：校舍、校園運動場及附屬設施，缺一不可，重視動靜分明。

　　2.規畫的原則上，應把握：整體性、教育性、舒適性、美感性、效率性、安全性、參與性，每一個原則都應加以考慮。

　　3.規畫的面向上，應包括：心理、生理、人倫意識、物理環境等面向的思考，使學校環境能達成或超越師生的需求。

　　4.規畫的程序上，應包括：設計、發包、監督、驗收、應用、維護、改造等完整的程序，其中任何一項步驟都不可忽視（湯堯，2001）。

(二)一般校園規畫的缺失

　　從上述校園環境規畫的完整概念加以探討，一般校園規畫有下列的缺失：

　　1.在規畫範疇上，缺乏整體性，例如重視校舍的建築而忽視校園綠化美化；重視運動設施而忽視其他附屬設施；或缺乏動靜分明的校園空間規畫。

　　2.在規畫原則上，重視教育性但缺乏美感性，或是重視美感性而忽視舒適性；重視安全性而忽視效率性等，常有顧此失彼的缺點。

　　3.在規畫面向上，一般常忽視人倫意識的環境布置，或者缺乏心理因素的考量。

　　4.在規畫程序上，缺乏設計階段的參與性；或在監督驗收時疏忽；或是維護不善。

三、學校環境改造的動力及規畫的趨勢 ⭐

(一)學校環境改造的動力

　　近年來學校環境受到許多因素的影響，產生學校環境改造的動力。例如：

    1. 人民生活改善，居住辦公環境品質的提升。

    2. 政府政策的改變，學校建築法規更有彈性。

    3. 教育預算的增加，提供學校建築更寬裕的經費。

    4. 社會各界的贊助與介入，如九二一地震賑災重建，慈善機構所捐助興建的學校建築品質，對提升一般學校建築品質具有很大的示範作用。

    5. 國外的衝擊：由於國外，無論是已開發或開發中國家，學校環境設計之優美，對國內不無產生很大的衝擊。

    6. 學校間競爭激烈，或者新建學校急速增加，無形中促進學校建築規畫的改善或建造獨特的學校校園環境，以便吸引或留住更多學生就讀。

(二)學校環境規畫的趨勢

    基於上述學校環境改造的動力，學校環境規畫與革新有下列趨勢（湯志民，2001）：

    1. 塑造學校文化意識的學校環境：建構思考以獨特的、文化的、意識的、表徵的文化為核心概念，並從建築風格的型塑、學校圖騰的創立、鄉土教室的設置、鄉土意向的景觀、鄉土文物的保存和公共意識的布置著手。

    2. 建造人性化生活休憩空間：家庭化的生活空間布置、生活化的廁所設計、交誼廳的設置、自我管理的設施（如開架式的合作社、自由取用的圖書或球具）、校園各角落的景觀布置等。

    3. 建構以教學與學習為中心的學校空間：過去以行政大樓為學校建築核心；新的趨勢則以教師教學、學生學習為中心的空間設計。學校空間自應以教學區和學生學習活動場所為主體，如教學資源中心、圖書館、教學研究室、會議廳等，應作為學校的核心；在建築樓層與造型上，應強調以教學為主體的空間意向；在教室空間設施上，除了重視彈性隔間的教室以外，並應重視適合各科教學的專科教室；另外教學資源室的設立與教學情境布置的改善，都在此範疇內。

    4. 設置現代化科技資訊設備：至少應包括：教室的視聽媒體、學校行政電腦化、電腦教室、網路系統、班級電腦、自動化系統設備、視訊傳播系統、環保節能的設備、空氣調節系統、廣播系統、安全管制系統。

5.推展校園與社區融合：重視學校與社區的融合，以共享及互惠為核心概念，例如：學校校園無圍牆設計、學校建築造型和色彩與社區融合一體、學校資源與社區共享、學校對社區資源的運用。

6.加強無障礙校園環境設施：以人本、便捷、安全為核心觀念，並從行動不便者設施、校園安全的維護理念著手。

四、對學校經營者從事學校環境改造之幾項建議

現代學校經營者想要改造學校環境，除了認明上述若干觀念及趨勢，以筆者個人體驗與見解，需要把握下列三點：

(一)要擁有一群學校建築相關的專業人才

包括：建築師、裝潢設計師、土木工程人員、電腦工程師、水電工程人員、園藝經營者、造園專家，以上每一種專門人員對學校環境整體改造都很重要，缺一不可。例如：光有高明的建築師而缺乏經驗裝潢設計師，仍然無法建造精緻優美的室內空間；光有好的園藝專家而缺乏殷實的園藝經營者，則無法提供適用的花卉、林木以及適時的服務和維護；缺乏信實可靠的水電人員，則無法確保空間的安全維護。這些人才的選擇是要透過經營者從多位中觀察比較後而決定。若可能的話，每種人才都要選擇兩位，以便彈性運用，更能達成競爭比較，保持良好品質及貨真價實的效果。

(二)經營者要不斷地提升審美水準

所謂：「有什麼校長就有什麼學校，有什麼品味的校長就會表現出有什麼品味的校園環境。」至於高品味的涵養或者是審美素養的提升，並非短期間可以達成。一個人的審美觀常經由家庭的耳濡目染、學校的薰陶及個人本身不斷地吸收精進而提升，但學校經營者不一定都有豐富的美感經驗，因此需要檢視自己的審美水準，多加努力學習、多觀察美景，以充實美感經驗、提升美感水準，這是最實際的學習方法。例如：多到田尾公路花園、台北建國花市參觀，有機會看看荷蘭花市花展及國內外的各種花卉

博覽會，對於增進校園綠化美化的知能很有幫助。又如：為了提升空間美化的水準，也可以仔細觀察知名高級的飯店或精緻咖啡廳的裝潢，最能夠獲得環境改造創意靈感；可以參訪拉斯維加斯，去看看那些集世界建築、藝術、科技、造景的菁華於一體的傑作，它們所表現的雄偉、華麗、精緻、生動、細膩、多彩，在在都會引人入勝，流連忘返。

(三)要確實把握設計規畫的民主參與的程序與作法

任何一個學校建築或空間藝術的作品都要有多重的功能，至少應包括藝術性和實用性、理想性和實際性，因為它是師生共享共用的場所，並非光是供作欣賞的純藝術品，藝術品可以依照個性而創造，不一定要迎合大眾之意。因此校園的空間設計除了要參考各種相關專家的專業觀點外，更應聽取師生的意見，達成集思廣益的效果。雖然師生看法難免有淺見或俗氣，但畢竟他們是使用者，最了解需求。因此設計時若能夠滿足師生需求，又能夠把握美感的水準，符合安全法規的要求，才是一種較為圓滿的設計程序。所以建議學校對於每一項建設，無論是學校建築、校園綠化美化等，都要設置委員會，包括專家及師生代表，以便能夠集思廣益，確保設計達成多項的功能，以滿足更多人的需求。

# 學校經營與管理學理論

　　管理大師彼得杜拉克曾説：「管理是二十世紀的主要發明，也是我們社會的組織要件，但絕非只要在商業管理而已。」他認為，政府機關乃至非營利組織都應該著力於有效的管理，才會有成就和價值的滿足感可言。筆者以為，今天的教育機構也很需要經營管理。

　　筆者在一九五七年大學畢業服完兵役之後，有幸被長輩提拔至一所新創立的專科學校服務，擔任代理註冊主任。由於業務上的需要，領導幾位組員同心協力工作，以及協調其他單位同仁支援合作；但基於本人大學所修並非行政或管理之相關科系，只憑普通常識想要順利推展上述的工作，感覺困難重重、力不從心。因此除了多請教別人或觀摩學習之外，只有從書本上吸收相關知識加以運用。在眾多的書本中，本人選擇了幾冊行政學和管理學閱讀以為參考，其中以張金鑑《行政學典範》、《管理學新論》，以及賽門（H. A. Simon）原著、雷飛龍譯之《行政學》對本人幫助最大。

　　後來筆者留學美國，就讀舊金山州立大學教育行政研究所，主修教育行政，當時所使用之參考書大都與管理學相關。經過兩年的研修，我更肯定辦學一定要有經營管理的理念。因此學成歸國之後，擔任省立高中及職校的校長，都以經營管理作為治校的圭臬，故辦學績效為家長和師生所接受。

　　經營管理的諸多理念中，特別是目標管理、參與管理、績效管理、人群關係、民主領導、激勵、溝通、協調等要領的運用，對本人治校最有幫

助。這些觀念運用在一九七〇年代的學校行政可算是比較先進,因為當時的公共行政仍屬威權時代,不過當時的台灣企業界已經吸收先進國家的管理知能經營企業,帶給台灣企業蓬勃發展的榮景;但學校行政卻仍停留在威權封閉的狀態,當時幾乎沒有人將辦學或學校行政與學校經營管理相提並論——究其原因,大概是認為把學校當作經營的對象就好比是一種商業行為,如同「學店」一樣以營利為目的。想不到經過二十多年後的今天,已能公開地談論學校經營,「學校經營」一詞已耳熟能詳。

經營管理學的理論博大精深,不但運用在企業界,甚至軍事、醫院、商場、工廠以至農場,在在都需要智慧的管理。因此所發表的理論方法相當繁多複雜,要想在有限篇幅中去理解管理的全貌是不可能的。只得去蕪存菁,針對與學校經營較有相關的知能提出來探討,其餘則不在本篇探討範疇內。

第一節　管理學的定義及重要內涵

管理(management)一詞有不同的說法,根據《韋氏字典》的解釋:「管理就是使用明智而審慎的方法,達到一定的目的;或對事務做技巧的處置。」

就中文字面意義而言:「管」,是解決問題處理事務的有效工具和方法;「理」,是處理眾多事務的行為或活動。

根據張金鑑教授所下的定義:「管理就是一個機關或組織為達到目的,依循合乎天理、符合人性的道理與標準,使用有效的工具與方法,誘導其成員的行為與生活入於正常的規範,對其業務或作業做妥善的安排及適當的處置(treatment),使之有條不紊、系統井然,能以成功地、圓滿地完成任務與使命。」

不過從各種管理學派所提的管理涵義,也有其不同的詮釋。不同學派的學者,例如:傳統管理學派的代表人物——費堯(H. Fayol)認為,管理

就是計畫、組織、指揮、協調和考核或控制五種工作或活動，他把行政與管理做相互通用。本派另一代表人物——古立克（L. Gulick）則創 POSDCORB 一字，用以解釋行政或管理的意義：P 代表計畫（planning）、O 代表組織（organizing）、S 代表用人（staffing）、D 代表指揮（directing）、CO 代表協調（coordinating）、R 代表報導（reporting）、B 代表預算（budgeting）。

　　筆者綜合若干學者理念，加以修定成圖 2-1：管理的歷程與內涵。

　　根據上述管理的定義敘述，進一步說明其內涵：

　　1.管理的目標：管理是期望有效率達成目標，包括總目標、部門目標，長期目標、短期目標。

　　2.管理的內涵與歷程（活動）：管理是要運用各種原則、原理、步驟、方法、技術等，從事計畫、決定、組織、用人、領導、激勵、溝通、協調、控制（評鑑）的歷程等。

　　3.管理的資源：管理資源包括人力、財力、物力、設備、空間、時間、資訊等。

　　4.管理的效率與效能：管理要把握兩項重點——(1)有效率（efficient），即以最少的花費來達成任務；(2)有效能（effectiveness），即真正達到組織的目標。

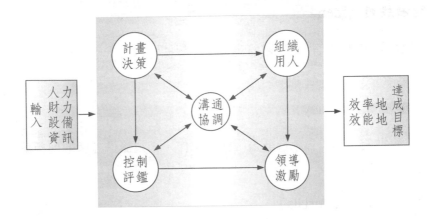

圖 2-1　管理的歷程與內涵

第二節　管理的主要活動

　　管理的重要內涵已在上一節簡明敘述，本節進一步分析管理主要的活動。根據張金鑑教授提出管理學的十八 M 如下（張金鑑，1985）：

一、管理的十八 M

㈠組織的目的（aim）

　　成功的管理必須確立正確的目標與使命，以為趨附的鵠的，以免走錯方向。

㈡業務計畫（program）

　　目的既定，便當根據目的，審查情勢，適應需要，訂定切實可行的業務計畫。

㈢組織成員（men）

　　執行計畫非人莫辦；計畫訂定後，應根據計畫需求，選拔勝任人員，依其才能分配工作。

㈣所需經費（money）

　　凡事非錢不辦；為執行計畫、推行工作，必須籌措經費編列預算，以充裕財力、應付開支。

㈤各種物材（materials）

　　推行業務和工作，必須有所需要的設備、機器、工具、家具、物品等；

「工欲善其事，必先利其器」，成功的管理有賴於適切的物材供應。

㈥合理組織（machinery）

一堆紊亂的人、財、物、事是無意義的，不發生任何作用；必須把這些要素加以適當配備與組合，使成為合理組織，才能擔當使命，推行業務。

㈦工作方法（method）

目的、計畫、組織既已確定，便應進而研究有效的工作方法，發揮組織功能，達成既定目的，完成既定計畫。

㈧工作指揮（command）

組織是一層級節制體系，工作分配高下不同，上有指揮之權，下有服從之責；在工作進程中，必須有集中的領導與貫徹指揮，方能成功。

㈨員工激勵（motivation）

民主的管理不可恃裁制以驅使員工，應施以激勵，發揮潛能，提高士氣，使之踴躍熱烈地共赴事功。

㈩意見溝通（communication）

管理要運用意見溝通、訊息交換，使員工對業務有共同的了解與認識，俾能一心一德地努力工作。

(十一)服務精神（morale）

服務精神亦稱士氣。戰爭勝負以士氣高低為轉移，管理的成功亦依賴員工的高昂士氣。故管理須培養員工的責任心、認同感、榮譽感、成就感，提高服務精神或士氣，藉以增進工作效率。

(十二)和諧氣候（harmony）

管理在使員工行動一致，合作努力，所以要摒棄本位主義和個人主義，

培養團體意識、和諧氣氛，團結一致地、和諧無間地、協力以赴地共同工作。

(十三)把握時效（time）

時者，金也。所以管理要把握時效，即能適合時需，又能及時，不遲不早，按預定時間完成工作。

(十四)因地制宜（room）

管理要適應地理及社會環境，因勢利導，因地制宜。

(十五)不斷改進（improvement）

管理要日新又新，精益求精，隨時研究，不斷改進；保持現狀就是落伍，不進步就要失敗，落伍失敗就遭淘汰。

(十六)整體觀念（sum）

組織是外在高級系統的次級系統，又是整合內部次級系統的高級系統。所以管理措施無論對內對外，都要本著整體觀念以為處置，既不可以偏概全，亦不可做枝節應付。

(十七)環境適應（adjustment）

管理在使組織能接受外在環境的支持，並對之提供服務，以為適應，俾能維持功能輸入與輸出的平衡。

(十八)組織發展（development）

組織要具有新陳代謝的功能，汰舊更新，永保青春與少壯，日趨成長與發展，以維持生存、持續與生長。

就此十八M合而言之，管理是一個機關或組織為達成其目的時，本著整體觀念、審察情勢，配合需要制定確實可行的工作計畫，並配備以所需的人、財、物建立合理組織，以有效的方法謀求協調和諧的執行。在工作

進行的過程中對次級系統的員工施以積極的激勵、意見溝通及有效指揮，藉以提高士氣，並顧及時、空的關係與需要，且採取不斷的改進，對外在高級系統的社會環境要做功能適應，維持功能輸入與輸出的動態平衡；組織的本身系統須具有新陳代謝作用，生生不息，穩定的生長，俾能維持生存，持續發展。

二、管理的主要活動

　　根據以上十八 M，參酌管理的歷程，以及筆者個人的見解，將它歸類為管理的五大項活動：

㈠計畫活動

　　*1.*認明組織目標，即前述㈠ aim。

　　*2.*研訂業務計畫，即前述㈡ program。

　　*3.*籌措所需經費，即前述㈣ money。

　　*4.*研訂有效方法，即前述㈦ method。

　　*5.*訂定時間進度，即前述㈪ time。

㈡組織活動

　　*6.*安排合適的人員，即前述㈢ men。

　　*7.*提供所需設備、物材，即前述㈤ materials。

　　*8.*建立合理制度，即前述㈥ machinery。

　　*9.*建立組織的環境適應，即前述㈦ adjustment。

　　*10.*保持組織永續發展，即前述㈨ development。

㈢領導活動

　　*11.*建立指揮系統，即前述㈧ command。

　　*12.*激發工作動機，即前述㈨ motivation。

　　*13.*鼓舞高昂士氣，即前述㈩ morale。

*14.*促進團隊和諧，即前述㈩ harmony。

*15.*策勵不斷改進，即前述㈣ improvement。

*16.*統合整體觀念，即前述㈨ sum。

㈣溝通活動

*17.*建立良好的溝通管道體制，即前述㈩ communication。

㈤控制活動

*18.*適當督導（監督指導），即 supervision。

*19.*適時評鑑（檢討改進），即 evaluation。

以上十八 M 除了 room 未列入外，其餘均可歸併於管理的四項主要活動內，如此或較能清楚把握管理所涵蓋的內容（活動）。不過上述十八 M 所列管理內容未明確列出控制或督導、評鑑項目，筆者以為將它單獨列為一項活動較為完整。

第三節　現代管理學重要學說
——科學管理學派、管理功能學派

人類早期就有管理的思想與行為，在工程方面，如埃及的金字塔、中國的萬里長城等偉大建設；在管理組織方面，中世紀的羅馬天主教發展成世界性的教會組織，這些都蘊含著人類管理思想的具體表現。

至於現代管理學至十九世紀末葉以來，管理學更方興未艾，管理並分為許多派別。一般管理學者將其分為：科學管理學派、管理功能學派、行為學派、計量學派、系統學派和權變學派。除計量學派以外，將依序分別敘述各學派的要旨與原則於各節中。

一、科學管理學派

科學管理學派學者重視工作效率，講求以最少時間或最少經費，完成較多工作或較多產品，並促進勞資雙方的合作，因此他們提出各種效率原則。如建立標準化工作方法和程序、訂定詳細職位說明書。今天的工廠管理、辦公廳管理，都參考此派學說。

本派主要代表人物為泰勒（F. W. Taylor）和易默生（H. Emerson）。泰氏被譽為「科學管理學之父」，著有《工廠管理》和《科學管理原理》（*The principles of Scientific Management*）等名著；易氏則於一九一〇年提出「效率的十二原則」。筆者參酌摘要擬訂工作效率的九原則：

*1.*建立明確的工作目標，並使員工深切了解。運用嘗試，堅持理想，研究各項問題，並徵詢他人良好意見，收集思廣益之效。

*2.*訂立適切的規章與紀律，使員工對一切事務須做公平客觀的處理。

*3.*建立可靠的、及時的、足夠的及永久的記錄與檔案。

*4.*應排列有效的、適當的生產程序，並有控制進度的方法和技術。

*5.*建立標準化的工作方法及時程。

*6.*適當安排員工的職位，使之適才適所。

*7.*建立標準化的環境及設備。

*8.*編訂明確的職位內容說明書。

*9.*訂定員工獎勵制度。

二、管理功能學派

此派又稱管理程序學派，重視管理人員能力的增進，主要貢獻在於確定什麼是管理的功能，建立永久普遍的原則。今天在管理經營上所採用的計畫、組織、指揮、溝通、控制、協調等，皆源自於此學派所建立的基礎架構和思想體系。

本學派的主要代表人物為費堯（H. Fayol），他被譽為「現代管理學之

父」。費堯於一九一六年出版其名著《一般與工業行政》一書，提出重要內容如下：

(一)管理的重要功能

包括計畫、組織、指揮、協調、考核五種。

(二)成功管理的十四項原則

1. 精密的分工。
2. 權責的稱適。
3. 嚴明的紀律。
4. 指揮的統一。
5. 思想的一致。
6. 團體利益重於個人利益。
7. 公平合理的待遇。
8. 事權的集中。
9. 良好的秩序與系統。
10. 一視同仁，平等待遇。
11. 謀求人事安定，使員工久於其任。
12. 促成員工具備自動自發的服務精神。
13. 養成團體意識與合作精神。
14. 上下之間、彼此之間，需有有效的意見溝通。

以上費堯所提之管理十四項原則，事實上主要在說明組織管理的若干原則與方法；至於計畫、考核並未明確提及。

第四節　現代管理學重要學説 ——行為管理學派、系統管理學派

一、行為管理學派

行為科學是本心理學、社會學、人文學、生態學的知識,使用自然科學的方法,研究人類行為的動機、過程與效果的科學,受行為科學影響的管理學者被稱為行為管理學派,也叫人群關係學派(張金鑑,1985)。

行為科學的主要代表人物為梅堯(E. Mayo)、巴納德(C. Barnard)、馬斯洛(A. Maslow)。

(一)行為管理學派的信念與主張

1. 掌握員工的心理狀態,強化員工的責任心、榮譽感及團體意識。
2. 兼重正式組織與非正式組織。
3. 保持組織與個人權益的平衡,不偏重團體或個人。
4. 強調積極的激勵,揚棄消極的制裁。
5. 採行人性化的獎勵,捐棄消極的懲罰。
6. 善用各種較人性化的權力來源(例如:魅力、溝通、關懷、支持),少依附權勢與法定的地位。
7. 重視員工士氣的人事管理。
8. 採行以人員為中心的管理制度,捨棄以工作為中心的管理制度。

(二)行為管理學派的基本原則

由行為管理學派的主張與信念,將之歸納為下列人群關係的原則:

1. 尊重人格:每個人都希望他人予以尊重,領導人若能尊重員工的人

格，承認其重要，員工必生「知遇」之感，奮勉圖報。尊人者人亦尊之，員工因之對其上司必予以尊重。上下在互尊互重的情形下，必能團結一致，共赴事功。

　　2.共同利益：經理人事，應把組織看成是一同甘共苦、共患難、榮譽分享、責任共擔、相互滿足、彼此支持的利益團體。組織中所有人都是利害相連、相互依存，有不可分離的密切關係。

　　3.積極激勵：積極性的激勵或獎賞，在利用人的上進心、成就感及顯達欲，使人奮發努力，踴躍將事。這足以使人能得到最高的發揮，工作效率亦可能達於最大限度。

　　4.民主參與：組織屬於全體成員，管理的推行應運用人人參與的民主法則。責任分擔、權力分掌，人人自動自發地負起責任，人人把組織的事業當成是自己的事業。民主參與可視為積極負責、積極行動的表現計畫。

　　5.相互領導：領導不可憑恃權力，迫使部屬服從。領導在運用知識、智慧、行為、勸說、人格感召、思想溝通，使部屬踴躍將事，共赴事功。領導在博致部屬對上司的合作，而合作乃是雙方的、相互的。聽取部屬意見、了解部屬情況，以為作決定的依據或參考，這便是部屬領導上司；上司作決定使部屬遵從，這便是上司領導部屬，上下之間，彼此尊重，相互影響。

　　6.思想溝通：管理不可憑恃權力，頒布命令使人服從。因為權力與命令能否產生效果，端視部屬是否願意與了解就有很大差異。如果部屬認為上司的命令與指揮是正當的、合理的，他們才會欣然順從。要得到這種效果，必須作有效的思想溝通。光靠權力服人，易引起抗拒；靠思想溝通以說服部屬，部屬才會心悅誠服，努力工作。

二、系統管理學派

　　系統的觀念，首先由維也納人班特蘭菲（L. V. Bertalanffy）於一九三〇年代提出，他在《一般系統理論》（*General System Theory*）一書中，認為世上一切事物都可視為一系統，系統係由若干有關事物，依一定的規律，

在互動互依下所形成的整體。

(一)系統管理學派的主張

系統管理學派,是各派管理學說的整合。系統學派的學者認為,科學管理學者重在技術層;管理功能學者重在行政層;行為管理學者擴及組織面;計量學者只看數字而欠思考——皆各有偏頗,有欠完整。系統管理學者認為,管理問題的解決,應從各種角度作全盤的觀察與診斷,然後對症下藥,作全面徹底的治療。

(二)系統管理學派的特性與要旨

1. 整體性——培養團體意識:管理系統乃是一完整的有機體,脈息相通,休戚相關,不可分割。所以推行管理應作整體觀察,通盤籌畫,摒棄個人主義與本位主義,培養團體意識,發揮團隊精神,既不可以偏概全,更不可因小失大,必須鉅細洞察,大小兼顧。

2. 適應性——重視環境的配合與適應:系統是大環境的一個環節,須有環境的支持與營養方能生存,一切管理措施須和環境配合,作有效的適應方能成功。所以環境的配合與適應,乃是「適者生存」的必要條件。

3. 開放性——主張與社會保持良好的互動關係:開放性係指管理系統對所在社會的「輸入」與「輸出」的循環作用和功能平衡。與社會保持良好的互動,保持社會輸入與輸出的平衡,出入相抵,循環不已,永具生氣與活力。

4. 代謝性——汰舊換新,生生不息:管理系統是由有生命的人員組成的團體,可以新陳代謝、生生不息、吸收新血輪,因此能永保青壯、活力充沛、前進不止。

5. 穩進性——在安定中求進步,進步中求安定:管理系統必須同時保持「穩定」與「持續」,即所謂「動態平衡」與「穩定狀態」。穩定是一種保守力量,所以能維持管理系統的團結與安定;持續是一種進步的力量,所以能促成管理系統的向前與發展。若保守力量太大,必流於腐化呆滯,暮氣沈沈;若進步力量太大,將趨於惡化激烈,變動不安。只有在安定中

求進步、進步中求發展的「穩定狀態」才是成功的正途。

6.互動性——促進內部的溝通協調：管理系統是由若干「職位」和「職員」構成的工作團體。工作單位的行為不是孤立的或獨立的，而是「互動的」、「交流的」內部溝通協調。

7.互依性——強化休戚與共、互助合作的功能：管理系統乃是若干次級系統組成的整體系統，整體與部分相互依存，不可分離；各次級系統之間亦具有分工合作的密切關係，互依互存，不能割裂。整體系統猶如人體，構成整體的次級系統猶如構成人體的五臟六腑、手足四肢，整體不能遺棄部分而生存，部分亦不能脫離整體而存在。整體與部分之間，部分與部分之間皆相依為命，脈息相通，休戚與共。

第五節　現代管理學重要學說
——權變管理學派

權變管理就是運用機智與謀略，使本身的管理思想、方法與技術跟外在環境的變遷與內在組織的變化適切地配合，期以最經濟的手段獲得最大的效果。就是因時制宜、隨機應變、機動靈活的彈性管理。

(一)權變管理的基本理念

權變管理學派，就是要管理人員知道在何種情況下使用何種管理原則與方法；也就是說，要了解某種原則只適用於某種情況，能因時制宜、隨機應變，不執著、不拘泥，要靠管理人員以較高的智慧和較佳的判斷，採取適當的措施。

權變管理學派對各管理學派的學說不加否定或排斥，只要能適應情勢，作適當的應用，均是明智之舉。例如：對生活較苦、收入較低的粗工，應用科學管理學派的思想，視為「經濟人」，增加其工資，即可發生獎進作用；對生活優渥、收入較高的白領階級，應用行為管理學派的思想，把握

民主原則,尊重人格,施行參與管理,始可引起激勵作用。

　　科學管理學派重督察、尚激勵,以制裁為有效手段;行為管理學派重民主、尚激勵,以獎賞為主要手段;然而,權變學派認為視情勢需要,或懲罰或獎賞,均為有效手段,所謂恩威並用、寬猛相濟,就是因勢制宜的權變措施。

(二)權變管理的要旨

　　1.以變應變:世上無不變之物,天下無不變之理,宇宙萬物生生不息,流變不已。成功的管理在於與時俱進,隨機應變,以變應變才能生存,所以權變管理者也就是能夠隨時代的演變而改變策略與方法。

　　2.適合情勢:最好的管理,就是要適合情勢;也就是說,要審查情勢,採行適切配合的思想與方法,才能獲致成功。

　　3.環境適應:企業組織都是一種開放性系統,外在環境的經濟、政治、法律、市場、價值觀等是獨立的變數,系統自身的型態、決策的程序、員工的素養、管理的技術等則是依附的變數,兩種變數之間有著交互影響的關係。外在獨立變數非管理系統所能控制,所以權變管理,就是要使內在的依附變數,對外在環境的變動作最佳調整和適應,以謀求生存與發展。

　　4.因人制宜:組織成員的素養必然有所差異,因此權變管理就要視人員的素質而採取不同的手段。例如:對待教育水準高、技術專精的專業人員,宜採用人性的激勵、民主參與的領導方式;對待教育水準低的勞動工人,則應採用重紀律、嚴督察等較嚴格的領導方式。

　　5.奇正並用:就軍事而言,依一般兵法用常道、常理、常則作戰,謂之「正」;因特殊情況而用智術、妙計、策略以作戰,謂之「奇」。就管理而言,在平時處理普通事務,宜應用普通管理理論與法則;在非常時期處理複雜或緊要事務,便需要運用高度智慧、機動靈活的管理策略與技巧。所謂守經以處常謂之「正」,從權以達變謂之「奇」,正奇並用,經權互濟,乃管理的最高藝術。

　　6.殊途同歸:所謂「條條大路通羅馬」,任何達到目的、獲致成功的方法或策略都可採行,並不限於單一途徑。所以企業管理不可囿於一成不

變的定則或定律,應隨機應變,因時制宜,採取各種因應措施以求生存與發展。

7.否定兩極論:有些學者認為,組織是封閉的、穩定的,對人性的基本看法是消極的,所以要用嚴格監督制裁的方法來管理;有些學者認為,組織是開放的、適應的,對人性的基本看法是積極的,故應採民主激勵的管理方法。權變理論學者則認為,企業的組織沒有絕對封閉或完全開放,端視組織內部性質而定,組織內部各單位由於業務性質不同,開放或封閉的程度就不一樣。

就一般企業管理運作方面而言,銷售部門常比生產部門來得開放,因為前者與外在接觸多,所以較開放;後者為了要做好完善的品質管制,往往採取較嚴密的措施,因此較為封閉。所謂組織的開放與封閉,並不是絕對的。

至於組織中對人員的評價也沒有絕對的好與壞,因為每個人的思想觀念、個性態度、興趣愛好不盡相同,在組織裡服務的地位、工作的性質也不一樣,所以管理的手段就應有所不同,絕對不是用一套單純的方法即可行,例如不能單以制裁或激勵就能奏效。

8.彈性的運用組織原則:組織是生態的,它不斷在成長與改變,因此權變理論認為,沒有一套永久不變、放諸四海皆準的組織原則可適用。再者,各種企業組織性質不同、環境不同,成員也不盡相同,所採的組織原則就不見得要相同。例如:組織中所謂的「控制幅度」原則,其要點為任何首長直接指揮的下級人員,一般主張三人到七人,以免超出首長的駕馭能力範圍。此種看法不見得完全正確,倘若一位首長能力很強,或者善於授權,那麼即使多指揮一些人也無礙於組織任務的推展。

其次,組織原則之一是要權責適當,但是如果是一位很精明能幹的組織成員,則賦予其較重的權責也不以為過(張金鑑,1985)。

(三)學校權變領導的實例

領導方式,無一成規,也無所謂最佳領導。如何體察被領導者的群意,又能發揮個人領導的風格,成為成功的領導者,是項重大的挑戰。是否要

追求專制式、放任式的領導方式，或人性化、民主式的領導風格，決定權在於領導者自己（江文雄，1998）。

1.所謂專制式的領導，是以工作為導向，指揮被領導者時，仗恃法定權威地位，決策過程不給被領導者參與機會，不考慮被領導者意見，期望被領導者只要聽命行事，不能向領導權威挑戰或對命令有所質疑。

2.所謂放任式的領導，就是無為而治，根本就不提供方向給被領導者，儘量給予自由發揮的機會，領導者對於被領導者的工作情形概不過問，容易流於各自為政。

3.所謂民主式的領導，就是大眾諮商、服從多數、尊重少數。領導者以身作則，化權力為服務，與被領導者打成一片，讓被領導者參與決策，透過會議溝通，廣徵意見；決策執行有困難時，允許修改，公正客觀，賞罰分明，有功大家分享，有過先行承擔。

4.所謂人性化的領導，就是關懷與尊重被領導者。協助被領導者解決困難，與被領導者打成一片，聯絡感情，爭取向心，善解包容，不強迫每一個被領導者去符合組織的標準，注重自我比較的進步與績效評量，並隨時提供被領導者發展潛能的機會。

上述四種領導方式利弊互見，但領導與人脫離不了關係，尊重人性，自然可像溫暖的太陽散發出驚人影響力。因此，人性與民主的領導乃時勢所趨，順勢則興，逆勢則敗。領導者必須慎選並靈活運用不同領導方式，對不同的領導對象採用不同的領導方式，對相同的對象有時也要用不同領導的方式，若堅守固定的領導方式，終將導致一著棋錯滿盤皆輸。

領導者要隨領導的對象及情況的不同，適時權變領導的方式，找出被領導者的需要，分析判斷事情的真相，能適時地與被領導者達成協議。因此，權變領導不是領導者用來對付被領導者的手段，而是一種和被領導者共同合作的方法。

領導方式的權變應用，試舉數例如下。

有下列情況之一時，是專制式領導的適用時機：

‧新進教職員不知道如何執行業務。

‧事情非常緊急，只能用很短促的時間作決定。

‧被領導者對其他領導方式沒有反應。

‧領導者權力受到挑戰。

‧領導者到任前，被領導者士氣低落，不能自律，管理績效差。

有下列情況之一時，是專制式領導的非適用時機：

‧被領導者期望領導者傾聽其意見。

‧被領導者的工作士氣有消沈現象。

‧被領導者的支持程度略有提升。

‧被領導者有不滿或反彈情緒。

有下列情況之一時，是放任式領導的適用時機：

‧被領導者具有專業能力及豐富經驗。

‧被領導者主動積極，士氣高昂。

‧被領導者忠誠盡責，值得信賴。

有下列情況之一時，是放任式領導的非適用時機：

‧被領導者能力或經驗不足。

‧被領導者之間不合作。

‧被領導者覺得不安。

有下列情況之一時，是人性、民主式領導的適用時機：

‧被領導者有參與的意願。

‧領導者想多聽取被領導者的心聲。

‧被領導者教育水準高及學習能力強。

‧在計畫形成的過程中，想廣徵意見。

‧領導者希望各項決定或賞罰作到公平、公開、公正。

有下列情況之一時，是人性、民主式領導的非適用時機：

‧作決定的時間太過短促。

‧領導者自己作決定更容易、更有效率。

‧領導者有不安全感。

‧領導者無法承擔失職的後果。

第六節 結語

　　以上綜合管理學各學派之立論：科學管理學派強調工人的工作效率；行政管理學派重視管理人員的行政管理效能；行為管理學派掌握人員心理需求的滿足；系統管理學派強化組織內外整體的理念；權變管理學派融合各學派，隨情境採行適當的策略與措施。其實無論哪一學派的理論或法則，在今天的企業管理或政府機關，以至於教育機關，都被採行運用，只是在於運用程度多與少的差別而已。

　　就學校經營管理而言，早期威權時代的學校經營，大都偏重科學管理與行政管理學派的理論；以現代比較民主時代的學校經營管理，對人群關係學派、系統管理學派以至於權變管理學派則較為重視，但科學管理與行政管理的許多精神與原理原則仍具有採用的價值，不容偏廢。

「辦事科學化、領導人性化、決策民主化、
組織系統化、處世權變化」

　　以上係將各學派的要旨，應用在經營人生各層面上，即：

- 做事情要講求科學的精神，才能增進效率，事半功倍。
- 領導要尊重人性需求，才能激發人們潛能與熱忱。
- 決策要能集思廣益，群策群力，才能作好合理決定。
- 組織團隊要有內外兼顧、上下一體的系統觀念，才能團結一致，達成目標。
- 面對複雜的社會環境，唯有通權達變，彈性運用，才能諸事順遂。

 計畫

凡事豫則立，不豫則廢。——說明計畫準備的重要性

每花一刻時間作計畫，可以幫你節省三四倍的做事時間。——說明作計畫的價值

天下之事，慮之貴詳，行之貴力，謀之於眾，斷之於獨。——說明計畫與決定的要領

《中庸》說：「凡事豫則立，不豫則廢。」這句話深刻烙印在筆者的心裡，它時常警惕激勵自己做任何事都要好好的準備，只要有周詳的計畫，什麼事都能順利達成。筆者生涯過程中，無論是學生時代的學習，在社會服務，以至於到學校的經營，在在都不忘記此一箴言。

記得筆者學習的每一個階段，從小學、中學到大學，以至留學，每到升學的關鍵前一年，就做好很完善的準備規畫，然後按照計畫確實努力執行，所以都能順利地考上理想學校。而後，為了要實現留學夢想，早在七八年前就開始計畫準備，因為在一九七〇年代，留學尚是一件困難的事。但是筆者盡早努力準備規畫，包括語文上、經濟上、生活適應上、家庭安置上，還有職務的交代上……等等，都要一一克服困難，作妥善的處理或準備，因此才能留職停薪，放心地前往美國舊金山州立大學教育行政研究所進修兩年，順利地取得學位。

學成歸國之後，馬上獲得學校委以重任，擔任教務主任一職。接著，又出任省中校長，為了要改進校務、增進校外關係，承辦了許多大規模的校際活動，當時也充分發揮了計畫的功能，使每件活動都推展得很圓滿順

利。其中，又以擔任全省高中入學考試命題製卷委員會的主任委員體驗最深。

為了確保考試公平公正工作順利，整個委員會的組織非常嚴密，其工作計畫也相當周詳。筆者有幸奉上級指派，擔任主任委員一職，依照組織規定，主任委員必須在兩年前先擔任副主任委員，經驗兩年的闈場生活，並熟悉委員會組織與規畫的歷程。等到正式擔任主任委員，一切的工作計畫及組織的運作，都要由自己指導研訂、協調溝通，並確實督導執行。由於這種健全的組織與周密的規畫及運作下，失誤的可能性可說微乎其微。

至於筆者在運用策劃的知能於其他生活上，也有相當多的事例，比如扶輪社社團經營、旅遊計畫，以至於小兒結婚的計畫。因為能夠把握計畫的要領原則，大多都能順利推展，達成目標。以旅行為例，筆者與內人曾在一九九九年做為期一百三十天的世界之旅，也由於事先的計畫準備周詳，溝通協商積極，雖然我們已是一對年逾六十的老人，但是歷經四個半月的旅程奔勞，且要適應十多個國家陌生環境的生活方式，終於還能夠安全順利地歸國，可以說是歸功於事前的周全準備——包括多年的經驗，以及一年多的計畫——由此可見預行計畫的重要性。

第一節　計畫的性質

一、計畫的定義

計畫（plan or planning）的定義有許多不同的說法：計畫（plan）是名詞；計畫（planning）是動名詞，是思考、判斷、作決定的一種歷程。我們以下將兩種用詞混合使用。

有人認為：

· 計畫是建設的藍圖。

- 計畫是行事前的準備。
- 計畫是未來導向的決策歷程。
- 計畫是建立目標，確定達成目標方法的歷程。
- 計畫是目標的選擇、策略的制定、方案的規畫、程序的規定，以及如何達成目標、策略、方案、程序等方法的研訂。

筆者以為，計畫是──參考過去，衡量現在，預測未來；認明目標；制定方針策略；規畫方案；確定程序；研訂方法；編列預算等歷程。

二、計畫的重要內涵

從上述定義中進一步說明計畫的內涵：

(一)蒐集資料

計畫初期要先蒐集資訊，包括過去的經驗、現況的實情、未來的可能發展，從這三個角度認真搜尋有關的資訊，作為研訂計畫的參考。

(二)認明目標

目標是未來工作的導向，也可說是一種活動的動機。目標的類型繁多，視計畫的時間、計畫的期限或計畫的部門性質而有許多類型，詳如本章第一節之第四要項：計畫的類型。

(三)明訂計畫的方針策略

方針策略是一種達成目標的指引方向，也是規範達成目標應把握的原則，所以良好的計畫都一定要明訂方針策略，才能確保目標的達成。

(四)規畫分項進行的工作

為了達成目標，應規畫分項進行的工作，並安排適當的人員以利分工進行準備與執行。例如：一項人才甄選計畫，就要規畫幾項重要工作，包括報名、命題及考試工作、口試工作等，每項還要訂定其規則及辦法。

(五)安排程序與步驟

　　完成一項計畫必須訂定計畫進行的工作時間表或者是進度，以便把握進度，順利推展。缺乏這項安排就會造成混亂、失序、脫節等現象。

(六)研訂方法

　　為了達成目標、推行工作，必須研訂各種可行的方法，以便有效能、有效率地順利完成任務。方法的獲得可以參考別人的經驗及個人智慧的累積，最好的辦法是多請教有經驗的人。

(七)編列預算

　　預算也可以說是數字的計畫，為了達成目標，需要編列所需的開銷以及經費的來源。

　　以上是計畫的內容大要，以及計畫研訂的粗略步驟，不過計畫的內容或計畫研訂的步驟，將隨著計畫的大小、性質、類型，而有所不同。

三、計畫的思考要點

　　從事計畫的研訂，一般可以依循七Ｗ加以思考進行，或許可以迅速掌握計畫的重點。

　　1. why──是什麼目標？

　　2. what──做什麼事，用什麼策略？

　　3. how──用什麼方法？

　　4. when──什麼進度、時間表？

　　5. where──什麼場所？

　　6. who──誰來做？

　　7. money──經費及預算多少？

　　比如一項減重計畫：

　　1. why──目標：訂在一個月內減輕體重五公斤，使身體更苗條。

2. what——做什麼事：(1)每天規律的運動；(2)節制飲食；(3)控制睡眠。

3. how——用什麼方法：在運動方面，每天慢跑五十分鐘，並加上一小時的有氧運動。

4. when——進度：第一週減輕一公斤，第二、三週各再減輕一點五公斤，第四週再減輕一公斤。

5. where——場所：慢跑時選擇一處安靜的運動場，有氧運動選擇在家裡播放錄影帶配合。

6. who——誰：請一位指導老師定期指導。

7. money——經費：購置運動服裝及營養食品。

四、計畫的類型

計畫可以劃分為不同的種類，各種類型的計畫都有其獨特的功能，分述如下：

(一)依時間分類

依時間分類標準，計畫可分為長程計畫、中程計畫、近程計畫三種。例如：學校的年度計畫屬於近程計畫，學校的發展計畫屬於中程或遠程的計畫；近程通常是一年到二年，中程是二年到五年，五年以上則是長程計畫。

(二)依範圍與層級分類

按照層級範圍的分類，計畫可分為整體計畫、部門計畫、科組計畫。例如：學校的校務計畫屬於整體計畫，教務訓導計畫屬於部門計畫，註冊組或教學組計畫屬於科組計畫。

(三)按照性質分類

依照計畫所要發揮的功能為標準，計畫可以分為目標計畫、策略計畫、作業計畫。目標計畫及策略計畫都比較簡明扼要，作業計畫是各部門或單

位所要執行活動的詳細工作規畫。

　　例如：某高中明年升學率欲提升為百分之九十，這就是屬於目標的計畫；為了達到提升升學率的目標，將嚴加督導與管理，或增加考試次數，這是屬於一種策略；而後再詳訂各種考試、考核、管理的詳細辦法，這是屬於一種作業計畫。

㈣依功能分類

　　依照計畫所要完成功能的標準來分，可分為下面幾種：

　　1.經常性計畫：各單位的年度計畫，如學期教務計畫。

　　2.改進性計畫：為要改善業務所訂的革新計畫，如改進學生輔導辦法。

　　3.擴充性計畫：為要擴大規模所訂的計畫，如學校增班、校地擴大。

　　4.預防性計畫：為預防意外事件所訂的計畫，如防火計畫、防盜計畫，甚至危機的處理計畫。

　　5.臨時性計畫：在不可預料的事件發生時，為緊急處理所需而擬訂的計畫，如為九二一地震所擬的各種救難計畫。

五、計畫的功能

　　一個完備的計畫，可以達到下列的功能：

㈠具有充分的準備

　　因為計畫是對未來形式的一種準備，所以事先都要經過審慎的考慮周詳的研訂，所以準備會比較周到。

㈡具有共同努力的目標與方向

　　計畫是有準備的方向和方針，所以大家可以朝此目標來努力，增加工作的動機。

(三)便於分工合作，協調一致

計畫由於已事先經過詳細安排和分配，依此分工進行，能夠獲致工作上的協調與統一。

(四)便於績效考核

計畫訂有進度與標準，可以依此來考核執行的績效。

(五)便於檢討改進

計畫都有建立工作標準、進行方法等，所以事後可以檢查其成敗得失，記取教訓，以作為下次計畫參考的依據。

第二節　計畫的障礙與準則

一、計畫的障礙

作計畫時由於種種因素，造成計畫不能達到理想，諸如計畫不合實際、窒礙難行、欠缺公平、欠缺完備等等，茲將作計畫的各種障礙因素，分述如下：

(一)計畫人員的障礙

1.個人太主觀固執，使計畫有所偏差
2.個人經驗不夠，判斷不正確，使計畫窒礙難行。
3.個人學術貧乏，思考欠周，使計畫漏洞百出。
4.個人懶惰成性，安於現狀，使計畫缺乏前瞻性與創新性。
5.個人感情用事，私心太重，計畫失去公平公正。

(二)組織成員的障礙

　　*1.*組織成員未充分溝通，使計畫欠完備，不夠周詳。

　　*2.*組織成員意見太分歧，不夠一致，計畫就成為拼湊，缺乏完整性。

(三)時間的障礙

　　*1.*計畫因思考時間太短，欠周詳完善。

　　*2.*計畫所採資訊太過時，所作的判斷一定不正確。

(四)法規的障礙

　　*1.*計畫受到現行法規的限制，則所訂之遠程計畫就未能適應未來情境的變化。

　　*2.*計畫因受不合時宜之法規限制，則使短程計畫不符實際。

(五)環境壓力的障礙

　　*1.*計畫受到特權人物、人情關說等壓力，無法達到公平公正。

　　*2.*計畫受到地區風俗習慣的影響，無法突破現狀。

(六)經費的障礙

　　計畫受到經費的限制，無法達到理想境界。

(七)領導的障礙

　　*1.*領導者缺乏遠見，不善溝通統整，計畫缺乏正確合理的目標。

　　*2.*領導者不善用民主參與的決策，使計畫的研訂操控在少數人手裡，便失去公平性、實際性或可行性。

　　以上僅列出計畫的主要障礙因素，其餘尚有許多無法預測的障礙，如未來的突發事件、不可預測的天候、整個內外在環境的隨機變化等，都會使計畫難以達到完美的境界，因此做計畫必須要有彈性措施或備案計畫。

二、計畫改善的策略與準則

計畫由於種種因素，無法達到理想境界。計畫希望推展順利、達成目標，就要把握原則。根據張金鑑教授的看法，計畫應遵守的重要準則包括：合理性、效率性、公平性、民主性、實際性、可行性、完備性、權變性（張金鑑，1985）。

此外，根據黃昆輝教授在「教育計畫」中提到教育計畫的特性為：富有意義的目標、可行性、中肯性、確定性、簡明性、適應性、輕重緩急性、檢視性、質量並重性（黃昆輝，1987）。

筆者以為，改善計畫的品質，應把握下列準則或策略：

(一)計畫人員的素質：有待加強改進

1. 保持客觀開放的態度。
2. 充實相關學識，擴大思考理路。
3. 加強行政歷練，培養正確判斷能力。
4. 突破安於現狀的狀態，力求創新改造。
5. 保持公平公正的態度，避免感情用事。

(二)研訂計畫的歷程：把握合理的程序

1. 先設定正確合理的目標。
2. 要蒐集比較完善可靠的資訊。
3. 研訂計畫的草案。
4. 透過民主參與的程序來完成計畫。

(三)計畫的內容：確保良好的品質

1. 完備性：計畫的內容完整，沒有疏漏。
2. 實際性：計畫的內容反映事實，非憑空構想、閉門造車。
3. 可行性：計畫的內容針對環境情勢、社會需要研訂，切實可行。

4.合理性：計畫是經過計畫人員縝密思考，排除主觀感情因素，無私無蔽之下所作的理性抉擇。

5.效率性：計畫是考量以最經濟的手段獲得最大的成果，亦即對現有資源作最有效的運用。

綜合上述所敘，計畫應有的策略及準則，其中最重要的是在計畫過程中，計畫人員是否以開放的心胸、認真的態度，透過溝通參與達到集思廣益，就決定計畫的品質。

第三節　計畫的架構與歷程

有關計畫的兩件大事：第一是如何寫計畫書，第二是如何完成計畫書。此二點是研訂計畫者所關心的事，前者是有關計畫的架構，後者是計畫研擬的步驟或歷程，這兩者將分別詳述。

一、計畫的架構

計畫的內容雖然有共同基本的架構，不過隨計畫性質的不同有所差異，一般的計畫書包括：(1)目標；(2)依據；(3)方針策略；(4)工作要項；(5)方法、辦法或規則；(6)日程、進度、步驟或程序；(7)預算、附件。以上(4)、(5)、(6)三項，視計畫的性質有各種不同的組合。

茲以教師甄選計畫和學校評鑑為例，分別介紹其架構：

○○縣（市）教師甄選計畫

(一)**目標**：說明計畫想要達成的願望。

(二)**依據**：說明本計畫所根據的法源或指令。

(三)**方針策略**：說明本計畫所要把握的原則。

㈣**組織**：列明執行計畫所需的組織編制人員。

㈤**工作項目及負責人（或單位）**：

　　1. 報名工作：說明工作項目及負責人。

　　2. 命題工作：說明如上。

　　3. 筆試工作：說明如上。

　　4. 口試工作：說明如上。

　　5. 閱卷工作：說明如上。

　　6. 核稽工作：說明如上。

　　7. 總務工作：說明如上。

㈥**工作進度**：進度或日程可以併在前項列明，或單獨列成一項。

㈦**辦法或規則**：列出第五項工作的詳細辦法或規則，如果內容很多，通常列在附件。

㈧**預算**：編列各項收支預算。

㈨**附件**：詳列規則、辦法、表格等。

☆○○縣市中小學校務評鑑實施計畫

㈠**目標**

　　1. 了解學校經營理念，發展學校特色。

　　2. 評定辦學績效，增進學校效能。

　　3. 促進專業成長，提升教育品質。

㈡**依據**

　　1. 國民教育法第九條之三。

　　2. ○○政府教育局年度施政計畫。

㈢**辦理單位**

　　1. 主辦單位：○○市政府。

　　2. 承辦單位：○○政府教育局。

　　3. 協辦單位：由市府遴選。

㈣**評鑑對象**

　　1. 本縣市中小學。

2.受評學校順序：(1)指定學校、(2)自願申請、(3)抽籤決定。

㈤實施期程

本評鑑分階段完成，階段日程如下表，評鑑每校以一天為原則。

㈥組織分工

1.校務評鑑委員。

2.訪評小組。

3.自評小組。

㈦辦理方式（方法）──（說明相關工作之詳細辦法進行方式）

1.評鑑說明會。

2.學校自評。

3.協調會議。

4.訪視評鑑。

5.評鑑檢討會。

6.追蹤輔導。

㈧評鑑項目

1.組織與行政運作。

2.課程與教學活動。

3.訓導與輔導措施。

4.環境與設備管理。

5.教師專業與發展。

6.社區家長參與。

以上評鑑表詳列附件。

㈨評鑑結果

1.量化成績計算：

(1)以形成性評鑑成績與總結性評鑑成績得分加總計算。

(2)總結性評鑑成績計算，如表（略）。

(3)等第評定。

2.質性結果之呈現：針對各評鑑項目，具體敘述受評學校的優點、特性與待改進之處。

(十)獎懲

(十一)經費

附件一：訪視評鑑行程表（略）

附件二：校務評鑑表（略）

上項評鑑實施計畫的架構，係參考台中市九十二年度校務評鑑計畫評鑑手冊，筆者曾擔任該計畫評鑑委員的工作，由於計畫周詳，所以評鑑工作進行非常順利，足見市政府教育局在研訂計畫方面的用心。

二、計畫研訂的歷程

計畫研訂需要把握原則，遵循一定程序才能達到完善的成果。基本上，計畫的初期要先想到目標、動機或者要辦的事；其次，進一步蒐集資料參考後，就能使目標更清楚或更正確，也使構想策略更具體；然後研訂計畫草案；接著經由溝通、會稿或會議後，修訂為正式計畫；最後依規定程序核定，付諸實施。

計畫的類型很多，單以計畫的功能而言，就有經常性計畫、改進性計畫、擴充性計畫、預防性計畫和臨時性計畫。然而，各種計畫研訂的程序步驟都很相近。不過意外事件因事出突發、或出乎意料，在計畫的研訂時，就必須把握時效，突破傳統程序，發揮創意思考去研訂計畫。

以九二一大地震為例，由於是巨大災難，超乎尋常，大多都缺乏預防計畫。所以災難甫降臨，哀鴻遍野，舉國措手不及，眾人無所適從！全國上下雖然投入賑災工作，但因缺乏一套妥善的計畫，以致許多賑災工作效率不彰，甚至受到批評抱怨。不過未身歷其境、從事賑災工作的人，就無法體會作好妥善救災計畫的困境與難度。

筆者湊巧在九二一大地震發生之際，擔任台中西南扶輪社社長一職，因此有機會接觸救災工作。當筆者親身投入救災行列後，才發覺救災工作何其繁雜，在研訂救災計畫工作時，有許多因素需要詳細考量。下列的敘述係本人帶動全體社友出錢出力、同心協力救助災區學童，從事賑災工作

中策畫的心路歷程：

〈從九二一賑災工作中談策畫的心路歷程〉

自從九二一大地震後，我花了很多時間去了解受災同胞的苦難情形，及那些奮不顧身、熱心救人的感人事蹟。同時也在思考身為扶輪社社長的我，在賑災工作中，應如何扮演稱職的角色，奉獻一點心力，幫助政府加速重建，使社會恢復往昔的安定與繁榮。

首先在地震後的第一次扶輪例會，臨時調整節目，以「如何響應九二一賑災工作，發揮同胞愛」為主題，希望社友們對災變能進一步了解，對救災重建的重要性，有深一層的認識。因為社友們都是社會各界菁英，對這項活動很快反應熱烈，雖然在其他場合都已樂捐了不少錢，但基於扶輪人的使命，大家都慷慨解囊，一個晚上就募得一百萬救災基金，加上日本姊妹社小松島南來電，允捐日幣一百多萬，如此可說完成賑災第一步工作——有了經費。

接著是如何最適當運用這筆錢，也是需要費神思考的，最方便的作法是全部交給政府或扶輪社 3460 區辦公室，統籌分配應用，不過這樣很難達成社友們的意願，為了慎重起見，我不斷地觀察、傾聽、思考，希望能想出較好的方法，以較少的錢，發揮最大效果。

首先召開本社理事會議，傾聽大家的意見。也利用到台中師院上課的機會，聽取災區同學們的心聲，打電話詢問災區社友及師院老師的看法。每天留意電視新聞的報導，並到災區訪問觀察，特別是邀集幾位社友，專程到東勢扶輪社訪問，了解實況。又請教師院幾位同仁，他們正在積極協助災區救援工作。經過十多天的訪查、研究、構思，而擬出了本社賑災愛心工作計畫，仔細檢討，這個計畫可說把握了真實，在公平、友善等原則，尤其是達成多種目標，為了各種需求，以有限的錢做了不少事，例如：撥

六十萬元給區總監統籌運用；列八十萬元做助學金，直接送到災區困苦兒童手裡；列五萬元表揚愛心人員；五萬元提供心理輔導設備；十萬元支援友社。除了第一項不用費神外，其他項目都需要社友們用智慧來規畫與執行，才能啓發較大意義與積極的效果。

上列各項計畫內容，因限於篇幅，不多加詳述。僅就其中「愛心獎學金」一案爲例，說明其意義。

首先我們將日本姊妹社的捐款，作爲較有意義的愛心助學金，並將助學金定名爲「台中西南扶輪社・日本小松島南扶輪社合作九二一助學金」，其意義是多層的，一方面對日本小松島南姊妹社的關懷捐款，表示感激與珍惜，他們以一個日本鄉下小鎮的扶輪社，竟然能募集到一百多萬日幣救災，實在不容易。而我們台中西南扶輪社也提出加倍的金額，共同設置助學金，希望兩國社友的愛心，直接送給災區困苦的學童；同時也讓姊妹社社友，了解我國國民堅忍自強的能力，並非要完全依賴別人的協助不可。

而在姊妹社派遣社友專程前來慰問及致送捐款時，我們台中西南扶輪社爲配合他們來台的行程，而變更例會日期，愼重舉行接待歡迎會，表達我社對這份情意的珍惜與感激。

總之，這項九二一賑災活動，本社與異國姊妹社共同對災民的愛心與關懷，產生良好的互動關係，使兩社更加親密與了解，姊妹社的交往意義更顯得可貴。

（本文曾經登載於一九九九年十月七日《中華日報》副刊）

三、上述策畫之說明

1.這是屬於一種臨時性，也是一種創新性的計畫，無前例可循。

2.在賑災計畫定案前，先透過各種方式蒐集資料，包括會議、協商、觀察、查訪等等。

3.初步決定三種賑災方案，其中以「愛心獎助金」一案比較複雜，其

辦法需要進一步的研訂。

4.研訂愛心獎助金時，把握公平、公正、真實的原則，例如希望能公平分配給災區各學校的學童，也希望能夠實際交到學童手裡。

5.為達成目標，完成任務，尚研訂其他計畫的配合措施，包括申請獎助金的方法、舉辦中日姊妹社合作獎助金儀式等。

6.這次計畫雖然主要目的在於協助賑災工作，但實際上卻達成多種目標，完成多項任務：

(1)直接獎助災區學童。

(2)配合地區扶輪社提供經費，建設災區紀念館。

(3)配合某一專案，提供經費，購置兒童遊戲治療設備。

(4)接受社友的捐款，使善心人士得以表達關懷，發揮愛心。

(5)接受日本姊妹社的捐助，共同設置獎助金活動，更增進兩國民間的情誼。

第四節　現在學校經營──計畫改進的策略

綜觀過去學校行政計畫有若干缺失，或許由於過去學校處在威權時代，行政管理較為封閉，行政計畫大多蕭規曹隨，依循傳統，較少創意，甚至不符實際所需。尤其是過去學校較少競爭，學校經費在由政府全額補助之下，從未考慮成本效益和經營績效，學校經營不必考慮太多生存與發展的問題。

然而，今日處於競爭激烈的環境之下，學校數愈來愈多，相對地，學生人數愈來愈少，而學校的教育財源也愈來愈拮据，學生與家長對學校的期望更為殷切，加上校園的民主化，教師會的成立使教師參與學校行政益加深入，因此學校經營的策略非得改進不可。但是策略的改變，就要從學校經營計畫著手改進。

傳統的學校計畫有許多不合時宜的疏漏，茲提出計畫的改進策略如下：

(一)就目標訂定方面改進：研訂富有魅力可行的遠大目標

學校計畫目標是師生共同追求的願景，有了魅力遠大的目標，就能夠激發師生努力的動機。例如：學校目標可以訂為「建立師生都喜歡的美好校園」，然後再加上幾條較具體的目標加以配合。新加坡前總理李光耀在立國初期，就以「建立一個世界最美麗的都市國家」為目標——這是多麼清楚又富有吸引力的目標。

今天許多學校也都訂有學校的共同願景，這些願景是經由師生們共同討論的結果，在這種願景的指引下，對校務的推展有很大的幫助。

學校的計畫目標除了整體目標外，在訂定每一項工作計畫時也都要設定清楚的目標，比如例行性的校務會議，也要研訂詳細計畫，並清楚設定會議計畫的目標。例如下列目標：

1. 建立共識。
2. 決定計畫。
3. 交換知識與經驗。
4. 表揚人員，鼓舞士氣。
5. 增進情誼。
6. 授與新知。

事實上任何學校活動都需要研訂計畫，每一種計畫也都要認明目標，沒有計畫、沒有目標的活動，效果都是有限的，甚至產生反效果。以晨間升旗典禮為例，如果有詳細的規畫，有清楚的目標，則師生對升旗典禮不但不會感到厭煩，反而能引起興趣，產生良好的效果，達成許多教育上的目的。

(二)就溝通方面改進：依循民主參與的程序訂定計畫

計畫的完善可行與否，與研訂計畫的過程是否充分的溝通協調，有密切關係。如果事先缺乏溝通，計畫就會有所疏漏，執行時窒礙難行，或成效不佳。

計畫的溝通除正式會議上的溝通之外，私底下非正式的溝通更為重要。

例如：多請教、徵詢意見、作雙向的溝通等，不但可以獲得資訊，增加創意，更可以滿足對方的參與感及受尊重感，雖然此種過程比較費時，然而計畫前多一分的溝通，就少一分執行的困難，而多一分的效果。

此外，計畫的階段利用小型團體腦力激盪，可以激發創意，對學校創新改進計畫之研訂很有幫助。尤其在目標與策略的訂定時，更為需要。

㈢就資訊蒐集方面改進：蒐集足夠最新資訊作為計畫參考的依據

計畫的研訂，如果具備充分較新的資訊作為參考依據，則所訂計畫就較完善可行。反之，計畫如果缺乏足夠的資料為依據，所訂的計畫就會有所不妥，或是計畫的執行會遭遇困難。例如：在訂定計畫之時，先蒐集最近其他學校類似的計畫或有關的動態等，經過分析比較後，再決定計畫的方案。如此就可以截長補短，研訂比較完善的計畫。

例如：一項學雜費調整的計畫，如果能事先蒐集各校的調整資料，以及本校過去調整的過程，然後經過比較分析再作決定，則調整率會比較妥當。

㈣就計畫功能方面改進：全面性改進各種校務計畫，發揮計畫功能

學校推展任何校務的工作，都要有周詳的計畫才會推展順利，達成良好的效果。前已敘述缺乏計畫的或者計畫不善的工作，計畫推行的效果必然拙劣，衡諸現行各校（以國小為例）除了訂有年度校務計畫以外，其他各項業務都只憑相關規定以及過去經驗推展，欠缺周詳的計畫。以校園的綠化美化為例，很少有學校作較周詳的計畫，因此綠化美化的工作就績效不彰。

再者，學校計畫的類型相當多，依時間來分，有短程計畫、中程計畫和長程計畫；依功能而分，有經常性計畫、改進性計畫、擴充性計畫、預防性計畫和臨時性計畫。一般而言，大部分學校訂有短程計畫，較少有中長程計畫；大多訂有經常性計畫，少有改進性或擴充性計畫。

因此各校為了要改進校務，加強學校經營管理，應確實檢討各項校務的推展有否完善可行的計畫。如果尚未訂定，就要著手研訂計畫；如果已

經有訂定計畫，仍應逐年檢討，修正改進。

(五)就計畫人員方面改進：善用人力資源，加強計畫人員的訓練

計畫的完善與否，與計畫研訂人員的素養有密切關係，計畫人員的學術經驗、思考模式、人格特質，在在都影響計畫的品質和計畫研訂的效率。一位富有行政經驗又有教育理想的行政工作者，自然就會容易地提出好的計畫草案，並善於溝通協調、廣納意見後，加以修正成為完善的計畫。

學校校務各種計畫的擬定者，一般都由組長、處室主任或秘書來擔任，端視業務的性質而定。不過有些特殊的計畫也由校長親自執筆研訂。

筆者在擔任省中校長時，曾經為了改進學生註冊辦法，親自督導出納組組長研訂改進計畫，再送行政會報討論通過。這樣的作法，是因為該出納組組長由軍中參謀退役轉任，富有研訂計畫的經驗，還有筆者也曾擔任過十多年大專註冊組主任，為了講求效率，達成改進的效果，只有採取這種權宜措施。

茲提出五點提升計畫品質的要領：

1.計畫經辦人的短期訓練：經辦人係新手，沒有經驗，或已服務多年，墨守成規，則需要經過短期的訓練或指導。經由觀摩學習，是一項有效的方法。

2.適才適用：如果遇到比較特殊的案件，例如校務發展計畫，可商請有研訂計畫經驗的人起草，再提出討論修正。

3.組織規畫小組：為了校務長遠發展可以組織規畫小組，小組成員宜包括：行政業務熟練者、有創意者以及文筆較佳者，這三種基本人員的組合是最適當的。

4.建立計畫的資料檔：就是要指派專人蒐集校務計畫書，分類存檔；或者規定各部門建立計畫檔案，以便於參考，並確實列入移交。

5.加強校長的計畫理念：身為校長，不但要重視計畫的監督與指導，尤其要視校務計畫的性質調整指導方式。屬於一般性的計畫，授權處理即可；對於重要而困難的計畫，例如緊急性的、全盤性的、長遠性的、改革性的計畫，校長應多費神，負起監督指導、協調溝通的任務。

第五節　策略性計畫──以 SWOT 為例

茲以 SWOT 計畫為例，說明策略計畫如下：

一、SWOT 策略分析說明

SWOT 是組織的優勢（strengths）、弱勢（weaknesses）、機會（op-portunities）及威脅（threats）等幾個英文字的字首集合起來。是分析企業組織內部的優勢及弱勢，及其所處外在環境的機會和威脅的一種工具。使用 SWOT 最大的優點是可以從組織整體的角色來探討，根據這樣的分析，比較可以擬訂一個成功的策略。

SWOT 分析是規畫過程的重要步驟，企業的策略規畫是要決定未來的發展方向目標與策略。要先評估企業本身的能力、技術能力、市場競爭力、品牌形象、製造能力與成本結構、人力資源等內部條件；也要分析包括外部環境的科技、經濟、政治局勢、社會、文化與法令政策變化、競爭者動態、市場需求的潛力與演變、通路系統的消長。內部評估，可以得知我們的強勢、弱勢；外部評估，則可以看到利與不利的機會與威脅。茲以企業為主分別舉例如下：

*1.*可列為內在優勢（strengths）的因素：堅強的核心領導能力，足夠的財務資源，市場領導者，相當的經濟規模，產品創新技能，較佳的廣告活動，高水準的技術能力，良好的政商關係。

*2.*可列為內在弱勢（weakness）的因素：缺乏明確的目標，過時的設備，欠缺管理才能`，產品線狹窄，市場未能拓展，資金短缺，單位成本偏高。

*3.*可列為潛在的外在機會（opportunity）：進入新市場區隔，新的顧客群，有能力移轉技術，向前或向後整合，降低貿易障礙，新技術的產生，

市場需求殷切，市場快速成長。

4.可列為潛在的外在威脅（threaten）：低成本的新競爭者加入，替代產品銷售量增加，市場成長緩慢，人口結構老化，城鄉結構改變，外匯管制、不景氣。

5.由上述的四項分析，再據以研訂策略（strategy），進而詳定方法與步驟。

二、SWOT策略分析實例

為了對SWOT策略分析有進一步的認識與運用，茲舉國中學校發展情境的分析作為實例說明：

表 3-1　國中學校發展情境的 SWOTS 分析

因素	S（優勢）	W（劣勢）	O（契機機會點）	T（危機威脅點）	S（行動策略）
地理環境	地處郊外，交通方便道路寬廣。	近鄰有新設的國中，學生流失嚴重。	臨近一所大學、一所技術學院，可用資源豐富。	地處偏僻，為文化不利地區。	運用社區開發自然與人文資源。
學校設置規模	面積大，占地2.8公頃，學生人數只有15班。	逐年減班，學生數少，教師流動率高，經費不足。	易推動小班教學，易發展學校特色。	行政人員負擔重。	加強對社區宣傳學校辦學特色及小班教學的優點。
硬體設備	校舍新穎，活動空間充足；校園公園化，環境優雅，可發揮境教功能。	經費不足，增添設備不易。	空教室多，可充分規畫利用。	校舍設備維護不易。	積極規畫校舍使用，善用人力、物力以協助社區總體營造。

（接下表）

（續上表）

教師資源	教師平均年齡較大，教學經驗豐富，有愛心。	教師年齡大，缺乏活力，專科（如英語、資訊）教師不足。	教師與社區關係良好，有利增進與社區互動。	教師對九年一貫課程認知不足，不易改變適應。	推動知識管理，協助教師專業成長，配合教師退休增聘年輕的專科教師。
行政人員	校長領導能力強、行政效率高、創新。	工作負荷重，壓力大。	推展行政資訊化，以便增進溝通協調，減輕工作壓力。	教育改革頻繁，行政配套不明確，影響投入行政工作意願。	校長進修研究學校領導的智能及資訊管理的相關知識。
學生	純樸活潑，精力旺盛。	學生生活習慣較差，家境不佳者比率高。	可塑性大，活動力強。	家庭教育欠佳，家長缺乏關心，造成教師施教困難。	加強親職教育，規畫多元教學及社團活動，讓學生可以適性發展。
家長	家長生性純樸，信賴學校，尊重老師。	家長會經費不足，資源有限。	家長較少干涉學校行政與教學，學校可以放心推展教育改革。	家長工作忙碌，社區資源缺乏，無法與市區內學校競爭。	推行家長成長團體，健全家長會組織及愛心媽媽工作隊，尋求其他社會資源。
社區資源	社區支持學校發展。	受不景氣影響，家長收入普遍減低，影響社區支援。	臨近大學院校，爭取校際合作可行性高。	越區就讀情形嚴重。	建立學校與社區資源運用網路，建立與臨近大學合作關係。

※註明
1. 以上策略分析的優點可以很清楚地舉出學校面對的威脅及應努力的方向，據此所作的中長程計畫比較確實可行。
2. 由於經過客觀而詳細的策略分析，對全體員工較具說服力，對未來校務改革計畫較有共識，推動起來也較順暢。

- 活在當下，思在遠程；遙望遠方的彩虹，也要欣賞近處的玫瑰。
- 目標為指針，信心為力量，虛心為能源，誠實為上策，是邁向成功的箴言。
- 在做任何事之前，先確定方向。

Decide your direction before you do anything.

- 只要有信心、毅力和勇氣，世間沒有什麼做不到的事。（靜思語）

Where there is confidence, perseverance and courage, there is nothing in the word that can not be done.

- 要激起熱忱容易，但要維持毅力則比較難。（靜思語）

An eager mind is easy to stimulate, a persevering mind is difficult to maintain.

- 經常早起是訓練毅力恆心的良好途徑與方法。（靜思語）

Always getting up early in the morning is a good way to train oneself in the art or perseverance.

4 作決定

錯誤的決策，比貪污更可怕。——說明決定的重要性

群體之力，遠大過個人智慧；整體思考，遠大過片面決定。——說明作決定重在集思廣益

智慧來自想像和思考，如果你能想像你的決定和行動可能引起的後果，就能避免產生錯誤；如果能思考犯過的錯誤，就可以避免一錯再錯。——說明決定前審慎思考其後果

領導是影響部屬，努力共事，達成領導者個人目的或組織目標行為之歷程。為了達成領導者心願，他要運用其智慧、方法，影響屬員，發揮個人潛能，大家團結一致，朝共同目標而努力。領導者的影響效果如何？固然受到許多因素的影響，而其中最關鍵的條件，在於領導者能否作明智的決定。

一位校長，在一所學校赴任時，他要將學校帶往什麼目標？要採取什麼樣的策略？要採取何種改善步驟？要運用什麼人力資源？要採取何種領導風格？……在在都要看他有否作明智的決定，才能有效達成目標。

學校行政領導在決定的範圍相當廣，種類相當繁多，包含整個學校行政與教學大小事務。就學校行政功能而言，從校務計畫、組織用人、監督指導、溝通協調以至評鑑考核等，隨時隨地都要作決定。就學校行政的性質而言，從教務、訓導、總務、會計以至教學輔導，在在都要作決定。以筆者經驗，學校任何一項計畫未作好，就會影響學校整體的發展。就以學年行事曆之制定為例，如果制定完成前，沒有充分溝通與協調，未作審慎

通盤考慮，則其後果會影響整個學年校務的順利推展。

然而要作好學校行政決定並非是一件容易的事，一方面由於領導者本身人格特質與知識能力的限制，一方面由於外在情境因素的考量，一般都很難作出絕對好的決定。尤其是各個學校社會情境的變化、歷史傳統的差異，還有學校組織氣氛的不同，作決定的好壞很難有絕對的標準。例如：在甲校所作的決定可以推行順利，在乙校就可能遭遇阻力；所以在甲校認為是好的決定，在乙校就可能是不好的決定。再者，作決定時，由於所持的價值觀不同，也會有不同的衡量標準。從經濟的觀點、心理的觀點、政治的觀點、教育的觀點，都有不同的解釋。

再者，作學校行政決定，有些固然在短期就可以看出其好壞，但大多都需要在長期後才能看出其後果。然而，如果想即刻測知一個決定的合理性，從下列的標準可以衡量：

1. 作決定的程序是否妥當。
2. 作決定參與的人員是否恰當。
3. 作決定的時機是否適當。
4. 作決定後的反應是否普遍接受。

一位學校行政領導者在作決定時，除了參照上述四個標準加以衡量外，如果想要作出合理的決定，為長遠計，則應把握下列幾點：

1. 認明情境。
2. 了解自己。
3. 培養民主。
4. 把握作決定的程序。
5. 培養問題解決的能力。

總之，作決定是學校行政的核心。領導績效的良否端賴於領導者能否作出明智的決定，要想作出合理的決定有賴於學校行政領導者不斷地學習、精進。

以下各節係筆者就二十多年學校行政領導的實務經驗，及將近十年的教學經驗，並參考許多學者專家的理念，融合而得所提出的淺見，希望對於實際從事學校行政領導者，以及有志學習學校行政領導者有所幫助。

第一節 作決定的性質

為了對作決定有一個概略的認識，以便掌握作決定的要領，本節僅就作決定的涵義、作決定的類型，及作決定的歷程，分別加以介紹。

一、作決定的涵義

(一)何謂作決定

什麼叫作決定，專家學者有許多看法與界定，茲分述如下：

- 作決定是一種抉擇的活動（an act of choice）。
- 作決定是在各種可行方案（alternatives）中作一種抉擇的歷程（process of decision-making）。
- 作決定是認明情境（situation），了解各種可行方案（alternatives），從中選擇較好方案，然後付諸實施的歷程。
- 作決定與管理同義，因此不僅認為它是在可行方案中作抉擇的行動，更認為它是整個行動的歷程。
- 理性作決定，就是蒐集有關資料，研判可行方案，經由一種嶄新的思考判斷過程，而選擇最能達成最佳目的的行為。
- 作決定乃是個人或組織面臨問題解決，或行為抉擇之際，依據一定的價值標準或目的期待，從許多不同的可行方案中，試圖去尋找一個最佳或令人滿意的可行方案，以期獲致理想有效的問題解決結果的行動過程。

筆者以為，把作決定界定為「在各種可行方案中作抉擇的歷程」，這樣是比較廣義且能涵蓋一切情境的界定。也就是說，無論在簡單的情境中作決定，或者在複雜的情境中作困難的決定，都可以符合這種說法。

　　不過許多學校行政的決定相當複雜，用此種簡單的界定來說明作決定的意義又欠周詳，因此比較詳細的作決定定義為：「學校行政決定是學校為完成某種目標，經過資料蒐集，設想各種可行方案，經由深思熟慮、分析比較，從中抉擇可行方案，並付諸實施的歷程。」

(二)作決定的要點

　　由上述定義可以說明作決定歷程應具備下列幾個要點。

　　1.要具備目標：作決定要先認清目標，是為改善現狀或解決問題，例如要提升升學率的目標，或者要解決學生交通問題的目標，目標可以有若干條。

　　2.要有資訊蒐集的活動：資訊蒐集可以作為目標確定、方案研訂的一種參考依據。資料的蒐集方法包括書面的資料，或者在溝通中所得的資訊。

　　3.要設想各種可行方案：在未作決定之前，應事先設想多種可行方案（或者是方法），然後再作為選擇的參考。這樣的決定是比較妥當。

　　4.要分析比較：在各種可行方案中，就輕重緩急、利弊得失、可行與否、產生後果、成本效益等等因素，加以比較分析、慎思熟慮後，再作決定。

　　5.要擇定方案：在各種可行方案中，經過分析比較、慎思熟慮後，從中擇定可行方案。特別要說明的是：可行方案的擇定，並非只有選定一案，也許在許多可行方案中選定了若干案。例如：提升入學成績案，可以擇定幾種方案同時進行，包括：(1)提供高額獎學金；(2)加強宣傳；(3)充實設備……等等。

二、作決定的類型

　　學校行政決定範圍很廣，可以說包括所有學校經營有關的大小事務，因而作決定的類型（種類）也相當多，茲就學校行政的類型以及適合決定的方式，分別敘述如下：

(一)依作決定的人而分

1.個人決定：有些人事的安排需要保密時，較適合主管的個人決定。

2.團體決定：有關學校的重要決定，涉及全體師生的權益時，需要團體決定或參與決定。

(二)依作決定的管理層級而分

1.技術性的決定：如教師教學方法技巧等，較適合由教師自行決定。

2.管理性的決定：如編班課程安排，較適合由組長或處室主任決定。

3.策略性的決定：如學校發展計畫，較適合由校長作最後決定。

(三)依作決定的計畫內容層次而分

1.計畫目標的決定。

2.計畫策略的決定。

3.計畫方案的決定。

4.計畫方法的決定。

5.計畫日程步驟的決定。

以上計畫內容各層次的決定，一般而言，高層次如目標、策略等，由高層級的主管作決定；愈低層次如方法、步驟等，由承辦人員溝通協調作決定。

(四)依作決定的情境而定

1.例行性或平常性的決定：因過去經常發生、有例可循，適合由實作人員作決定。

2.緊急性或特殊性的決定：屬於一種無前例可循，或者是牽涉比較複雜的情境，應按照規定、依循參與決定的程序較為妥當。例如：教師甄選工作或校慶活動等。

(五)依作決定的原因而分

*1.*由上級命令作決定：即所謂居間決定，通常彈性較小，一般由承辦人員協調溝通作決定。不過如果屬於比較重大的決策，則要由首長承擔重任，依照參與程序作決定較妥當。

*2.*由下級要求作決定：即所謂上訴決定，因由下層人員所提出之要求，則要視事情的大小性質選擇適當的決定程序。

*3.*自行創造作決定：為業務的改進或組織的發展，自行創新計畫所作的決定。此項仍按照參與決定的程序作決定較為妥當。

(六)依決定的程序化與否作決定

*1.*程序化的決定：即所作的決定可以依照既定的程序遵循辦理，例如：處理一般學生的獎懲事件。

*2.*非程序化的決定：遇到非常特殊事件，無前例可循，例如：教師對學生性騷擾的案件。

(七)其他

尚有許多決定的類型，例如：理性與非理性的決定，主動與被動的決定，臨時性與長遠性的決定，計量與非計量的決定等。

依照上述作決定的類型，對領導者的啟示：

*1.*學校決定的種類很多，領導者應視事情的性質、輕重緩急，採取不同的決定方式。

*2.*除了少數案件，可以獨斷以外，仍經由參與決定的程序作決定較妥當。

*3.*屬於例行性或低層次的管理業務決定，宜授權作決定，較能激發人員努力與負責。

*4.*學校在研訂各項重大計畫活動時，領導者應承擔高層次目標或策略的決定，應以較審慎負責的態度作抉擇。至於方法步驟等細節，則交由屬下商討決定即可。

5.學校的例行性決定，儘量授權屬下決定處理；但遇到重大特殊案件時，領導者應以主動積極的態度，發揮溝通協調的功能，承擔作決定的重任。

三、作決定的程序或歷程

作決定要依循一定的步驟，按部就班去進行，所作的決定就比較完善，前已略加敘述。不過視作決定類型的不同也有若干的差異。例如：一項例行的計畫決定，跟一項創造發展的計畫決定，就有很大的差異。還有，譬如學校的學年校務計畫所作的決定，只要將往年的計畫提出來參考，經過溝通協調，稍加修訂即可定案。至於學校擴大發展的校務計畫，則要從長計議，必須經過一段長時間的思考活動、情報蒐集活動、溝通協調的過程，然後再決定這項計畫。

經由這種歷程所作的計畫決定，執行時才會產生較好的效果。否則，紙上談兵、閉門造車，計畫的效用性、可行性就可想而知。因此，一項創新性或發展性的計畫，作決定時應依循下列的步驟：

1.目標的初步認定：作任何計畫決定前，初期的階段先要粗略地決定所要達成的目標為何。

2.資料的蒐集及鑑定：作任何決定之前，就要從事資料的蒐集，並加以鑑定其真偽，再作取捨。

3.目標的明確認定（或標準的設定）：根據充分的資料，進一步設定更具體明確的目標。

4.策略方針的確定：目標設定後，緊接著就要確定達成目標的方針或策略。

5.各種可行方案的設定：根據目標，參考資料，然後設定達成目標的各種可行方案。

6.各方案的分析比較：就各方案中，分析其輕重緩急、利弊得失、實施後果等。

7.可行方案的決定：最後再擇定可行的方案。

8.達成各方案的方法（辦法）之研訂：選定方案後，研訂達成各方案的方法（辦法）。

9.進度日程之制定：排定完成目標，執行方案的日程進度。

10.預算的編定：編列經費來源、支出明細。

以上是一項任何發展性的校務計畫所必須包含的內容與步驟，而每一種內容或步驟，都需要作明智的決定。事實上，作決定的歷程幾乎跟計畫的歷程一致。

有些學校行政的決定所需的步驟，可以簡化，例如：新生入學輔導計畫、學生保健計畫、校務會議的計畫、校外參觀的計畫等。如果不想作過大的改變，就可簡化作決定的步驟。

不過不管哪一種決定，都要依賽門（Simon）所提出的三項步驟：

1.情報的活動：即資料蒐集。

2.思考的活動：即分析比較。

3.決定的活動：即判斷抉擇。

筆者以為，在作任何決定，除了依據上述三項步驟以外，也可以參照中國儒家哲學所提出求知與實踐的程序：博學、審問、慎思、明辨、篤行。其中，博學、審問，就是一種情報的活動；慎思、明辨，是一種思考活動；篤行即是決定活動。

第二節　作決定的情境因素

學校行政的決定，受到許多因素的影響，我們可以大略歸納為兩種：一是情境的因素；二是人為的因素。本節將就情境因素加以剖析，然後提出學校行政決定所應把握之原則。

一、學校情境因素

有關學校情境因素，專家學者各有不同的見解，茲參考黃昆輝、吳清基兩位學者的看法（黃昆輝，1987；吳清基，1989），加上筆者的淺見，提出如下六項影響學校行政決定的情境因素。

(一)學校內部傳統作法

一所學校，經營長時間後，對於學校一切校務的決定運作、問題之處理，逐漸形成一種模式，以致形成一種傳統，尤其是當學校主管相當資深，教職員年齡較大時，更為明顯。因此，雖然換了新校長，但對於學校行政決定，仍有相當大的影響。

一般而言，傳統影響的大小與作決定者的人格特質有密切的相關。作風保守者，採蕭規曹隨、墨守成規的作法；而作風開放者，則採創新變化、力求突破的決定方式。

(二)學校外界壓力

學校是社區的中心，學校行政決定是一種公共政策決定。因此學校的許多決定與社會組織有密切關係，在作決定時，必然受到學校外界壓力的影響。

學校外界壓力的團體或個人，如民意代表、家長、新聞媒體、地方士紳等這些機關或人士，常對學校教職員工的任用安排、教學、編班、學生管理、獎懲、學校建設等加以干涉，因而影響決定的合理性。

(三)學校內部人際關係

一般學校行政決定的主控權操在校長及學校行政人員，若是校長與行政人員間之關係不佳，或行政人員之間關係不和諧，就會影響到行政決定合理性，以及執行的效果；反之，如果學校內部有良好的人際關係，則成員間因溝通良好，就能同心協力，共策目標之達成。

不過根據專家學者的研究，以及筆者實際的體驗，當組織內首長與幹部間或幹部與幹部間過於和睦時，在作決定時，或礙於情面，不敢提出相反意見，或因過於樂觀的想法，因而缺乏創意或考慮欠周，造成決定的疏失，甚至導致實施的失敗。

(四)學校溝通系統

任何組織溝通系統的暢通與否，會影響組織作決定的品質，在企業策劃、軍事作戰中更為明顯。

學校作決定時，雖然沒有如外界對資訊溝通那樣的敏感，但如果溝通的系統不良，就會影響作決定的效率與品質。

例如：學校是否定期召開各種會議、有無設置意見箱、有無舉行各種師生活動、有無善用電腦系統處理校務、有無重視非正式溝通，這些都是資訊傳達、意見溝通的媒介或管道。

(五)學校過去之承諾

一所有歷史的學校，必定會跟外界建立各種合作的關係，有的是書面的合約，有的是口頭的承諾。這些過去的約定或承諾，原則上接任的領導者都有義務繼續履行。不過因時過境遷、學校的演變，原來的承諾對學校的發展可能有正面的影響，亦可能有負面的干擾。例如：學校教職員宿舍的分配、校舍對外出租的合約等，一位領導者為求校務的發展，在作決定時，對上述合約如果有所改變時，都要審慎的考量。

然而，對於過去學校的承諾，也不一定一味依循或一成不變，有時可以隨現實法令規章、社會環境、能力條件、實際狀況等，綜合考量，作適度的因應措施或改變。

(六)現實社會環境的趨勢

現實社會的多元化、民主化、自由化影響校園至巨。例如：解嚴後黨禁的開放、言論的自由、校園的民主，在在都影響師生、家長的心態，學校作決定時應掌握社會的脈動、情勢轉變，在程序上與方法上作審慎的考

量，然後作適度的調整與因應。

二、學校行政決定把握之原則──從情境因素分析所得啟示

　　由上述學校行政決定所牽涉情境因素的剖析，參考筆者行政經驗，綜合提出學校行政決定應把握的七個原則：

(一)保持優良傳統並適度創新

　　學校的傳統措施如果一再地沿用保留，則難免產生因循苟且不求進步的弊病；反之，如果一味求新求變，又為師生所難以接受，導致窒礙難行之不良後果。因此決策者應在傳統與創新中，慎思明辨，加以析判哪些傳統措施是優良的，有利學校發展的，則應保留；或者哪些傳統措施是一時難以改變，而對學校理想目標之達成影響不大，則暫時保留。

　　對於創新項目之決定應依循民主程序完成。例如：請成員各抒己見，經過大家研討，達成共識後，再決定實施，而非領導者憑一時靈感或興起而驟然施行。

(二)設法緩和外在壓力以減少干擾學校決定之負面影響

　　學校行政決定受外在因素之影響，本就在所難免，重要的是如何將負面之干擾減低至最小程度。外界的負面干擾通常是要求「破例」，不符法規標準，大多對學校教育的理想有不利的影響，例如：將不合格之教師變成合格，接受不能接受的學生……等等。這種壓力的產生或者擴大，都是在開始時學校未能堅持原則，一旦破例之後，就無法阻擋，造成不良風氣。

　　因此學校應審慎處理這類問題，以免陷於不可自拔之困境。在作法上，可從下列途徑著手：

　　1.儘快建立學校行事準則，堅守民主程序原則。例如：新進教師之甄選標準，一旦建立就不應破例。

　　2.儘量將人事經費公開化、透明化，避免黑箱作業。例如：抽籤決定編班、公開甄選老師、公開採購物品。

　　3.配合各種行事準則之建立，應多加宣導溝通，主動通知給外界有關人員（如民意代表），使之明瞭學校的立場和態度。

　　4.適度地做好公關，與外界建立良好的關係。例如：為地方舉辦研習會、提供學校重要資訊……等等，一方面使外界了解學校辦學的用心，一方面建立穩固情誼，在重要關鍵可減少誤會、干預和刁難。

(三)維持學校內部人際和諧並培養民主素養

　　學校內部的人際和諧會影響作決定的合理性，如衝突過大則失去理性，會為反對而反對。因此，對於人際和諧的維持，不可輕忽，其具體作法如下：

　　1.決策者重視人性化管理，時時表達對「人」的尊重，對任何人都要以禮相待。

　　2.在作任何決定時，都能以民主的風度面對，即以尊重、平等、理性去決定事情、解決問題。

　　3.培養成員具備民主素養乃為人際和諧之重要課題，除了校長以身作則外，可利用集會時多加宣導。

　　4.重視非正式的溝通，利用各種集會，如社團活動聯誼舞會，增加同仁間的互動。

　　5.校長應儘量少用法職權，多用參照權，使成員受其感召，而自願效力。

(四)健全溝通系統以加強資訊交流

　　學校溝通系統之良窳，資訊之暢通與否，在在影響決策之品質。例如：對職員、教師、人員的運用；對學生輔導管理之運作；經營經費之運用及對緊急事情之處理，是否作合理的決定，均有賴於正確、充分的資訊以作為判斷之依據。實際作法上，可採下列途徑：

　　1.保持各類資訊之暢通，校長室敞開大門，多與師生交談，並參與活動。

　　2.參與各類型會議，讓大家暢所欲言，表達無礙。

3.建立良好的重要資訊傳閱系統，如公文、報告傳閱相關處室（勿因分層負責而中斷資訊）。

4.運用「行政電腦化」，處理人事、學生、經費等資料之儲存或呈報。

5.善用走動管理，多到校園走動，親自觀察及非正式的會話交談。

(五)重視過去決定與對外承諾，斟酌現況及未來變化適度修正

對於學校過去已作之決定、政策與對外之承諾，無論作決定者在位與否，都應予以實施或繼續執行；或可修正執行，但不可因人亡政亡，全部否定，此會造成學校失信於外，導致不可預知的損失。不過，過去的決策或承諾可視現況及未來更改修正。評估過去政策的績效或可行度，並經合理的程序作決定後再改變。以下列舉數種情況為例：

1.法令已修改：過去法令限制，現已更改，則校務計畫可重新檢討。

2.人事變遷：過去老化的人事，現已年輕化，則可彈性運用。

3.環境改變：過去學校並無大樓建築，現已建成大樓，則應改變學校規畫。

4.實際困難：過去答應社區機關出借禮堂，但卻嚴重影響學生學習活動，則可改為週六日外借，其餘時間不外借。

5.試行後之成果檢討：經過一段時間試行後，加以檢討其利弊得失，或全面推動之可行性，再決定修正或繼續推廣。

任何學校已決定承諾措施若要進行修正，均應透過合理的程序，詳加檢討後，再作成決策。尤其是新校長、新幹部，最容易否定過去前人的決定，因此在作檢討時，請過去的幹部參與討論較為妥當。

(六)適應社會趨勢採取權變措施

學校處在多元價值的社會中，學校行政的決定，一方面要把握原則，但也要視情勢作適當的變通。

儒家「中庸」之道，「中」是不變的原則，「庸」是可變通的運用。當學校面對外界很大壓力，如果可以順應且對學校行政沒有太大負面影響時，就要設法因應調適。但如果為了因應調適而失去原則，並對學校產生

很大的負面影響時，則要堅持原則，不宜貿然改變。不過在變與不變之間，如何拿捏決定，則有待決策者作明智的判斷與抉擇。

(七)善用參與決策並遵循作決定之合理程序

　　綜合上述影響決定的個人因素及組成情境因素的分析，得知任何學校行政的決定，不可能達到絕對的理想，至多能達成較為合理的決定。但如果決定時受到個人太主觀的影響，或受到組織某種特殊情境的牽制（如外界壓力），其決定的品質必然粗糙，如此對組織理想目標之達成，不但毫無幫助，有時反而有害（如學校設抽菸室專供學生使用之決定）。

　　因此，學校作任何決定時，校長本身要具備遠見及敏銳洞察力，對學校問題有正確的了解，在作決定時應妥善實施參與管理，以運用集體智慧及力量。因此，在作決定的過程，仍應遵循作決定之合理程序，以把握作決定之精確性及合理性，方可減少阻力。

第三節　作決定的個人因素

　　學校行政決定的合理性，受到作決定者的個人因素影響最大。雖然情境因素也會影響作決定，但也視作決定者的不同，而有不同的結果。例如：一位講求公平原則的校長，與一位重視公共關係的校長，在甄選教師時，雖然同樣受到人情壓力，但兩個人的甄選決定可能就有所不同，也就是說，壓力對前者影響比較少（上述舉例是假設校長有絕對權力作決定時）。

　　究竟影響作決定的個人因素有哪些？專家學者有不同的說法，心理學家常指出人格特質是影響個人行為的主要因素。吳清基教授認為，影響作決定的個人因素為個人價值觀、個人知識背景、個人人格特質、個人直覺習慣等。

　　筆者以為，人格特質為影響作決定的主要因素，但塑造個人的人格特質則經由遺傳、家庭、教育、經驗等，綜合交互作用所發展形成的。也就

是說，後天的每一項因素都會影響到一個人的思考模式或作決定的習慣。以教育為例，一對攣生兄弟，一位接受文學教育，一位接受理工教育，兩位作決定時，所採的思考模式必會有很大的不同。茲為便於分析說明影響作決定的個人因素，將依照人格特質、價值觀、思維模式、教育背景、生活或工作體驗、服務年資，還有溝通能力等，分別加以敘述。

一、個人因素分析

(一)人格特質

人格是指個人在各種不同的場合，表現出相當一致的行為特質。所謂人格特質，是指個人在各種生活情境中所表現的性情，例如：友善的、焦慮的、誠實的、興奮的、依賴的、懷疑的、仁慈的、謙卑的、虛心的、蠻橫的等。

至於與作決定有相關的人格特質，專家們也有多種看法，歐克遜‧菲爾德（A. R. Oxenfeldt）曾提出一位優秀的行政決定者所必須具備的十種人格特質（吳清基，1989）：

*1.*客觀性（objectivity）：即努力避免受個人偏見之影響，以企求達成正確的決定之特性。

*2.*彈性（flexibility）：即不需要絕對證據，即可適時改變對任何事物之看法。

*3.*對危機的容忍性（tolerance for risk）：即能接受錯誤和失敗的危險，而不致受任何損傷之特質。

*4.*無防禦性（nondefensiveness）：即願意承認錯誤之特質。

*5.*對含糊曖昧的容忍性（tolerance for ambiguity）：即儘管資料缺乏和矛盾，仍可形成判斷之特性。

*6.*鑑微的耐性（patience with detail）：即在相當費時的情況下，也能小心檢視相關資料的特性。

*7.*邏輯能力（logical powers）：即能感覺其非連續性，而嘗試經由複

雜的問題去合理化的作法。

　　8.想像力（imagination）：即對存在答案逐漸感覺不滿意，而能產生變通可行變通方案之能力。

　　9.承受壓力的耐性（resilience under pressure）即：能承受緊張，禁得起考驗而仍不失去遠見的特性。

　　10.成熟（maturity）：即具有非常廣博的經驗，和超出年齡的情緒穩定性。

　　具備上述的能力，就比較會作出合理性的決定。不過這些能力的強弱，跟一個人的教育訓練和行政歷練有密切的關係。因此，若要提升作合理性決定的能力，勢必要接受相關的專業訓練，以及行政實務的磨練。

(二)價值觀

　　價值觀是指個人在選擇評判人、事、物的適當性、重要性、社會意義性時所依據的價值標準。

　　價值觀的另一說法，是指個人自認正當，並據以判斷是非善惡的標準者；合於該標準即判為有價值，不合標準則判為無價值。

　　所以一個人的價值觀可用於對人、事、物等各方面的判斷。例如：一位校長對於校園美化，認為沒有價值，他就沒有強烈的動機去從事美化工作。而一個人的價值觀也是他的人格特質之一，價值觀的形成受到家庭、教育、經驗等影響，逐漸學習而得的。例如：成長在一個企業家族裡的小孩，通常都會學得追求效益的一種價值觀。

　　個人的價值觀可以從道德、經濟、宗教、審美等方面去探討，茲就學校行政決定有關的價值觀，分項提出來探討：

1.公義—私利

　　有人重視公義，有人重視私利，持有公義價值觀或持有私利價值觀的行政決定者大有人在，這兩種人所作的行政決定必然就有很大的差異。

2.名譽—權位

有人重視名譽，有人重視權位。重名譽價值者，較會遵守原則，潔身自愛；重權位價值者，講求手段，不顧是非。所以兩者所作的決定截然不同。

3.理性—感情

有人始終保持理性的態度，有人則以感情為導向。理性者一般偏重公平公正，感情者則因人而改變，所以這兩者作的決定也南轅北轍。

4.安全—冒險

有人重視安全穩定，有人追求進步冒險。前者比較保守，後者比較激進，兩者在作決定的時候，態度也是大相逕庭。

5.現實—未來

有人重視現實的成果，有人重視遠程目標的達成。前者通常以把握當前的成效為重點，後者以長遠目標的達成為考量。

以上與作決定相關的價值觀，僅列出這五項，事實上尚有許多，不勝枚舉，這些價值觀深植在每個人的思考模式中。一位學校行政決定者，應隨時檢核自己的價值觀，在作決定時，不應全以自己的價值觀作為判斷準則，宜多採納別人的價值觀作綜合的判斷，如此所作的決定才比較合理，不至於失之獨斷或偏頗。

(三)個人思維模式

所謂思維（thinking）或是思考，是當一個人面對要作決定或解決問題時，其心智活動的歷程。一個人的思考模式是他面對任何決定或解決問題時，常慣用的思考方式，例如：有人用直覺式的思考，有人用審慎式的思考。

思考的分類有相當多：依思考的方向而分，有正向的思考、負向思考、

垂直思考、水平思考；依思考運作方式而分，有收斂思考、發散思考。

　　一個人的思維習慣，往往影響作決定的合理性。思維習慣的形成，與後天的教育訓練、工作經驗、人生體驗有密切關係。一位受過邏輯訓練和行政經驗豐富者，跟一位既無訓練也無經驗的生手，兩者的思維習慣便截然不同。

　　茲為便於敘述，以思考方式的類型加以說明各種思考的模式：

1. 理性式思考—感性式思考

　　(1)理性式思考，即作決定時，能冷靜地依理依法，較少參雜感情因素的思考。

　　(2)感性式思考，即作決定時，以感情為思考的重點，較少運用理性的思考。

2. 創造式思考—批判式思考

　　(1)創造式思考，即作決定時，以提出許多構想作為思考的方向。

　　(2)批判式思考，即作決定時，先就某一方案加以評估或判斷，作為思考的重點。

3. 具體式思考—抽象式思考

　　(1)具體式思考，即作決定時，能想出具體方案的思考。

　　(2)抽象式思考，即作決定時，僅提出初步概念的思考。

4. 邏輯性思考—跳躍性思考

　　(1)邏輯性思考，即作決定時，依合理的程序推理歸納的思考。

　　(2)跳躍性思考，即作決定時，未依合理程序、隨意的思考。

5. 分析式思考—總合式思考

　　(1)分析式思考，即作決定時，就各種方法加以分析的思考。

　　(2)總合式思考，即作決定時，就整體歸納的思考。

6.實用式思考—理想式思考

(1)實用式思考，即作決定時，以實際有用為思考的重點。

(2)理想式思考，即作決定時，以較高的標準來思考。

7.推理式思考—因果式思考

(1)推理式思考，即作決定時，以類比推理方式加以思考。

(2)因果式思考，即作決定時，以有其因必有其果的方式思考。

8.直覺式思考—審慎式思考

(1)直覺式思考，即作決定時，憑自己經驗，直覺反應的思考。

(2)審慎式思考，即作決定時，以較謹慎細心的態度去思考。

9.語言式思考—數據式思考

(1)語言式思考，即作決定時，運用抽象語言加以思考。

(2)數據式思考，即作決定時，運用具體數據加以說明的思考。

10.擴散式思考—收斂式思考

(1)擴散式思考，類似創造式思考，即作決定時，先以想出各種可行方案為出發點，不加以批判。

(2)收斂式思考，類似批判式思考，即作決定時，以審慎的態度，就各種方案加以分析批判。

以上各種的思考方式，在作決定時，都有其可取之處，而每一個人實際上在作決定時，其思考模式也不一定那麼單純。如果能夠因作決定的標的、性質、時機、情境等不同，加以適當運用，那才是高明的決策者。例如：一種產品創造發明的初期，採用擴散式思考、跳躍式思考、實用式思考為宜；等到正式決定要生產時，則要採用收斂式、總合式思考較為妥善。又如：一件需要快速決定的普通案件，以直覺式思考為宜；反之，一項重大事件，時間容許的話，以慎思式思考方式為佳。

一般而言，作決定時，較佳的思考模式，是先採擴散式思考，次採收斂式思考，順序不要顛倒。也就是說，作決定時先以開放的心胸去尋求各種可行方案，然後再以分析批判的態度，去衡量其利弊得失、輕重緩急、可行與否後，再作決定。

㈣教育背景

學校行政決定者作決定的思考模式或結果，與其受教育的程度及教育領域的不同，而有很大差異。一個人後天的教育會影響其人格特質、價值觀，以至思維模式。如果我們想知道一個人的價值觀或思維模式，可以由他的教育背景加以判斷。

一般而言，一位接受「法律」訓練的人，在作決定時，先以合法為考量，較重視保護自己，缺少感情介入；接受「教育」訓練者，往往以愛為出發點，較重視情感，較少顧及自己的利害得失；至於接受「藝術」教育者，常以感性、美感為首要，比較忽視理性；而接受「理工」教育者，重視邏輯理性的思考，較忽視感性與人情。

至於學歷的高低，也會影響作決定的合理性。根據研究調查，一般經過研究所訓練的校長或主任，比大學畢業者在作決定時較能達成合理性的決定。蓋因經過研究所階段訓練者，一方面因汲取比較多的知識，及同學間的經驗；一方面經由研究過程中對題材的蒐集、分析、批判的訓練，使得其思維更具邏輯性、客觀性與創意性，因而增進其作決定及解決問題的能力。

一位學校行政決定者，如果想提升其作決定的能力，希望作較合理性的決定時，首先應審查自己的學識教育背景，了解自己的思考模式（是偏理性或感性），而後作適度的調整。例如：多聆聽他人的意見後再作決定。其次，要不斷的進修，如進入研究所、吸收廣泛的知識、擴大視野、與同儕交換經驗，並經由資料蒐集、整理、分析、判斷、綜合等訓練。

㈤生活或工作體驗

一個人過去的人生記憶、工作經驗，都會影響到他以後作決定的思考

模式，以至作決定的合理性。

凡是過去人生一路順遂，大多體驗成功經驗而較少挫折者，常自信滿滿，當他在作決定時，必然會採取樂觀的態度去面對，比較不願以審慎的態度，細心察考可能不利的後果。反之，一位過去常挫敗，較少體驗成功滋味者，或曾歷經一次嚴重失敗的打擊者，當他在作決定時，必然會以較謹慎的態度，戰戰兢兢、如履薄冰去面對，因而考慮非常周詳，作決定的結果較少疏漏。不過因過於謹慎，就常畏首畏尾、缺乏創意，所作的決定就難以達到「合理性」。

其次，因處在不同地區、不同環境的工作經驗，也會養成不同的思考模式，造成作決定的差異。例如：一直在鄉村學校服務多年的校長，跟一位長期在都市服務的校長，因生活體驗不同，所養成的思考模式就有所差別。一般而言，鄉下較純樸、重人情味，較少競爭；而都市比較複雜，人情疏離，競爭較激烈。所以這兩種不同的地區，為了適應本地區環境，推展校務，校長在作決定時，其思考模式自然就有所不同。有人進行一項「城鄉校長作決定差異」的研究得到結果是：城市地區的國小校長，在請求性決定與創造性決定方面，優於鄉下地區校長；而鄉村地區的校長，善於作居間性的決定。從這個研究結果可以看出：城市校長比鄉村校長較有創意的決定，也較主動積極求改變；而鄉村學校的校長，比較墨守成規，遵從上級指定作決定。

(六)服務年資

學校行政決定者，因為服務年資的不同，在作決定時也有若干的差異。一般而言，服務年資較淺的國小校長，所作的決定較易偏向情緒化，考慮欠周詳；服務年資相當資深的國小校長，所作的決定顯得較獨斷，個人主義色彩較濃；而服務年資中等者，所作的決定比較適當，近於合理性。

根據許多專家學者研究提出的報告：服務十年以上的校長比服務未滿十年的校長，能作出較適當的請求決定和居間決定（鄭華清，2002）。年齡在四十歲到五十歲間的校長，所作的決定比六十歲以上的校長較具合理性。

筆者以為，一位資淺的年輕校長，為了補救其作決定的缺失，在作任何決定之前，宜以開放的心胸多請教他人，並多用參與管理的程序，所作的決定就比較能達成合理性。至於資深的年長校長，應避免固執主觀、獨斷獨行，應以謙虛的態度，依循民主決定的程序，作較合理性的決定。

(七)溝通能力

溝通即知識、觀念、意見、思想、觀念、情感、資訊的交流。

善於溝通者，不但能夠將自己的思想、觀念、情感等，傳遞給別人讓別人了解，也同樣能夠理解別人的意見、思想、觀念等。也就是說，溝通能力除了必備表達能力外，更須具備傾聽能力。

一位不善於溝通者，縱使有豐富的知識背景、邏輯的思維模式，但由於不善於傾聽，他所作的決定大多是獨斷專制的決定，而非集眾人智慧所作的合理性決定。可見，溝通能力對行政決定者所作之決定的合理性與否，有很大的影響。

傾聽是領導者在作決定過程中很重要的素養，無論是正式的會議或非正式場合的交談，都需要善用傾聽，汲取他人的思想觀念和智慧經驗，然後再作決定，這種決定是較明智的。一般的學校行政領導者，都會認為自己行政經驗豐富，對任何行政問題瞭若指掌，而對經驗有限的幹部都視同新手，未重視他們的想法——這是一種錯誤的觀念。其實，天下事沒有絕對的真理，尤其處在多元價值的社會，對每一件事情是非好壞的看法，都非絕對。因此面對抉擇時，如能多聽別人的意見，就能擴大思考的範圍、加強思慮的細膩，提升作決定的合理性。

其次，領導者的傾聽表示對部屬的尊重和接納。一方面可以激勵士氣，一方面可能由於部屬意見的被接納，而增加執行時的配合度。

總之，增進領導者的溝通能力，特別是善於傾聽，多利用非正式溝通管道，蒐集更多的資訊後，再作決定，是提升作合理性決定最可行的方法。

二、作決定應把握的原則——從個人因素分析所得啟示 ✦

從上述七種個人因素影響作決定的結果,每一種因素都會影響作決定的品質,而每一個人由於遺傳、家庭、教育、經驗等綜合發展成長,塑造一種獨特的人格,因而養成某種思考模式。這種個人的思考模式,在作決定或解決問題時,都有其可取之處,也有它的弱點。為了提升個人作決定的能力,茲提出下列幾點建議:

㈠了解自己的人格特質在作決定時的弱點,並力求改進

每一個人的人格特質在作決定時都有其優缺點,優點就要把握,缺點就要設法改進。例如:自己在承受壓力的耐性較弱時,在作決定時就要防止因過於緊張而失去耐性,作出草率的決定。最好是能經由有經驗者的指導與支持。為長遠計,仍以接受專業訓練、名師指導,或多加磨練學習,較為根本之道。

㈡認明自己的價值觀與辦學理想目標的差異性

每一個人的價值觀與達成辦學理想目標的方針常有不一致的情形,因而在作決定時造成衝突或兩難的抉擇。作決定時,如果光以自己的價值觀作為衡量的標準時,必然不容易作出合理的決定。例如:持經濟型價值觀者,與教育所追求的審美型價值觀者,在作決定時必然會有很大的差異。同樣地,一味重理性價值的人和教育所重視的感性價值,作決定時也有所不同。究竟經濟型價值與審美型價值或理性的價值與感性的價值,孰重孰輕?如何衡量?就有待行政決定者視不同情境,作明智的抉擇。

㈢認明自己的思維模式並加以檢討改進

每一個人因為教育、經驗的關係,養成各種思維模式,每一種思維模式對作決定或解決問題都有其適用之處。因此,如果以某一種固定的思考模式去作決定或解決問題,可能就無法達成預期的目標。例如:擴散式的

思考，適用在發明初期，但不適合在決定製造的時期；收斂式的思考，適用於選擇決定的後期，不適合在開始階段。所以針對作決定較好的思維模式，原則上要掌握作決定時的基本程序：先有擴散思考再作收斂思考。其次，視作決定或解決問題不同的情境與階段，運用各種思考方式。

四認明自己的教育背景，承認自己本身學術經驗的限制

一個人的教育程度與接受教育的領域不同，就會造成不同的價值觀、思考模式，因此作決定時，不能單憑自己的學習背景和實務經驗，作為考量的依據。為了改進或提升作決定的能力，首先應審查自己的學術背景，了解自己的思考模式是偏理性或感性，而後作適度的調整。平常作決定時應多聆聽他人的意見或經驗，根本之道就是進修以汲取廣泛的知識經驗，接受研究所的訓練是最佳途徑。

第四節　參與決定

上君盡己之能，中君盡人之力，下君近人之慧。——高明的領導者應善於運用部屬的智慧。

學校行政決定的合理性，主要受到情境與個人兩大因素的影響，而學校內外情境的複雜性及個人人格特質、思考模式的獨特性，導致在作決定時，憑個人的智慧能力難以作合理性的決定。也就是說，個人的思慮、才華很難作較高品質的決定。我們已在上一節提出參與決定是較佳的策略，尤其是在民主多元的社會，為了補救領導者個人的缺失，更需要擴大參與、集思廣益，以提升作決定的合理性。不過參與決定並非萬靈丹，要看領導能否確實把握參與決定的本質，並視情境作靈活的運用。

一、參與決定的性質 ✦

談到參與決定,有的學者用較廣義的名詞,稱「參與管理」。我們在此仍用「參與決定」(decision-making by participation)一詞,所謂參與決定,是組織作決定時,成員有機會表達意見、溝通思想觀念的活動,甚至有權作決定的一種歷程。不過,隨著成員參與的程度、方式等不同,對參與決定的內涵、名稱而有所不同,分別敘述如下(張金鑑,1985):

㈠正式參與和非正式參與

前者係依組織的體制參加會議,發表意見的參與;後者係不拘形式的交談,提出意見的參與。

㈡直接參與和間接參與

前者是成員親自參加會議,發表意見,作為決策的參考,或者親自向首長提出意見,共同裁決者;後者是成員非親自向首長表達意見,或未親自參加會議,發表意見,只推選代表表達意見以影響決策。

㈢個人參與和集體參與

前者是以個人身分表達意見,參與決策;後者是由若干人組成代表團或小組,以統一的或共同的意見與立場,以影響決策。

㈣經常參與和臨時參與

前者為定期參與,如參加永久性的或定期性的會議會報等;後者是偶然的、臨時性的參與,如因意外事件臨時參與,集思廣益,共商對策。

㈤全體參與和部分參與

前者是組織全體人員參與集會,共策商討,全體性的政策問題等;後者是選擇部分的人員,研討個別性、部分性的政策或問題者。

以上各種參與方式對作決定都有它獨特的功能，並有其優缺點，領導者應視決定的性質適當採行。

二、參與決定的功能

參與決定的措施，對於學校行政的推展有其多層的意義及功能，一方面可以提升決定的品質，增加它的接受性與可行性；一方面又可提升參與人員的素質，增進工作的動機。

1.可以提升決定的品質：經由參與決定，集思廣益，無論在組織的目標、政策的決定，必然會較為遠大，且正確可行。

2.可以增加決定的接受性：在參與決定下，一切的決定都經過成員的參加意見，自然所決定的事項容易被成員所接受和遵行。

3.可以促使成員願意奉獻才智：成員由於有機會參與發表意見，自然就更願意提供他的才智能力給組織。

4.可以激發成員的工作動機：經由參與決定，成員就會感受到尊重，所以就會更主動積極地為組織奉獻心力，達成組織目標。

5.可以增進成員的責任感、榮譽感：經由成員意見的表達與被接納，所作的決定自然會增加成員的責任感或榮譽感，努力去完成任務。

6.促使成員成長：經由參與決定的過程中，廣泛知識觀念之交流，就會培養員工更成熟的觀念，不斷成長。

7.可以增進領導者的影響力：領導者在參與決定的過程中，增加與成員溝通交流的機會，增進彼此間的情感，進而加強領導者對成員的影響力。

8.增進領導者的智慧：領導者在參與決定的過程中，有較多機會聽取成員的知識、意見、觀念、經驗等，因而會增進領導者的智慧，提升其作決定或解決問題的能力。

三、參與決定的缺失

參與決定雖然有上述的優點，但也有下列的缺失：

　　*1.*耗費較多的人力：參與決定需要動員更多的人員，且要花時間參與討論，自然會影響參與人員本身的工作，這也是一種對人力的耗費。

　　*2.*決策緩慢，拖延時間，影響行政效率：參與決定需要花時間討論，作意見的交流，這種過程遠比個人獨斷或少數人作決定所花的時間要多，容易讓人感覺行政效率低落。

　　*3.*意見容易分歧，不易獲致結論：參與決定是由眾多的人共策商討，然而每個人的思想觀念、立場價值、利益觀點等，多少或有不同，要想獲得一致的結論並不容易，尤其事關個人的利害得失時，更難獲得共識。

　　*4.*易洩漏機密，妨礙要事：參與決定必須要更多的成員參與，共策商討，機密的事件自然就容易洩漏，因而會影響計畫的推展。

　　*5.*易造成權力的爭奪，利益分贓：參與決定如果缺乏完善的督導制度，會造成參與決定的成員容易徇私弄權，互相妥協關照，易導致利益分贓的弊端。

　　*6.*易失去領導中心，造成紛亂：參與決定的實施過程中，領導者如果運用不當，如過度的授權放任、過於信賴某些成員，或者領導者本身缺乏魄力、疏於監督等，都會導致領導中心的削弱，以至於失去控制。

四、參與決定的障礙

　　參與決定固然有許多優點，但由於種種因素，致使參與決定未能達成良好的效果。茲就下列三個因素分別敘述：

(一)領導者的缺失

　　*1.*領導者民主素養不夠：不善於傾聽，沒有平等的觀念，缺乏開放的心胸，固執己見，不易接納別人。

　　*2.*領導者能力不足：領導者缺乏統整意見的能力、溝通激勵的能力，判斷抉擇的能力、監督指導的能力。

　　*3.*領導者運用不當：領導者對參與決定的運用不當，造成不良的後果，如選用參與人選的不當、選用參與方式的不妥。只運用正式參與，而不會

運用非正式參與，所作決定的結果就比較不容易達到合理性。

(二)參與者的缺失

1.參與者缺乏意願：參與決定者只是被動的被邀請參與，本身並無意願，參與的效果便不佳。

2.參與者能力不夠：參與者雖然有意願，但本身能力有限，如不善溝通，對參與討論的事情相關知識不足，不懂資訊的蒐集與分析，因此就無法達成參與決定的目標。

3.參與者人格特質的偏差：參與者本身人格特質，有令人質疑之處，如私心太重、感情用事、固執己見、情緒易失控等，在在都會影響參與決定的品質。

(三)組織的障礙

1.組織溝通系統不良：組織中缺乏一套完善的溝通系統，致使資訊的交流欠佳，組織的成員對於組織的目標、政策、動態等，缺乏清楚的認識，因此影響參與決定的效果。

2.組織的氣氛不佳：組織氣氛不佳，成員間缺乏和諧，向心力不夠，對領導者的信心不足等，在在都會影響參與的意願，致使參與決定的實施效益不彰。

3.組織制度欠完善：組織制度不健全，辦法就會欠完善，規畫不周延，造成責任推託、事權混淆不清。例如：欠缺一套完善的獎勵制度，就無法鼓勵成員熱心貢獻心智、積極配合參與決定的措施。

五、學校領導者運用參與決定的策略與作法 ★

(一)定期召開各項會議

包括校務會議、處室會議、教學研究會議等，領導者應督導做好會議管理，使會議不但有效率，而且有很好的效果（有關會議的會議管理將於

另一章詳述）。

(二)善用各種委員會

除了依照規定外，應視學校實際的需要，組織各種委員會，研討或處理校務有關問題。委員會的成員，必要時聘請校外專家學者、專業人員（如律師、會計師、建築師）列席指導。

(三)運用各種管道充分溝通

包括正式溝通與非正式溝通、口頭溝通與文字溝通，領導者除了在正式場合做好溝通外，還要善用非正式場合做好交談，聽取意見的溝通，並利用刊物、書信向師生表達個人的辦學理想，以及報導其正在努力運作的過程或成果。

(四)鼓勵師生參與各項計畫與決定

領導者應創造一種機制，使師生樂意奉獻智慧，參與校務的發展計畫。如設置獎勵制度、對師生表達關懷與尊重等。

(五)適當的授權

領導者應視業務的性質作適度的授權，讓部屬作決定或執行，如此就能培養幹部主動積極、認真負責的態度，進而熱心參與校務發展的各種商討與決定。

(六)培養領導者民主素養

領導者應以身作則，培養良好的民主風度，能接受建言、博採眾議；能包容各類人員，不排除異己；在集會時，能展現會議領導才能，激發大眾的智慧，凝聚集體的意志。

(七)營造良好的學校氣氛

領導者應努力改善學校情境，營造良好氣氛，建立和諧的關係，以凝

聚師生的向心力和共識。

(八)權變運用參與決定

　　參與決定的方式相當多，每一種方式都有其優點及其可適用的情境，所以領導者應視作決定的事項，採取權宜措施。除了法定的程序不能改變以外，其餘都可靈活運用各種參與決定的方式。例如：校內人事調動安排的案件，宜採用非正式參與決定，不宜用正式參與決定；有關預算的決定案，則宜採用部分參與決定，而不宜用全體參與決定；一項校務改革的決定，如涉及全體師生權益時，則應運用多種參與決定方式，除應增加參與人員外，並應先行作非正式參與或部分參與，最後再進行全體參與決定，這種決定就不至於在執行實施時遭遇反抗。

- 「信念造就一生，堅毅成就美夢」：經過磨練苦思而得的訓練，加上毅力恆心的堅持努力，就能成就一生，實現夢想。
- 什麼是真理？真理是原則與實際能夠調和一致時，就是真理。（靜思語）
- 改變你的途徑，不要改變你的決定。
  Change your direction, do not change your decision.
- 上台靠機遇，下台靠智慧。
- 擁有一個好觀念的最佳途徑，便是設法擁有許多觀念。
  The best way to have a good idea is to have a lot of good ideas.
- 有效解決問題的方法，是當你有了問題解決方法之後，再找人商量解決問題的方法。
  The best way to solve problem effectively, first have one or more solutions then get to discuss with others.

 # 組織

兩人同心，其利斷金。──說明組織產生的力量

家和萬事成。──說明組織團結的力量

唇亡齒寒。──說明組織內各部門互相依存的道理

格物、致知、誠意、正心、修身、齊家、治國、平天下。──
說明領導組織發展循序漸進的道理

自有人類，就有組織。其他的動物、昆蟲也懂得以集合群體的力量，謀求生存。我們人類的組織是多元複雜的，人們一出生就處在家庭組織中，而後隨著成長參與各種不同類型的組織，諸如學校組織、機關組織、公司組織，或者是教會組織、社團組織，以至參與黨、政、軍組織等。我們從這些參與經驗中，去體驗組織的發展，學得組織的概念。因此一位稍有常識者，就懂得透過分工合作、結合團體力量，去達成個人所不能完成的目標。

筆者自大學時代擔任社團負責人，即略為體會組織運作的道理；畢業後即在某私立專科學校擔任學校行政工作，從註冊主任到教務主任共歷經十五年，在這期間，隨著學校組織規模的發展、個人行政歷練的增多，對組織的運作，更有深刻的體認；而後出任省立高農校長及高中校長，前後亦十五年，在歷經成功失敗，嘗試錯誤的經驗後，更體悟出組織運作的奧妙與道理。

筆者有幸至美國留學兩年，攻讀教育行政，得有機會實地觀察學校行政組織運作的實況，從中學到民主參與運作的要領。再者，本人參與國際

扶輪社多年，曾擔任社長以及基金會秘書長等職位，也從中學得社團組織經營的方法（詳閱本章第三節）。此外，本人也加入慈濟功德會，對慈濟的組織理念和運作深為讚佩，實值得學校行政領導者參考學習（詳閱本章第四節）。

　　一位學校行政領導者，尤其是處在今天多元價值的民主社會，對組織應有正確深入的看法，能把握學校組織的特性，掌握社會的脈動，運用適當的策略，將師生結合一體，與社會保持良好的互動，並善用社會的資源，共同促進學校發展。

第一節　組織的性質

一、組織的涵義

　　「組織」一詞，當作名詞時，英文係「organization」，即團體或機構，其意即一群人為了共同目標結合起來的一種團體。

　　「組織」也可以當作動名詞，英文係「organizing」，其意即為了達成團體目標，從事部門畫分、權責確定、人員分派等，分工合作事宜。

　　「教育行政組織，乃是教育行政人員的結構，與行政運作的歷程」此定義兼有名詞和動名詞。

　　組織以「人」作為比喻，人體由骨骼、神經、肌肉、消化、呼吸、循環、排泄等系統組成，使人體運作裕如，成為一個健全的組織系統。

　　組織可以看成是靜態的、動態的、生態的及心態的：

・靜態的：好比人的生理結構，譬喻組織中，人員的權責分配體系。
・動態的：好比人的生理現象，譬喻組織中，人員分工合作、集體努力的工作狀態。
・生態的：好比人的生長發展，譬喻組織隨時代及環境變化，新陳代

謝，生長不已。

- 心態的：好比人的心理分析，譬喻組織中人員工作意願、責任心、服務精神、團體意識。

因此，我們要研究組織，從事組織運作，不只是從靜態的結構去認識，也要從動態的現象去思考；不但要從生態的發展去探討，也要從心態的心理分析去研究，如此才能掌握組織的全貌。

二、組織的要素

(一)一般構成組織的要素

*1.*物質要素：包括組織所需的人員、經費、房舍、設備等有形的要素。

*2.*精神要素：包括組織的宗旨、任務、使命、制度、規範、權責、領導、服務等無形的要素。

(二)依卡斯特（F. E. Kast）的說法

組織乃由下列成分所建立（張潤書，1995）：

*1.*組織圖；*2.*職位；*3.*工作說明書；*4.*法令規章；*5.*權力關係的模式；*6.*溝通網路；*7.*工作流程；*8.*技術與社會及心理系統所產生的互動關係。

(三)依麥克法蘭（McFarland）提出的要素（張潤書，1995）

*1.*縱的層級；*2.*平行的單位及部門；*3.*職位的任務、責任及義務；*4.*直線與幕僚單位；*5.*變態結構，即暫時性而非經常性的結構。

(四)學校組織運作要領

針對上述組織要素的敘述，提出學校組織運作的要領：

*1.*無論企業組織、學校組織、社團組織、政府機關的組織，都要具備上述的物質要素及精神要素，兩者不可偏廢。許多組織只重視物質要素，而忽視精神要素，組織就無法健全發展，甚至無法存在。

2.有關精神要素，可以說是建立組織的制度面。除了從上述「精神要素」，所列舉的項目外，卡斯特所提出的組織圖、職位、工作說明書、法令規章、權力關係模式，都是健全組織必要條件的具體說明。許多組織的發展改造都把握這些要素加以修訂。

3.有關組織結構方面，麥克法蘭所提出的縱的層級、橫的部門劃分，及直線與幕僚單位等要素，都是組織發展過程中所應隨時調整改造的重點。

4.學校行政領導者應把握組織的每一種要素，對有形的要素方面，如人、物、設備、經費等要作有效運用；對無形組織要素方面，要建立一套健全完善可行的制度，包括規章、辦法。

三、組織的功能

組織的目的，在利用成員的知識技能，以分工合作的努力實現共同的目的。經由組織可以藉他人之長補己之短，而發揮自己的長處。

組織的功能至少有下列四點：

1.經由合群與團結，使渺小的個人變為群體的大人物。

2.經由協調一致，共同目標的努力，集個人微小的力量成為集體的偉大力量。

3.經由集中及分工的運用，可以節省人力、物力、財力和時間，並獲致較大的效果。

4.經由成員間的互動激勵，激發靈感與創意，發揮成員的潛能，產生無窮的力量。

由上述組織的功能，可以得知：組織的領導者不但要善用成員的努力，更應運用其長才；不但要獲致成員的合作，更要激發其潛能；不但要促進分工合作，而且要協調一致，向共同的目標而努力。

四、組織的類型

(一)依權力的結構而分：專制型組織、民主型組織與放任型組織

　　1.專制型組織：以工作為導向；以法定權威地位行使指揮命令；決策過程不讓部屬參與；期望部屬只聽命令，不能向權威挑戰。一般私立中小學較傾向這種型態。

　　2.民主型組織：領導者尊重部屬，讓部屬可以參與決策；決策執行有困難時，允許部屬發表意見，彈性修正；重視意見溝通與感情交流。目前大多數公立中小學逐漸傾向民主型的組織。

　　3.放任型組織：是無為而治，上級較少要求成員，任由成員自由發揮；對成員的工作情形較少干涉或過問。一般大學行政與教授之間的組織型態較傾向放任型。

(二)依結構的緊密度而分：緊密型組織與鬆散型組織

　　1.緊密型組織：組織權責劃分清楚，規定的要求較為嚴格或切實執行，較少自主或彈性。一般軍隊組織或學校行政組織較偏向此型。

　　2.鬆散型組織：組織對成員的要求比較放鬆，成員較有自主權與彈性處理權。一般學校的教師組織跟行政組織相比是較為鬆散的。

(三)依正式與非正式而分：正式組織與非正式組織

　　1.正式組織：乃是經過合法程序所建立的組織，有其法定地位，所有正式組織下的成員都有法定的職位與權責，並依法行事。

　　2.非正式組織：是非經正式計畫，而經由共同興趣、人際交往、感情交流所形成的一種關係，不為官方所承認的團體。

(四)依永久與臨時而分：永久性組織與臨時性組織

　　1.永久性組織：依正式體制所建立的永久性組織，如一般學校的行政

組織。

　　2.臨時性組織：是為因應臨時所需的組織，如九二一重建組織、學校為籌辦百年校慶所成立的臨時組織。

(五)依組織主要目的而分：營利性組織與非營利性組織

　　1.營利性組織：凡是企業界都是以營利為主要目的所成立的企業組織。

　　2.非營利性組織：凡是學校的組織或慈善機構都屬非營利性組織。

(六)依公私立而分：公營組織與私營組織

　　1.公營組織：凡政府所統轄的機關，一切依政府法規執行任務的組織。

　　2.私營組織：凡由董事會所管理的組織，除遵守政府相關法規行事外，並且自行制定規章處理業務。

組織的小故事

　　國外珍聞：一家公司的總經理徵求秘書，條件是其人必須「狀貌似女子，思想如男子，舉止如貴婦，忠誠如狗」。

　　這樣的「人才」恐怕是不出世的，倉促之間如何找得到！不過也有補救的辦法：徵求一個狀貌似女子的人，一個思想如男子的人，一個舉止如貴婦的人，一個忠誠如狗的人。總經理可以對這四個人各取其長，分別使用，或者讓他們聯合辦事，互相支援。

　　這種「四合一」的辦法，就是「組織」。組織家是世間第一流人才，他役使多人如使一人。世上本無完人，組織家卻能集合眾人之長造成一個完善的團體。此事說來容易做來難，每個人都有自己的個性，有自己的私心，有自己的「潛意識」，組織家如何加以調和化解，異中求同，需要天才！

　　組織家必須有容人之量。宰相是中國人古代的最高組織者，他的工作是「調和鼎鼐」，他的特長是「肚裡撐船」。

第二節 組織的原理原則

人類一開始就有組織的觀念，許多動物為了生存也同樣有群體組織的觀念。人類組織的理念隨著時代不斷在演進，有關組織的原理原則，也隨之不斷創新與改造。不過，如人體生理組織的運作或者是螞蟻的組織行為，始終保持著一貫不變的原理原則，它（牠）們都可以提供人類機關組織學習參考。

一、人體的生理組織運作，及對機關組織的啟示

人體的生理組織結構和功能乃是最理想、最完美的，可供機關組織結構所採用。例如（張金鑑，1985）：

(一)首腦統攝全體功能

人體構造十分複雜，工作器官為數眾多，運用機能錯綜無比，然而它們皆能協同一致的分工合作而發生美妙功能，是由於有一中樞神經或首腦統攝全體，發號施令，使之平衡協調，而收異事同工之效。因之，機關組織結構應建立一組織重心，藉資統攝，避免各行其事。

(二)各有專司的分明系統

在生理組織中，分消化、循環、排泄、呼吸等系統，各有專司，事權分明，責任確定，且無互相牽制或爭功諉過的毛病。故健全的機關組織及其結構，亦應本機能一致原則，把性質相同的事務集中到一個單位辦理。

(三)新陳代謝作用

人體的生理組織結構，能攝取所需之新物質，以為推進工作的資源，

排棄無用的廢物於體外，以維持生理的正常功能，並保持充沛的新生力。機關組織結構亦應具有汰舊換新的功能。

(四)平衡和諧功能

人體生理組織有一最美妙的平衡和諧作用，在各官能各系統中皆能各盡所能，各取所需，並且能取其所需、讓其所餘，捐有餘而補不足，互保互用，相濟相成，和諧一致，平衡統一。最圓滿的組織結構亦應本此原理達到成員與成員間，單位與單位間合作無間、協同一致。

(五)成長發展功能

人體隨著年齡成長成熟發展，以求適應生存環境。機關組織也應學習不斷改進，以求生存發展。

螞蟻的組織也值得參考學習，簡單敘述如下。

螞蟻的組織

螞蟻是一種分布在全球各地的昆蟲，除了南、北極之外，四處可見牠們的蹤跡，其中又以熱帶地區最為常見。

全世界約有八千種螞蟻，大小從二至二十五毫米不等，有黃、褐、紅、黑等不同的顏色。螞蟻的一生在八至十週之間，歷經卵、幼蟲、蛹、成蟲等四個階段。通常一個蟻窩由一隻蟻后及若干雄蟻、工蟻、兵蟻所組成，這四類螞蟻各司其職，分工合作：蟻后負責產卵繁殖後代，雄蟻負責與蟻后交配，工蟻司覓食、運糧、育幼、築窩等職責，兵蟻則抵抗外敵，保衛蟻群。

螞蟻不但有分工合作的品行，而且有分享食物的美德，當一隻工蟻在路上發現糖水，牠會先吸足之後，回窩把糖水吐出分配給全窩的螞蟻。

二、管理學各學派主張對組織原理的啟示

在第二章，已將現代管理學派重要的學說，分別作簡要的敘述。其中科學管理學派重視工作效率，對組織必備的要素：如目標的確定、規章的訂定、檔案的建立、職位的說明、設備標準的訂定、工作標準方法的建立，都有所敘述（詳見第二章第三節）。

同時，管理功能學派的費堯所提出之管理原則，對組織的原則有所提示：如精密的分工、權責的稱適、指揮統一、嚴明的紀律、安定人事、團體意識、有效溝通等（詳見第二章第三節）。

其次，行為管理學派所提出的主張，對組織的原理原則也有相當重要的提示：如掌握成員的心理、重視非正式組織、強調積極的激勵、善用人性化領導、重視員工的士氣、強調民主參與和思想溝通（詳見第二章第四節）。

再其次，系統管理學派所提的要旨，對組織的原理原則也有相當重要的啟示：如組織的整體性、適應性、開放性、代謝性、穩進性、互動性、互依性，在在都是現代化組織運作應有的理念。

最後，權變管理學派的要旨，對組織理念也有相當多提示，其中以彈性的運用組織原則很值得參考，該組織是生態的，它不斷地在成長與改變，因此組織要視情境的不同，採取適當的權變措施（詳見第二章第五節）。

三、組織的原則：學校領導者對組織運作應把握的原則

組織的要旨，是藉集體的力量或分工合作有效達成目標。究竟如何運作，才能促進成員熱忱奉獻，並同心協力努力完成目標。專家學者有許多看法，張金鑑教授綜合各家理論，整理歸納提出十個組織的原則（張金鑑，1985）：

1. 以人為本的原則。
2. 民主參與的原則。

*3.*共同利益的原則。

*4.*積極激勵的原則。

*5.*思想溝通的原則。

*6.*整體觀念的原則。

*7.*互動影響的原則。

*8.*功能開放的原則。

*9.*運作回饋的原則。

*10.*動態平衡的原則。

筆者略加修訂，提出學校領導者對組織運作，應把握十原則：

(一)建立共識的原則

組織係一群人共事的一個團體，這個團體需要有共同的目標，才能使組織成員發揮較大的效力，這種目標是為組織成員所清楚認識的。無論是組織成員共定的，或者領導者所設定，都需要透過充分溝通而達成共識。所以學校領導者要善用溝通宣導，與學校同仁共同建立學校願景，以便激發全體師生朝向共同願景而努力。

(二)適才適所的原則

組織的運作首要在用人，用人的要領，貴在將適當的人安置在適當的職位上，給他適當的任務，使他充分發揮其才幹。反之，如果未能作到適才適所，則再好的人才也無法發揮其才幹。因之，學校領導者應懂得知人善任，在各單位都能安置最適當的人才，使校務的推展更為順利。

(三)權責相稱的原則

權力是命令他人的一種力量，責任是承擔的任務。組織中誰擁有大的權力，其責任相對的也要大；權力小的，責任也要小。如此才能作到公平合理，減少責任推卸、投機取巧或成員心理不平衡等弊病。學校各單位的主管權責雖有明細劃分，但由於種種因素（如資歷與經驗的深淺）造成權責的失衡現象。因此，學校領導者要慎於督導。

(四)共同利益的原則

組織應視為一個同甘苦共患難、榮譽分享、幸福與共、相互滿足的團體。有福同享、有禍同當,也就是互惠原則。學校領導者應秉持與學校同仁站在平等的地位,共同為促進學校發展而努力,榮譽共享,把握互惠原則。

(五)民主參與的原則

組織應屬於全體成員,大家共同參與,負起責任,分享權力,人人自動自發的為組織努力,養成人人是主人的觀念。學校領導者應具有民主的風度,重視參與決定的程序,鼓勵同仁關心校務,共同參與學校校務的各項決定(詳見第四章〈作決定〉)。

(六)積極激勵的原則

組織領導者應利用人的上進心、榮譽感、成就感,積極激勵或獎勵成員奮發努力,使其發揮潛能,而不是用消極的制裁或懲罰,達到有限的效果。學校領導者要善用獎賞權、參照權,以至溝通權,激勵同仁共同為校務發展而努力。

(七)充分溝通的原則

組織的成功運作,是要透過成員間的思想溝通及相互了解,以建立共識、認同及責任心,俾使意志集中,步驟齊一,共赴事功。學校領導者應善用各種溝通管道,包括正式溝通與非正式溝通、口頭溝通與文字溝通(詳見第六章〈人際與行政溝通〉)。

(八)整體觀念的原則

組織成員應有整體的觀念,各部門間應密切配合,脈息相通,相互依存,成為一不可分離的有機體。因此,大家應團結合作,互相支援。要根除本位主義及個人英雄主義。學校領導者在組織運作時,應把握公平公正

原則，發揮協調溝通的功能，以促進團結合作，發揮整體的力量達到學校目標。

㈨動態平衡的原則

組織乃是新陳代謝的生長系統，故不斷地在成長和發展，而在生長過程中，應保持穩進狀態，不失去平衡，不畸形發展，即所謂動態平衡。因此組織在推展過程中，「保守」與「革新」要保持平衡，即所謂安定中求進步，進步中求安定。學校領導者對學校發展的步調，應拿捏得宜，一般而言，「保持優良傳統，適度的創新」是較佳的策略（詳見第十章〈組織變革〉）。

㈩開放交流的原則

組織係外在社會系統的次級系統，它與社會互依互存，息息相關。因此，組織要保持開放，與社會充分的交流，才能確保組織的生存與發展。所以學校領導者應將學校開放，與外界保持良好互動，和社區、家長、企業等建立良好的關係，藉助社會資源促進校務的發展。

第三節　學校組織的特性及組織運作的原則

學校組織的特性，與政府機關組織或者和企業組織相比較，都有許多不同的地方。為了便於分析說明，本節僅就學校組織和企業組織，提出比較敘述。

學校組織與企業組織有其相同之處。基本上，構成組織的要素，無論是有形的人、財、物，和無形的目標、規章、辦法、領導等，兩者都必須具備。甚至於包括許多組織運作的基本原則，如適才適用、權責相稱、民主參與、積極激勵、溝通協調等。無論在學校或在企業，都同樣需要把握。但兩者在許多方面也有所不同，茲分述如下：

一、學校組織的特性：學校組織與企業組織之比較 ⭐

(一)組織目標

- 學校的組織目標是以培植學生為目的，一般都以抽象的語句來描述目標，例如：「培植五育均衡發展的青年」。
- 企業組織目標是以營利為首要，目標比較能用具體的數字加以描述，例如：「每年百分之五的成長率為公司發展的指標」。

(二)組織的成員

- 學校組織的成員，有行政人員、教師與學生。行政人員與教師為組織的主要成員；而學生既是組織的成員，又是顧客，也可視為製造產品的材料，一般情況每年都在變動。這一項跟企業有絕大不同的地方。
- 企業組織的成員，有幕僚與直線、或者管理與業務，如果是生產單位，又加上工人。這種組織的成員，除非主動地辭職，否則都變成為固定的關係。

(三)幕僚與直線

- 學校組織基本上和企業一樣有幕僚與直線，也就是說行政與教學。行政人員負責學校各項行政管理，一般都按照規章辦法處理業務；教師負責教學研究，因為教師面對一群學生，而學生既是班級組織的成員，但又有顧客的性質，例如：學生可以選課，也可以選讀他校。並且教師對學生的教學輔導，有較彈性的自主權，例如：教材的選用、評量的方式、管教的方法等，教師之間都有很大的差異。
- 企業組織有幕僚與直線，或者是管理和業務，以至於工人等，全都是組織的成員。他們除了按照組織規章辦法處理事情外，不管是幕僚或直線都沒有很大的自主空間。雖然管理人員和業務人員也有若

干的差異，不過不像學校的行政和教師有那麼大的差別。

㈣權力結構

- 學校組織都有詳細的法令規章，規範校長的職權，保障教師的職位，因此校長要任用或解聘老師都要依循規定辦理，尤其要解聘一位老師並非容易的事。
- 企業組織隨著企業的歷史、規模、性質等，規章制度方面有很大的差別。一般而言，比學校組織欠缺完備，因此權力都掌握在董事會董事長或總經理的手上，對員工的任用、薪水待遇，比較有彈性。

㈤財務結構

- 學校組織的經費來源及運用，都要依一定的會計制度辦理。一般來說，公立學校的經費是來自政府的補助及學生的繳費；私立學校的經費則來自學生的學雜費。因之，公立學校的財務狀況比較穩定，也就不考慮經濟的效益；私立學校經費既來自學生，就不得不精打細算。
- 企業組織既以營利為目的，一切營運的策略都要以經濟效益為考量。因此，在經營管理方面，不得不採取比較現實而缺乏人情的策略。

二、學校組織運作的原則：有別於企業組織之運作 ⭐

學校行政領導者應認明學校組織的獨特性，對組織的運作應與企業組織有所區別，茲提出學校行政領導者應把握的原則：

㈠把握學校教育的目標——以學生為主

學校教育的主體是學生，因此一切應以學生為首要，不宜以學生作為斂財的對象。再者，學生在學校的身分特殊，他們不但是接受教育輔導的對象，在學校學習成長作為未來人生的準備；也是在學校接受服務和關照的顧客，當他們在學校接受良好的照顧與服務，對學校產生好感與信賴時，

也就達成學校行銷的目的。

(二)秉持行政為輔的觀念——以教師為重

　　學校行政是確保校務運作正常的必要手段，但是它只是一種監督指導與輔導的角色，真正使學生學習成長，直接受益的是教師，而教師在班級經營上握有很大的自主權。例如：學生能否感受到教師的愛心，端視教師是否真正主動奉獻其專業精神，並非只憑法令規章、行政督導加以規範可以達成。其關鍵在於學校行政的運作巧妙如何，例如：在人性化管理領導下，教師由於受到尊重與關心，自然就會以愛心去教導學生；反之，一位受到委屈、忽視、不公平待遇的教師，只有將不滿的情緒轉向學生發洩，使學生受到傷害。

　　所謂：「以學生為主，教師為重，行政為輔」，是至理名言，值得學校行政領導者深思。

(三)認明行政體制與教師專業的差別，並彈性運作

　　學校行政的管理，無論是教務、訓導、總務，都需要講求制度化和效率化，即行政的一切行事要依照規章辦法處理，不能有脫軌違規的情事，如此，才能確保學校組織在有秩序有條理中發展。例如：要求行政人員準時上下班，或依作業程序辦理業務；對教師們除要求準時上下課外，在上下班方面則較為放寬；行政在處理學生成績、學籍方面，都要確實登記核算，一點也不能有所疏忽。

　　反之，教師在核給成績時，可以視學生的個別情形、學習過程的表現，作有彈性的處理，幾乎不受行政的束縛。

　　基於上述行政與教師專業的不同，以及考量教師專業自主對學生影響力之大，學校領導者在督導兩種人員時，應有所區別。即對行政幹部的要求，應以講求效率的科學精神去辦事；而對教師的態度，應以較人性化的領導方式，尊重教師，給予較大的自主空間去教導學生。

㈣少用法職權，善用個人魅力作為領導影響力的基礎

學校領導者既非企業組織領導者有絕對的權力，在校園民主化、教師會組織暢行的時代，校長宜少用職位的權力要求教師或行政人員履行任務，而應多運用專家權、參照權或個人人格魅力，去影響學校同仁，讓他們發揮愛心，自願為學校教育努力。

因此學校領導者必須不斷充實自己、開拓視野，增進作決定與解決問題的智慧，並培養熱誠與親和的態度，加強溝通協調的能力（其中尤以培養傾聽的素養更為重要）。

㈤善用學校資源以發揮學校行政功能

一般公立學校經費大多來自政府，而私立學校則來自學生。但隨著學校數目的日漸增加，政府的教育經費逐漸稀釋，學生的來源也相對地逐漸減少，學校經費籌措及運用，不得不重新考慮，過去不重視經濟效益的學校行政管理理念應重新思考檢討。

因此，如何有效運用人力、物力、財力、時間，以達成辦學的目標，是當前學校經營的重要策略，諸如經費籌募的方法、人力資源的管理，包括義工的運用、學習非營利機構的經營管理等，都是學校組織改造的重要課題。有關募款的組織將於下一節詳述（詳見第八章〈時間管理〉）。

第四節　人力資源管理

人力資源是組織的主體、管理的靈魂，人力資源管理幾乎就是組織的管理。

一、人力資源管理的意義及內涵

所謂「人力資源」（human resources），就是指組織內所有人員有關的資源，包括人事、素質、年齡、能力、知識、技術、動機、態度等皆屬之。

至於「人力資源管理」（human resources management），是指組織內所有人力資源的開發、發掘、培育、甄選、運用、遷調、升遷、考核和管制的一切歷程和活動。

近年來，人力資源的管理已有取代人事行政與人事管理的趨勢，人力資源管理比其他兩者含有更廣而深的涵義。前者更具有策略性、指導性、動態性、積極性和整體性；而後兩者則偏重作業性、事務性和靜態性。

就人力資源管理的實質內容而言，人力資源管理可分為理論基礎與實務運作兩部分。理論基礎是提供人力資源管理業務的指導，是人力資源管理的思想觀念與原則，包括：激勵管理、態度與士氣、人群關係、行為科學、領導行為、意見溝通、管理發展等課題，用以指導人力資源管理者的理念。至於實際運作方面，是人力資源管理的實際業務，諸如：工作設計、工作分析、人力規畫、員工甄選、任用遷調、工作服務、出勤差假、考績獎懲、員工訓練、工作評價、薪資訂定、勞資關係、安全與衛生、員工福利、退休資遣、保險撫恤等，都是人力資源管理的實際作業（張明輝，2002）。

人力資源是組織的主體、管理的靈魂，人力資源管理幾乎是組織的管理。蓋人力資源管理得當，組織運作自然上軌道，從而提升組織效能。組織的人力資源就是整個機構所有員工的運用，舉凡一切管理問題都可說是人力資源管理問題，因此人力資源管理問題可以說相當複雜，其範圍日漸擴展（張明輝，2002）。

二、人力資源的類型 ⟋⋆

　　凡是組織內部的人都是一種人力資源，但從組織結構來看，又可以分為不同層級的人力，由上而下，例如：決策層、管理層、督導層、實作層。就一般企業組織而言，包括：上層的董事會、總經理、中層的經理、課長、下層的課員或工友。就一般公立學校組織而言，則包括行政主管、校長及其以下的兩種體系：一是校長以下的行政體系，涵蓋處室主任、組長、組員、工友；二是教學體系，包含校長、主任、教師和學生。

　　學校組織和企業組織有所差異，因此對學校人力資源的探討也和企業有所不同，其最主要的差異在於教學體系的教師。就廣義而言，學校的人力資源，遠較企業的人力資源廣泛，因為學校就內部而言，除了教職員工以外還包括學生；就校外而言，還包括家長、校友、社區人士等，都可作為學校的人力資源。

三、人力資源管理與人事管理 ⟋⋆

　　傳統的學校人事管理偏重在作業上的管理，諸如教職員工的甄選、任用、遷調、出勤、差假、考績、獎懲、薪資、福利、退休、資遣、保險、撫恤，及各種服務，這些管理在學校組織中都有一套周詳的規章辦法以及作業程序，供作教職員工與人事管理人員依循辦理，這種人事管理辦法可以說相當制式，沒有多大彈性可以改變，因此只要隨時翻閱察考即可據以處理，達成任務。就管理性質而言，可以說是靜態管理，是管理的基本功能。缺乏良好的靜態人事管理，學校就無法維持教職員工的安定工作。不過，新時代的人事管理，除了從事靜態的管理外，更進一步要把握動態的人力資源管理，它可說是一種策略性的人力資源管理（strategic human resource management），將其特性敘述如下：

　　1.這種管理重在整體組織總體性和長期性觀點，促進人力資源的成長與發展，以期不斷提升組織效能。

2.在選才時重視上下全體共同的決策，除了考慮組織當前需求外，並另外組織未來發展儲備人才。

3.在薪酬方面，除了重視金錢報酬外，並重視精神上滿足，如：獎勵成員成長發展。

4.在考評方面，重視雙向溝通、成員參與，及自我考評多種考評方式。

5.在服務方面，更主動積極為成員服務。

6.在職位安置方面，比較重視工作輪調，以促進成員的成長發展。

7.在升遷方面，比較重視能力本位，較少考慮資歷深淺。

8.在人力發展方面，重視協助成員生涯發展規畫。

9.在辦公設施方面，重視人性化的工作環境及必備設施，以提高工作效率。

10.在決策方面，重視參與民主制度。

四、學校人力資源管理的缺失

(一)選才方面的缺失

1.受人情關說的包圍，缺乏公平性：由於人情包圍，學校就難以選拔優秀人才。

2.筆試及口試沒有適當的比重：如果筆試比例太重，則忽視品德技能的條件；如果口試比例過重，則易造成主觀判斷決定一切。

3.考試制度本身功能有限，難以選拔到真正的人才：根據考試辦法一時難以看出個人人格特質、品德或心理問題，易造成事後的困擾。

4.資料審查的疏漏，未詳細審查甄選者過去的資料：有時作業上的疏忽，未察明過去人事資料，因而錯用人才。

(二)用才方面的缺失

1.學非所用，不夠專精：學校受到編制問題的限制，雖選上專才，但仍以通才任用，造成人才浪費。

2.大才小用或小才大用：學校選才時縱使選上高學歷的人才，但限於職位，也不能發揮其長才。

3.缺乏循序漸進的升遷原則：學校常因校長個人的偏好而任用年輕新進人才，致使資深經驗的人才無用武之地。

4.行政單位主管調動頻繁：主管調動頻繁，也是一種資源的浪費。

(三)留才方面的缺失

1.工作負擔過重：由於工作負擔過重，成員承受不了而離職。

2.學校氣氛欠缺和諧：以學校組織的氣氛不佳，因而成員失去留校意願。

3.校園環境不佳、設備不理想：由於校園環境設施欠佳因而流失人才。

(四)人才開發方面的缺失

1.缺乏研究進修風氣：學校進修風氣不佳，人力資源開發相對停頓。

2.未善用義工人員：校內義工包括老師或學生，校外義工包括義工媽媽、社會人士等，未加善用也是人力資源的浪費。

第五節　扶輪組織的獨特性

筆者參加扶輪社已有二十多年，也擔任過社長、基金會秘書長等多種領導人。扶輪社為國際性社團，歷久不衰，且不斷發展，現有社友在全世界一百六十六個國家中，有 31,314 社，總共有 1,220,543 名社友。扶輪社之所以有今日的規模與發展，應歸功於扶輪組織哲學的崇高理念，能夠吸引全世界各行各業志同道合的領導人來參加。扶輪組織的理念，實值得探究與學習，茲就扶輪宗旨及組織獨特性分別說明如下：

一、扶輪宗旨

扶輪之宗旨在於鼓勵並培養以服務之理想為可貴事業之基礎，尤其著重於鼓勵與培養：

*1.*藉增廣相識為擴展服務之機會。

*2.*在各種事業及專業中提高道德標準；認識一切有益於社會的職業之價值；以及每一扶輪社員應尊重其本身之職業，藉以服務社會。

*3.*每一社員能以服務之理想應用於其個人、事業及社會之生活。

*4.*透過結合具有服務之理想之各種事業及專業人士，以世界性之聯誼，增進國際間之了解、親善與和平。

以上扶輪宗旨，皆以服務為理想，提高本身職業道德標準，並增進國際間的友誼，達成世界和平為終極目標。

二、扶輪組織獨特性

(一)就組織目標方針而言

扶輪社是以建立友誼為基礎，以大家參與為方法，以服務為目標。因此，社長在從事社務運作時，都能時時把握「友誼」、「參與」與「服務」三項重點。凡是破壞友誼、獨裁專制、缺少服務，都違背扶輪組織精神。

(二)就組織成員而言

扶輪社友來自社會上各行各業的領導人，每位社友都有獨特的專業知能，也有其獨特的個性。雖然加入扶輪社的成員較有共同理想，但是每個人在能力與個性上，優缺點仍然存在。因此，只有欣賞善用他人的長處，包容他人的短處，全體社友才能團結和諧，建立友誼，推展服務。

(三)就組織階級而言

扶輪社每一位社友都是平等的,雖然有社長、主委、理事之職位,但是只是一種服務的角色,並非代表階級。社長在社裡只是一種榮譽與責任的象徵而已,沒有什麼特權可言。因此在執行任務時,大多以商議代替命令,以服務代替指揮,凡是有階級觀念、威權態度或口吻,都不符合扶輪精神。

(四)就組織的規章辦法而言

基本上扶輪的規章辦法是相當完備的,凡不合時宜的,都經由國際扶輪立法會議修訂。因此,每一社的運作,只要遵循扶輪的規章辦法執行,就不會有差誤,也才能保證達成扶輪目標,真正享受扶輪。因此一位社長想要將扶輪經營得好,首要任務就是熟悉扶輪哲學規章辦法,其次也要設法讓社友們也能了解扶輪知識。

(五)就組織結構而言

扶輪社的組織結構,基本上是不會變動的,全世界扶輪社都是一致的。就每一社而言,設有社長一人,任期一年,在社長之下設置四種委員會,包括社務、社會、職業、國際服務等(簡述如圖 5-1)。每一任社長也同時組織理監事會,共策商討社務之推展,而理監事組織成員,名為選舉產生,事實上大多聽由社長安排。按照扶輪社的慣例,被請到的人不能推辭,因此在人事安排上,不像其他社團或機構那麼費周章。

社長
｜
秘書

社務服務主委:負責社友出席、聯誼、節目安排、社刊編印。

社會服務主委:負責改善社會風氣、環境保護、救濟貧弱。

職業服務主委:負責職業參觀、提升職業道德、職業訓練。

國際服務主委:負責外國姊妹社、國際青少年計畫。

圖 5-1　國際扶輪社各社組織架構圖

㈥就組織的發展而言

扶輪社每社人數，基本上維持一社五十名左右為宜，有些社多至八十名，也有少至二十多名。如果人多可以另組新社，所以老社就有輔導社之稱。新社與舊社之間，除輔導關係外，一旦成立就變成獨立的社。不像一般企業團體，有分社、分行，分公司與母公司繼續保持關係，業務互相支援，人員互相調動。而扶輪社不管輔導多少社，本身的社仍應自求發展與生存。因此，在人員方面，各社就要不斷地更新或適度地增加，否則因過度「老化」或「成員太少」，就會影響社務的推展。因此吸收優秀的新進人員，是社務發展的重要途徑。

㈦扶輪組織之戒條

扶輪組織沒有很詳細的規則限制社友的言行，只有提出四項準則，作為扶輪人行為的檢討要點，即所謂四大考驗。

扶輪人四大考驗──我們所想、所說、所做的事，應事先捫心自問：
1. 是否一切屬於真實？
2. 是否各方得到公平？
3. 能否促進親近友善？
4. 能否兼顧彼此利益？

三、結語

綜觀扶輪社的組織，可以說完全依照管理學組織理論而運作，除了前述扶輪社具備有形與無形的組織要素外，其運作的原則大多符合組織運作的原則，包括權責相稱、共同利益、民主參與、積極激勵、充分溝通、整體觀念、動態平衡等，特別是著重互惠及民主參與的理念，扶輪的四大考

驗所提示:公平、真實、互惠、友誼等,作為一切行事的準則,同樣地,在組織運作時,也要把握四個準則,如此才能使扶輪社組織健全發展。

第六節　非營利性組織對學校組織的啟示 ——以慈濟功德會為例

　　慈濟功德會是一種非營利性組織,也是今天舉世皆知的慈善機構。它成立於民國五十五年,至今已有三十五年餘,其發展的迅速、對國家社會的貢獻,是令人驚歎及感佩的。目前基本會員有一百四十多萬人,委員有一萬三千多位,成為一個相當龐大、又有機動性和自主性的組織,以「濟貧」、「濟病」、「濟急」為主要目標。由於慈濟功德會證嚴法師的卓越領導及精神感召,和所秉持的理念說服了千千萬萬的人們,共同努力創造慈濟世界。

　　今天的慈濟功德會,下設慈善、醫療、教育、文化等四大志業,除了台灣花蓮總會以外,全省各地設有分會,全世界二十幾個國家也設有分會,其中單以美國就有四十多個分會,可以說成為首屈一指的世界性慈善組織。它對全世界的貢獻是有目共睹的,除了本國台灣以外,對中國大陸的災區重建,東南亞、非洲、南美等貧困地區的救濟與重建,成績相當卓著。就以台灣九二一大地震的災後重建為例,慈濟功德會可以說扮演了非常重要的角色,光是學校重建就占了五十多所,他們所展現的效率及品質,深獲各界大眾所讚佩。

　　慈濟功德會為何能夠發展如此迅速、產生這麼大的組織效力?實在是值得當今經營管理者探討的課題。

　　筆者有幸身為慈濟功德會多年的會員,自己親戚多人也擔任慈濟的委員,加上經常閱讀《慈濟月刊》,觀賞大愛電視台,並訪問慈濟分會的師兄師姊等,對慈濟功德會組織運作的道理,稍有粗略的了解,茲分述如下(陳慧劍,1984):

一、慈濟功德會的組織──組織結構圖

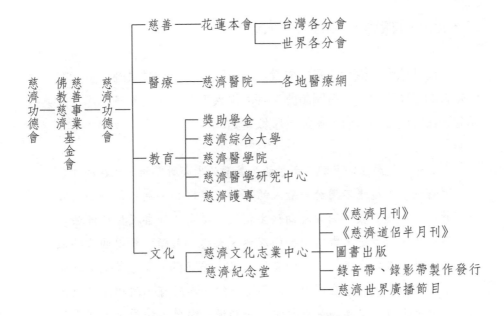

圖 5-2　慈濟功德會組織架構圖

1. 四大志業：慈善、醫療、教育、文化（見圖 5-2），證嚴法師認為是慈濟的四大希望：

- 慈善是苦難人的希望。
- 醫療是生命的希望。
- 教育是社會的希望。
- 文化是心靈的希望。

2. 這四大志業彼此關係密切、環環相扣、不可分離，例如：文化志業出版《慈濟月刊》，發揮很大的功能，協助其他三大志業的發展；醫療志業不斷擴大醫療網，更有利於幫助慈善志業達成「濟貧」、「濟病」的目標；慈善志業由於其他三項志業的發展，因而加速吸收更多會員，累積更多的基金；也由於慈善志業的發展，幫助其他三項志業擴大發揮其功能，

譬如今日的花蓮慈濟醫院，不但是東部首要的醫院，也成為設備新穎、功
能特殊的現代化醫院。

二、慈濟組織領導人的大慈大悲 ✩

　　慈濟功德會的偉大志業的成就，可以說歸功於證嚴法師大慈大悲、濟
世救人的宏願所促成。有關證嚴法師的偉大事蹟，在此不多詳述，僅就花
蓮慈濟醫院建造的啟示，摘錄一段敘述如下：

　　　　……證嚴法師所談、所想的，甚至於生命所繫的，就在於「慈
　　濟醫院」；這絕不同於一般人的「個人事業」，也不是一位出家
　　的比丘尼為了蓋一間寺院向施主化緣；這是法師自從投於佛法之
　　海以後，從心靈深處所湧發的深慈、大悲、大願，要以個人的微
　　弱呼聲，激發有緣人心上的良知，來一呼百應，眾志成城，改變
　　東台灣的人民生存空間與生活品質，從一無所有，到建立這座花
　　蓮歷史上最具規模的醫療設施。法師從一念慈心的湧現，到千萬
　　人的慈心相印，彷彿月照千江，這種偉大心靈的共鳴，成為台灣
　　社會自立自助的特殊景象（陳慧劍，1984）。

三、慈濟組織成員的特殊性 ✩

　　構成慈濟組織的主體，是海內外一百多萬的會員及一萬三千多名的委
員，這些人員都以助人為主要目標，以犧牲奉獻的精神而布施，無論出錢、
出力或智慧，構成慈濟一股驚人龐大的力量。尚且，慈濟是經由一群來自
不同行業、不同階層，卻志同道合的志工，同心協力去完成偉大志業的組
織，這種團體結合的特殊性，可以說舉世所罕有。

　　再者，所有慈濟人都平等看待，除了有會員和委員的差別之外，他們
彼此之間沒有階級之分，都以師兄、師姊互相稱呼，即使夫婦同為慈濟人，

也都如此相稱。

　　在服裝方面，為了平等、方便及展現團隊精神，一律穿著同樣顏色的服裝——藍天白雲的衣褲（一般性），或者是深藍色的制服（委員）——看起來高雅樸素，又象徵著慈濟的團隊。

四、慈濟組織規章的獨特性

　　慈濟功德會沒有像一般社團或機關的組織，具有十分詳細的規章辦法，去規範慈濟人的一切活動。不過，他們有一句口號：「以戒律為組織，以大愛為管理。」也就是說：慈濟人遵守戒律，作為組織運作的準則；以大愛作為組織管理的中心思想。凡是慈濟人，都要遵守十個戒律：

1. 不殺生。

2. 不偷盜。

3. 不邪淫。

4. 不妄語。

5. 不飲酒。

6. 不抽菸、不吸毒、不嚼檳榔。

7. 不賭博、不投機取巧。

8. 要孝順父母、調和聲色。

9. 遵守交通規則。

10. 不參加政治活動、示威遊行。

　　至於「大愛」，乃是超越個人、家庭、種族、國家、地域、宗教、階級等藩籬，視天下眾生如親人，凡是人類都要彼此相愛，互相關懷、互相協助。

　　慈濟人由於大家都遵守十個戒律，自然使整個組織具有規律、秩序、條理；而且，組織以大愛作為中心思想，使全體慈濟人都能夠明確地朝向大目標而努力。因此，一個組織具有共同的目標，並能嚴守紀律，這樣的組織自然就能夠健全的發展。

五、慈濟組織簡明的信條

　　慈濟領導人——證嚴法師——在帶領這龐大組織的成員，發揮無比的效率，常以智慧之語來勉勵慈濟人，即所謂「靜思語」，茲摘錄幾則如下：

- ·在人群中恆順眾生，亦不失原則，就是智慧的表現。
- ·因為多了「大愛」、「感恩」兩根筋，所以慈濟人能「為所應為」，而非「為所欲為」。
- ·心能夠淨化，慧命才得成長；用智慧來輔導，用愛心來寬諒。
- ·「才幹」要能融合「智慧」，再加上一分對他人的感恩心，才能將事情做得圓融、圓滿。
- ·將日子過得美麗、有價值，擴展生命的寬度、加深生命的厚度，才是最有意義的人生。
- ·因為心存「大愛」，只要眼睛看得到、腳走得到、手伸得到的貧苦災難，一定盡力相援。
- ·合心、和氣、互愛、協力，是待人處世之道。
- ·用歡喜心付出，用感恩心投入，我們就會感到幸福；若能用歡喜心去付出，用感恩心去投入，就能感恩受苦難的人；由於他們承受苦難、窮困與病苦，使我們與他們相較之下，能感受到自己的幸福。所以，慈濟人不說辛苦，只說幸福。

　　上述靜思語，無論對修身養性、待人處世、生活哲學，都有很大的啟示。光以第八句「用歡喜心付出，用感恩心投入」這句箴言，對眾多慈濟人影響至深，概其勉勵慈濟人要經由實際幫助受苦難的人，在比較之下，感受自己的幸福，因而產生愉悅的心情，進而使生活感到快樂與滿足。慈濟人在這種箴言的勉勵之下，不但救助了千千萬萬苦難的人，也同時改變多少慈濟人的人生觀，使其走上更健康美好的人生。

第七節　學校組織的改造──募款組織的建立

　　學校為了因應社會變遷，教育改革，學生家長需求等，不得不在學校組織上從事調整改造，以謀求學校的生存與發展。

　　學校組織改造的途徑和策略眾多，例如：

- 組織新血的注入，如新聘高學位教師、豐富經驗的行政人員。
- 人員職務的調動，如處室主管的輪流調動。
- 制度辦法的修訂，如獎勵、升遷辦法的修訂。
- 設備的更新，如行政電腦系統的建立。
- 校園環境的改善，如新校舍的興建、校園的綠化美化。
- 財務結構的改變，如學校校務基金會的建立。
- 組織結構的調整，如學校發展處、募款組織的建立。

　　目前學校組織結構有待改進，茲舉出下列兩項加以探討：

　　學校行政組織一般而言在中小學都比較固定，包括教務、訓導、總務、會計、人事；而在職校及師範院校另設有實習輔導處；至於大專院校則除了上述各處室外，尚隨著學校性質、規模、歷史等不同，學校的組織部門也有所差異，不過其中「研究發展處」，似乎是多數大專院校所有，而中小學所欠缺的部門。「研究發展處」所推展的業務對學校整體發展有很大的幫助，它的功能包括學校未來發展計畫、基金的籌募及公共關係等。

　　再者，學校公共關係這一項任務，目前在各級學校尚缺乏專職部門負責，一般都由校長主辦，而由於校長本身公關能力的限度，也造成學校對外公共關係的缺失。公共關係對學校校務發展影響至巨，諸如學校招生、社區關係、基金籌募、校園安定、學生就業、媒體關係等，都是公共關係業務的範圍。而學校未設置正式部門，是值得重視的問題。

　　檢討目前各級學校行政組織，衡諸當前校務發展的需要，組織改善之處固然多，其中以「募款組織」為當前學校組織改造首要的策略。

一、募款組織的源起及模式：以美國為參考對象

　　美國早期大學成立校友基金（Alumni Fund）進行募款工作，而後逐漸改為學校發展部。發展部主任（director of development）成為學校一級主管，組織也相當龐大，專職人員少則幾十人，多則一兩百人。在歷史悠久而規模龐大的學校中，典型的募款組織通常包括：校友關係部門、公共關係部門、例行年度募款部門、大額捐贈部門、公司捐贈部門及基金會捐贈部門等，分別有專人負責。各部門的職務簡述如下（湯堯，2001）：

(一)校友關係部門

　　主要為校友服務，包括校友會及分散各地的分會服務。此部門平時寄送刊物，讓校友經常了解母校現況，並辦理定期聚會活動，為校友辦理推廣教育、就業輔導，甚至旅遊服務，以強化對學校之向心力。根據各校的統計，校友是捐款的最主要來源。

(二)公共關係部門

　　主要負責建立學校對外的良好關係，包括社區居民、社區相關單位、政府機關、新聞媒體，維持良好的互動。這個部門除了協助學校建立良好的形象之外，並將募款對象的範圍擴大，打破早期只針對校友為募款對象的舊觀念。例如：與政府機關建立良好關係，以便獲得更多的補助。

(三)例行年度募款部門

　　此部門的職責是對潛在捐款對象寄發勸募信函，或以電話進行勸募，並負責對捐贈者的致謝，以及統計分析等工作，包括對校友、家長、企業各界等不同對象的統計分析，以作為追蹤募款的參考，達成節約經費、提高效率的目標。

㈣大額捐贈（募款）部門

主要負責對潛在巨額捐款人進行拜訪、溝通和建立感情，以便達成捐款的目的。此項工作者應具有良好的溝通技巧，還須具備投資理財及稅法方面的知識，以便說服巨額捐款者。不過，在潛在巨額捐贈者可能作出捐款決定的關鍵時刻，往往須請校長出面與捐贈者接觸，使捐贈者感受到被尊重的榮耀。

㈤公司捐贈（對企業與基金會募款）部門

此部門的任務是平時積極蒐集企業及基金會的相關訊息，了解其最近發展的方向，作為往後勸募或申請補助款之參考。此部門的工作人員須具備精通的計畫撰寫技巧，方能以生動的計畫獲得潛在捐款者的認同與接受。

二、學校發展處組織模式：我國教育部提供的建議

我國教育部曾於一九九六年，綜理美國及當前國內大學院校專責募款之組織架構及業務執掌情況，建議一個符合我國發展的組織模式。

「發展處」應該是與教務、學生事務、總務三處平行之處級單位。茲將「發展處」架構圖（如圖 5-3）及各部門設置的目的和職掌，分述如下（湯堯，2001）：

㈠校友聯絡組

這一組的功能與前述美國校友關係部門相同，負責建立校友資料檔，加強校友聯絡、服務與情感之培養，並協助校系友會會務之推動。透過校友聯絡組的活動，希望能夠增進校友的捐款。

㈡公共關係組

公共關係組負責承辦與大眾媒體、工商企業、政府單位、國際文教機構及社區等公關事宜。此組可在學校與外界的互動關係中創造出一個有利

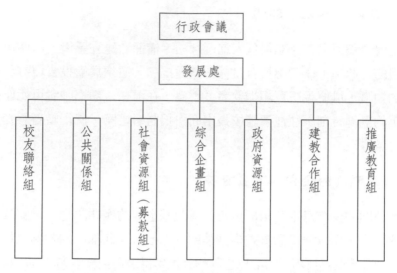

圖 5-3　教育部建議之專責募款單位組織架構圖

於學校發展的環境，它可以學校在職專修班推廣部的結業學員、退休教職員、社會人士及捐贈者等擁護群為基礎，以組成後援會。

(三)社會資源組

社會資源組是實際直接面對外界人士募款的一組，但為便利組員推展工作起見，取名為社會資源組，以免募款兩字太過直接敏感。本組主要負責對校友、社會與企業界之募款。如果未設立社會資源組，則募款工作可委由校友聯絡組、公共關係組，或是建教合作與推廣教育組兼辦或共同推動。不過，校友聯絡組與公共關係組乃負責聯絡與情感培養工作，宜與募款作業劃分開來，以免使潛在捐贈者產生太現實的感覺。

本組還須負責的職務包括各項募款方案之整合與執行、分析統計募款資料，以作為募款決策之依據等。

(四)綜合企畫組

企畫組有如工商企業機構的研究發展部門，負責重大募款計畫案之撰

擬、執行與評估、學校重要文宣刊物之編輯與出版，以及校務發展之總體規畫等事宜。所以，此組平日就需要蒐集學校完整的發展資料，以作為擬訂募款的目標，並依學校的需要來決定各種專案的優先順序。

㈤政府資源組

此單位主要是負責爭取各級政府之教學研究補助經費或委辦事項，以利爭取更多的經費收入。一般而言，國立大學院校經費來源大多來自政府預算，可以不設置本組，所以相關業務可由建教合作組、公共關係組或企畫組辦理。

㈥建教合作組

建教合作組的主要業務在於：協助教學研究單位尋覓建教合作對象，蒐集建教合作資訊、促進各院系建教合作經驗交流，及彙整建教合作成果等。除了可以提升校譽、增加校（系）經費，並可藉參與建教合作的老師穿針引線，向企業界募款。

㈦推廣教育組

推廣教育除了可為學校賺取可觀的經費與提高校譽之外，對勸募作業亦有輔助的作用。因推廣教育所招收的學員，大多是社會進修人士，具有一定經濟基礎，結業後亦可視為廣義的校友，成為募款合適的對象。

三、結語和建議

從上述美國大學發展處及教育部所建議的發展處組織模式，提供各級學校在組織改造上的參考。根據調查，我國大學為因應校務基金會的成立，學校須自籌經費的要求，各校都積極成立類似的組織，從事募款的工作。

筆者母校——台大——在募款方面做得很成功，筆者以校友的身分經常收到學校校訊和校友會刊，並曾受邀參加校慶募款餐會等親身體驗，感受到台大對募款工作的積極作法，值得參考。

　　至於中小學在組織編制上，不像大學那麼龐大，也缺乏彈性改變。不過為廣籌財源發展校務，以提升學校競爭力，健全募款組織，發揮募款功能，乃是當前學校重要的課題。解決的辦法：善用義工人員，尤其是借重退休的教職員，配合熱心的校友和家長，共同組成募款委員會，參照上述募款組織辦法，以推展募款工作。

 人際與行政溝通

有溝通，才有組織。——説明溝通對組織的重要性

溝通，如人體的血脈。——也説明溝通對組織的重要性

　　溝通對我們人生影響很大，無論是家庭美滿、人際和諧、事業發達，都要靠良好的溝通才能達成。不良的溝通，家庭中就缺少了生氣，人群間就失去了和氣，組織中就缺乏了朝氣。

　　筆者在人生閱歷中，深深感受到溝通的重要性，我個人本性木訥，雖然待人以誠，但因不善於溝通，因而造成許多誤會。不過隨著年齡成長、經驗累積，以及不斷虛心學習改進，對溝通的訣竅，已稍有領悟。

　　在人際溝通方面，力求把握心平氣和與人交談，不高傲、不謙卑、不主觀、不偏見、不激動，並以真誠的態度與人溝通，尤其是對「傾聽」能力的增進，更有心得。筆者曾在二〇〇〇年間，作為期一百三十五天的環遊世界之旅，一路走來，可以說相當順暢，除了歸功於事前的充分準備規畫外，主要是旅程中與各地陌生人都能作良好的溝通（詳見本章第六節）。

　　在行政溝通方面，正式溝通與非正式溝通兩種管道兼重與善用，而非正式溝通卻比正式溝通更能達成多重效果，它既能促進組織目標之達成，也能滿足成員個人之需求。例如：校長到校園走動（所謂走動管理），遇到同仁就與其交談，可以從關心個人生活，談到學校改進發展之事宜；因而一方面可以表達關懷、鼓舞士氣，一方面可以從中蒐集學校改造的資訊。如此每天花一小時的時間，與同仁作非正式的溝通，幾年下來，其成效相當可觀。不過這種在校園中的行政溝通技巧，還是以人際溝通的交談技巧

為基礎（詳見本章第五節）。至於正式溝通，則要懂得會議經營的訣竅。以筆者個人經驗，精心設計各種會議的議程，並努力作好會議的主持人，便能充分發揮會議功能，讓會議成員既能充分溝通，集思廣益，達成共識，還可同時滿足成員個人的種種需求。

　　總之，想要經營好一所學校，領導者要善加運用人際溝通與行政溝通。在行政溝通方面，又要善用非正式溝通與正式溝通。我們將於本章分別詳加敘述。

　　溝通是人際關係之橋樑，是行政組織的命脈。沒有溝通，人與人之間就失去了聯繫，機關組織內失去了訊息情報的流通，以致於缺乏情感之交流與滋潤，因而使組織失去生機、活力、凝聚力，無法有效達成組織目標。

　　談到溝通之道，宜就人際溝通和行政溝通分別探討，較能把握主題和重點，對症下藥，提出良好對策。蓋人際溝通是探討人與人之間情感之交流、意見交換，增進人際間的了解與情誼為主題；而行政溝通則以探究機關組織內有關訊息、意見、情感等的傳遞與交換，以期有助組織目標之達成，或滿足成員之需求為主題。

　　前者是以滿足個人需求為目標，後者以達成機關組織目標為主要目的（雖然後者也包含個人之滿足，不過這是次要的）。然而人際溝通卻為行政溝通之基礎，組織領導者想要作好行政溝通，必先學好人際溝通。

　　為便於敘述，本章將分為人際溝通和行政溝通二大部分。茲分別敘述如下。

第一節　人際溝通的涵義與功能

一、人際溝通的涵義

　・溝通的單向意義，是訊息、感情、意見的傳遞。

- 溝通的雙向意義，是思想、觀念、情感、訊息的交流。
- 溝通是由一個人或團體，利用媒體將訊息傳送給另一個人或團體的過程。
- 溝通是所有傳達消息、態度、觀念與意思的程序，以達到人與人之間的了解與協議。
- 人際溝通（interpersonal communication）是指人與人之間思想、觀念、情感、知識等訊息的傳送和被人了解的歷程。

從以上各種溝通的定義可知「人際溝通」是：

1. 人際溝通要有目的：如訊息交換、感情交流。
2. 人際溝通要具備兩人以上：一個是訊息傳送者，一個是接受者。
3. 人際溝通應運用媒體：有文字、口頭、肢體、行動、圖案。
4. 人際溝通要有訊息：有資訊、意見、情感、知識等。

二、人際溝通的功能

溝通對每　個人都很重要，它影響一個人的心理健康、人際關係、影響力、作決定能力、以及智慧發展，凡是有所作為的人，都很重視溝通。茲將人際溝通的功能分述如下（行政溝通的功能詳見本章第十節）：

(一)心理功能

1. 可紓解情緒：讓別人了解自己的喜、怒、憂、懼、愛、惡、欲，否則心事無人知，就會苦悶憂鬱。人天生就需要和別人談話，以振奮精神。
2. 可以了解自己、肯定自己：假如不和別人溝通，就會自卑、孤僻。
3. 可以增進安全感：假如不和別人溝通，就會恐懼、猜疑、沒有安全感。

(二)社會功能

1. 可以認識朋友，拓展人際關係：有句格言說：「溝通是建立人際的橋樑。」

2.可以增進情誼，建立良好的關係，利於升遷。

3.可以獲得別人的幫忙與支持。

(三)影響功能（說服功能）

1.善於溝通可讓人聽從你。

2.良好溝通較易使人相信你。

3.良好溝通可贏得別人的支持與幫助。

(四)問題解決功能

1.多溝通可獲得更多資訊，利於作決定。

2.多溝通可獲得更多他人經驗，有利解決問題。

3.多溝通可獲得他人忠告建言，減少失敗、犯錯。

4.多溝通可獲得靈感，腦力激盪，產生創造力。

(五)學習成長功能

1.多問、多聽、多學習，增進知識、產生智慧。一個人要追求全方位的人生目標包括：事業、健康、做人、家庭、修養，就要向周遭的人學習，可擇其善而學之，察其惡而戒之，要向別人學習，就要和別人溝通。

2.多問、多聽，改變自己的言行、觀念，使自己更成長、更成熟。

第二節　溝通的類別及原則

溝通是一種非常複雜的屬性，我們想要作好人際溝通或行政溝通，必先要了解溝通的性質或類別。筆者試著依下列方式加以分類，認明溝通的屬性後，再談溝通的原則原理，如此才能夠針對主題，把握重點，加以探討。

例如：溝通依場合而分，就有演講溝通、會議溝通、社交溝通、公務

溝通、公開或私下溝通等；在不同場合的溝通，就要把握不同的要領。又如依溝通的人數而分，有自我溝通、兩人溝通、小團體溝通、大團體溝通；在不同人數場合的溝通，也要採取不同的溝通策略。茲將溝通的類別分類如下：

一、溝通的類別

(一)依溝通媒介而分

1. 當面口語。
2. 文字（書信、電腦）。
3. 肢體。
4. 行動。
5. 電話。
6. 公開或私下。

(二)依溝通場合而分

1. 演說。
2. 會議。
3. 社交。
4. 公務。
5. 居家。
6. 休閒。
7. 其他。

(三)依溝通目的而分

1. 說服性。
2. 說明性。
3. 聯誼性。

4.指導性。

5.請教性。

6.慰問性。

7.娛樂性。

8.祝賀性。

(四)依溝通對象而分

1.對上：長輩、上司。

2.平行：平輩、同事、同學。

3.對下：晚輩、部屬。

4.對熟人、陌生人。

5.對異性、同性。

6.對各行業的人：如醫師、教師、公務人員、生意人、律師、藝術家、民意代表、記者……等。

(五)依溝通態度而分

1.積極主動。

2.消極被動。

3.熱忱。

4.冷漠。

5.真誠。

6.虛偽。

7.自信。

8.退縮。

(六)依溝通人數而分

1.自我。

2.二人。

3.小團體。

4.大團體。

㈦依溝通互動而分

1.單向。

2.雙向。

二、有效溝通應具備的十要則 ⚡

　　從上述溝通屬性的分類所得啟示，提出有效溝通能力者應具備的十要則：

㈠目標的確認與把握

　　知道溝通的目標，並能針對目的，與人溝通。例如：說服時，要詳加設計溝通的內容；請教時，要表現謙虛有禮的態度。

㈡角色的認明與扮演

　　了解自己與對方的關係，自己在對方心目中的地位。例如：在辦公場合是部屬的長官，回家是妻子的丈夫、兒女的父親；或在校是校長，回家是婆婆的媳婦、丈夫的賢妻、兒女的慈母。不同角色，就要採取不同的溝通態度和方式。

㈢自我的了解與自信

　　對自己應有清楚的了解，然後自信、自尊地面對對方。例如：太低估自己、高估別人，就會顯現出自卑、害羞或畏首畏尾的態度，溝通自然就不會良好。因此，每一個人應該相信自己獨特的自我，擁有自己獨自的專長與經驗，以自信的態度面對溝通的人。

㈣情境的認知與把握

　　預測或認明溝通時的情境，採取適當的溝通方式。例如：辦公場合與

休閒場合、公開場合與私下場合、會議場合與社交場合，在不同的場合都
有不同的溝通目的，及應該遵守的習慣或規則。譬如：在私下場合可以說
的話，不一定可以在公開場合談論；在休閒場合可以隨意交談的話題，不
一定適合在公開場合提出；在社交場合可以表現出較輕鬆活潑的行為，會
議場合則宜表現出比較嚴肅認真的態度。

(五)表達的清楚與合宜

熟練語言技巧，並視情境作合宜的表達。基本上，語言的表達要言簡
意賅、得體合宜；說得太冗長繁瑣，或者有傷別人自尊的話，都是不好的
表達。例如：在有限時間內，未能把握重點，表達該說的話；未認明對象
或場合，說出讓對方感傷的話題。

(六)態度的友善與積極

保持親切友善的態度、微笑的表情，主動積極與人溝通。例如：主動
向人打招呼或交談，多讚賞別人，多關懷別人，避免冷漠孤僻的態度。

(七)傾聽與發問技巧的配合

能適時發問，並積極地傾聽。一位善於溝通者，不但要能說，也要能
聽；不但要能聽，也要能適時地發問。例如：和一位陌生人交談，不但要
察言觀色，說出適當的話題，適度的自我揭露，更要懂得提出合宜的問題，
使對方樂意表達，並專注地傾聽，如此才能使交談順利（詳見本章第五
節）。

(八)善於讚賞，慎於批評

讚賞是表示對人的認同或尊敬，批評則是對人的挑剔或為難；讚賞使
人獲得鼓舞和信心，批評則令人沮喪和憤怒。所以善於溝通者應多用讚賞
鼓舞他人，慎用批評以免打擊士氣（詳見本章第四節）。

(九)同理的態度與反應

善於理解別人的情緒，並給予支持。有效溝通者對於別人的情緒，較能夠體察細微，並適時以合宜的方式，表達對對方情緒的理解與支持。例如：當對方有心事稍加表露、欲言又止時，能及時說出對方欲表達的情感，使對方感到溫暖及安慰。

(十)修養的良好與熱忱

涵養良好的個性、品德，並能熱心誠懇待人。並對自己的情緒，諸如喜、怒、憂、懼、愛、惡、欲，能適當地控制。例如：和任何人的溝通，始終保持一貫誠信、表裡一致的態度，不受自己情緒的影響而表現出激動或冷漠的態度。

第三節　口語表達的藝術

「美言一句三冬暖，惡言一句六月寒」這句話指出說話好壞對人影響之大。證嚴法師說：「講話用心，則句句是好話，句句是造福人群的美言。」也就是說，能說出一句好話，對別人的幫助是多麼大，算是造福人群。

口語表達是人際溝通最基本的技能，無論何種場合，大多需用口語表達作為溝通的媒介，所以本節介紹口語表達的藝術。

一、口語表達的意義

口語表達即是以口說的語言向人表達自己的思想、觀念、態度、意見的一種方式，它是人際溝通的主要媒介。在口語表達時，為了增進效果，便會配合肢體動作，如表情、手勢、身體的變化。說得清楚，減少誤會或

麻煩，可以增進對方聆聽的效果；說得合宜，避免失禮或惹禍，可以使人心悅或接納。

二、口語表達的功能

口語表達是人際溝通的重要技能，經由口語表達可以傳達個人的思想、觀念、態度、意見，讓對方了解，以期達成溝通的目的，例如：在人際關係上，能滿足對方的心理需求，增進彼此的情感，協助對方解決問題，影響對方改變對方的行為；在行政管理上，尚有更多的功能，如增強領導影響力（詳見本章第三節）。

三、口語表達的兩大要素

良好的口語表達，至少要把握兩大要素：一是要說得清楚簡明；二是要說得得體合宜。說得清楚簡明，讓人聽得明瞭而不厭煩；說得得體合宜，使人感到舒暢信服而不反感。茲將兩項要點分述如下：

(一)說得清楚簡明

應注意下列幾點：
1. 語音的標準。
2. 用詞的精確。
3. 語句的正確。
4. 表達的意思具體。
5. 表達的組織條理。
6. 有無不當的口頭禪。
7. 說話的速度要適當。

(二)說得得體合宜

口語表達不得體常犯的毛病有下面幾點：

1. 措辭不當。
2. 用語不雅。
3. 場合不對。
4. 語氣不對。
5. 時機不對。
6. 稱呼不對。
7. 話題不對。
8. 方式不對。
9. 態度不佳。
10. 立場不對。

(三)口德：口語表達的戒言

余玉照教授提到：「人們注意口才，而忽略口德。有口才無口德不算是會溝通的人，更不是一位成功的領導者。」他提出口德十要及十不要：

1. 要以口修行，勿造謠毀謗。
2. 要管好情緒，勿濫發脾氣。
3. 要樂於讚勉，勿吹毛求疵。
4. 要就事論事，勿人身攻擊。
5. 要合理論斷，勿以偏概全。
6. 要尊重異見，勿剛愎自用。
7. 要寬容體諒，勿撕破面子。
8. 要慎思謹言，勿胡言亂語。
9. 要幽默自然，勿出言施暴。
10. 要將心比心，勿自大自私。

四、口語表達的藝術

口語表達基本上應把握簡明、清楚、扼要，並得體而合宜。不過，表達時因對象、場合、目的、時間等的不同，應懂得應變拿捏，以期達成口

語表達的目的，或發揮溝通的最大效果。至於如何把握，實非本篇幅所能言盡，茲提供後列的說話箴言作為參考外，並提出口語表達的兩大原則，即「多說人際美言，少說人際惡言」，有關人際美言與人際惡言的語詞種類，分述如下：

(一)人際美言

多說人際美言，使人感到愉悅安慰，能與人建立更良好關係，例如多說：

1. 感謝詞。
2. 關懷詞。
3. 讚賞詞。
4. 討教詞。
5. 自謙詞。
6. 幽默詞。

(二)人際惡言

少說人際惡言，以免使人反感不悅，破壞和諧的人際關係，例如少說：

1. 指責詞。
2. 冷漠詞。
3. 批評詞。
4. 輕視詞。
5. 自傲詞。
6. 命令詞。

說話箴言

- 說話是：情緒紓解、情感交流、意見表達、思想溝通的主要途徑。
- 言能助人亦能傷人。
- 贈人以言重於珠玉，傷人以言甚於利戟。
- 美言一句三冬暖，惡言一句六月雪。
- 刀傷易癒，舌傷難癒。
- 言簡意賅：說話像迷你裙，愈短愈好。
- 話多不如話少，話少不如話巧（好）。
- 言貴於得體，不在於流暢。
- 時而後言，不厭其言。
- 在適當的時候，說適當的話。
- 可與言而不與言，失人；不可與言而與言，失言。說話要看對象，採取不同的態度，可以跟他多說而沒有多說，則錯失了一位可以進一步交往的人；不可以跟他多說而多說，則因而說了不當的話，造成不良的後果。
- 逢人只說三分話，未可全拋一片心。
- 柏拉圖說：「智者說話，因為他們有話要說；愚者說話，因為他們想說。」西方諺語：「不必說而說是多說，多說要招怨；不當說而說是瞎說惹禍。」在說話藝術中，有兩種可貴之處，一是適時說出一句漂亮的話，一是及時打住一句不該說的話。
- 培根說：「交談的含蓄和得體，比口若懸河更可貴。」
- 三思而後言，則不悔其言。
- 說話是一種藝術：先涵養內在、美化心靈，再看適當時機、適當對象，說出適當的話。

五、結語

總之，口語表達是人們溝通的主要媒介，缺乏正確的表達，就不能與人作好良好溝通，甚至造成誤會，進而影響人際關係。作為一校的領導者，如果不善於口語表達，必然影響到他的領導效能，也無法順利推展校務，足見口語表達的重要性。

第四節　讚美的藝術

．美言一句三冬暖。
．讚美是心靈的食糧。
．讚美是所有聲音最甜美的一種。

一、讚美的意義

即對別人的行為、個性、工作、能力等表達欽佩之語。在談話時，也可說恭維話，有時叫戴高帽。

讚美並非諂媚，諂媚是為討好別人，以謀自己利益，所表現的行為，是完全不擇善惡的。讚美也非奉承，奉承是過分誇張或虛偽；也就是說，過分讚美就是虛偽。

讚美是基於人性的需求，人們都需要愛，需要人家尊重，需要成就感，透過讚美就能滿足這個需求。

二、讚美的作用（功能）

讚美是滿足人性心理需求的最好方法。

　　讚美無論是在家庭、商場、社交場合、辦公場所，都是必備的溝通知能，它的作用可以歸納如下：

　　1.讚美是人際溝通的潤滑劑：人與人之間可以靠一句讚美的話拉近情感。

　　2.讚美是促進成長的滋養品：讚美可以激勵行為、積極向善（上）。譬如說：孩子永遠朝向讚美方面成長，所以讚美可以發揮潛能。

　　3.讚美是增進信心的強心劑：適時的讚美使人增加信心，所謂「美言一句三冬暖」，說一句好話帶給人溫馨，也增強其信心。

　　4.讚美是激發努力的興奮劑：適當的讚美會使人更樂意工作，而不覺得厭倦。

　　5.其他：對做錯的人讚賞再指責，他會比較樂意接受；對頑固的人讚賞，比較容易軟化（太陽與風的比較）；對發牢騷的人讚賞，他就會同意，停止發牢騷。

　　·讚美的實驗
　　　　心理學家對兒童讚美與孩童成績表現之間進行試驗，將兒童分為三組：第一組，老師不斷地讚美，成績就突飛猛進；第二組，老師不斷地批評，進步有限；第三組，不讚美也不批評，也就是不理不睬，也就毫無進步。
　　·讚美不需花錢，只要動一點腦筋，動口幾句，或動筆幾行，小小的投資，其報酬十分驚人。
　　·心理學家說，如果一個人的優點長期未獲得欣賞或讚美，那麼他的心理上就會結成不健康的網，他會失去信心與活力，甚至不喜歡自己。讚賞別人可以培養自己發覺別人優點，進而會學習別人的優點。

　　不過讚美也有負面的影響，讚美不當也會造成如下的反效果：

　　1.太過於讚美會使對方承受很大壓力，感覺不安。

　　2.經常受讚美會減低自動自發，會依賴讚美而努力。

　　3.喜歡被人家讚美的人，他的心情易受人操縱，易活於掌聲中。

4.讚賞也會造成一種虛榮心。

5.讚賞也會養成優越感。

三、讚美的類型（性質）

㈠就讚美動機而言

1.真誠善意的讚美：讓人欣然接受，表示感激。

2.虛偽奉承的諂媚：使人反感，破壞情誼。

㈡就讚美的來源而分

1.來自上司、長輩的讚美——是珍貴的。

2.來自知己、好友的讚美——是難得的。

3.來自普通朋友的讚美——要平常心。

4.來自部屬的讚美——要小心。

㈢就讚美對象的心理狀態而分（讚美的情境）

1.對方正在飛黃騰達時，讚賞是錦上添花，是一種恭維祝賀；如果過分的話就變成討好、拍馬屁、諂媚。

2.對方正陷入灰心、喪志、低潮時，讚美是一種雪中送炭，是一種安慰鼓勵；如果不適當的話，就變成挖苦、戲弄。

四、讚美的障礙

讚美之所以未能發揮正面的效用，是由於讚美的人各種缺失所造成。

1.認知的限制：不知道該讚美什麼，未對別人詳細觀察、認識所致。

2.表達能力的不足：不知如何表達、描述，或者是表達不當，找不到合宜的讚美詞句。

3.觀念態度的問題：自己認為讚美別人會貶低自己的人格，有損自尊，有失威嚴，因此就不願意讚賞。

4.個人修養的問題：心地狹窄、心存忌妒、輕視別人、想取笑別人、挖苦別人，所以就不會真正地讚賞別人。

由於上述的缺失造成下列幾個結果：

1.讚賞卻不副其實：如對不漂亮的人說美如仙女。

2.讚賞卻太誇大。

3.太籠統：如說很聰明。

4.時機不對：如過時的讚賞。

5.不真誠：表面上是讚美，實際是諷刺或調侃。

6.對象不對：只讚賞部分人，得罪其他人。

7.讚賞前後不一致。

五、讚美的內容

讚賞對方時，可以就下列各項觀察其優點說出讚美詞：

1.容貌儀表方面：(1)臉部：眼睛、鼻子、牙齒、耳朵、頭髮、臉型、嘴巴；(2)手腳；(3)身材；(4)姿態；(5)膚色。

2.衣著打扮：(1)臉部化妝、髮型；(2)服裝；(3)飾物；(4)鞋子。

3.談吐、表達：(1)聲調；(2)語音；(3)語詞；(4)語意；(5)條理。

4.健康休閒：(1)身體健康狀況；(2)休閒生活安排；(3)嗜好專長。

5.家庭關係：(1)夫婦關係；(2)親子關係；(3)子女的成就。

6.學識能力：(1)教育程度；(2)學術地位；(3)專長成就。

7.工作經驗：(1)服務年資；(2)升遷獎勵；(3)特殊表現。

8.事業成就：(1)事業聲望；(2)投資理財；(3)經營發展。

9.待人處世：(1)人際；(2)德望；(3)信譽。

10.品德修養：(1)口德；(2)誠信；(3)仁慈；(4)和氣；(5)律己。

11.潛在能力：(1)智慧；(2)判斷力；(3)耐心；(4)毅力；(5)信心

12.獨特氣質：(1)談吐；(2)風度；(3)雅量；(4)思想。

以上各種優點就層次而分，大致可分成外層的「外表」，中層的「成就」、「能力」、「性格」，深層的「修養」、「潛力」、「氣質」。愈

針對深層或中層項目的讚賞，對人愈有激勵的作用，不過還要看對象、情境不同的效果而運用。

六、讚賞別人的藝術

(一)把握讚賞的原則

1.態度要真誠：讚賞的時候，表情、語氣、肢體都要互相配合。

2.讚賞要實在：不要虛偽，不要拍馬屁、諂媚。

3.讚賞要針對某一項事實，不要用抽象的語詞：如稱讚眼睛很漂亮，而不說很美。

4.讚賞要針對具體的行為，而不是對整個人格的讚賞：如稱讚很守時，而不講是標準公務人員。

5.讚賞要把握時效：逾時就失效，或者造成反效果。

6.讚賞要視情境而為，而非一味讚賞：譬如在許多人面前就不宜讚賞某一人，除非是具體行為，如讚賞某種善行。

7.不要讚賞某人而貶低他人。

8.讚賞要精神與物質並重。

9.讚賞的標準要一致。

10.讚賞要視不同對象採取不同方式。

(二)善用讚賞各種方式

1. 依直接、間接讚美而分

(1)直接讚美：當面直接讚賞對方。

(2)間接讚美：在別人面前讚美某人。

2. 依自己、他人的讚美而分

(1)自己由衷讚美：從自己的觀點讚美對方。

(2)借花獻佛：即轉達別人的讚美。讚賞長輩或長官時，用此讚賞方式較為適當。

3.依口頭、文字的讚美而分

(1)口頭的讚美：口頭讚美比較方便、快速，加上適當的肢體語言，效果較佳，但是比較短暫。

(2)書面的讚美：書面讚美比較慢，缺乏肢體語言，但是比較持久，也比較周詳，可以讓被讚美者經常回味。

4.其他

用微笑、點頭、鼓掌、歡呼、擁抱、給予獎品、禮物等方式讚美，配合口語讚美或文字讚美，達到相輔相成的效果。

七、被讚美時的反應態度

一個人被讚美時應有的得體反應，事實上一個人被讚美的時候，由於讚美的適當與否以及被讚美者本身的想法，產生了幾種反應：

(一)不得體的反應

1.退縮的反應

表現得很不好意思、沈默、臉紅或者是態度扭捏不安。例如：回答「沒有什麼！」、「哪裡?!」，或是沈默不語。

2.攻擊的反應

表現出很不高興的態度，用質問來反駁。例如：「你不要挖苦我！好不好？」、「你這是什麼意思？」

3.得意的反應

表現得很高興，以致得意忘形。例如：「這算什麼！還有更好的！」

(二)得體的反應

1.只是欣然接受讚美，然後回應一句

例如：「謝謝你的誇獎」、「謝謝你！我很高興你也喜歡」、「謝謝你！承你賞識我會更努力」、「謝謝你的誇獎，讓我對自己更有信心」、「謝謝你！不過我自己不是很滿意」。

2.接受讚美之後立即報以讚美

例如：「哪裡！哪裡！你穿這件才高級呢！」、「哪裡！哪裡！你的品味才高！」、「你的鑑賞力（眼光）真不錯！」、「謝謝你的鼓勵，我還要向你多多學習呢！」、「哪裡！哪裡！你的小孩才聰明呢！」

讚美格言

- 美言一句三冬暖，惡言一句六月寒。
- 讚美是所有聲音中最甜蜜的一種。
- 孩子永遠朝讚美的方向成長。
- 誠實的讚美可啟發美妙的光輝。
- 讚賞是人際溝通的潤滑劑，是促進成長的滋養品。
- 最能建立信心與勇氣的方法，莫過於一句讚美。
- 人性的需求是：人人喜歡被人讚美，不喜歡被人批評。
- 見人減歲，見物加價。
- 高帽大小要適中，過大好像一杯小咖啡放下十塊方糖，能接受的人非常少。高帽可以用來激勵自己，不可以用來陶醉自己。
- 轉述的讚美是加倍的讚美。

第五節 有效的交談

俗語說：「聽君一席話，勝讀十年書。」這說明在交談中，可以獲得書本上所沒有的經驗或智慧。又所謂：「智慧生於撞擊中。」強調交談可以產生靈感或智慧，所以當兩個人各拿一個蘋果互相交換，仍然只有一個蘋果；但是如果各持一個思想互相交換，則會激發更多思想，足見交談的可貴。

一、交談的定義

交談又稱對話，如果輕鬆一點，也可以稱聊天。交談是人際溝通的一種方式，它是人與人之間面對面的談話，藉著交談可以獲得人際溝通上的許多好處，也可以幫助達成行政上的種種任務，例如：滿足人性的需求、增進彼此的情感、交換資訊或心得、激發靈感獲得創意、解決問題、意見交流獲得共識。

二、交談的類別

交談的類別如果依對象而分，可以分為對長輩、對晚輩或對平輩的交談，也可以分為對熟人、對陌生人的交談，不同的對象，要採取不同的交談要領。

交談按照場合而分，大約可以分為：社交場合、公務場合、私下場合的交談。茲分述如下：

(一)社交、聯誼的交談

在行政溝通上，可以說是「關係導向」的交談，例如：同事朋友間的

聊天、祝賀、慰問、請教、拜訪等等。

(二)公務或業務上的交談

在行政溝通上，可以說是「工作導向」的交談，例如：會談、協商、諮商、商討、談判、交涉、面談、訪談等。

(三)私人場合的交談

例如：家人的交談，包括夫婦、親子、兄弟姊妹的交談；知己朋友的交談；心腹的交談。這種交談有時兼具「關係導向」與「工作導向」兩種功能。

三、交談的功能

交談無論在任何場合，如果能夠把握交談的要領，善於運用交談的技巧，則可以獲致許多意想不到的效果，可以歸納如下：

(一)心理的滿足

例如：遇到老朋友，先向他讚賞一句使他高興的事：「你氣色真不錯！」然後再談其他的事。

(二)情感的增進

例如：交談時，除了適度的自我揭露外，多關心對方的事、多談對方興趣的話題，自然就會增進彼此間的情感。

(三)資訊或經驗的交換

例如：交談時，多向對方請教，並主動提供個人的經驗心得，或最新的資訊。

㈣思想的激發

例如：交談時，請教對方對某一件事、某一種言論、某一種哲理、某一種論著的看法，不過請教時，要確認是對方比較熟悉的話題。

㈤作決定或問題的解決

例如：為了要作一項決定或者解決某種問題，請教對方相關的資訊或可行的辦法等，不過請教時，要了解對方的專長或說話的可信度。

㈥互相學習成長

例如：交談時，只要抱著一種謙虛的態度，或持著多元的價值觀，就可以向對方汲取有用的資訊、知識、經驗、或觀念。

四、交談的障礙及要領

交談雖然有很多的益處，但是由於種種問題，造成交談的障礙，無法達成交談的良好效果。

㈠人際交談的障礙

1.態度不佳：眼神不專注、表情冷漠、語氣不好、精神恍惚。

2.話題不對：所謂「話不投機半句多」，例如：談到非對方的專長、興趣，或者對方所反感的話題。

3.表達不當：說得不清楚、不能把握重點，或說得不得體、不合宜。

4.不會傾聽：一方獨佔談話，不會傾聽；或者不能理解對方的話意，因而會錯意，甚至造成誤會或衝突。

5.不善於發問：不會發問，或提出的問題不得體、不適當，致使談話中斷或影響談話的氣氛。

6.不當的措辭：批評對方、潑冷水、否定語氣，因而激怒對方。

(二)人際交談的要領

由上述交談的障礙獲得啟示，提出一般場合交談的要領：

*1.*表現良好的態度：以專注的眼神、豐富的表情、溫和的語氣、熱忱的態度等，與對方交談。

*2.*談論適當的話題：談論對方專長、興趣、或關心的話題，避免談及對方所忌諱或引起激動的話題，尤其對長輩要特別留意。

*3.*留意合宜的表達：說話要把握言簡意賅、得體合宜，不要拖泥帶水、詞不達意，或者說出傷害對方自尊的話語。

*4.*要適時地發問與讚賞：交談時，要能夠視情況提出合宜的問題，以激發對方談話的意願，並適時地讚賞對方所說的話。

*5.*要能說也能聽：交談時，不但要善於表達，適度地揭露自己，也要讓對方有說話的時間，並專注地聆聽。

*6.*要能察言觀色：交談時，要留意對方的情緒反應，適時地轉換話題，或者停止交談。

五、聊天的話題層次

聊天是遇到熟悉朋友或者是陌生人時，沒有特定目的的交談，如果想要使交談獲得良好的效果，應把握上述交談要領，其中以選擇適當的話題為交談順利的重要關鍵。一般聊天的話題，可以歸納為五個層次如下：

*1.*彼此打招呼、寒暄問候幾句。

*2.*談到最近的新聞、較新的訊息。

*3.*談到共同的興趣或者是對方的興趣、專長。

*4.*談到對方所關心、在意的事，或者亟待解決的問題。

*5.*談到對方的心事，不隨便向外人提起的事，如家庭問題、工作問題。

以上交談的話題，可以視交談的對象與情境作適當的選擇或變換，如果遇到熟朋友，但因時間短促，選擇 *1.* 寒暄幾句問候對方，也算一種溝通；但是如果時間充裕的話，能夠談到 *3.*、 *4.*、 *5.* 的話題，較能使交談持久，

並能達到交談的最大效果。

六、善於交談者的特質 ✨

　　一般而言，善於交談的人，都具備如下特質：

1. 能主動和人打招呼。

2. 能適時問候一聲。

3. 懂得針對對方興趣發問。

4. 會找出雙方共同興趣或專長的話題。

5. 會適時地讚賞對方。

6. 善於表達，更會傾聽。

7. 不會批評、挑剔、潑冷水。

8. 不會過於誇大。

善於交談者的特質，也可以用八個字加以描述：

1. 「說」——說得簡明、說得合宜。

2. 「聽」——善於傾聽。

3. 「問」——會適時發問。

4. 「讚」——會給予讚賞。

5. 「笑」——有笑容。

6. 「順」——順其話意，不批評、不反駁。

7. 「趣」——風趣幽默。

8. 「謙」——謙遜、不誇大、不炫耀。

七、結語 ✨

　　交談在人際溝通上是多麼重要，在行政溝通上也不可忽視。交談可以說是組織內的一種非正式溝通，一位領導者如果善用交談達成非正式溝通的目的，可以說已作到行政溝通的泰半。

　　有一句經驗之談「世界就在你嘴邊」就說明旅行時，善用自己的嘴，

能跟各地陌生人交談請教，不但可以解決疑難、獲得幫助，並可開闊視野，增進旅遊情趣，也說明了交談的重要性。

第六節　傾聽

　　「聽生智慧，言多懊悔」——多聆聽別人講話，就會產生智慧；反之，如果說太多話，則因失言而後悔，足見聆聽的重要性。

一、傾聽的意義

　　「聽」——《說文解字》的解釋是：「聆也，靜也；靜然後所聞也。」
　　「聆聽」是一種積極的心智活動，「聽」是溝通的重要技巧，要積極的傾聽，才會有良好的溝通。
　　「傾聽」並非表面的聽，也非膚淺的聽；而是深入的聽、專注的聽，不但聽到對方表面的話語，也聽到內心深處的真意；不但聽到片段的言詞，也聽到整體的語意；不但會專注地聽對方主動所說的話，也會巧妙引導對方說出真正的心聲。

二、傾聽的功能

(一)傾聽的一般功能

　　就人際溝通而言，傾聽有許多好處：
　　1.可以增進彼此情感：傾聽表示對別人的尊重或關懷，滿足人性的需求，因而可以增進彼此間的情感。
　　2.可以澄清誤會：傾聽可以進一步了解事實的真相，減少猜疑，澄清誤會。

3.可以紓解對方情緒：傾聽可以讓對方表達情感，發洩情緒，滿足對方的心理需求。

4.可以協助解決對方問題：傾聽可以使對方澄清思想，了解問題的癥結，以利問題的解決。

5.可以增進自己的知識、經驗：在傾聽中，可以汲取對方的知識與經驗，彌補自己的缺失。

6.可以真正了解對方：藉由傾聽可以了解對方的個性，或是他的情緒，以便作為應對的參考。

(二)傾聽在領導上的功能

就領導者的行政溝通而言，傾聽有下列的功能：

1.傾聽可以發現真正的問題。

2.發現人們比你所想可愛多了。

3.幫助人們成長，也可使自己成長。

4.消除人們的抱怨。

5.發抒人們的情緒——心事、憂鬱。

6.培養人們的信心、榮譽感。

7.發展人們潛能或智慧。

8.增進彼此情感，加強領導影響力。

9.澄清人們思想。

10.建立共識。

11.激發創意或靈感。

12.了解自己的缺點，學習別人的優點。

三、傾聽的障礙及素養

傾聽雖然是溝通的重要技能，但是由於許多障礙因素，致使無法達成傾聽的真正目標，獲得傾聽的良好效果。其障礙因素不外乎有三種：一、說者，表達的問題；二、聽者，傾聽能力的問題；及三、交談時的情境問

題。其中一和三在此不多加詳述，茲將聽者的障礙因素分述如下：

㈠傾聽的障礙

1. 注意力不集中：聽話時，眼神恍惚，思緒複雜。
2. 情緒不穩定：容易激動，過度緊張，恐懼憤怒。
3. 先入為主的偏見：瞧不起別人，扭曲事實，刻板印象。
4. 話題不符期望：對方所談的話題與自己的期望有很大差距。
5. 認知的限制：由於自己知識的限制，不能理解對方所談的話。
6. 急於反應：談話中，急於插嘴、反駁、指責、批評對方。
7. 價值觀的差異：話題與個人的價值觀念有很大的差距。
8. 精神不振：由於身心狀況不良，造成疲勞狀態。
9. 冷漠的態度：缺乏表情，如同拒人於千里之外。
10. 無適當反應：談話中，未能適時作出適當的回應。

㈡良好傾聽者的素養

茲針對前面的傾聽障礙，提出良好傾聽者的素養：
1. 開放的心胸。
2. 親切的態度。
3. 清楚的頭腦。
4. 關注的眼神。
5. 變化的表情。
6. 適時的發問。
7. 適時的點頭。
8. 適時的讚賞。
9. 謹慎的建議。
10. 冷靜的評斷。
11. 適當的回應。

四、傾聽的程序及要領

　　傾聽應該把握的要領，視傾聽的情境或者是傾聽的目的，有所不同。就傾聽的情境而言，在商場上、在政治上、在社交場合上、在諮商輔導上、在親子溝通上、在夫婦交談上、在行政溝通上、在知心朋友交談上，由於情境不同，目的也不同，因此，傾聽的策略、技巧，都有所不同。

　　例如：在社交場合跟一般朋友交談的傾聽，只要能專注傾聽，引起對方談話的興趣，使交談愉悅，就已達到目的；但在諮商輔導場合，則要運用專業的技巧，從專注、觀察、發問、重述、讚賞，以至提供建議，都要循序漸進，謹慎處理，才能夠達到傾聽的效果。

　　茲將完整的傾聽程序、要領及原則，分述如下：

㈠完整傾聽的程序及要領

　　1. 集中注意力傾聽：傾聽的第一要項，就是要能夠集中精神、排除雜念，眼睛注視對方，專心地聽，不要急於插話。

　　2. 確實了解所聽的訊息：能聽到說話的重點，並留意非語言的訊息，必要時能發問，進一步了解對方，或者簡述對方的語意，確認對方所表達的意思。

　　3. 能夠引導對方繼續談話：能用各種話語鼓勵對方繼續的談話，例如：「我理解你處境的困難」、「我了解你的看法」、「你對這件事的看法如何？」、「你為什麼有這種想法？」、「結果怎麼樣呢？」……，並配合適當的肢體語言。

　　4. 記住所聽的訊息：用各種方法確實記住對方所說的話，例如：用筆記記住重點。

　　5. 評斷訊息的真實性：聽完對方表達之後，加以評斷說話的可信度：是事實或意見；是主觀的或客觀的；是完整的或片段的；是現在的或過去的。經過評析後，再作適當反應。

　　6. 適當反應：傾聽的最後一個階段，就是要作適當反應，可以視交談

的情境、目的、內容，再作適當的回應。如果是因對方有困擾，為疏導情緒，還要以同理的反應繼續交談；如果是普通朋友的聊天，則簡單地回應即可；如果是組織內同仁為解決問題，則要進一步探詢，並運用指導的原理，如：提供各種可行方案、分析利弊得失讓對方判斷抉擇。

(二)傾聽的原則

良好的傾聽，應把握的程序與要領已如上述，但也可以歸納為下列六項原則：

*1.*專注的原則：傾聽的首要原則是專注，集中專注力，不受其他訊息的干擾，才能聽清楚對方所說的話。

*2.*開放的原則：當交談時，一位傾聽者要能保持開放的心胸，注意聽對方實際講出來的話，而不是光聽自己想要聽的話。一般人聽話時，常會隨著個人的知識、個性、成見和經驗而有所選擇，因此，要儘量避免主觀的意識或成見影響傾聽的效果。

*3.*了解的原則：了解是對於所接收到的訊息賦予正確的意義，也就是訊息解碼的歷程。了解的方法除了專心傾聽外，並要能夠把握重點，或者經由發問或重述以確認真正的意思。

*4.*記憶的原則：如果傾聽者所接收的訊息未能記住，即使了解再多，也是枉然。因此，傾聽時要用各種方法幫助記憶，例如：用筆記記錄重點。

*5.*鼓勵的原則：在溝通的過程中，點頭、微笑、重複對方的關鍵字、良好的眼神接觸、肯定式的驚歎語（如：「真的」、「我懂」、「繼續講」、「是的」、「我相當同意」……）、靈活的姿勢，以及適當的臉部表情等等，都具有鼓勵的意思。

*6.*評估的原則：在溝通中針對表達者所發送出來的訊息，「評估」是相當重要的歷程，也就是針對所聽到的訊息判斷其真實性與可信度，然後再適度地回應。

(三)夫婦、好友間的傾聽要領

至於夫婦間、親子間、好友間交談時的傾聽，應把握的四要點：

　　1.保持目光的接觸：這是傾聽的先決條件，表示專注尊重對方。

　　2.以自己的語言複述對方的話意：將所接受到的訊息，以自己的語言，簡明地複述一次，可以避免誤解，也可以給對方澄清的機會。

　　3.解讀對方非語言的訊息：能夠正確解讀對方在非語言溝通上的訊息。

　　4.不干擾也不隨便轉移話題：能夠讓對方傾訴其內心的話，不輕易打岔或批評，也不要輕易將話題轉移到自己想談論的事件上。

(四)組織內溝通的傾聽藝術

　　組織內的溝通，以學校內校長跟同仁間的溝通為例，校長或者是主管與老師職員的溝通，如能善用交談傾聽的技巧，溝通才會良好；不過視情境、目的、對象的不同，傾聽的技巧與回應也有差別。基本上，交談傾聽時，都要確實控制情緒，保持心平氣和的態度與開放的心胸，以專注的精神去傾聽，然後視下列不同的情境加以回應，按目的分：

　　1.沒有特別目的的傾聽：校長在校園走動，遇到同仁隨意交談，宜把握交談的要領（詳見本章第五節），主要把握讓對方也有表達的機會，然後適當地回應即可。

　　2.有目的的傾聽：當老師或主管進入校長辦公室找校長交談時，校長就要有傾聽的充分準備，例如：了解對方交談的目的，要有專注傾聽的心理準備，並考慮容許交談的時間後，確實把握傾聽的程序與要領進行傾聽。

　　至於在會議的場合，主席也要發揮傾聽的技巧，以達成集思廣益、參與決定的目的。

　　根據筆者個人治校的經驗，校內的溝通，無論是正式或非正式溝通；團體或個別溝通，領導者都需要發揮傾聽的技巧。正式溝通或團體溝通要領將在下一項詳述；非正式溝通或個別溝通，基本上除了善用交談的技巧外，並視交談的對象及當時的情境，發揮傾聽的技巧。

　　例如：面對一位前來訴苦或抱怨的老師，或者是一位受到委屈、忍讓求全的行政主管，此時專心地傾聽並給予同理的支持，比任何說理更具溝通的效果。反之，如果是面對一位專程來請示或請教的教師或行政主管，則比較不須花費太多的時間在傾聽方面，直接提供明確的目標、方針或原

則予以指導即可。

第七節　說服的藝術

一、說服的意義

　　說服是以語言為主或配合其他的方式，使人樂意改變行為的一種歷程。它有清楚的目標、對象，及適當的技巧，達成說服的目的。

　　它有別於批評，批評只是指出別人行為的不當，但不一定達成行為的改變。說服有別於談話，談話有時並沒有明確目標，不一定講究技巧。但說服需要運用比較高超的談話技巧，達成確定的目標。說服非強迫、非命令，一般都是以一種比較委婉的方式，引導別人自願的改變其行為。

　　廣義而言，有說服力就是有領導力。因為有領導力的人都容易影響別人去努力共事，達成團隊目標。因此，說服可以說是行政溝通中，不可或缺的手段與方法。

二、說服的功能

　　說服的行為存在人類生活的各層面裡——家庭、商場、學校等。父母說服子女努力向上；老師說服學生接受指導；領導者說服部屬相信他的目標、方針，使他們努力共事；推銷員說服顧客相信他的商品；政治家說服群眾，相信他的理念，擁護他；宗教家說服信徒相信他的教義、信念，讓他們行善。

　　「說服」無論是在人際溝通或行政溝通上，都有下列功能：

1. 可以促進工作熱忱。
2. 可以改變對方工作態度。

*3.*可以激發人性潛能。

*4.*可以滿足人性各種需求。

*5.*可以獲得合作。

*6.*可以解決困難問題。

*7.*就領導而言，可以使人信服，增進影響力。

三、說服的步驟與要領

說服時，依照下列步驟及要領進行：

*1.*認明目標：先認明說服者要達成的願望。要有具體的目標，例如：要改進部屬的不守時習慣。

*2.*了解對象：在進行說服活動之前，先要了解想說服的人的個性、能力、需要、困難等。

*3.*說服內容的準備：說服的表達要事先作準備，也就是說要有一個成熟的腹案，甚至是沙盤演練。

*4.*時機的把握：說服要選在適當的時機、場合，有時欲速則不達，所以要選擇易於說服對方的時間。

*5.*說服的進行：上述準備後，進行時要把握下列要點：

(1)開始時先設法培養良好的氣氛。

(2)留意自己態度的誠懇、信心、沈著、冷靜。

(3)注意表達的技巧。例如：簡明扼要、善於傾聽、讚賞、同理。

並運用適當的手段或方法。

四、說服的方法與手段

說服的成功主要在於掌握人性的需求（如：生理、安全、愛、尊重、成就、美感等），並因人、因時、因地、因情境的差異，運用適當的方法與手段。

(一)說服的方法

說服時如果就說明的方式而分，有下列幾項：

1. 激將法：例如：「你哪有本事作那件事！」
2. 譬喻法：例如：「我們都是生命共同體，同舟共濟，唇亡齒寒。」
3. 比較法：例如：「甲有他的優缺點，乙有他的優缺點，由你來決定。」
4. 因果法：例如：「今日不努力，明日當台傭。」
5. 借重法：例如：「你看！林肯失敗那麼多次，最後還是當上總統。」
6. 誘導法：例如：「好好努力就帶你去迪斯尼樂園玩。」
7. 讚賞法：例如：「吃得苦中苦，方為人上人。」
8. 恫嚇法：例如：「你不好好配合，就休想在此過好日子！」
9. 危機法：例如：「面對敵人虎視眈眈，我們豈可鬆懈！」
10. 側擊法：例如：「沒有時間運動，卻有時間住院。」

(二)說服的手段

說服時就運用的手段而言，可分為下列幾項：

1. 動之以情：以拉關係、以禮相待、尊重對方，感動對方。
2. 說之以理：分析其利弊得失、因果報應、成敗的道理。
3. 曉之以義：說明其重大意義、崇高的理想、人情義理。
4. 誘之以利：以金錢、利益、權位、方便誘惑之。
5. 導之以趣：迎合對方興趣，進而拉近情感。
6. 訴之以法：說明其違反規定所應承擔的後果。
7. 嚇之以武：以武力威嚇，使其臣服。
8. 立之以信：以身作則、言行一致，以贏得對方的信任。
9. 服之以德：以良好的德行來感召。
10. 把握時機：在對方心情好或是需要的時候，及時提出訴求。

五、有說服力領導者的特質

一位富有說服力的學校行政領導者，通常具備有下列的特質：

1.言行一致，以身作則。
2.關心同仁，並善於鼓勵。
3.充滿信心，熱情奔放，幹勁十足。
4.講究儀容，留意談吐。
5.掌握情境，應對得宜。

根據筆者辦學經驗，想要說服同事，能夠賣力為學校效勞，所採的說服要領以言行一致、以身作則、建立良好的信譽為首要；其次，平時多溝通，跟同仁建立良好的情感為基礎，然後訴諸於人性受尊重及成就感之需求，以此說服他們。因此，身為學校行政領導者，想要成為說服高手，並不一定如同其他行業的領導者，需要運用各種手段與方法，重要的是，能夠把握上述五項特質即已足夠。

說服經驗談

　　校長說服老師兼任行政工作是一項難題，因為行政比教學複雜，花的時間又多，沒有寒暑假。為了說服老師兼任行政，我想到人性需求有生理、安全、愛、尊重、成就及自我實現，尤其較高層次的成就與自我實現，是人人最渴望追求的。因此我在治校時，基本上對老師尊重及禮遇，而更重要的是，要讓他們有成就感，在必要時儘量協助他們。在說服時，我常提出這種說法：「凡行政工作有成就的人，在其他方面如社會關係、家庭關係也同樣會比人好，因為行政的歷練可以應用在人生的各層面。」除了口頭說，並且以身作則、身體力行以外，也協助他們獲得成就，如：獲頒獎狀、順利升遷、考上校長……等。另外在選用行政人員時，要審慎考量，一但任用就不輕易更動，

至少要服務三年以上，而為了說服他們多做幾年，我又提出了一個說法：「做一年是雙輸，做兩年是擺平，做三年是雙贏。」也就是說，光做一年就求去，對學校及本人都是一種損失：因一年的時間對學校談不上做出貢獻，甚至有損；本人也沒有成就感，甚至是浪費一年，得不到什麼。至於兩年的經驗，工作會比較順利，對學校稍有幫助，自己也比較稍有把握，兩年下來，可以只說是差強人意。第三年則不但駕輕就熟，對業務也會產生創意，順利推展興革，對學校才真正有所貢獻，而自己則獲得成就感，因而打下待人處世的良好基礎，可說學校與個人都獲利。我對於這種選才、用才要領及說服方式頗有心得。

第八節　行政溝通的意義

一、溝通的定義

何謂「溝通（communication），專家學者有許多說法，茲列述如下：

- 溝通是一個人或團體傳達情感或意見給另一個人或團體的歷程。
- 溝通是組織中的某一份子，將其決定前提傳達給另一份子的歷程。
- 溝通是藉分享訊息、觀念或態度，使得送訊者與收訊者之間產生某種程度的共同了解。
- 溝通係經由語言或行為，將一個人的觀念、思想、意見、資訊和感受傳送給他人的歷程。
- 張金鑑教授將溝通視為機關職員對機關的問題與任務獲得共同了解，使思想一致、精神團結的方法和程序（張金鑑，1985）。
- 溝通是藉分享訊息、觀念或態度，使送訊者與收訊者之間產生某種程度的相互了解（黃昆輝，1987）。

．溝通乃是個人或團體相互交換訊息的歷程，藉以建立共識、協調行動、集思廣益或滿足需求，進而達成預定的目標（謝文全，1993）。
．溝通是個人或團體傳達情感、訊息、意見或事實到其他的個人或團體，彼此能夠產生相互了解的一種歷程（吳清山，1993）。

二、行政溝通的涵義 ⭐

「行政溝通」是指一個機關或組織裡在推行公務過程中，有關人員為處理業務，互相交換訊息、情報、見解、觀點，以謀求思想的會合，共同了解，以為協同行動的基礎（張金鑑，1985）。

筆者以為，廣義的行政溝通是指在行政機關人與人之間、人與組織之間、群體與群體之間，經由文字、語言作為媒介所作思想、觀念、情感、知識的傳遞與交流，因此行政溝通有別於人際溝通，特別是溝通的情境、溝通的對象、溝通的目的、溝通的管道，都有其獨特之處。

至於，「學校行政溝通」可以界定為：學校組織人員或團體相互間交換訊息、表達情感的歷程，藉以表現出所期望的行為，建立共識，協調行動，維持組織運作，集思廣益或滿足成員需求，進而達成預定的學校教育目標。

從以上溝通涵義的敘述，行政溝通包括下列六個要素（謝文全，1993）：

*1.*發訊者：即發出訊息的一方。

*2.*訊息：即溝通的內容。

*3.*受訊者：及接受訊息的一方。

*4.*媒介：代表訊息的符號，如語言、文字、手勢、表情等；或傳達訊息的工具，如電話、電傳視訊等。

*5.*管道：管道可分為正式和非正式管道兩類；依管道的流向來分，管道又可分為上行、下行及平行管道三種；或分為單向和雙向管道；或分為直接與間接管道。

*6.*環境：指溝通發生的空間與時間，可分為物理的環境和精神的環境

兩種。前者指溝通進行的場所；後者指溝通時雙方的心理及情緒狀態。

第九節　行政溝通的類型

　　人際溝通的類型已於本章第二節加以敘述，至於行政溝通類型，可依下列方式來區分：

㈠依形式來看，可分正式溝通和非正式溝通二類

1. 正式溝通

　　正式溝通（formal communication）乃指溝通的進行，是依據組織的法令編制形式來進行的意見傳遞或共識建立，其溝通的管道是依法建立，是存在於正式組織活動中的，是經大家所認可且經常例行性在進行的溝通行為。正式溝通的進行，依其進行的方向動態又可分為三種：

　　(1)上行溝通：所謂「上行溝通」，是指組織階層體系中，下層行政人員將有關的訊息意見或行政看法，向上層行政人員傳遞，期盼能獲得上層主管人員之認可與支持，是廣納意見、集思廣益的最佳途徑。

　　(2)平行溝通：所謂「平行溝通」，是指在組織階層體系中，職級相當、業務相關的行政人員，基於工作配合需要，相互傳遞有關意見和訊息，以期使組織工作得以順利推展。一般而言，平行溝通良好與否，對組織氣氛的和諧影響很大。

　　(3)下行溝通：所謂「下行溝通」，乃指組織中訊息之傳遞歷程，是由上往下、由高層往基層傳達。通常有關政策宣達或任務指示，或工作考評及工作任務說明，皆採取下行溝通的方式。

2. 非正式溝通

　　非正式溝通係指溝通活動之進行，在透過非正式組織之運作而進行的

溝通方式。換句話說，非正式溝通活動的進行，不因職務工作隸屬，不依規章命令之要求，係存在非正式組織間的溝通方式，可透過組織內的小團體運作傳達方式來進行。在時間上，不限於上班時間，可在下班後或非預期的時間隨機進行；在地點上，亦不限於組織辦公地點，可在餐敘場所或在郊外自強活動途中進行，是自然方式的表達，不是特意安排的。

非正式溝通之進行，可彌補正式溝通之缺失，可掌握靈活激動之優點，隨時隨地可作溝通，不必特意安排勞師動眾或錯失良機。另外，非正式溝通可減少對方防衛心理，有助於溝通目的的有效達成。通常一位成功的組織領導者，常會兼用正式溝通與非正式溝通之方式，來達成組織活動的成功。

非正式溝通在校園中最便捷有效的方式，是走動式的溝通。這種溝通是機動性地面對面溝通，也是最簡單方便、直接有效的溝通。學校領導者可經常利用時間在校內走動，一方面進行學校環境的了解，一方面可到校園各處給予教職員工關懷打氣。在路上、走廊或辦公室一角，碰到教職員工，可以隨時溝通，彼此問候寒暄、交換意見，既拉近情感、鼓舞士氣，又可獲得資訊，作為校務改善的參考。

(二)依方向來看，可分為單向溝通與雙向溝通

1. 單向溝通

所謂單向溝通，乃是指送訊者只將訊息傳送至收訊者，至於收訊者對信息有無疑問或有無意見，並未給予回饋的機會，只是單向地傳達訊息而已。單向溝通在行政溝通中，如：電視廣播、電台廣播、電腦網路、公文發布、公告周知、刊物文章報導，書信傳遞、演講及集會中政令宣布等皆屬之。

單向溝通因為沒有回饋，訊息常被誤解忽視，甚至於缺乏交流，因而無法達到真正溝通的效果。不過單向溝通也有許多優點，一次的傳播可以有很多收訊者，又不受時間場地的限制，卻可以節省討論所花費的時間，所以比較省時省力。這種單向溝通在大型機關或者辦公室分散各處人員不

易集合接觸的時候比較適用。有時在緊急狀況下，更需要單向傳播迅速達成溝通的目的。所以單向溝通是行政溝通不可或缺的方式。

2.雙向溝通

雙向溝通的歷程，通常是由送訊者將訊息傳送給收訊者，收訊者收到訊息後，可以針對訊息的內容提出疑問或意見，並將它再送回給原送訊者；然後原送訊者再加以澄清說明，並將之送回至原收訊者，原收訊者可以進一步解釋他的了解是否有誤──如此往往復復，周而復始，直到相互完全了解為止。這種來來往往的雙向歷程，發揮了極為重要的回饋作用，這是單向溝通所沒有的。

雙向溝通通常以交談、會議討論、書信往返、公文簽辦等方式進行。在此種溝通過程中，送訊者可以得到回饋，明白自己所送的訊息有無被曲解，言意有無不符，以及訊息的符號是否明確等。如果是面對面交談時，也可以從收訊者的表情反應，以評估所送訊的效果以及有無加以修正補充的必要。這種雙向溝通有多種優點：(1)是能夠發揮回饋的作用，可以增進彼此的了解，提升訊息的效果；(2)是能夠相輔相成，達成共同目標，由於面對面的討論，送訊者有機會聆聽與解釋，而收訊者可以貢獻心智與智慧並提出期望，因此較能達成共同的目標；(3)是能夠滿足收訊者的心理需求，並可激發工作的熱忱。由於收訊者有機會發表意見，貢獻心智，可以感受個人受到尊重以及成就感，同時也由於有機會參與作決定，更願意配合執行參與決定事項（詳見第四章〈作決定〉）。

不過雙向溝通也有其缺點，如參與雙向溝通的人數受到相當的限制，不像單向溝通可以同時向很多人傳遞訊息；再者，雙向溝通比較費時費力，不及單向溝通省時省力。

總之，單向溝通與雙向溝通各有其優點與缺點，領導者最好能夠視組織的規模、訊息的性質、時間的許可、收訊者的情況，採取較適當有效的溝通方式。一般而言，單向與雙向溝通儘量能靈活交互利用，使其發揮相輔相成的效果。例如：學校發生危機事件時，領導者可先迅速召集幹部研商作雙向溝通；再經由廣播向全體師生澄清說明作單向溝通；而後可以召

集全體師生作更詳細的報告；事後再經由校刊作書面的詳細報告，並可同時利用網路作雙向溝通。

(三)依方式來看，可分直接溝通和間接溝通二類

1. 直接溝通

直接溝通，係指溝通活動進行時，採面對面方式進行；或利用會議方式，大家坐下來共同討論，建立共識；或利用書面寄發公布，讓有關同仁閱讀，來傳遞共同看法；或利用個別晤談方式，彼此傳達意見看法。

直接溝通之進行，較易把握機先，可靈活有效傳遞意見看法，立即解決問題，減少溝通過程中間接轉述之障礙或誤解。直接溝通在正常行政組織中使用比較多；對一般性意見之溝通，或簡單性問題及例行性問題，或可預期答案結果之意見溝通，也較常使用。

2. 間接溝通

間接溝通，係指溝通活動之進行，要憑藉第三者作媒介來傳達，不直接進行溝通的接觸。間接溝通的好處，是可避免不必要的尷尬，或遭遇當面被拒絕的難堪。同時，間接溝通往往是在打量對方底細、了解對方之背景後，找到與對方最有密切關係、最具影響力之對象後，才進行溝通，因此，間接溝通在某些狀況下進行常較直接溝通有效。

不過，間接溝通的中間人很重要，有時傳達者無法盡心盡力，或因表達欠妥當，影響溝通效果，致使溝通變質或幫倒忙，反而不如直接溝通有其單純迅捷的效果。

(四)依媒介來看，可分三大類：書面、口頭及視聽網路

1. 書面溝通

即利用文字或圖書的方式進行溝通活動，較常見者有公文、備忘錄、報告、海報、標語、通告、書刊、報章、公報、便條、圖像、機關手冊等。

書面溝通的主要優點為：

　(1)溝通內容可作較長期的保存，成為永久性的記錄。

　(2)對內容如不能了解，可仔細反覆閱讀，直到了解為止。

　(3)進行溝通時，態度較為慎重。

　(4)溝通內容可減少被誤解扭曲。

　(5)如溝通內容甚多，以書面溝通較為適宜。

　(6)書面溝通較具「正式」的意味。

　但是反過來說，書面溝通的方式也存在著若干缺點：

　(1)比較不容易經常把握時效，有時會緩不濟急，貽誤事機。

　(2)書面溝通的內容有時候太過冗長或繁瑣，不被溝通對象所理解，而使溝通效果大打折扣。

　(3)書面溝通缺少肢體語言或雙向的溝通，容易造成誤會。

2.口頭溝通

　即利用語言或聲音的方式進行溝通活動，口頭溝通的方式包括：面談、電話交談、廣播、演講、討論、開會、訓話、口頭報告、宣布、解釋等。它的優點是可以使溝通雙方隨時向對方提出反應，並可以當場解決問題。另外，在進行溝通面對面交談時，更可以利用手勢、表情、音調、說話速度、聲音大小等方式傳達意念，使意思表示更為清楚、明確，避免誤會和誤解。

　這種口頭溝通的缺點是：沒有正式的書面記錄，有失鄭重；或因口頭表達不完整，而有所遺漏；或因說話欠缺考慮而有所失誤，造成誤會。

3.視聽與電腦網路的溝通

　有關視聽媒體包括：電影、電視、戲劇、歌舞及電腦網路等，都是輔助文字、口語溝通不足的重要媒介。視聽溝通的最大優點是經由精心設計的媒體，表現生動活潑，可以吸引接受者的充分注意，並容易了解，所以溝通效果比前述純文字或口頭溝通方式更好。不過，視聽溝通往往因製作費時費力，比較無法把握時效，並且在傳播管道上也不容易暢通，所以它

只能當作一種輔助性的溝通工具。

　　至於透過電腦網路的溝通，則成為現代組織溝通的重要途徑。網路不但迅速明確又管道暢通，訊息不但可以立即傳播，更能上下左右全面的傳遞，達到溝通的良好效果。不過它的缺點和前述書面溝通一樣，有時易造成誤會，或不易理解；或者有意想不到的弊病，例如臨時當機狀況。

第十節　行政溝通的功能

(一)溝通的目的

　　溝通的功能可以從人際溝通與行政溝通兩方面探討，有關人際溝通的功能已在第一部第一節詳述過，至於行政溝通方面，許多專家也提出多種看法。根據黃昆輝教授提出溝通的目的有五（黃昆輝，1987）：

　　1.在基本上，表現發訊者的期望與行為。

　　2.在整體上，建立共識。

　　3.在領導上，協調統合行動。

　　4.在功能上，維持組織的運作。

　　5.在決定上，謀求集思廣益。

(二)溝通的功能

　　筆者綜合各家看法及個人經驗，提出溝通的十項功能：

　　1.策畫決定：有效溝通才能集思廣益，達成較合理性的決定，並作較完善之計畫。

　　2.組織用人：經由直接交談，察言觀色，或間接打聽等溝通的方式，才能了解人員的專長與意願，以便達成知人善任、適才適所的人才運用。

　　3.衝突協調：透過各種方式作意見交換、感情交流，以化解衝突，達成共識。

　　*4.*激勵士氣：領導者利用公開場合，表達善意或讚揚員工；或私下交談勉勵，達成士氣鼓舞的目的。

　　*5.*監督指導：領導者經由得體的表達、明確的指示、良好的傾聽、滿意的交談等有效溝通的技巧，達成預期的督導效果。

　　*6.*問題解決：運用各種溝通管道，蒐集詳盡的資訊與意見，作為問題解決的參考依據。

　　*7.*權力影響：領導者跟部屬透過良好溝通，建立情感，培養魅力，以增進領導者的影響力。

　　*8.*改革推動：良好溝通可以增進了解，減少誤會，建立共識，增強改革推動力。

　　*9.*組織氣氛：良好的溝通可以增進情感、人際和諧，營造良好組織氣氛。

　　*10.*創意智慧：領導者具備開放心胸、善於溝通、懂得傾聽，就可以吸收豐富的資訊與知識，激發創意、增進智慧。

　　總之，溝通是管理的各種活動中，所必須運用的手段；也就是說，溝通是行政運作過程一個非常重要的概念與步驟。因為組織行為的管理，強調要集合眾力、糾合眾議；若眾人眾心，群力相抵，則組織與行為一定無法有效運作，組織目標一定難以達成。因此，一定要藉由溝通的步驟，交換意見，分享心得，以求觀念、看法相同，行動、結果一致，如此組織力量才容易發揮，組織目標才容易實現。

第十一節　行政溝通的障礙與要訣

一、行政溝通的障礙

　　溝通的障礙可以就人際溝通障礙與行政溝通障礙分別探討，有關人際

溝通的障礙已在本章第五節中有詳加敘述。至於行政溝通的障礙，可以從不同角度加以探討。一般學者專家都將行政溝通障礙分為：地位上的障礙、地理（空間）上的障礙、語言（文）上的障礙、心理態度上的障礙；筆者以為情境上的障礙和管道上的障礙，也是行政溝通的主要障礙。茲分述如下：

1.地位上的障礙：如上級的態度不佳，部屬過於自卑，造成溝通的隔閡。

2.地理（空間）上的障礙：由於辦公場所分布各處，不易面對面溝通，造成溝通的遲緩或失真。

3.語言（文）上的障礙：由於口齒不清、辭不達意、太過簡化、太過繁瑣等，造成訊息傳遞的不清楚或誤解。

4.心理態度上的障礙：由於偏見、抗拒、防衛、成見等心態的問題，造成拒絕或扭曲訊息。

5.情境上的障礙：由於溝通時的物理情境及心理情境不佳，如噪音、環境雜亂、空氣悶熱、氣氛欠佳、情緒不穩等，都會造成溝通上的種種障礙。

6.管道上的障礙：由於溝通管道的不足或阻塞，如過去欠缺電腦網路，造成上行溝通或下行溝通的障礙。

二、行政溝通的要訣

針對行政溝通的各種障礙，茲就如何克服心理、語言文字、傾聽、交談、下行溝通、上行溝通、平行溝通等障礙，分別敘述如下：

㈠如何克服下行溝通的障礙

1.主管應具有主動溝通的態度，即應主動與部屬分享機關組織內的消息、新聞、政策及各項工作措施，使上下意見一致，養成相互分享利益的觀念。

2.主管應獲得部屬的信任，平時即應建立部屬對他的信心，避免主管

的溝通受到懷疑或曲解。

　　3.領導者的態度應謙卑。

　　4.利用辦活動的機會使上、下級多接觸。

　　5.上級要尊重及接納下屬的意見。

　　6.上級要能主動溝通，提供訊息。

　　7.有時候上、下級利用書面上的報告來作溝通，比口頭報告來得好；如要作詳細說明解釋時，即可採用書面報告。

　　8.上級提供獎勵，讓部屬更有信心、勇氣及動力來表達意見。

　　9.上級可以多提供機會讓下屬表達意見、提出疑問。

　　10.多舉辦一些非正式的聯誼活動。

　　11.領導者要有同理心，親自與下屬平處於同一環境。

　　12.上級與下屬要建立良好的互動關係。

　　13.設立溝通管道，如意見信箱。

　　14.定期與下屬面談。

　　15.與下屬溝通時，要用他們能理解的口語；與上級溝通時，說話口氣要委婉、溫和，讓上級接受建議。

　　16.可利用機會找下級聊天，或話家常，或一同吃飯，以增進彼此的情感交流。

　　17.上級與下級都要有參與感。

(二)如何克服上行溝通的障礙

　　1.主管應革除只喜歡聽好話的心理，使部屬願意將不好的實情往上報告。

　　2.主管應拋棄唯我獨尊的心態，以平等地位對待部屬，使部屬敢於發言，並使組織上下溝通順暢，團結一致。

　　3.主管應經常與部屬舉行工作座談會，鼓勵大家多發言，且避免使座談會流於形式或變成「訓話會」。

　　4.確保推行工作人員建議及獎勵制度，鼓勵工作人員多提供機關應興革事項。

5.主管應與部屬同利害共甘苦，增加與部屬交談的次數，以縮短地位的差距。

(三)如何克服平行溝通的障礙

1.定期或適時舉辦業務討論會，消除因專業所造成的心理隔閡。

2.健全機關組織的組織結構，釐定各單位及個人的權責；建立正式的溝通制度，以便會稿、會簽；實施分層負責逐級授權，使下級人員能夠主動與別的機關人員進行溝通；改善各單位間的人際關係，塑造有利平行溝通的環境。

3.利用計畫評核術等管理方法，使機關組織中的工作人員對某件事之進行，具有共同的了解與遵循的根據，以減少不必要的溝通活動。

4.辦理聯誼活動，多作非正式溝通，並增進情感。

5.利用電腦網路進行查詢或意見溝通。

(四)如何克服語言與文字的溝通障礙

1.避免使用可能引起對方抗拒的語言文字。

2.使用意義明確的語言文字。

3.儘量減少專門術語。

4.儘量利用圖表與舉例方式表達。

5.引用權威資料作為佐證。

6.使用短句以代替長句。

7.注意詞類的選擇使用。

8.表達時應注意邏輯順序。

9.儘量使用直接敘述語氣。

(五)如何克服傾聽的障礙（詳見本章第六節）

1.開放的心胸。

2.親切的態度。

3.清楚的頭腦。

4.關注的眼神。

5.變化的表情。

6.適時的發問。

7.適時的點頭。

8.適時的讚賞。

9.謹慎的建議。

10.冷靜的評斷。

11.適當的回應。

(六)如何克服交談的障礙（詳見本章第五節）

1.表現良好的態度。

2.談論適當的話題。

3.留意合宜的表達。

4.要適時地發問與讚賞。

5.要能說也能聽。

6.要能察言觀色。

(七)如何克服心理上的障礙

1.了解溝通接受者背景。

2.引起溝通接受者興趣並鼓勵其行動。

3.溝通雙方表現坦承與友善的態度。

4.保持客觀理性並尊重對方意見。

(八)如何克服情境上的溝通障礙

1.改善辦公室的環境，使其更優雅、舒適、乾淨，避免髒亂、悶熱、噪音等，以增進良好的溝通氣氛。

2.宜安排充裕或適當的時間進行溝通，避免倉促急迫或情緒不佳、精神不濟等，以期達到溝通的良好效果。

(九)如何克服管道上的溝通障礙

　　1.善用各種管道，或多種管道並行溝通，包括文字書面、面對面、口頭、電話、網路等管道進行溝通。

　　2.兼採正式溝通與非正式溝通兩種途徑，尤其非正式溝通，如利用各種聚會場合個別交談、交換意見，以補助正式溝通的不足。

三、領導者行政溝通的策略

　　針對領導者的行政溝通，提出口語溝通應把握的原則，及從事行政溝通時應有的全方位的溝通原則，茲分別敘述如下：

(一)領導者口頭溝通的要領（詳見本章第二節）

　　1.目標的確認與把握。

　　2.角色的認明與扮演。

　　3.自我的了解與自信。

　　4.情境的認知與把握。

　　5.表達的清楚與合宜。

　　6.態度的友善與積極。

　　7.傾聽與發問技巧的配合。

　　8.同理心及適當反應。

　　9.多讚賞少批評。

　　10.修養的良好與熱忱。

(二)領導者全方位的溝通策略

　　1.善用多種溝通管道：善於溝通的領導者，應運用各種管道，包括：正式溝通與非正式溝通、單向溝通與雙向溝通、直接溝通與間接溝通、書面溝通與口頭溝通等。

　　2.要建立健全溝通系統：領導者應確實督導組織建立健全的溝通系統，

並正常運作，包括：各種會議的管理、建議制度的實施、組織刊物的出版與流通、電腦網路系統的溝通。

3.正式溝通與非正式溝通並重：領導者應把握機會，除了做好正式溝通外，並要善用非正式溝通，例如：利用走動式溝通，隨時與各階層的人員交談，達成溝通的多重功能（詳見本章第九節及第十節）。

4.上行溝通與下行溝通兼顧：領導者除了把握下行溝通的功能外，並要重視上行溝通，不但確保上情下達，更要能使下情上達，因此領導者要克服各種溝通障礙，包括：要拋棄唯我獨尊的心態，摒除層級的觀念，喜聽好話的心理等，以縮短與部屬之間的距離，增進上下溝通的功能。

5.單向溝通與雙向溝通並重：領導者除了作好單向溝通外，應具備雙向溝通的技巧與素養，例如：增進交談的能力，培養聆聽的習慣，以便獲得較大的回饋，並滿足部屬的心理需求，激發工作的熱忱。

6.文字溝通與口頭溝通兼顧：領導者應把握文字溝通與口頭溝通的優缺點，兩者善加運用，發揮相輔相成的溝通功能。文字溝通除了利用公文書、刊物外，更應善用網際網路，以確保迅速地達成溝通的良好效果（詳見本章第九節）。

7.任務導向溝通與關係導向溝通並重：領導者在溝通時，除了注重達成組織目標的任務外，並不忘適時表達對部屬的關懷，以增進彼此的關係。如果遇到部屬有困擾時，更須發揮同理及傾聽的技巧，以紓解部屬的情緒或解決其困惑。

8.直接溝通與間接溝通兼用：領導者除了善用直接溝通的技巧外，並應妥善運用間接溝通的方式，以達成溝通的目的。原則上，直接溝通是比較有效而不會造成誤會，但是有些情況，間接溝通可以避免直接衝突，或使溝通更順暢。

9.對內溝通與對外溝通並重：領導者對內溝通和對外溝通都要並重，兩者不可偏廢。對內溝通可以確保組織的正常運作；對外溝通可以建立組織良好的公關，獲得外界的支持（有關學校公關詳見第二篇）。

10.善用會議達成多種溝通目標：經由會議可以達成組織的多種功能，諸如集思廣益、建立共識、聯絡情感、激勵士氣、學習成長等，都可利用

會議的舉行而達成。不過，能否發揮會議的最大功能，端視領導者在會議中能否運用溝通的技巧，領導者應把握會議期間的每一個時刻，包括會前的非正式交談、會議時的雙向溝通、適時的勉勵鼓舞、會議中場休息時段的茶敘，甚至會後的餘興節目等，都是與部屬溝通的最好機會。

- 當一個人冷靜、愉悅、頭腦清醒時，自然就會思考清晰，說話得體。（靜思語）

  When one is calm, happy and clear-headed, one will be able to think clearly and speak appropriately.

- 如果你脾氣不好，說話隨便，縱使心地善良，也不是一個好人。（靜思語）

  If you have a bad temper and a foul mouth, then no matter how good your heart is, you are not a good person.

- 說話要恰到好處，太長或太少都不適宜。

  Speech should be just right. Do not speak too much or too little.

- 發問只會造成片刻的尷尬，不愛發問導致一生的尷尬。（靜思語）

  Asking only costs a moment of embarrassment. Not asking means being embarrassed your whole life.

- 好言好語很值錢，而且所費無幾。（靜思語）

  Good words are worth much and cost little.

 **控制與評鑑**

　　讓自己保持活力與成長的人，通常會在工作中建立一套檢討績效的方法。──彼得‧杜拉克

　　控制活動是行政管理上的重要功能，它與計畫、組織、領導，並列為管理循環或程序的重要一環，沒有控制的活動，管理上就產生了漏洞，或失去了一些環節，使經營管理無法達成預期的目標。

　　控制的原理，不但運用在工商企業、公共行政、軍事機構、金融、醫院；而在教育界，無論是行政上、教學上，在在都需要運用「控制」活動，達到教育的目標。只是，在教育上，不用控制一詞，而以「督導」（監督與指導）、「評鑑」、「評量」等取代，例如：

- ‧教師要懂得控制原理，利用適當的「評量」，激發學生努力。
- ‧督學把握控制原理，善用「監督指導」，督促學校認真辦學。
- ‧校長要掌握控制原則，確保行政與教學的良好品質。
- ‧專家學者根據控制原理，運用「評鑑」方法，促進學校全面發展，達成教育目標。

　　因此，控制並非一般狹義的解釋，認為它只是消極的監控，以防偏差失誤，事實上，它含有廣泛積極的意義。完整的控制程序，至少包含有：設定標準、進行評量、比較偏差、改進行動。因此，控制可以達成多重目標與功能，如果善加運用，無論任何組織的運作，或任何計畫的活動，都比較能夠達成良好的效果。

　　筆者試將控制及評鑑的精要，分為兩部分敘述。

如前所述，控制（controling），是管理功能的一項重要活動。由計畫、組織、領導，以至控制，是管理循環中，不可或缺的步驟（詳見第二章第一節）。行政三聯制中，計畫、執行、考核，其中考核也算是一種控制的活動；在教育行政中，評量或評鑑也是控制的一種活動；在生產活動中，品質管制也是一種控制。所以，控制的意義很廣泛。在不同領域中，其功能雖然相同，但名稱有所不同。不過，控制的活動是必然存在於各種組織中，只要有組織，就有控制。組織是要靠適當的控制活動以維持它的正常運作，並達成管理上的效率與效能，我們將在本章作詳細的介紹。

第一節　控制的性質

一、控制的涵義

何謂「控制」（controling）？專家學者有許多看法，茲分別敘述如下：

- 控制表示限制或約束的意義。
- 控制表示檢討或核對之意。
- 控制是指引員工行動以達成組織目標的過程。
- 控制力是一種監督活動的程序，以確保活動依計畫完成。
- 控制的內涵包括四個步驟：(1)建立衡量績效的標準；(2)依設定標準蒐集必要的資料；(3)以獲知實際績效或進度，比較實際績效以預估績效間的差距；(4)回饋資訊，採取修正行動。
- 控制是針對組織目標，偵測、比較、評估及改正的程序，以確保能達成目標的要求。組織中建立一種回饋系統，有規則地將實際狀況反應給組織，經由管理人將實際狀況和預期狀況或標準作一個比較；其間如果超過一定程度，管理人必須探討原因，並採取改正行動。

‧由上述說明，控制要包括五個活動：(1)衡量績效；(2)和預期狀況或
　標準作比較；(3)確定差異的程度；(4)調查及了解差異的原因；(5)採
　取必要的更正行動。

　　本項控制的界定所提出的五項活動中，第四項調查及了解差異的原因，
是一般控制的步驟所欠缺的，值得參考。

二、控制與計畫

　　控制和計畫是管理的雙胞胎，周詳的規畫有助於控制的效果，良好的
控制有利於計畫的實現。當管理者擬訂計畫與策略後，為了確保按計畫執
行，管理者必須採取一些策略與步驟，作為檢討修正的依據，這就是管理
上的一種控制功能。

　　有關計畫的內容，包括目標、策略、方針、方案、程序、進度、方法、
預算，其中任何一項在計畫執行中，都需要隨時加以控制，以確保計畫順
利推展，達成預期的目標。

三、控制的類型

(一)依控制策略分

　　管理者可以用三種策略達到控制的目的：

　　1.官僚控制：使用正式規則、標準及合法執行達成控制，例如：預算
編列、統計報告、績效評估，為一般政府機構所使用。

　　2.市場控制：使用定價機制規範組織中的活動，把事業單位視為利潤
中心、根據利潤和損失加以評價，為一般企業體所使用。

　　3.黨派控制：以共享組織價值觀、信念、期望和信任為準則，因此，
不需要正式控制，為一般社團所使用。

(二)依控制的時間分

上述官僚控制因比較嚴密,又可分為事前、事中,及事後控制(參考 UCLA William Ouchi 教授所提):

1. 事前控制:發生於開始運作之前,包括政策、程序及規則之制定,以確保預定計畫能正確執行。

2. 事中控制:又稱同步控制,發生於正在執行計畫時,包括監督、指導及適度的調整改正。

3. 事後控制:又稱回饋控制,發生在計畫結束後,包括檢討與偏差之矯正。

事實上,任何組織都需要採用以上三種控制方式,皆不可偏廢。

(三)依控制內容而分

控制的實施常因組織的性質與目標,有不同重點的控制內容或對象,一般可分為:

1. 品質控制:品質是組織賴以建立信譽的基礎,缺乏品質就影響信譽。品質在工廠是指產品的優劣,在服務業是指服務的好壞,在學校教育是指學生素質優良與否。

2. 預算控制:預算控制是所有組織常使用的管理控制方法,它與事前控制、同步控制、回饋控制緊密結合。

3. 進度控制:任何計畫的執行,尤其是工程的建設,都要掌握進度控制,以確保預期完成。一般常運用計畫評核術(PERT)達成控制的任務。

4. 生產控制:各種生產事業機構,都需要掌握生產控制,以確保預期交貨,所運用的控制技術隨著產品的不同而不同。

5. 行為控制:組織多由人所結合,對人的行為必須運用適當的方法加以控制或規範,不過行為有異於財務,較難控制,然而,在組織中仍然設計各種行為控制方法,如:上下班打卡、監視系統、網路系統等。

6. 其他:如維修控制、安全控制等。

㈣依績效項目分

一般組織控制的實施可以依下列績效考核項目加以控制：

*1.*效能上的控制：是否達成組織的真正目標。

*2.*效率上的控制：是否以最少花費達成最大成果。

*3.*數量上的控制：是否如期完成一定的數目。

*4.*品質上的控制：是否達成既定的品質標準。

*5.*時效上的控制：是否依期達成目標。

*6.*表現上的控制：是否遵守行為的約定。

*7.*影響上的控制：是否對行為有相當程度的改變。

第二節　有效控制系統具備的特質

一、合理的標準

控制的標準必須合理，若標準過低或過高或不合理，會失去其激勵的功用；因此，標準的設定應合理，並具挑戰性，經由努力即可達成。

二、把握重點

管理應將重點置於對組織目標的達成有重大影響的因素上，因此，控制的標準應把握重點，不過於繁瑣，不分輕重。

三、易於了解

控制標準應比較簡單、易於了解的系統，而不是一種複雜、艱澀難懂

的規章。

四、合乎經濟

控制系統帶來的效益，應大於其所付出的成本，這樣才值得控制。

五、正確的資訊

一個提供不正確資訊的控制系統會使管理者採取錯誤的行動，或不採取行動；因此一個有效的控制系統應能提供有效、正確的資訊。

六、及時的資訊

提供及時的資訊，才能有及時的修正行動，避免造成更嚴重的偏差。

七、多種標準

無論是管理者或員工，皆會自然地朝向控制的標準努力。若控制僅用單一標準，則會導致員工的短視，或限制其發揮；因此要利用多重標準，如績效考評的各個項目，儘量不偏重於某一項。

八、彈性的

由於環境是動態的，一個有效的控制系統應具備彈性，以隨時適應環境的變化。

九、建議修正行動

一個有效的控制系統不但能指出嚴重的差異，也能建議糾正差異所應

採取的行動。

　　總之，一個有效的控制系統，必須以適當的績效標準為基礎，能被員工所接受，提供員工足夠的資訊，運用多種方法，並能及時提出正確資訊修正差異，以期達成組織既定的目標。

第三節　控制的步驟

　　控制的步驟隨著控制的類型有所差異，不過正規的步驟應依循：(1)設定標準；(2)測量績效；(3)比較實際績效與標準；(4)採取改正行動等。

　　由於控制一詞較常運用於企業界，下列將以企業界為例加以說明（鄭華清編著，2001）：

一、步驟一：設定績效標準

　　每一個組織都有目標，企業界如獲利率、營業額、顧客滿意度等；非營利組織如募款額、會員數等。標準是指對於既定目標的預期績效水準，標準是由許多績效目標組成，它建立預期的績效水準，激勵表現，並可作為評價實際績效的基準。例如：用來激勵員工的目標，是在建立明確、可測量的績效標準上，這些標準應具有挑戰性，而且通常是以超越過去績效表現為目標。

　　績效標準可能包括：增加百分之十的市占率、降低百分之二十的成本，減少顧客的抱怨。績效標準可根據：(1)數量；(2)品質；(3)時間運用；(4)成本等來設定。例如：生產活動包含產出量（數量）、瑕疵（品質）、是否可及時獲得成品（時間運用），以及花在原料與直接人工的成本。許多重要的績效觀點，以顧客服務為例，可以用相同的標準測量，如：適當供應並取得產品、服務品質、送貨速度等。

二、步驟二：測量績效

控制程序的第二個步驟，是測量績效水準。例如：生產管理者可以依據生產的數量、缺工天數、書面檔案、樣本分配及所獲利潤等數據測量績效。績效資料通常有三種來源：書面報告、口頭報告及個別觀察，有時候還加上其他方法，如：問卷調查、訪問面談。

書面報告包括印出來的電腦報表。口頭報告常見的例子是銷售人員在每天工作結束時，向他們的直屬主管報告當天的業績、問題或顧客反應，管理者可以提出問題以獲得額外的資訊或澄清任何誤解，必要時，可以在討論時提出試驗性的矯正行動。

個別觀察需要到作業區域，觀察發生了哪些事，管理者可以觀察員工的工作方法，非語言訊息，以及一般的營運情況。個別觀察對正在發生的事情提供深入的了解，但是也有缺點，它並不能提供精確的數量化資料，所獲得的資訊通常是一般而且主觀的資訊。同時，員工可能把個別觀察誤解為不信任或者缺乏信心。儘管如此，仍有許多管理者相信沒有其他更好的方法可以取代親自觀察。因為個別接觸可以增強領導者的能見度以及向上溝通，也提供了有關績效的珍貴資訊，以補書面及口頭報告之不足。

三、步驟三：比較實際績效與標準

控制程序的第三個步驟是比較實際績效與標準，在這個步驟，管理者要評估績效。對某些活動來說，稍微偏離標準可以被接受。但是，也有些活動只要有一點點偏差就可能導致嚴重的後果。因此，執行控制工作的管理者必須小心分析評估結果。

管理的例外原則主張：把注意力集中在例外事件，或者和預期結果或標準間有顯著差異的地方加以控制。也就是說，在比較實際績效與標準時，管理者必須把注意力集中在例外事件上。例如：在控制組裝線上生產的零件品質時，可以發現每一千件中只有五個不合格，這五個零件就屬於例外，

應作進一步的研究。

　　根據例外原則,只有例外的情況才需要矯正行動。管理者不應該注意那些實際績效和預期結果相等或接近的情形。這個原則在控制中很重要,如果管理者採用例外原則,便能省下很多的時間與努力。

四、步驟四:採取改正行動

　　控制程序的最後一個步驟,就是採取行動改正顯著的偏差,這個步驟是在確保將營運狀態作必要的調整,以達成最初計畫的結果。在發現明顯的偏差時,管理者應立即採取積極的行動,有效的控制不可以容忍沒有必要的延遲、藉口或例外。不過,還要看改進的對象而採取權宜措施,例如:對事、物、境的改變,可以採取較迅速的措施;但是對人行為的改變,就要採審慎的方式處理。

　　有的改正行動方式,不是由上司直接處理,而是由問題發生點的操作者實施。在以電腦控制的生產技術中,有二種基本控制類型:專家控制及操作者控制。以專家控制而言,電腦數質控制工具機(CNC)操作員在機器故障時必須通知工程專家,這種傳統的勞動分工,是由專家執行改正行動;以操作者控制而言,在發生問題時,具有多項技能的操作人員可以自行處理他們自己的問題。

　　改正行動的策略,依問題的性質而定,可能會涉及作業程序的變動、檢驗製造零件精密性的新方法、人員懲戒的行動、員工訓練的計畫,甚至大幅調整組織架構等,如果能夠作適當的因應措施,才能夠達到控制的積極目標。

　　對人行為的矯正或改變,比產品品質的改善較為複雜與困難,主要是人的偏差行為無法立即被洞察,因此在未了解真正偏差行為的原因之前,貿然採取改正,乃是不明智之舉。以學校學生缺席率偏高為例,其缺席原因就有十多種,包括學校管教方式,教學方法的不當,同儕相處的問題;家庭管教方式,父母感情問題、家境問題;學生本人健康問題、學習成就問題、生活習慣問題、交友問題;社會不良風氣問題、居住環境問題、電

腦網路問題，以至於交通問題……等，因此要改善學生出席率就要對上述各種原因確切了解後，針對原因加以處理解決，才能真正達到矯正效果。

　　筆者在台中二中駐校時，發現學生缺席率偏高，仔細調查原因，問題重重，除了學校管教方法不當外，學生住宿環境的惡劣是原因之一。因此改善之道，一方面著手學校管理方式更合乎人性化，另一方面，協助學生改善住宿環境，使其生活較有規律，並同時加強出缺勤的管理辦法，如此，缺席率就逐漸降低。

第四節　控制在校務績效管理上之運用

　　學校要實施績效管理，應把握控制原則和步驟，依序實施才能達到辦學目標。有關實施的程序，與控制的程序相類似，依循下列步驟：*1.* 設定績效標準；*2.* 評核並比較實際績效與預定績效的差距；*3.* 採取改進行動。

一、設定績效標準

　　所謂績效標準，指衡量目標達成程度或績效的標準，如行政工作上的標準常採取進度、數量、品質及標準成本等；至於教學上則較重視質量的標準，如教學法、評量法。績效標準為目標的訂定須視單位性質不同而有所差異，績效標準訂定後，方可作為衡量、比較、評估、考核之依據。

　　至於訂定績效標準的方法有三，可視需要選用——(1)統計分析方法：即藉過去統計的分析來建立績效標準，例如：校舍的建築進度，根據以往校舍建築所需的工作日，衡酌現時環境的各項條件以訂定出預定工作天；(2)經驗評估方法：即依管理者過去的經驗與直覺判斷進行評估，例如：應屆畢業生的升學率，根據往年升學率趨勢及今年的情況，設下主觀的預估；(3)科學計算方法：即應用科學方法，在客觀的基礎上設立衡量標準。

　　訂定績效標準時，應避免含糊籠統，必須明確可行，可供評量為原則。

學校校務工作或教學成效有些可以明確的、量化的方式訂定；有些雖難以量化，仍宜掌握訂定績效標準或確立工作事項的原則，後續的比較、評估與修正，才可行而有效。

　　績效標準的訂定，可遵循 SMART 原則：明確（specific）、可衡量（measurable）、可達成（achievable）、實際可行的（realistic）、有時間限定（time-bound）等五項訂之。加以說明如下：

　　1.明確：是指明確的工作項目。如「改進教學方法」之教務工作目標，則嫌範圍太廣很難評鑑，改為「教師能善用教學媒體」、「教師在每一單元都有具體目標」等較為清楚明確。

　　2.可衡量：是指可以數量、進度、品質及成本等方面加以評估。如「每個月召開一次輔導個案會議」。

　　3.可達成性：指目標或工作事項應是可以達成的，不宜流於理想化或口號。如「使學生皆能作到誠實不欺，完成誠實教育的目標」是不可能達到的，宜改為「透過各種集會加強宣導誠實運動」；再如「使學生吸安的現象完全絕跡」，宜改為可達成的「利用集會及書面資料宣導防治藥物濫用的現象」。

　　4.實際可行的：如「舉辦衛生保健系列演講」。

　　5.時間限定：即除了進度的掌握之外，應明確規定工作事項的起迄時間。

二、評核並比較實際績效與預定績效的差距

　　第二個步驟就是將計畫執行過程中，所產生的實際績效加以評核，以確定實際績效的優劣。猶如學生學習的成就是否達到預定的教學目標，透過測驗評量以得知；校務實施上的比較亦然，需在一段時間後，就該檢查，比較各項行政作業成效與原定目標的相符程度，以便隨時校正，如禮堂工程是否按預定進度於工作天完成，地基，建材、架構是否符合預定標準，經費是否有效支出等等。因此，第二個程序就是整個控制管理的重要階段。以下分別敘述績效評核的工具及把握的原則：

　　在比較實際績效與原訂標準的差距之控制程序中，必先獲得實際狀況，亦即及時而可靠的資訊是不可或缺的。至於獲得資訊工具或方法約有如下幾種：

　　1.預算控制：在財務控制上，以預算作為控制的工具，使計畫能成為數據，各單位根據預算執行其計畫，事權得以區分，權責得以下授，而又不致失去應有的控制。例如：目標管理實施計畫，各單位自行根據預算編列進度，執行單位自行控制預算，而會計單位及校長也得以根據計畫以控制、檢核，既授權又有管理。

　　2.統計分析：在行政與教學上之控制，常以統計分析與報表作為評估績效及預測改進計畫的根據。例如：各單位承辦公文件數、天數統計表、會計年度經費執行分析表等，都是用以控制工作績效的工具。

　　3.報告與分析：在工程進度、研究發展、公共關係等方面，常利用報告分析。尤其是分層授權的領導方式中，執行單位按期向主管或校長報告工作經過情形及結果，使主管及校長得以了解各項情況，掌握全局。

　　4.調查與檢查：即由上而下，主管派員作業務檢查，視察稽核，以及各單位主管親自視導後，可藉此確保工作的進展及其成果，如發現偏差就及時糾正，使最後結果能夠接近目標。

　　5.電腦檢核：如學校各單位採用電腦連線作業，就可以不必親自到各單位調查與檢查，平時在電腦螢幕上檢核即可。

　　6.問卷調查：設計問卷，請教師或學生填答，以了解教師對學校行政的看法，或學生對教師教學的反應。

　　7.訪談法：由學校主管或請專家對教職員工訪問或面談，以了解實際情形。

　　8.內部稽核：不僅限於會計財務的稽核，一般業務也可用稽催考核的方式控制績效，如公文歸檔、器材借用的稽催等，以避免延誤時效。

　　9.實地觀察：亦即主管本人或派員實地考察，以明瞭實況，加強控制。例如：校長的巡堂，或總務主任的觀察工程施工情形等。

　　10.試測法：利用儀器或藥物試驗物品、測量人體，利用試題測驗學生，以了解實際情形。

*11.*事後考核：亦即在年終或工作完成時的考核，評估各單位的工作成果是否達到目標。

三、採取改進行動 🏹

控制的最終目的就是要發現偏差，採取改進的措施。學校經營管理問題大都牽涉到「人」的問題，人的偏差行為有相當複雜的因素，因此改進措施時，需要切實了解真正的原因，而後對症下藥，以收實效（詳見本章第三節）。

第五節　學校行政控制的經驗談

以筆者學校行政經驗為例，在初期擔任專科學校註冊主任時，為確保工作的品質，避免錯誤或遺漏的情形發生，在工作手冊上都訂有工作計畫進度及工作檢核辦法，作為控制的工具。尤其特別重視確實核對的習慣，並經常透過溝通、協調、鼓勵，以增進成員的責任感與榮譽感，激發他們以主動、積極、合作的態度，細心、用心和熱心去處理學生的學籍與成績，以期達到零缺點的工作目標；而不是以消極嚴厲的管控去督促。因此，經過本人十年的經營，建立了註冊組良好的信譽，奠定了穩固的學校行政基礎。

在筆者擔任校長時，由於校務工作繁雜，行政層面擴大，要想有效掌控全校，光是坐在辦公室批閱公文，查核統計報表，或是參加正式會議，勢必無法達成預期的目標。所以必須走出校長室，到校園各處走動，從事所謂的「走動式管理」。這項措施可以達成管理的多重意義，既能與同仁溝通，更可達到控制的目的，從中可以蒐集資訊、了解事實、發掘問題、察看學校運作是否正常或者有所偏差，根據這種最新的一手資料，就可以作為校務改進的參考依據。有的問題稍加構思，立即可以改善；有的則需

要從長計議，詳加規畫再實施。

　　例如：在校園走動中，校門是校長必經之處，尤其當早晨學生上學時，在此稍加駐留，即能看到學生的儀容、表情、禮貌、精神、態度等，並能進一步了解遲到的情形、健康的狀況，也可以藉學生的表現推測學生的心態，還有生活的境況、學習的興趣等，從這些學生的反應能檢討學校辦學的績效。以學生遲到為例：如果進一步詳細調查，就可以發現學生遲到的許多原因，然後設法消除這些原因。例如：寄宿生因缺乏家長監督，晚上在外遊蕩至深夜，或者沈迷於電動玩具，了解這些原因後，就加強教官到各寄宿處巡察，而後遲到情形有顯著的改善。

　　至於對老師的督導控制，更加複雜，因此所需的技巧更要細膩高深。一般所使用粗糙的控制方式，是以簽到簽退管制教師的遲到早退；或者以廣播收聽器管控教師的言行，這種管控只是外鑠形式的一種要求，對教學輔導實質目標達成沒有多大幫助。筆者以為，要控制老師外在行為，不如透過對教師的尊重、禮遇、加強服務等，以激發教師的自尊心和榮譽感；並經由細心的輔導，改變學生氣質，增強學生對學校的信心與好感，進而激起教師教學輔導的熱忱與愛心。這種無形的控制方式，所激起教師內在行為的改變，對學生積極的影響，其效果既持久且深遠。

　　後來，筆者由校長轉任師院教職，對學生的評量一事，有感於一般教師評量方式的缺失，例如：著重筆試，或偏重總結性的評量，無法達到教學上的真正目標。因此，筆者採取多元評量的方式，包括：課前預習報告、資料蒐集、學習心得、經驗報告、上課參與討論情形、出缺勤記錄等，再配合抽測，希望能夠發展學生多元的智慧，達成多元的教學目標——這種評量方式雖然對師生的負擔較重，但是評量結果比較客觀，也能刺激學生多方面的努力；對教師而言，也能夠獲得更多的回饋，達到教學相長的目標。

　　總之，控制是一項經營管理的重要活動，但是控制並非萬靈丹，它只是一種理念，除非真正了解控制的真諦，能夠靈活運用控制的原則原理，否則控制徒具形式，甚至產生負面的效果。

　　「評鑑」（evaluation），是屬於管理功能（計畫、組織、領導、控

制）中，控制（controling）的一種，也和行政三聯制（計畫、執行、考核）中的考核績效功能相近。不過，在教育界不用控制的名稱，通常用「評鑑」一詞，例如：各科教學評鑑、各部門行政評鑑、校務評鑑，以至於專案評鑑，如九年一貫教育評鑑等。事實上，督導（supervision）也是評鑑功能之一，一般校務評鑑中的形成性評量即由各區視導人員加以評分，足見視導在評量上的功能。至於教學評量也可以說是評鑑的一種。本部分將就「評鑑」在教育上的運用作精要的探討。

第六節　評鑑的性質

一、評鑑的涵義

「評鑑」一詞，係英文「evaluation」翻譯而來，有人譯為評量或評價；在教育上，則慣用「評鑑」。評鑑的意義有下列多種說法：

1.評鑑是有系統的蒐集分析資料，以決定某一事物評價的歷程。認為評鑑是一種評估、評價。

2.評鑑是將實際表現資料，與原設定標準相比較的歷程。認為評鑑是一種考評。

3.評鑑是一種有系統地蒐集並分析資料，以協助決策在各種可行方案中，擇一而行的歷程。認為評鑑是一種決策的歷程。

4.評鑑是一種系統的方法，蒐集和分析資料，評估其價值、考評其成果、協助決策者作決定的歷程。認為評鑑是一種綜合決定的歷程。

5.評鑑系統方法、蒐集資料、分析資料、評估優劣、發掘問題，並提供改進建議的歷程。筆者以為，就學校評鑑而言，評鑑的涵義應以這一項敘述較為適當。

從上述評鑑的定義中可以發現，評鑑包括：

*1.*資料的蒐集與分析。

*2.*評價與評估。

*3.*考評。

*4.*問題發掘。

*5.*改進建議。

*6.*決策參考。

筆者以為,評鑑應該是綜合上述多種活動的歷程。不過,視評鑑的性質,對上述的項目採行的輕重取捨有所不同。

二、評鑑與督導

評鑑是evaluation,督導是supervision,雖然兩者的名稱不同,但有密切關係。根據幾位專家學者看法,「督導」的功能包括:視察(inspection)、研究(research)、訓練(training)、指導(guidance)、評鑑(evaluation)。黃昆輝教授引用紐約大學教授威爾斯的看法,認為督導是一種領導的技巧、人際關係的技巧、團體歷程的技巧、人事行政的技巧及評鑑的技巧;再者,張金鑑教授指出督導內容包括:工作指派、工作指導,及工作控制(張金鑑,1985)。

從上述督導的功能與內涵,可見評鑑是督導的一種功能,也是督導的一項任務。想要完成督導任務,必須實施評鑑的工作;缺乏評鑑的督導,就失去督導的積極意義。反之,有許多評鑑工作也要有督導的配合,才能使評鑑發揮較大的功能,達成評鑑的目標。以學校評鑑為例,為了達到評鑑的良好效果,通常在評鑑計畫初期,先建立評鑑的標準(評鑑項目及內容);在過程中,先作形成性評量;然後在最後階段作總結性評量。根據實際的執行情形,形成性評量都由專任教育行政人員如督學、課長擔任;在總結性評量時,再請專家學者擔任。如此由形成性評量成績與總結性評量成績合計,作為評量的總成績,才能夠達到客觀的評量結果,足見評鑑與督導的密切關係。

三、評鑑的類型

評鑑的類型很多，可以依時機、重點、內容、評鑑人員的性質、比較標準、方式、歷程等，分不同類型，茲分別敘述如下：

㈠就評鑑時機而言，可分形成性評鑑與總結性評鑑

1. 「形成性評鑑」於計畫或方案尚在發展過程中實施。
2. 「總結性評鑑」則於計畫或方案完成後實施。

㈡就實施重點而言，可分內在評鑑與成果評鑑

1. 「內在評鑑」是歷程的評鑑，重內在價值，而不論最後的效果。
2. 「成果評鑑」是結果的評鑑，重外在指標，以成果的了解為目的。

㈢就評鑑內容而言，可分綜合的評鑑與部分的評鑑

1. 「綜合的評鑑」，以學校評鑑為例，包括了教學、課程、行政、教職員、學生、校舍設備、學校經費、教師福利……等。
2. 「部分的評鑑」則僅就前述的一項或二項予以評鑑。

㈣就評鑑人員性質而言，可分內部、外部與合作的評鑑

1. 「內部評鑑」是指評鑑人員由機構內的人員擔任。
2. 「外部評鑑」是指評鑑人員由機構外的人員擔任。
3. 「合作的評鑑」是指評鑑人員由機構內部和外部的人員一起來擔任。

㈤就比較標準而言，可分比較的評鑑與非比較的評鑑

1. 「比較的評鑑」將評鑑對象與外在相對標準相互比較。
2. 「非比較的評鑑」強調自身所預定目標達成程度的評鑑。
此兩種評鑑均屬於總結性評鑑。

㈥就評鑑目的而言，可分現狀的、診斷的與實施的評鑑

1.「現狀的評鑑」在敘述當前的狀況，以明瞭已發生的問題。

2.「診斷的評鑑」不僅要說明現存狀況的利弊得失，並須進一步發現有關的因素，探求其產生的原因。

3.「實施的評鑑」是就現狀的了解、成就的診斷，發覺今後應採取何種改變的行動，及改變應趨向何種目的。

㈦就運作方式而言，可分正式評鑑與非正式評鑑

1.「正式評鑑」屬於運作性的，強調評鑑的正確性、效度、信度及實用性，為有系統而客觀的。

2.「非正式評鑑」指人類一般持久而普遍直覺性的選擇。

四、評鑑的教育功能

評鑑無論是用在教育的任何領域，都有其多層功能，就校務評鑑而言，有下列六大項：

㈠診斷的功能

透過現存資料的蒐集和分析，可指出計畫實施過程中之問題和困難，因此評鑑可以了解學校問題的所在。

㈡改進的功能

根據診斷結果提出改進意見作為決策參考，因此透過評鑑可以作為校務改進的目標、方向與重點。

㈢激勵的功能

評鑑可以敦促學校行政人員、教師和學生努力，力求精進，以求更佳之績效。

㈣考評的功能

根據評鑑的結果，評定其優缺等第，然後據以獎勵或懲罰。

㈤品管的功能

評鑑可以淘汰拙劣，及時改正缺失，維持一定的品質水準，達到品管的功能。

㈥回饋的功能

經由評鑑的措施，反省檢討，蒐集資訊，發掘問題，提供有利於教育行政改進的策略或措施，可以說是達到積極回饋的功能。

第七節 評鑑的程序與方法

一、評鑑的程序

㈠計畫階段

評鑑重在事前的規畫，主要工作包括：1.確定評鑑目標；2.確立評鑑範圍；3.建立評鑑標準；4.確定或選擇蒐集資料的工具；5.組成評鑑人員；6.擬訂評鑑進度；7.預估經費等等。

㈡執行階段

依評鑑的目標、範圍、項目及標準，運用適宜的工具和方法，實地蒐集和分析資料。

(三)總結階段

　　將前述蒐集和分析所得之資料,加以綜合歸納,評估其價值,考評其成績,然後作成結論,提出評鑑報告。

(四)追蹤階段

　　受評者依評鑑的建議提出改進方案,並確實執行;或就評鑑報告之意見提出反駁說明,以澄清真相。評鑑是繼續不斷的歷程,直至受評方案獲致改進為止。

二、評鑑的方法

　　評鑑工作所採用的方法很多,以下就教育或學校評鑑常用的幾種方法簡單的介紹:

(一)文件分析法

　　調閱有關的規章、計畫、報表、出版物及工作記錄或成果報告,加以分析,以了解工作執行情形和完成數量。

(二)觀察法

　　即實地考察,就實際觀察到的現況,有系統地記載分析,並和文件或書面資料相互印證,以了解實際的情況與問題。

(三)訪問法

　　以面對面方式,在自然情況下,對受評者作語言和非語言的觀察,並以語言溝通方式獲取評鑑人員所需的資料。

(四)座談會

　　邀集有關人員,就評鑑事項,相互交換意見,不必獲得結論,有時與

會人員的個人意見，亦可列為評鑑的參考。

(五)問卷法

就一個或幾個主題，在表格上設計幾個問題，供受評者填答，可蒐集特殊的資料，也可明瞭多數人的意向。

(六)調查表法

調查表與問卷不同，調查表較偏重事實資料的蒐集，而問卷則偏重於意見與態度的徵求；其次，調查表常以學校團體為對象，而問卷則以師生或行政人員為對象。

(七)評量表法

評量表是將每一評鑑項目分為優劣程度不同的幾個等級，評鑑者或自評者根據所得資料之分析判斷，在適當等級欄內劃記，表示對該項目之評價。

一般而言，上述各種評鑑方法，各有其優點和限制，運用時以多為是，這樣才能從各角度蒐集到不同的訊息和資料，更完整地了解實際的問題與困難，以作更正確的評估判斷。

第八節　校務評鑑內容

評鑑內容事實上是一種評鑑的工具，也可以說是評鑑的標準，內容的設計視評鑑的對象、目標、時期而有所不同。有關學校評鑑的內容，也隨著時代的變化，在內容的設計方面也有所變動。

一九七五年辦理大學教育評鑑，評鑑項目包括師資、課程、教材、教學方法、教學及研究設備、教學及研究成果、經費支配情形、行政組織及措施、學生畢業後就業及繼續深造情形。六十六學年度商學院評鑑，又歸

納為五大項：(1)師資；(2)課程；(3)圖書刊物；(4)教學及研究設備；(5)教學成果。

　　一九七九年教育部辦理國中評鑑，其評鑑項目包括七大項：(1)方針與目標；(2)行政管理；(3)人員素質；(4)校舍設備；(5)課程與教學；(6)訓育實施；(7)輔導活動。

　　一九九〇年教育部頒布「國民小學評鑑實施要點」，要求直轄市及縣市在三年內將所屬學校全面評鑑一次，評鑑項目包括八大項：(1)方針與目標；(2)行政管理；(3)人員素質；(4)校舍與設備；(5)課程與教學；(6)訓育與輔導；(7)親職教育與社區聯繫；(8)學校特色。

　　為便於了解國民中小學評鑑實際情形，茲以二〇〇三年台中市國民中小學學校評鑑為例，詳列如下評鑑項目（內容）表供為參考：

✎ 國民中學小學校務評鑑項目及內容

壹、組織與行政運作

一、辦學理念與校務推動

1. 校長具有正確教育理念，並確實宣導、執行重要政策與法令。

2. 訂定具體可行之校務發展計畫與各處室工作計畫，並確實推動。

3. 建立學校規章制度，定期檢討，適時增修，並確實執行。

4. 全校教職員都能了解校務發展願景。

5. 定期檢討校務發展計畫、執行成效與辦學績效。

6. 推動校務行政電腦化具有成效。

二、組織運作與領導

1. 健全各類組織，配置適當人員，達到預期功效。

2. 落實學校危機與偶發事件處理機制的建立。

3. 行政主管確實掌握學校概況，學校組織氣氛良好。

4. 行政主管積極與家長及社區互動，促進校務發展。

5. 行政主管能重視教學視導，增進教學知能。

6. 行政主管適度授權，多元參與，決策民主化。

三、人事與會計

1. 依法辦理甄選、任用、人力發展差勤管理與考核、福利服務與救濟等事項。
2. 落實人事資料建檔與法規彙整，並提供諮詢服務。
3. 依法規辦理經費收支、核銷、呈報及現金查核。

貳、課程與教學活動

一、推動與執行

1. 定期召開教務相關工作會議，記錄完備。
2. 定期辦理各項學藝競賽及教學成果展，資料詳實。
3. 定期實施課程與教學評鑑。

二、課程發展

1. 成立課程發展委員會及學習領域課程小組，並有效運作。
2. 訂定學校課程計畫並落實執行。
3. 發展學校特色課程，提供學生充分學習與發展。
4. 研擬新舊課程及教科書各版本學習銜接轉化策略，並切實執行。
5. 建立教科書評選機制，並依規定辦理。
6. 各學科、領域教材與作業設計多元化。

三、教學活動

1. 貫徹教學正常化。
2. 教學活動力求生活化、多元化、適性化。
3. 有效使用管理教學媒體與教具。
4. 巡堂有完整記錄及追蹤輔導。
5. 落實資訊融入教學。
6. 圖書館（室）規畫、運用與管理良好，有效推動圖書館利用教育。

四、學習評量

1. 學習評量內容適切，方式多樣化、生活化，並能達成教學目標。
2. 評量結果能有效運用，並實施補救教學。

3. 配合基本能力指標，積極研發命題技術。

參、訓導與輔導措施

一、推動與執行

1. 定期召開各項訓輔會議，記錄完備。
2. 具體訂定各項活動實施辦法，展現活動成果，達成預定目標。

二、生活、人權及法治教育

1. 落實導師責任制度與學生輔導管教辦法。
2. 學生生活常規良好，禮貌周到。
3. 落實執行學生缺曠課管理與中輟生通報、復學輔導、春暉專案等工作。
4. 確實辦理人權、法制及安全教育活動。
5. 確實辦理學生社團活動、自治活動、童軍活動及校外教學，具有績效。
6. 學生獎懲及申訴制度，適切可行。

三、體育衛生與保健

1. 配合各項環保政策，確實推動環境教育與能源教育。
2. 健康中心運作正常，並發揮功能。
3. 落實學生疾病預防、視力保健、食品衛生安全及午餐供應等工作。
4. 辦理各項體育競賽活動，提升師生體適能，績效良好。
5. 規畫各項體育課程，積極推動「一人一運動，一校一團隊」。

四、輔導與諮商

1. 充實教師輔導知能，推動認輔制度具有績效。
2. 實施團體輔導、個別諮商與進路輔導，成效良好。
3. 落實學生輔導資料的建立與應用，建立輔導網絡，成效良好。
4. 辦理兩性教育、生命教育等專案活動具有績效。
5. 特殊學生評鑑、安置、輔導與個別化教育計畫，落實執行。
6. 落實融合教育與零拒絕教育。

肆、環境設備與管理

一、推動與執行

1. 學校建築與校園規畫具有發展性與整體性。

2. 文書檔案彙整與管理具有效率。

3. 出納與財務管理，制度完善、程序合法、具有效能。

二、校舍與設備

1. 教室配置與管理維護良好。

2. 充分運用各項教學資源與辦公設備，並適當維護與管理。

3. 電力、用水、消防保全與監視等系統，管理完善。

4. 運動設施定期檢修維護，充分運用。

三、環境與布置

1. 校園環境布置優雅、整潔，落實美化綠化工作。

2. 無障礙設施符合法令規定與需求。

3. 校園情境活潑多樣，具有教育意義。

四、營繕與購置

1. 依據預算編制有效執行營繕與購置業務。

2. 營繕工程程序合法，管理良善，品質良好。

3. 財務購置有詳實計畫，符合需求，程序合法。

五、管理與維護

1. 學校校舍、設施與設備檢修、管理良好。

2. 校園開放與場地租借合於相關法規。

3. 警衛及工友善盡管理與維護的責任。

伍、教師專業與發展

一、理念與態度

1. 教師能明瞭學校教育願景與作法，並積極配合。

2. 教師能配合教育改革，充實相關知能。

3. 教師組織能協助校務發展及帶動教師專業成長。

二、專業成長

1. 學校積極配合推動教師專業成長活動，並配合教師實際教學需求。

2. 教師能積極探討新興教育議題、提升專業素養。

3. 教師能積極參與校內外進修，並能分享心得。

4. 教師能建立教學檔案，省思教學專業。

5. 教學研究會有效運作，並記錄完備。

三、研究與創新

1. 教師能參與或指導學生參加校內外活動、競賽。

2. 研發創新教學設計、教學策略與多元評量模式並實際運用。

3. 發表研究或創作成果，展現專業素養。

陸、社區與家長參與

一、學校與社區互動

1. 學校有效整合運用社區資源。

2. 開放校園並提供資源與社區共享。

3. 實施社區服務，獲得社區肯定與支持。

4. 辦理社會、成人教育績效良好。

二、家長會組織與功能

1. 依法令組織家長會，運作良好。

2. 家長會經費運用合法，管理良好。

三、支援校務與親師合作

1. 家長會積極支援學校活動及協助校務發展。

2. 成立志工服務團體，並積極配合辦理親職教育。

3. 定期辦理班級家長座談會，且記錄完備。

4. 積極辦理親師活動，績效良好。

5. 家長會、學校行政、教師會互動良好。

一、說明

1. 上列每一條評鑑內容都列有 5、4、3、2、1 等第，供評鑑人員勾選，然後每一個大項再合計總分。

2. 正式評鑑表格右邊留有空白，提供給訪評委員具體說明其優點、特色或待改進項目。

二、對上述評鑑內容的評析

(一)優點

1. 上述評鑑項目及內容表格涵蓋學校全部層面，對學校尚能夠全盤的了解。

2. 能夠配合時代的脈動及需求，設計相關的評鑑內容，諸如：校務行政電腦化；行政授權、多元參與民主化；教學評量生活化多元化等；並增列社區與家長參與一項，強調學校與社區互動、親師合作的重要性。

以上是評鑑內容設計的優點，不過也有下列缺失：

(二)缺點

1. 評鑑內容若干項目無法在短期間作正確的評斷，尤其屬於專業的項目，如人事、會計業務等，要由一般學者專家來考評，實難達到公正客觀的結果。如果人事、會計項目由專業人員來考評，將更為妥當。

2. 全部評鑑項目共有六大項，分為三組學者專家，每一組兩名，共同評鑑兩大項，在一天內完成。在大約八小時期間，評鑑委員所需要的活動包括：聽簡報、察看校園、查閱檔案資料、與教師家長學生座談等，行程非常緊湊匆忙，因此很難達到理想的目標。如果能再增加評鑑人員，或者延長評鑑時間，對評鑑的效果一定有所改進。

第九節　教學評鑑

一、教學評鑑的意義與性質 ★

「教學評鑑」是指學生對教師教學表現的回饋。進一步來說，是學生對教師的教學計畫、教學態度、師生互動、教學內容、講述技巧、教學方式、作業安排、評量方式等的一種書面反應。希望透過這種回饋，達到評鑑的多重效果，諸如：改進教學、成績考評、選課參考、課程研究等。

我國大專教學評鑑最近幾年才開始普遍實施，在實施初期，引起諸多教師的反彈，認為這是對教師的不尊重；但是由於時勢所趨，校園民主化的衝擊，加上評鑑制度不斷的改善，以及行政與教師充分的溝通，使教學評鑑逐漸成為一種學校行政的一項正常措施。

一般在大學的教學評鑑，通常都在學期結束前二到三週，由學校行政人員發給各班每科的評鑑表，由學生填答後再交還教務處，然後加以統計，將評鑑結果分送各系辦公室以及教師本人。自從行政電腦化後，教學評鑑手續由學生直接在電腦網路上勾選，更可以節省人力、加速統計，並減少錯誤。

教學評鑑的效果，與評鑑表的設計完善與否，有密切關係。所以評鑑表的設計，必須經由教育專家、學校行政人員、教師以及學生等，共同研討，並不斷修正，使評鑑表較能反映一位優良教師所具備的條件，並能獲致較高的信度或效度，使教學評鑑達到積極的意義，發揮教學評鑑最大的功能。

表 7-1　教學回饋與評鑑表

國立○○師範學院　教學回饋評鑑表

壹、教學回饋部分（複選）

一、就實際情形而言，老師在這門課的教學表現，符合下列哪些項目？

☐提供教學計畫　　☐教學態度認真　　☐師生互動良好　　☐了解學生程度
☐授課內容充實　　☐講解示範清楚　　☐進度掌握良好　　☐準時上課下課
☐教學方式靈活　　☐引發學習興趣　　☐作業安排適切　　☐評量方式多元
☐善用教學資源　　☐提供課後輔導　　☐尊重學生反應　　☐教師言行合宜

二、如果老師能夠加強（或改進）下列哪些項目，將會對你們的學習有極大
　　的幫助？

☐提供教學計畫　　☐改善教學態度　　☐加強師生互動　　☐了解學生程度
☐加強授課內容　　☐改善講解方式　　☐掌握教學進度　　☐準時上課下課
☐改善教學方式　　☐引發學習興趣　　☐適切安排作業　　☐改善評量方式
☐運用教學資源　　☐提供課後輔導　　☐重視學生反應　　☐改善教師言行

貳、教學評鑑部分（單選）

以下三題，請找出最符合事實的選項，並勾選
一、就整個教學活動而言，我認為老師有用心經營：
☐非常同意　　　☐同意　　　☐普通　　　☐不同意　　　☐非常不同意
二、這門課的教學活動，對我的學習成長有幫助：
☐非常同意　　　☐同意　　　☐普通　　　☐不同意　　　☐非常不同意
三、修完這門課，我會想再修讀這位老師開設的其他課程：
☐非常同意　　　☐同意　　　☐普通　　　☐不同意　　　☐非常不同意

參、意見欄（如果你對本課程還有其他意見，請在空白欄內填答）

【下列資料：☐僅供行政參考　☐可供任課老師參考（請勾選）】

二、教學評鑑的實例

　　筆者服務的學校——台中師院，實施教學評鑑多年，教學評鑑表及處理方式不斷在改進。以九十一學年度第二學期為例，各科教學評鑑規定學生在學期結束前三週，在電腦網路上，根據評鑑表直接勾選。茲列出評鑑內容如表 7-2。

表 7-2　教學回饋與評鑑結果

「教學回饋與評鑑」結果

表 A
任課老師：○○○

科目	修課人數	項目回饋情形	提供課程計畫	教學態度認真	師生互動良好	了解學生程度	授課內容充實	講解示範清楚	進度掌握良好	準時上課……下課……
		符合								
		期待加強								

表 B

評鑑項目 ＼ 結果	非常同意	同意	普通	不同意	非常不同意	未填答
用心經營						
有助學習						
再選意願						

三、圖表說明 ⭐

　　1. 本表係評鑑統計結果，提供被評鑑任課老師參考。

　　2. 表 A 是對任課老師教學詳細的評量，每一項由學生就符合與期待加強兩者勾選其一，加以統計。

　　3. 表 B 是對該科任課老師概括性的評量，就「用心經營」、「有助學習」、「再選意願」三項，分別用五等級勾選，然後加以統計。

四、目的與特色 ⭐

　　該校實施教學評鑑之目的，在於幫助任課教師了解學生的學習需要與期望，藉以提升課程與教學的品質。理想藍圖是：「老師很認真用心教學，對於學生的學習有很大的幫助，而學生也願意繼續接受老師的教導而不斷成長。」

　　該校最新版本的「教學回饋與評鑑表」，最大的特色就是將上述理想藍圖轉換成「教學評鑑」的具體項目。由於該校教學評鑑的目的在於反應學生的意見，作為老師提升教學品質的參考，而不是對老師的教學給分數、評等第或排名次。因此教學評鑑結果的處理，只呈現學生填答次數的累計，而不轉換成等第，或換算成平均數。

　　該校「教學與回饋評鑑表」的另一特色就是特別著重「教學回饋」的功能。在收到教學評鑑結果時，任課教師可以很容易發現——在十六項教學指標中，哪些是學生給予老師正面回饋的項目？而哪些又是學生懇切期望老師能進一步充實或改善的項目。

第十節　評鑑的障礙與原則

評鑑可以確保管理品質維持一定的水準，更可以發揮管理上的多種功能。不過，由於種種因素，造成評鑑的障礙，影響評鑑的效果。有關評鑑的障礙，以學校評鑑為例，綜合提出下列幾項：

一、評鑑的障礙

㈠評鑑工具（標準）的障礙

評鑑所使用的工具或標準設計不當，包括：

1. 不符實際：評鑑內容與目標不一致。
2. 不夠清楚：評鑑標準敘述不夠清楚。
3. 不夠完整：評鑑項目不夠完整，未能代表全體。

㈡組織人員的障礙

評鑑實施時，相關人員所造成的問題，包括：

1. 評鑑人員的能力問題。
2. 評鑑人員公正性的問題。
3. 受評學校人員合作的問題。
4. 教育行政人員協調的問題。

㈢評鑑方法的障礙

評鑑時，蒐集資料所使用的方法不理想。評鑑的方法如上述包括：文件分析法、觀察法、訪問法、座談法、問卷法、調查表法、評量表法。其中，任何一項方法運用不當，都會影響資料蒐集的正確性。例如：採用座

談法，所邀集的學生、教師、家長不具代表性，或者座談時沒有讓與會者充分發言。

再者，評量偏重總結性評量，而疏忽形成性評量，造成評量結果的偏差。蓋由於形成性評量實施比較不易，因此常被忽視。

㈣計畫欠周的障礙

一項完整的評鑑計畫，至少包括：目的、辦理單位、評鑑對象、實施期程、組織與分工、辦理方式（評鑑說明會、學校自評、協調會議、訪視評鑑、評鑑檢討會、追蹤輔導）、評鑑項目（如上述評鑑內容）、評鑑結果的計算、獎懲、經費預算等十多項，而其中有些項目還要經過仔細研討、協商、呈核後才能定案。因此，評鑑計畫的完備與妥善與否，影響評鑑的成果至巨。

在計畫中，以組織與分工及辦理的方式較為複雜，常由於溝通協調不夠，而造成一些疏漏在所難免。

二、評鑑的原則

為了發揮評鑑較大的功能，從事評鑑時應確實把握原則，摒除上述各種可能障礙，以期達成評鑑的真正目的。

茲以校務評鑑為例，評鑑時應把握下列準則：

㈠目標一致性

評鑑是實際表現與理想目標相互比較之歷程，因此評鑑的內容或標準應與目標相一致。

㈡範圍廣泛性

評鑑的範圍與項目應面面俱到，以教育評鑑而言，應包含教學與行政、軟體與硬體、靜態與動態的資料，力求評鑑的整體性與全面性。

(三)方法多樣性

評鑑應採用多種方法以蒐集不同的資料，如查閱文件、觀察、訪問、問卷、調查表、評量表、測驗、座談會等等，均可同時採用。

(四)評核客觀性

事物價值的判斷最易受評斷者主觀的影響，因此評鑑應注意：(1)對事不對人；(2)評鑑項目應有具體的規定；(3)運用信度和效度較高的評量工具；(4)評鑑過程保持審慎公平的態度；(5)所作結論力求客觀具體。

(五)團隊合作性

就評鑑人員而言，評鑑不能僅限於上對下的單向評鑑，而應由有關的人員共同參與，協力達成。

(六)態度民主性

就評鑑態度而言，評鑑者與被評鑑者都要保持平等的觀念，互相尊重，交換心得，保持良好的民主風度。

(七)敘述具體性

評鑑的結果應將事實及建議事項具體的敘述，避免光以「甲，乙，丙……」、「優，良，可……」等第的方式呈現，以利受評者檢討與改進。

(八)結果統整性

評鑑的結果，應就問題的發現、各項優缺點以及獨特措施，提綱挈領，統整提出要點。

(九)追蹤持續性

評鑑是一繼續不斷的歷程，每一次評鑑結果，應為下次追蹤評鑑的依據和基礎，才能促使校務不斷的改進。

㈩計畫周全性

評鑑要有一套完整的計畫，才能達到評鑑的真正效果。計畫要周詳，須儘早準備，並充分溝通協調。

時間管理

用智慧去深入探索人生的真諦，用毅力去充分利用你的時間。

（Use wisdom to deeply examine the true meaning of life. Use perseverance to make the best use of your time.）

我們不能控制生命的長度，但是我們可以控制生命的深度與廣度。

經營管理的要旨是有效應用人力、物力、財力、時間，以期達成組織目標的歷程。組織要推展，必要透過計畫（planning）、組織（organizing）、領導（leading）、溝通（communicating）、控制（controling）等管理程序，將人員、金錢、材料、設備以及時間等作有效的應用，希望達到有效率並有效能的組織目標。其中人員、金錢、設備、時間都是組織的資源，就當今資訊時代而言，社會瞬息萬變，時間更是組織的重要資源之一。過去學校經營對各種資源的管理，都分別以人事、會計、總務等單位加以管理，這種靜態的組織結構理念，只是達成組織的基本運作所需；在這競爭激烈的時代，必須有動態的理念，因此我們今天應變更思考，將學校資源分成：人力資源、財力資源、物力資源、資訊資源、時間資源。有關資訊資源在〈知識管理〉一章探討，有關物力資源在〈組織變革〉一章略加探討，有關人力資源在〈組織〉一章探討，至於財力資源因限於篇幅不加探討。本章僅就時間資源與時間管理一詞提出簡要的敘述。

第一節　時間的性質

一、時間的重要性

　　時間對個人而言，少則可以順利完成某件事，多則可以進一步順利達成人生目標。時間管理可以減少壓力，可以不忙亂，可以同時完成許多事情，凡是成功的人都懂得時間管理。

　　對團體而言，時間就是一種資源，善用時間就是節省資源，減少浪費，降低成本；成功的企業都重視時間管理，學校的經營更需要有時間管理的理念。

二、時間的特性

　　時間具有許多特性，至少有下列四種：

　　1.公平性：每個人每天都擁有二十四小時，無論是窮人或是富人。

　　2.不能失而復得：時間一過去，就無法復還，所以有「盛年不重來，一日難再晨」的警語。

　　3.時間的價值是相對的：時間對某甲是分秒必爭，對某乙是曠日費時在所不惜，所以有成功的人與平凡人之別。

　　4.時間有不同的品質：清晨七點時間的品質，遠高於下午一點時間的品質。適度運動完後的時間品質遠高於工作勞累後的時間品質。

　　‧有關時間的價值有下列的說法：

　　1.如果你想了解一年時間有多少價值，可以問一位懷孕的婦女。

　　2.如果你想了解一個月時間有多少價值，可以問一位最後衝刺的考生。

3.如果你想了解一個禮拜有多少價值，可以問一位雜誌社的編輯。

4.如果你想了解一天的時間有多少價值，可以問一位報紙採訪的記者。

5.如果你想了解一個小時有多少價值，可以問證交所看盤的股友。

6.如果你想了解一秒有多少價值，可以問奧運短跑的選手。

三、時間的種類

時間的類別有下列四種：

1.機械時間：即看鐘、錶所指示的時間，隨世界各地有所不同。

2.社會時間：即隨不同的時段，有不同情境的時間，所以有「壅塞時間」、有「寬鬆的時間」、有「平常時間」、有「假日時間」之別。

3.生理時間：即隨一天二十四小時中不同時段對人有不同的生理狀況。例如：一般而言，上午是適合思考的時間；下午適合進行技術性活動的時間。但是，這會因個人的特殊情況而有生理時間的差異。

4.公私時間：即將時間分為公家（上班）時間與私人（下班）時間。

第二節　時間管理的一般要則

就一般人而言，良好的時間管理宜把握下列原則：

一、善用時間

1.利用零碎時間：如在車上、機上、開會應酬約會時的零碎時間，都能善加利用。

2.利用等候時間：如在等人、等車或者等候各種活動正式開始前的零碎時間，都能夠善加利用。

　　3.同時進行幾件事：即在同一個時間內，做兩種或兩種以上的事情。如散步時，同時聽英語廣播；作家事時，同時聽音樂；在車上，同時進行思考計畫。

　　4.減少時間的浪費：如耗費大量的時間看電視、閒聊、看報、玩電腦。

二、周詳計畫

　　對未來的事都有周全的規畫與準備，包括有清楚的目標（願景）、詳細的步驟、工作的事項、具體的方法等。有計畫就會減少尋找、摸索、等候、轉折等時間的浪費。

三、清楚目標

　　對未來待辦的事有清楚目標，就能夠朝向目標而努力，不會「無的放矢」、徒然浪費許多寶貴時間。

四、適當的方法

　　做任何事應用適當的方法，就可以達到事半功倍的效果。例如：記憶的方法、學習的方法等。能夠把握訣竅，就能夠省時。

五、優先順序、輕重緩急

　　能認明事情的輕重緩急，把握作事的先後順序，就能夠達成較大的效能。例如：學生時代讀書第一，打工其次；如為了打工而忽視讀書，便浪費寶貴的時間，捨本逐末。

六、即時處理 ⭐

對任何事情要能夠有即時處理的行動力，勿延誤以免因過時而導致事倍功半的結果。例如：文件即時歸檔，事情即時整理記錄，傷口即時治療，破洞即時修補，就可以省時省事減少麻煩。

七、運用設備 ⭐

所謂：「工欲善其事，必先利其器。」做任何事要運用適當的機具，必會提升工作效率。尤以資訊科技的發達，如能善加利用，便可大幅度地增加工作效率。

八、運用人員 ⭐

做任何事，如能找到適當的人員協助或請教，即可迅速完成工作，減少摸索、嘗試錯誤的時間浪費。

九、勇於說「不」 ⭐

要勇於拒絕別人提出之不合理要求，或婉拒耗費時間卻無意義的邀約。

十、規律生活 ⭐

日常飲食、作息、運動都要維持規律的習慣，以保持身心的健康、平衡。如此精神飽滿，工作自然也有效率，等於是一種時間的善用。

十一、整潔秩序 ⁄

　　生活周遭環境，應隨時保持整潔有秩序，就可減少忙亂、煩躁之現象。這也是一種時間的善用。養成物歸原處的好習慣，不至於因找東西而浪費時間。

十二、認明社會時間及個人的生理時間 ⁄

　　認明社會時間就可避開擁擠時段，減少時間的浪費；了解個人的生理時間，就可以善用各種時段的時間。

第三節　學校經營者在時間上的浪費

　　學校經營者由於下列種種原因，致使工作效率減低，造成時間上的浪費，茲分述如下：

　　1.做事沒有周詳計畫，欠缺清楚目標。例如：常將朝會視為例行公事，因而未善加規畫，敷衍了事，讓師生浪費一、二十分鐘的時間。

　　2.沒有適當的方法，以致事倍功半。凡事都有較佳的方法去處理，方法不對效率就不佳，因而事倍功半，例如：過去老舊的註冊方法不加改善，浪費學生無謂的時間。

　　3.未分輕重緩急、優先順序，以致花費時間在細微末節上。例如：校長未能處理重大人事糾紛，而花費太多時間在人事處理上，使學校團體氣氛惡化，影響校務推展時間的浪費。

　　4.懶惰拖延成性，臨時急就章，使工作成效差。例如：新學期各項工作可以利用寒暑假放假期間先行周詳思考規畫，但由於懶惰成性，延至開學前才匆忙準備、倉促應付，疏忽在所難免，也造成時間的浪費。

5.未能善用科學的技具，使工作效率減低。例如：現代資訊科技可以提升行政效率，但如不善加利用，必然無法提升效率，也是一種時間的浪費。

6.未能適才適用，事得其人，使工作績效欠佳。例如：一位善於技能工作者去擔任需要動筆的文書人員，必然事倍功半。

7.溝通不良，造成誤會，增加摩擦，減低工作進展速度。例如：在學校變革之前未充分溝通，使人員因不理解而抗拒，造成阻力，影響變革的進展。

8.分工不明，分層負責不確實，造成工作重疊或疏漏。例如教務、訓導與輔導同時建立學生資料檔，造成工作重疊。

9.財物管理欠周，資料凌亂，尋找運用不易。例如：檔案管理不善，資料調閱參考使用費時。

10.只重形式，忽視實質效果的活動，造成無謂的浪費。例如：學校運動會只因規定而舉辦，虛應故事，事前未詳加思考規畫，缺乏創意，造成師生參與意願減低。

11.領導者猶豫不決或變換不定，朝令夕改，朝三暮四造成部屬摸索或徒勞無功。

第四節　學校經營者的時間管理

一、學校經營者要做好時間管理，就需把握下列的要點

1.養成作工作計畫及檢討的習慣：包括每日、每週、每月、每學期的工作計畫，以及當天、當月、當學期的工作檢討。

2.適當授權：適當授權可以減輕領導者的工作負擔，亦可以減少工作的瓶頸，並可提高部屬的工作意願，發揮部屬的潛能。

　　3.增進明智決定的能力：經營者對人對事作較明智的決定，就可以減少時間和金錢的浪費。

　　4.經常研究工作簡化或提升工作附加價值：校務上的任何業務都可以改善簡化，或者增加其附加價值。經營者透過經常走動觀察、師生雙向溝通，發覺不合理或不合時效的措施，然後指示人員加以確實改進。

　　5.確實掌握工作進度的管制：經營者可指示專人管制各種業務進度，以避免延誤而影響整體的進展，本身並隨時督導。

　　6.建立馬上辦理的機制：學校任何事務性工作的延誤，都會影響行政、教學的效率以及師生的士氣，因此有任何亟待處理的事件，都要及時應對，建立良好的機制。一般而言，學校庶務組長及工友的協調配合非常重要；學校正在積極推展資訊管理階段，資訊管理人員能隨時支援，也是相當重要的。

　　7.善用資訊管理：透過電腦網路可以迅速與師生溝通及行政溝通，經營者應善於運用資訊設施作為溝通的管道。

　　8.善用電子記事本：經營者宜隨身攜帶電子記事本，隨時記錄或查考，以增進工作效率，達成多功能的效益。

　　9.保持整潔秩序的工作環境：隨時將學校辦公環境保持整齊清潔亮麗，自然就會提高工作效率。

二、筆者在學校時間管理上的實際經驗

　　1.升旗典禮的改進：生動活潑的朝會使學生不覺得厭倦，並達成潛在教育的功能（參閱第二部第十九章第八節）。

　　2.行政會報之善用：多功能的行政會報，可以發揮團隊精神，達成集思廣益，作好決策的效果（參閱第二部第十九章第十節）。

　　3.校務會議之改進：精心規畫的校務會議，可以建立共識，培養和諧的組織氣氛，達成精緻教育的目標（參閱第二部第十九章第十節）。

　　4.註冊手續之改進：善加規畫的註冊辦法，可以減少學生時間的浪費，增進工作的效果（參閱第二部第十九章第八節）。

5.新生入學通知之改善：改善入學通知內容及品質，可以更加吸引學生及家長，提升入學的報到率。

6.在校生寒暑假的利用：詳細規畫寒暑期作息及作業規定，使學生善加利用假期時間。

・聖人與凡人最大差別是：聖人能控制自己的時間。（靜思語）

The greatest difference between a saint and a common person is that a saint control his own time.

・聰明人視時間如鑽石，愚人視時間如一把不值錢的泥巴。（靜思語）

To a wise person, time is like diamond, but to a stupid person, time is like a handful mud, with not value whatsoever.

・因為人類不能控制生命的長度，我們就應珍惜它、善用它、豐富它。（靜思語）

Since humanbeings do not have the ability to control the length of their own lives, we should cherish it, use it and enrich it.

9 權力的運用

領導人必須善用權力，相信知識；反之，領導人濫用權力，拋棄知識，就會陷入絕境。──戈巴契夫演講詞

權力不能以威勢及制裁爲憑藉，權力的基礎必須建築在思想溝通上，上下意見交流，才能達成有效的影響力。

權力是贏來的，非授與的。

第一節　權力的性質

一、權力的意義

權力是：影響別人去做某些事或改變行為的能力。

權力是：指別人接受控制或影響的力量。

權力是：一個人或群體去影響另一個人或群體以完成個人或全體的目標。

權力是：去做或去影響某些事務的能力。

權力是：一個人影響他人行為或態度的潛在能力。

簡言之，其實權力是指能驅使別人去做某事的力量。

權力是：組織賴以推動工作的動力。

權力是：領導者所必須擁有的，因為領導涉及影響他人的行為，因此有效的領導，必須是一位有權力的領導者，因此權力是領導的基礎，沒有權力，領導就不存在。

權力存在於行政管理活動中，無論從事計畫、組織、領導、控制活動，或者對人、財、物的運用等，都有權力運用的存在；領導者的效能從另一角度而言，就看他能否有效地運用權力，使組織成員願意奉獻自己朝向組織目標而努力。

「權力」（power）與「權威」（authority），有人將兩者加以區分。筆者以為將「權力」作較廣義的解釋，它可以涵蓋「權威」。

二、權力的類型

權力的類型可以從不同角度加以探討：

(一)從人們接受改變的心理動機而分

1.強制權力：出於害怕的心理，擔心如果不照著要求去做，會招致不利的後果。領導者用威脅對追隨者施加暴力，或奪取其身邊美好的事物，讓其心生畏懼。由於擔心潛在的威脅，許多人便屈服，至少在表面上會服從或曲意奉承。這種權力當沒有人監視或擺脫威脅時，就會很快地消失或變成破壞的力量。

2.功利權力或酬賞權力：因為能獲利而言聽計從，雙方關係是建立在利益的交換上。追隨者擁有領導者所需要的時間、金錢、資源、支持、協助、經歷或智慧等貢獻，領導者擁有追隨者所要的資訊、金錢、升遷、安全、歸屬感、重用、獎賞等，所以追隨者相信聽從領導者的指示就會獲得領導者的回報。這種權力的基礎如果領導者沒有適時的回報就容易消失，也由於以功利為基礎的關係，個人意識會隨個人的前景與欲望而日漸增強，通常會造就個人主義，而非團隊合作。

3.認同權力：有人認為這是一種正統權力，因為領導者受到信任、敬

重與認同，使領導者擁有指揮追隨者的領導權力；人們追隨只是因為發自心中的意願，而非出於強迫或功利的想法。這種關係是以尊重為原則，並由於追隨者跟領導者有共同的價值為基礎所產生的影響力，所以此權力能夠持續而達到積極的影響力；一般而言，這種領導人的動機、見識、天性、才能、特質等都能使追隨者敬仰。

(二)從領導者的權力基礎及來源而分

1. 法職權：根據法令上規定一個領導者所擁有的權力，包括強制權、制裁權，如命令、考核、升遷、調派、懲罰等。

2. 獎賞權：領導者對部屬獎勵酬賞的權力，不一定是法令規定，可憑領導者本人的決定或認定，如提供金錢、獎品、認可、晉升、表揚等獎賞或其他各種獎勵辦法。

3. 專家權：藉領導者的學術能力使部屬信服的一種能力，如以豐富學術的經驗、卓越的智慧能力、特別的專業技能指導、支援部屬、為部屬解決問題等。有人又稱專家權為知識權。

4. 參照權：藉領導者的特質或作為部屬所敬仰、認同的一種權力，包括前述的專家權。這類領導者通常道德崇高，待人處世足以為人楷模，富有魅力的人格特質。這種權力有人又稱魅力權、情感權、敬仰權或超人權（詳見本章第五節）。

5. 溝通權：其領導者藉著積極的溝通來影響部屬的意願，包括說服、傾聽、讚賞、同理等；善用各種管道，包括口頭、文字、電話、電腦等。有人又稱這種權力為說服權（詳見本章第五節）。

第二節　權力產生的相關因素

上一節所敘述的權力類型概略提到權力獲得的來源，在此將進一步詳述與權力相關的要素，以便深入探討權力的來源。茲介紹與權力相關的幾

個要素：

　　1. 權力與自信心：富有自信心的領導者較為部屬所信服，所以較有權力；反之，缺乏自信心的人則畏縮膽怯，較難獲得部屬的信賴。

　　2. 權力與儀容：領導者的衣著得體，態度莊重，表情親和，較為部屬所敬重。

　　3. 權力與談吐：談吐得體，言簡意賅，較為部屬所接受。

　　4. 權力與溝通：領導者善於積極傾聽，運用說服力積極主動的溝通，較能為部屬所接納。

　　5. 權力與獎賞：領導者善於運用各種方法，包括口頭獎勵或讚賞他人，則會增加領導者的權力。

　　6. 權力與品德：領導者品德崇高，嚴以律己，講求誠信，較為部屬所信服。

　　7. 權力與 EQ：領導者情緒穩定溫和，理解他人，了解自己等。

　　8. 權力與 IQ：領導者記憶力超強，記性好，能記住人名及許多事情，反應快，則也較能為部屬所信服。

　　9. 權力與知識：知識就是力量，領導者擁有廣博的知識，尤其善用知識，對部屬會較有影響力。

　　10. 權力與智慧：領導者具有遠見、洞察力、應變力、決策力，部屬也較能信服。

　　11. 權力與應變：領導者能因人因事而制宜，能屈能伸，富於彈性應變，則較能掌握權力。

　　12. 權力與知人：領導者能識人，了解別人，善用別人，體諒別人，則為部屬所敬佩。

　　13. 權力與關係：領導者的家庭背景和社經地位較高、人脈關係良好，則領導者會比較有影響力。

　　14. 權力與金錢：領導者富有雄厚財力，運用金錢作為獎賞手段，就會提升領導者的影響力。

　　15. 權力與授權：領導者善於授權，才能激發部屬的工作熱忱與潛力，達到較大的影響力（詳見本章第六節）。

以上除了「權力與關係」、「權力與金錢」受到家庭背景的影響，無法改變以外，其他各項因素都可以憑個人檢討努力改進，以增強領導者的權力（詳見本章第五節）。

第三節　權力削減的相關因素

領導者由於下列各種因素影響部屬對他的尊重，甚至不信服，使其權力削減，對領導者的影響力產生動搖：

1. 談吐輕佻隨便：談吐隨便最為部屬所蔑視。
2. 行為欠檢點：行為隨便或脫離規範者，也為部屬所瞧不起。
3. 儀態欠佳：服裝不整，態度輕薄，就會失去威嚴。
4. 情緒不穩定：情緒失控，容易激動者，容易引起部屬不滿或反抗。
5. 言行不一致：言行不一或表裡不一致者，就會失去部屬的信任。
6. 缺乏誠信：行為缺乏誠信者，會失去他人的尊重。
7. 沒有信心：沒有自信心者，就會失去部屬的信賴。
8. 不公正、不公平：不公正、不公平，就難以受部屬的信服。
9. 光說不練：光會說而不去實踐或不能以身作則，則無法使部屬尊崇。
10. 不負責任：不勇於承擔責任者，部屬也會設法推卸責任。
11. 缺乏原則：沒有原則，朝令夕改的領導者，部屬就無所適從，不會賣力。
12. 手段不當：玩弄手段者，就會令部屬鄙視。
13. 濫用權力：濫用權力者，導致腐化，造成全面的反感。
14. 操守不佳：操守失檢，自然失去部屬的敬重。
15. 不尊重他人：不尊重屬下的領導者，同樣會失去部屬的敬重。
16. 不通人情：不能通情達理的領導者，易與部屬衝突，或造成反感。
17. 用人不當：用人不當，後患無窮，自然失去領導者的威信。
18. 過分固執：太固執己見者，易傷和氣，與部屬產生衝突。

*19.*自私自利：自私自利的領導者，難為部屬所敬重。

*20.*缺乏專業知識：缺乏專業知識或專長的領導者，較不為部屬所敬重。

*21.*不知權變：不能通權達變、因勢利導、因人制宜的領導者，較會遇到挫折與衝突，因而削減其權力。

*22.*不善於溝通：不善於表達、不會傾聽、不善於說服、不會積極與部屬交談的領導者，無法與屬下建立良好的關係，因而減少其影響力。

以上所列二十二種削減領導者權力的因素，歸納起來不外乎：領導者的品德修養、言行舉止、領導作風、溝通能力四大要項。至於專業知識的重要性，則視領導情境而有不同看法。

第四節　領導者權力的運用

有關領導者權力的運用，專家學者從不同角度探討，各有其重點，茲將其歸納為如下四項，分別敘述再作綜合討論：

一、從權力基礎的角度談權力運用

即前述領導者如何就法職權、獎賞權、專家權、參照權及溝通權等權力基礎適當運用，以增進領導效能。

根據觀察與研究顯示：

*1.*運用法職權比較迅速，不需耗費成本；但是會造成部屬怨恨或陽奉陰違的情形。

*2.*運用獎賞權比較迅速可靠，大家比較會喜歡；但除了口頭獎賞外，其他獎賞需要耗費成本。

*3.*運用專家權比較迅速，也不需花費成本；但是會造成部屬的依賴，且還要視領導者本身是否具有專業方面的能力或不同效果。

*4.*運用參照權比較可靠，不需花費成本；但所需時間較長。

5.運用溝通權亦較可靠，也不需什麼成本；但需要花費較長的時間。

二、從權變領導的角度談權力運用

即領導者如何視情境採取適當的領導方式，以提高領導效能。

費德勒（Fiedler, 1967）認為，主管如果有較大的職權，則可藉著操縱獎賞或懲罰權來提高部屬的工作績效；反之，當職權較小時，則必須透過其他方式，如運用專家權、參照權等來影響部屬。

再者，權力視領導者在與部屬互動的歷程中所累積，但也可能在互動中折損。一位領導者在團體中表現其卓越能力，贏得部屬的忠誠與信任，則逐漸累積其權力；反之，領導者如果表現軟弱無能，或其領導行為為部屬所不能接受與認同，則領導者會逐漸削弱其權力。因此如能多運用專家權和參照權，較能增強領導者的權力，或能較少削減其權力。

三、從領導者特質的角度談權力運用

卓越的領導者皆有其特質，也因而使其擁有較大的影響力，亦顯示其權力運用得當。成功的領導者多能把握一些原則，使他能有效影響部屬努力達成組織目標。例如：知人善任、懂得激勵士氣、以才德服人、兼顧組織目標達成及成員需求的滿足、善用非正式組織、善於溝通協調、能通情達變等（謝文全，2003）。

再者，從領導者的素養加以探討，一位優秀的學校領導者如果具備下列素養，也是一位善用權力者，例如：公正的態度、廉潔的操守、負責的精神、寬容的雅量、穩定的情緒、自然的親和力、充沛的活力、清晰的頭腦、犀利的洞察力、敏捷的組織力等。

領導者若具有以上這些特質，則比較會贏得部屬的信任與尊重，使其具有較大的影響力，是有權力的領導者。

四、從授權角度談權力運用

即領導者如何運用授權原則原理，適當地將權責授與部屬，以達成較高的領導效能。

領導者善於授權，並不表示權力削弱，而是權力的擴大。因為授權可以讓領導者作更高層次的管理工作，也可讓部屬發揮長才，貢獻其心智，使組織更有效能，因而顯示領導者卓越才幹，也相對提升領導的權力與聲望（詳見本章第六節）。

第五節　對校長權力運用的幾項提示

校長原有的基本權力是法職權，隨著校園民主化、學校組織改造後，校長的法職權逐漸削弱。因此，校長要設法從其他方面累積權力以增強其對部屬的影響力，所以多加善用專家權、參照權、溝通權是唯一的途徑。

一、在增加專家權方面

1.對教育的理念要有正確的認識與了解。例如：教育目標、教育方法、教育行政、教育哲學等，都要有很清楚的概念。

2.對人性要有相當的研究。教育的對象是人，教育的推行者也是人，所以對人的心理動機要有相當深入的認識。

3.對行政的運作要有周全的概念。校長是一校之長，如何有效運用人力、物力、財力達成教育目標，有賴校長熟練的行政能力，如此才能使教師信服。

4.在某一學科或領域建立起權威性。校長要就科學、藝術、語文等學科領域方面從事不斷地研究發展，以建立其權威性，如此就能增加其專家

權。

二、在增加參照權方面

　　1.校長要多關懷部屬，以滿足部屬的需求或感受，有時候一句簡單的問候、安慰或讚賞，就可達到很大的效果。

　　2.適時的給予幫助解困，以建立比較深厚的感情。此外，校長還要多維護部屬的權力，為部屬爭取權力。

　　3.校長要多為部屬的生涯規畫用心，對部屬的進修升遷多付出心力，從旁鼓勵協助。

　　4.提供較多的機會使部屬參與校務，發揮其權力。

　　5.多作非正式溝通，多與部屬交談，尤其要善於傾聽，把握雙向溝通，以利情感交流。

三、在增加溝通權方面

　　校長要善用積極的溝通以增加其影響力；增加影響力的溝通技巧，宜把握下列要點：

　　1.要積極主動的溝通：校長要把握各種時機，主動地與同仁或部屬交談，無論是正式的或非正式的溝通。

　　2.表達要言簡意賅：說話時要能夠把握重點，精準明確，不嘮叨，使人產生厭煩。

　　3.表達要得體合宜：溝通時要視對象、場合，表達用詞要適當，以免傷害別人。

　　4.要能說也能聽：要把握雙向溝通的原則，除了善於表達，更要會積極地傾聽，表示對對方的尊重。

　　5.善用說服術：要了解人性的需求，把握溝通的要領，使人由衷地信服或接受，以激發人們努力或改變行為；而不利用命令或威嚇的方式，以免產生負面的影響（詳見第六章）。

四、把握領導行為的八字箴言

　　學校領導者如能夠把握正確的領導行為——八準則：禮、勤、信、忍、恩、威、嚴、變——就能夠贏得較多的權力，對部屬較有影響力。

　　1.「禮」——合理、禮貌：處事要合理，待人要有禮貌。

　　2.「勤」——勤勉、勤快：工作要勤勉，辦事要勤快。

　　3.「信」——自信、信實：態度要自信，為人要信實。

　　4.「忍」——忍耐、雅量：凡事要忍耐，待人要有雅量。

　　5.「恩」——施恩、感恩：適時助人，時時感激。

　　6.「威」——威信、威望：謹言慎行，有守有為。

　　7.「嚴」——嚴謹、規律：態度要謹慎，生活要規律。

　　8.「變」——權變、應變：有所變，有所不變（詳見第二部）。

　　以上八準則，若有任何一項被忽略，就會削減領導者的權力。

　　學校領導者要相信「權力是贏來的，非授與的」，唯有領導者努力去爭取，贏得部屬的信服與敬重，才能獲得更大的權力。

第六節　授權

　　「授權」係授與權責之意，領導人必須懂得授權才能分擔本身職責，運用部屬智慧能力，為組織而效勞。究竟何時授權，如何授權，乃是一種科學，也是藝術，有賴領導者的明智運用，因此，授權也是權力運用的一種。

　　雖然它可列於權變領導的範疇，但管理學者對兩者探討的重點各有不同：權變領導重視領導者對情境之掌握，以採取不同的領導方式；而授權強調領導者在授與權責時應把握之程序與方法。本節將敘述授權的情境因素、授權的缺失及授權的一些原則方法，茲分述如下：

一、授權的意義與功能

　　如前述「授權」是授與權力，包括：任務之交付（allocation of duties）、職責之指派（assignment of responsibility）、職權之授與（delegation of authority），也就是說，授與工作或授與任務、責任及權力的歷程。授權可以達成如下多項功能：

　　1.就領導者而言：可以減輕工作負擔，更有時間從事組織的發展與改造，以提升領導力。

　　2.就被授權的人而言：可以激發潛力、創造力，提升自主性、自律性及自我效能，增加成員責任感和對組織的承諾。

　　3.就整體組織而言：可以提高組織效能、組織競爭力，並加強人力資源的管理，還能培養人才，留住優秀人才。

二、授權的迷思與建言

(一)對授權者而言

　　1.授權並非單指工作的交辦；而是要充分溝通，設定標準，說明處理原則。

　　2.授權並非責任的推卸；而是要擔負責任，當部屬有困難求助時，也要幫助他解決問題。

　　3.授權並非只是職責的指派；而是交付責任的同時，也要授與職權，以符合職權相配的原則。

　　4.授權並非給予零碎的工作；而是整體計畫，或是給予較大的職責。

　　5.授權並非完全信託，不聞不問；而是要適當的監督與指導。

(二)對被授權者而言

　　被授權並非可以為所欲為；而是要在權責範圍內把握原則而實施，必

要時，還要主動請示或提出報告。

三、授權的策略與原則

(一)授權的策略

　　要視情境因素採取適當的授權，授權雖然有其多項功能，但領導者仍應視各種情境採取權變的措施：

　　1.組織的規模大小：組織規模愈大時，授權的程度就要增大；反之，規模愈小，授權的程度就愈小。

　　2.任務的輕重：任務或決策愈重大時，授權愈要謹慎。

　　3.任務的複雜：任務愈複雜但是不重大時，較宜授權；因為領導者沒有足夠的技術和資訊去作有效的決策。

　　4.部屬的素質：授權要視部屬的能力、責任感、人品、操守、工作動機而決定。能力強、人品好、條件優者，多予授權；反之，則減少授權。

　　5.領導者與部屬的關係：兩者關係良好，價值觀相近，部屬對領導者敬仰，領導者對部屬信任，這種關係可以多授權。

　　6.組織的氣氛：組織氣氛良好和諧，成員向心力高，人事穩定，則可較多授權；反之，則應謹慎授權。

　　7.領導者工作負荷：領導者責任過重，決策造成瓶頸時，就需要授權。

　　8.授權的時機性：當領導者太多例行公事時、員工請示處置頻繁時、部屬閒散時、主管身兼數職時、緊急事故時，是授權的較好時機。

(二)授權的要點

　　授權時要達到良好的效果，就要把握授權的兩個要點：

　　1.授權要明確：使成員清楚了解其權責，授權的權責範圍及相關細節需要交代清楚，分配妥當，不可語焉不詳或模稜兩可。消極效果可以防止部屬推卸責任，濫用權力；積極效果則可激發部屬的潛能創造力，培養部屬的責任心。

2.授權要適當督導：授權後，主管仍要適當地監控，把握授權者工作情形及進度；不過授權者在監督時，就要鬆緊得宜，不要過於放鬆也不可過度干涉。如發現有偏差時，小則應予包容，大則給予指導或建議。

(三)授權的輔助措施

1.充分溝通：授權之前領導者和部屬要充分溝通，建立共識，對目標及共同願景要有相當的了解；授權過程中也要充分溝通。

2.適當的激勵：對於擔負授權責任，工作績效良好者，應給予適當的激勵，領導者除了隨時給予口頭讚賞外，並適時給予獎賞。

3.鼓勵學習：為提升成員能力，承擔更大重任，應鼓勵成員不斷進修，以完成被授權的任務；進修的課題除了增強專業訓練外，宜以提升其行政能力為重點，尤以領導、溝通、協調及問題解決能力為首要。

4.適當的支持：授權後，領導者仍需負最後成敗責任，因此應給予被授權成員適當的支持和協助。例如：給予即時的勉勵，提供相關的資源與設備，必要時協助他解決問題。

- 「嚴以律己，寬以待人，淡化私心，強化公義」既可增強無形的權力，又可逢凶化吉，事事順利。
- 感恩的力量最大，可以解憂除憤，亦可以激發熱忱與潛能，它也可以增進人際和諧，發揮人性光輝，更可以增進個人的魅力。
- 生命不在乎拿一手好牌，而在乎打好手上的牌。
  Life consists not in holding good cards, but in playing those you hold well.
- 恰到好處的緘默，是最有力的表達方式。
  Well-timed silence is the most commanding expression.

組織變革

人無遠慮，必有近憂。——組織應能洞察機先，早做未來準備

有所變，有所不變。——應該變才變，不應該變絕對不變

以不變應萬變。——有時沈穩不變也是一種應變策略

變革是一持續變動過程。——變革事實上是一種經常性的工

作。

第一節　組織變革的性質

一、組織變革的意涵

「變革或改革」（innovation）即改變革新之意。廣義而言，凡是對組織任何措施的改變，包括改善、改進以至改革都是。英文字有許多相關的字眼，如 change、improvement、transformation、reform、correction、evolution、development、progression，以上都含有改變、改進、發展的意義，也都是屬於變革的範疇之內，只不過所改變的不一定強調是否會增進組織的效能。

實際上，不一定就是大刀闊斧的整頓或全面的更新才算是變革，對組

織有幫助的任何改變措施都是變革——小至辦公室機具的更新、場所的改善，以至人員的更動、進一步再教育、辦法的修訂等皆屬之。因此，談到組織變革就不宜光指前面的革新。

尚且，許多組織的小改進都有助於組織的大改革。例如：學校提供每一個辦公室一部新型的電腦供教師使用，就有助於行政效率的改進、教學輔導的改善，甚至能增進學校全面的溝通；一項廁所整潔衛生的改進，就會提升工作效率及團體士氣。

再者，有關「組織變革」的定義，專家學者 Geroge 和 Tones（2002）界定為：「是一個組織從目前狀態朝向未來可欲的狀態，以增加組織效能。」而 Certo（2002）亦將組織變革定義為：「修正一個現存的組織，來強化組織效能（組織達成其目標的程度）。」（引自《教師天地》，2003）

有關「學校組織變革」，吳清山教授界定為：「學校將目前的狀態加以修正和調整，並朝向未來所想要的狀態發展，以提高學校效能。」（引自《教師天地》，2003）

以上學者專家對變革都採取比較廣泛的意義，都指改變現在狀態，或者是修正調整組織。不過，大家都強調變革最終的目的就是要提高組織效能。

二、組織變革的類型

(一)從推展的腳步而分

1.漸進型：採取較溫和手段進行變革。例如：在推展資訊管理時，先從某一單位、某一項目推展行政電腦化，然後再逐步推展到全部組織及全部的項目。

2.急進型：採取較激烈的手段進行變革。例如：在短時間同時全面推展行政電腦化。

(二)從推展的內容或性質而分——對人、對事、對物的改變

1. 環境的改善：改善現有物質環境，使其更雅緻宜人。

2. 人員的改造：(1)人員職位的調動：以期達成適才適用；(2)人員管理的加強：以期更能增進工作效率；(3)人員的再教育：希望能夠達成人力資源的發揮。

3. 作業程序的改變：期望更簡化、更合理、更有效率、更有效能。

4. 財務管理方面的改善：期望能更合乎經濟效率，或者更具有競爭力。

5. 規章制度方面的改善：期望更周全、更合理、更有效能。

6. 組織的全面改造：包括組織規模、組織架構的調整等，期望更能因應社會變遷，有利組織的生存與發展。

(三)從改革發動的來源而分

1. 由上到下的改革：由上級要求所從事的改革，例如：上級要求實施九年一貫課程所造成學校教材與教法的改革。

2. 由外到內的改革：由外在競爭力所引起的改革，例如：新設學校的增加，學生來源的減少造成的招生問題，促使學校從事各種改革以求生存或提高競爭力。

3. 由下而上的改革：由部屬或成員所要求的改革，例如：教師或學生要求學校改善停車問題或餐飲問題等各種福利措施。

4. 自發性的改革：由領導者的經營理念，或綜合上述多種反應所產生的改革措施。例如：一位重視美感教育的經營者，對學校建築及校園環境作全面的改進；或一位重視全人教育的學校經營者，對所有課程（包括一般課程與潛在課程）皆普遍重視施行所推展的改革措施。

卓越的學校領導者都能憑其洞察力，高瞻遠矚，積極主動提出自發性的變革構想，並努力宣導，促其實現。

三、組織需要變革的徵兆

1. 在決策方面：決策形成過於緩慢，以致無法把握良好時機；或者時常製造錯誤的決策。

2. 在溝通方面：組織內溝通不良，各單位間或者成員之間，常因溝通不良造成糾紛、衝突等嚴重的後果。

3. 在效率方面：常沒有按照計畫的進度進行，未達到計畫的目標。

4. 在效能方面：組織常沒有達到原定的計畫目標。

5. 在創新措施方面：組織墨守成規，沒有創新的作法。

6. 在士氣方面：組織成員士氣低落、委靡不振，或常缺席、遲到。

7. 在意外事件方面：常發生意外事件，如中毒、傷害等意外事件。

8. 在組織形象方面：常聽到對組織不利的風評或報導。

四、組織變革的六個提示——why、what、who、when、how、which

1. why——改造的目標方面：組織改造首要認清目標，根據目標才能確定改革的策略與方法。

2. what——改造的內容方面：組織改造要發覺問題，掌握改造的內容，認明輕重緩急，依循推展。

3. who——改造所牽涉到的人：組織改造要認明所牽涉的人，誰受影響，誰要承擔。

4. when——改造的時間、進度：組織改造應考慮時間因素，何時推展，推展所需時間等。

5. how——改造的方法、策略：組織改造時，應採取何種策略、何種方法，以利推展。

6. which——改造所選擇的方案：組織改造應就各種可行方案中，加以作抉擇。

第二節　組織變革的缺失及應把握的原則

一、變革的缺失

推展組織變革由於觀念的錯誤、作法的欠當，造成變革的挫折或失敗，茲分述如下：

(一)觀念錯誤

1. 以為組織變革是破壞現狀或推翻現狀。實際上，組織變革只是改善現狀，就現狀作適度的改變。

2. 認為傳統皆不足取。實際上，改革要保持優良的傳統，然後作適度的創新。

3. 認為改革如同更換新機器一樣的容易。實際上，變革牽涉到人的習慣、價值觀的改變、利害得失的影響等，問題相當複雜。

(二)作法欠當

1. 革新求快、求速成，希望有效率達成目標。實際上，改革是要循序漸進、穩扎穩打，以免造成成員適應不良。

2. 全面同時改革多種項目，以表現改革的顯著績效。實際上，應視改革項目的性質、輕重緩急等分期推展，以免造成較多成員反彈與抗拒。

3. 步驟不當，或沒有把握順序推展。實際上，推展改革應認明目標，把握方針，蒐集資料，了解事實，研訂方案，衡量利弊後果，選擇較佳方案等步驟逐步推展，循序漸進較為妥當，以免捨本逐末或考慮欠周，造成較大負面效果。

4. 溝通欠周，考慮欠詳，造成不良反應。實際上，推展改革前應充分

溝通，達成宣導，或者獲得回饋等效果，以增進成員的了解與接受，或修正改革的方案，以確保改革順利地推展。

5.辦法不周全，缺乏配套措施。實際上，推展變革時會帶給人們負面的影響，為了減少成員困擾或抗拒，應設計輔助的辦法以解決成員可能遇到的困難。

6.推展時機不適當。實際上，進行變革應認明適當時機，因時制宜、因勢利導；時機未成熟或不適當，都不宜盲目推展變革。例如：一位剛到任的領導者，在還沒有贏得成員信任或敬重之前，就不宜輕易推展變革。

7.變革不辨明事項性質。實際上，變革時應認明變革事項的各種屬性，辨識其簡單性或複雜性、容易度或困難度（參見圖 10-1）、一般性或重要性、普通性或急迫性。因此，推展變革時，先由簡單而複雜、容易而困難、緊急而普通，至於重要性或一般性孰先孰後，則視其困難度或複雜性而抉擇。

8.變革未考慮後果。實際上，變革固然有其正面的效果，但是也會帶來負面的效果；負面的影響通常都為改革者所忽視或淡然處之，因此等到推展變革時（後），所發現的問題遠多於改革初始。職是之故，變革策畫時宜採「參與決策」，選派具有代表性人員參與討論，較能發覺變革可能遭遇的問題。

二、變革應把握的原則 ✨

基於上述變革的缺失，學者專家提出許多變革應把握的策略或原則，茲綜合提出下列原則：

1.循序漸進原則：變革不宜採取躁進式的變革，以免遭遇挫敗，因此應採穩扎穩打，循序漸進方為上策（詳見如圖 10-1）。

2.持續改進原則：學校組織的變革不是一張藍圖，而是一種持續改進的旅程，它也是一連串問題解決的過程，也是向更高品質邁進的過程，它是永無止境的。

3.彈性適應原則：學校變革一方面要因應社會的變遷，一方面要考量

學校獨特的發展，保留一些彈性，容許學校依其特性做彈性的措施。

　　總之：

- ・變革應循序漸進，勿操之過急。
- ・變革應分輕重緩急，逐步推展。
- ・變革應把握步驟，依序進行。
- ・變革應充分溝通，增進了解。
- ・變革應制定配套措施，輔助推展。
- ・變革應把握適當時機，以利推展。
- ・變革應認明事項性質，選擇進行。
- ・變革應考慮後果，謹慎行之。

　　組織變革應把握循序漸進原則，茲以改變知識、態度、個人行為與團體行為為例，以圖 10-1 加以說明。

　　由圖可知，要改變個人之知識較為容易，其次則為態度之改變。改變個人之行為較改變個人之知識與態度，顯然更為困難，更需時間。然而要

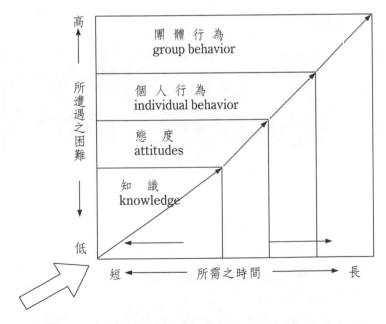

圖 10-1　改變不同變項所需時間與困難度之變化

改變由二人以上所組織之團體的行為，可能最為困難，最費時間。因此，推展任何變革時，應先對成員作相關知識的灌輸或講解，然後進一步改變其觀念態度，讓成員對新的措施不畏懼或反感。如改變涉及太多人時，可以先改變少數人，再進而推展至整體。

第三節　組織變革相關的知能

　　推展組織變革，學校領導者必備相當的知能，才能進行順利。其相關的知能包括溝通、協調、策畫、督導、用人、激勵、解決問題、公關、權力運用等，如圖 10-2。

　　由圖所列變革與各項管理知能的關係，說明領導者想順利推展變革必備多種知能，茲分別說明敘述如下：

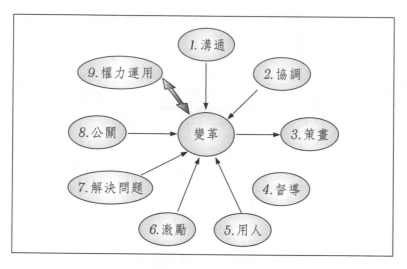

圖 10-2　領導者推展改革必備的知能

*1.*領導者要順利推展改革須善於「溝通」：充分的溝通可以增進情感，了解事實，減少誤會與阻力。

*2.*領導者要順利推展改革須善於「協調」：適時的協調可以獲得共識，減少衝突，增進合作。

*3.*領導者要順利推展改革須善於「策畫」：周詳的策畫可以認明清楚的目標，把握正確方針，研訂妥善的方法與步驟；可以避免失誤，減少風險。

*4.*領導者要順利推展改革須善於「督導」：切實的督導意即適時的監督與指導，可以避免脫序忙亂，減少挫敗，增進效能。

*5.*領導者要順利推展改革須善於「用人」：能知人善任，適才適所，發揮專長，駕輕就熟地推展變革。

*6.*領導者要順利推展改革須善於「激勵」：適當的激勵、合理的獎懲可以激發工作的意願，承擔重大的任務。

*7.*領導者要順利推展改革須善於「解決問題」：適時的解決問題可以避免問題擴大，或延誤進展。

*8.*領導者要順利推展改革須善於「公關」：良好公關可以獲得大眾的好感與支持，增加改革的助力。

*9.*領導者要順利推展改革須善於「運用權力」：善於運用權力，即能視情境適當運用法職權、獎賞權、專家權、參照權、溝通權，尤其善用獎賞權、參照權及溝通權，以利變革的推展。

第四節　學校變革經驗談──策略與方法

一、如何發覺變革的項目──多傾聽、多觀察

校長初到一所新學校，想要實施變革，先要確實了解什麼是該變革的。

至於如何去了解？以筆者的辦學經驗，可以參考的方法是：先與學校代表人物個別面談，包括處室主任、教師代表、家長代表以及畢業不久的校友。因為他們最了解學校的需求及學校問題所在，由他們在私底下所說出來的看法都是最真實的；而綜合上述學校代表人員所提出的看法，也是比較客觀完整的。筆者擔任過兩所省立高中校長的經驗，都採用此種方法蒐集變革的初步項目；然後，自己再到校園走動觀察，一方面可以印證他們所提出的問題，一方面也可以憑自己的觀察力去發覺問題──經過自己觀察以後，可能對問題又有更深一層了解和領悟。

二、如何增強變革影響力──要借助外力

想要變革順利，一定要設法增強學校領導者對師生的影響力，激起大家的榮譽感，讓他們感受到變革的必要性。激發的動力途徑很多，如承辦各項教育性活動，辦理到學校的參觀活動，或者提供社團活動場所；在這些活動中，都會激發師生做好主人的動機，或有更多機會參與活動，因而，直接間接都刺激其改變與成長。

筆者執掌省中十五載，光是最後五年間，就經辦教育性活動近百次，從教育研習會、校長會議，以至全國高中入學考試聯合命題製卷委員會。在各項活動過程中，逐漸改善學校環境，充實學校設備，加強成員辦事能力和團隊合作精神，強化組織的活力與適應力，也因而無形中促成組織的變革，或者有助於組織變革的推動。

三、如何減低變革的抗拒──提出變革的配套措施

學校變革都會造成師生短時間的不便，因而產生抗拒；要想減少抗拒，就要提出配合措施以解決困難，自然抗拒就會消失。

筆者任省中校長時，為改進行政與教學效率，曾經作調整辦公室的措施；但由於大多數辦公室都已長期為老師們所慣用，資深老師甚至已經使用一、二十年之久，個人所擁有書冊、雜物已相當繁多並堆積雜亂，想要

搬動就如同搬家一樣困難。因此，在提議調整的初期，大多遭到老師反對，其主要原因一方面是溝通不夠，另一方面是沒有想出具體的配套措施。

後來，由庶務組長提出一個辦法，是他在軍中服役時所獲得的點子，也就是說：搬動時利用群體學生協助老師，每十位學生為一組配合一位老師搬動，學生在老師指揮下儘量不打亂原來書冊雜物放置的順序，並將搬動的東西擺放在和原來相仿的位置上，如此搬動不到一小時即完成。這種計畫一提出，幾乎沒有老師反對，也就順利地調整好辦公室。

四、什麼樣的變革較無阻力又立竿見影——即改善環境

最快速有效的變革就是改善環境，它不但較少阻力，也能立竿見影。筆者調任到台中二中是在一九八三年的寒假，也是高三在校最後一學期，我心想：在一學期裡，能為他們做什麼，以便在短期間給予較大的獲益，對校長也留下深厚的情感，對學校也留下美好的回憶。經過短期間的觀察與思考，我發現他們畢業前作最後衝刺時，最需要的是良好的讀書空間——特別是在大熱天有空調的讀書場所。當時耳聞不少學生到省立圖書館搶占讀書位置，因為那裡有空調設備。

筆者有鑑於此，便毅然決然希望在最短期間為學校圖書館裝置冷氣；但那時學校預算一時無法取得經費因應，只有向社會尋求支援。經過多方奔走探詢，終於在自己參加的扶輪社團裡發現了幾位二中校友的家長，於是向他們請求捐助。不到一個月的時間，募足了六十多萬元，並在半個月內將空調裝設完成，也就是在當年四月開始啟用，全校高三學生如獲至寶，下課後，甚至週末假日，都聚集在有冷氣設備的圖書館裡讀書，直到聯考。估計這次快速改善讀書環境，提升讀書效率，每位學生入學成績至少增加了十分以上，升學率也相對增加了好幾個百分點（有關圖書館整體改造的敘述，見第五節）。

第五節　學校單位組織變革實例
──圖書館改造的歷程

　　現代學校圖書館應該是學校的神經中樞，也是師生研究、閱覽、集會及休閒的場所。凡是一所好的學府，一定有一個設備齊全、內容豐富、環境優雅、人人喜愛的圖書館。在這兒可以滿足師生各種需求，尤其是提供豐富的精神食糧。

　　筆者由於早期留學美國，親身體驗圖書館的重要性，以及他們對圖書館經營的用心，並深深體會到圖書館的措施對學生學習成就影響至巨。記得有一次，暑期我到美國普渡大學探訪正在就讀該校的小兒，那天正是週末假日晚上十時左右，我順便走到圖書館看看究竟。出乎意料的是，館內學生幾乎座無虛席；走到一處比較開放的閱覽室，擠滿了學生，發現他們彼此在低聲交談，或許在交換學習心得或是生活經驗，整個場面充滿了溫馨的氣氛。當時，讓我感到驚奇也有所感觸：如果自己學校的圖書館能夠像這樣該是多麼好啊！

　　筆者到任台中二中第一個想要改造的就是學校圖書館，認為這一項改造對提升士氣、學校整體發展有相當重要的關鍵。二中圖書館位置非常好，處在學校的中心點，單層的面積相當大，至少有五百多坪，進出方便，管理容易；但是，卻門可羅雀，師生使用頻率不大。仔細觀察，主要原因是軟體、硬體都有很大的缺失。當時沒有館長的設置，只有兩位職員，其中一位是即將退休的資深職員，無論專業知識、服務態度等，都與理想相去甚遠。其次，照明不夠，光線不足，閱覽桌椅已破舊不堪，而且桌面又未有任何的隔板，可以減少互相干擾。書庫不但藏書不足，昏暗如倉庫，整個館舍看起來單調，缺乏任何的裝飾。在這樣貧乏簡陋的設施下，自然吸引不了師生。

　　有鑑於此，筆者就圖書館的環境改善、設備充實、組織改造等三個方向進行變革：

一、環境的改造──最快速又能收立竿見影之效

　　*1.*先利用學校經費改善閱覽桌面：為了節省經費，只在舊桌上加鋪新的保利龍板，由學校木工自行處置。

　　*2.*加裝閱覽桌面的隔板：以減少互相干擾。

　　*3.*改善燈光：將原來裝在天花板上的日光燈降下一公尺，並增加盞數以增強光線。

　　*4.*室內全部粉刷：更為亮麗。

　　*5.*增加裝飾：包括設置魚缸、盆栽及掛圖，以增加美觀。

　　*6.*裝置冷氣：利用社會資源設置六部冷氣機。

二、設備的充實

　　*1.*積極訂購實用性的圖書。

　　*2.*改善書庫，更新書架，增建夾層，以擴大藏書空間。

　　*3.*增闢視聽教室，並充實視聽設備。

　　*4.*增設開放式的勵志圖書架，可以讓師生自由取閱，不經借還手續。

　　*5.*增闢地下樓層閱覽室。

三、組織的改造

　　這一項改造最需要用心，也需要較長間時逐步推展的工程。從聘用新圖書館長、兩位組長及增編組員等，都要經過比較細心努力協調溝通所達成。茲分別敘述如下：

　　*1.*圖書館長的選聘：筆者到任一學期後，原來的館員退休，按照新的學校組織規程，可以遴聘一位教師兼圖書館長。因為一時找不到合適的館長，懸缺一學期後，透過師大社教系介紹一位具有圖書管理背景的校友，調聘至本校。由於其專業能力及態度，到任短期間就展現其績效。

　　2.組長的安排：按照當時（一九八六年）圖書館的組織，並無組長的編制，但為實際需要，至少應有兩位組長，分掌圖書資料及服務兩項業務。但由於沒有正式的編制，筆者利用新聘教師的機會，商請兩位各具有教學媒體專長及資訊專長的老師分別義務擔任組長。一位專心推展教學媒體，協助教師改進教學；一位發展行政電腦化，特別是圖書自動化管理方面的設計。由於兩位的分頭努力進行，使本校圖書館的進展較為迅速。

　　3.組員的調整：除了依照編制增聘一位圖書管理員外，筆者又設法將原編制在設備組的一位組員調到圖書館；同時也將原來在設備組管理教具的任務一併移到圖書館，讓他專門管理教學媒體。如此調整，可以將教具與教學媒體的業務，交由具有圖書資料管理專業知能的人員辦理，因而可以促進教學媒體的運用與發展，對教師教學上的改進具有很大的助益。

　　以上，整個圖書館就在兩年內完成軟體、硬體的改造，使圖書館全然改頭換面：在外觀上，更亮麗高雅；在內容上，更充實豐富；在空間上，更寬敞宜人；在氣氛上，更加溫馨熱絡；在服務上，更加親切熱忱；在功能上，更加多元效能。它終於成為師生所熱愛的場所，無論是上課時間或者是假日，都擠滿了人。台中二中圖書館就在本人到任第三年成為全省的示範圖書館，它不但促進台中二中本身發展的原動力，也協助其他學校推展，充分發揮其功能。

　　從以上成功的實例可得到組織變革的幾個啟示：

　　1.變革時，從較無阻力的硬體開始，以較經濟的方式改造，在短期間展現其效果，如此作為進一步改造的基礎。

　　2.學校組織的改造雖然很艱巨，但它是最重要、最根本的，領導者要有高瞻遠矚、洞燭機先、知人善任的能力。

　　3.推展變革過程中，領導者需要不斷地施展溝通、協調、說服、激勵等知能。

　　・不要盲目的改變，而需要有秩序的改變。

　　・不是改變現狀，而是要改善現狀。

　　・欲速則不達。

 知識管理

　　知識就是力量，唯有知識經過吸收、消化、實際運用、解決問題，才是真正有力的知識，也就是智慧。

　　智慧是分析、判斷、創造、思考的能力。

　　汲取知識是智慧的開始。然知識是用學的，智慧是用悟的；能「日進新知」，並將知識活用於生活，融入於生命，這才是真智慧。──星雲大師《談智慧》

　　「知識管理」（knowledge management）是時下企業界奉為圭臬的經營法則之一，現代學校經營也需要參考其精髓，截長補短，運用在學校的行政與教學上，以期提升學校行政效率、教師教學與輔導的效能。

第一節　知識管理的性質

一、知識管理的意涵

　　談知識管理有三個字需加以澄清，一是data（資料）、二是information（資訊）、三是 knowledge（知識），這三者有待澄清。

(一)何謂 data、information 和 knowledge

1. data：一般叫「資料」，是一切原始的文字或數字，將資料加以處理能傳達出某種訊息而成為資訊。

2. information：一般而言叫「訊息」，它是根據讀書、觀察、傳言所得之事實或知識，但未必是確實或有用的觀念，可能是零碎的知識。

用在現代企業管理的理念時，就叫資訊，所謂「資訊」是一種特定脈絡的資料或訊息，其功能在提供判斷抉擇的參考，藉以影響人們決策的行為。因此，資訊是資料經過分析、整合後而成的，彼得·杜拉克提出：「資料應配合特定工作和決策的需要予以重組，才能算是資訊。」

3. knowledge：一般而言，所謂「知識」就是根據研究和觀察所蒐集的事實總體，也可以稱為系統的資料。

嚴格而言，知識是資料經過分類、分析、處理，構成前後關係，形成具有價值的「資訊」，再加上人的經驗研判、直覺、心智活動、創造、綜合、推理所構成的。有人認為，知識是將資訊與資料化為實際行動的能力；筆者以為，知識能化為實際行動去解決問題，就是智慧。

(二)何謂外顯知識和內隱知識

知識管理中的兩個關鍵的知識，就是外顯知識和內隱知識——前者叫公開知識，後者叫暗藏知識。凡是在公開場合可以取得的知識都是叫外顯知識，如書面報告、經營手冊、電子郵件、軟體程式等用文字或圖案具體表達的皆屬之。凡是未用文字發表出來的經驗、心得、意見或者未經整理成系統知識可以供人閱讀參考者，都是屬於內隱知識。一般而言，個人知識屬於內隱知識，組織知識屬於外顯知識。知識管理的重要課題之一，就是如何將隱藏知識轉化成外顯知識或公開知識。

二、知識管理的定義

Alice LaPlante 認為：「知識管理是蒐集組織的經驗、技術和智慧，並

讓它們可以為組織內的人任意取用。」

　　根據美國生產力及品質中心（APQC）的定義：「知識管理是一種使適當的人在適當時間獲得適當知識的策略，同時能幫助成員分享情報，並化之為提升組織效益的行動；藉由知識的分享，發揮集體智慧，進而提高組織應變與創新的能力。」

　　綜合中外專家學者將知識管理定義如下：知識管理，乃是組織配合組織的文化、組織結構等特性，運用資訊科技對知識進行蒐集、整理、儲存、轉換、擴散、移轉、分享、運用的過程，經由這一連串的過程促進組織知識的不斷創新與再生，以提高組織的生產力，增加組織的資產，並藉此提升組織因應外部環境的能力及不斷自我改造的動力。至於學校知識管理的意涵，也可以參照上述的定義加以說明。

　　知識管理實施的重要元素，包括人（people）、知識（knowledge）及資訊科技（information technology）與分享（sharing）。人是知識的運載者，知識的涵蓋對象包含有資料、資訊、知識與智慧的所有層面，加上資訊科技的運用，使得知識管理更容易建構，相互溝通，而透過分享活用與實踐才能創新與產生更好的知識，使知識管理的效益倍增（劉京偉譯，2000）。

三、知識管理的類型與相關的管理

　　1.就個人與組織而分：可分為「個人知識管理」及「組織知識管理」，雖然知識管理所探討的是以組織的知識管理為主，但是個人知識管理是組織知識管理的基礎，先有良好的個人知識管理，才可能有完善的組織知識管理。

　　2.就知識管理的發展而言：知識管理的最原始型態是「檔案管理」；後來隨著資訊科技的發展，就進入了「資訊管理」；進來由於知識經濟的興起，知識資本觀念的提出，才有「知識管理」的理念。

　　3.就知識管理的內容：知識管理的內容是統合「人力資源管理」、「資訊管理」、「檔案管理」、「文書管理」、「財產管理」、「財務管理」、

「生產管理」、「銷售管理」等；就學校而言，尚加上「圖書資料管理」，甚至「教學研究管理」等。可見知識管理內容涵蓋相當大，不過得視組織的特性或目標採取重點的管理。例如：一所正在發展中的私立大學，它的知識管理會著重在人力資源管理、財務管理及教學研究管理；一般學校的知識管理，可以包括學校行政及教學兩方面。在學校行政方面的知識管理，其主要內涵為學校基本資料、學校行政運作、相關表件、會議記錄、重大事件、重要活動記錄、危機處理、校務計畫等內容；而在教學方面的知識管理，則包括教師履歷、教師專長、課程資料、教材與教法、輔導經驗、班級經營等相關知識。

四、知識管理的功能

從事「知識管理」所要達成的功能不外乎：

1. 有計畫地蒐集知識，可以獲得組織所需比較完備齊全的知識。
2. 有系統的知識管理，就可以方便取用，增加工作效率。
3. 有溝通管道的知識管理，可以分享知識、發揮知識的功能。
4. 有獎勵的知識管理制度，可以激發人們創造知識、分享知識。
5. 有團隊的知識管理，可以發揮團體創造的功能。
6. 有良好的知識管理，可以建立共識、促進團結。
7. 有效的知識管理，可以促進組織成長與發展。
8. 有效的知識管理，可以節省人力、財力。
9. 良好的組織管理，又利於組織的變革。
10. 就個人而言，良好的知識管理可以達成終身學習的理想目標。

五、知識管理的相關課題

要有效推展知識管理，發揮知識管理的最大功能，就需要從整體的經營管理來考量，它與管理學所探討的主要課題都有密切相關，茲分述如下：

1. 計畫：推展知識管理需要有詳細的規畫，尤其是目標的認明、推展

的策略是重要的課題。

2.組織：健全的組織結構，適當的分工合作，才能順利推展知識管理。

3.領導：領導者具備正確理念，善於激勵，能以身作則積極支持，推展知識管理是重要的關鍵。

4.溝通：運用多元管道充分的溝通，才能達成知識的交流、知識的創新及知識充分的運用。

5.激勵：良好的獎勵制度，是促進知識管理的有效方法。

6.督導：適當的監督與指導，是確保知識管理達成目標的重要措施。

7.評鑑：確實且適時的評量考核，是確保知識管理推展的品質，並可隨時改善。

8.授權：適度授權，給予成員尊重，發揮個人潛力，可以促進知識的創新及知識的交流。

9.決定：在知識管理的推展過程中，隨時都要作好正確的判斷與抉擇。

10.會議：會議是經驗交換、意見交流、集思廣益、增進情誼、問題解決、達成協議、鼓舞士氣的場合，因此經由有效的會議，必可增進知識管理的效能。

以筆者經驗，善於規畫主持學校各種會議，使會議發揮多功能的效用，對於校務推展、學校變革，以至知識管理，都很有幫助。

第二節　知識管理的流程

從事知識管理必須依照一定的流程去處理應做的項目，一般而言，包括知識的取得、整理、儲存、轉換、流通、運用與創新，茲分述如下：

一、知識的取得

知識的取得途徑有內取和外取兩種。內取是由組織內部自行產生而取

得；外取是由組織外部吸收而獲得，包括蒐購、交換、租用等，所得的知識應能分辨資料、資訊、知識或智慧而取捨。一般而言，愈後者其價值愈高，愈值得蒐集。

內部取得除了有計畫蒐集組織內顯性知識以外，更應積極蒐集隱性知識。如何蒐集隱性知識？除了實施獎勵制度外，更要營造一種知識交流的組織文化。例如：多舉辦工作坊、研習活動、教學觀摩等經驗交流的實體活動，激發教師的專業發展，可將教師知識實踐的智慧適當地被發掘出，並透過資訊科技、網路媒體作有系統的擷取與保存。

二、知識的整理與儲存

知識取得之後，必須經過整理才容易被應用，知識的整理包括分類與儲存兩項工作。知識的儲存首重知識的分類，分類要得當，分類太細或太大都不得體，並且還要視組織的任務、特性、目標作適當分類。所以組織要建立一套永久不輕易變動的一種分類表，供作知識儲存的首要工作。這一項沒有做好，後續工作也無法做好。

每一項知識（資訊）取得並加以分類、編碼後，存放在適當的檔案裡，如同圖書管理一樣，方便取用。有關隱性知識的儲存，則採用知識地圖（knowledge map）的方式為之，也就是知識的分布圖，顯示知識存在的空間與人物，只要按圖索驥就可以找到所要的知識（謝文全，2003）。

三、知識的轉換

一般知識的取得、整理、儲存後就可以流通使用，但為配合組織的特性、任務、目標等，知識必須轉換才能充實內容，去蕪存菁，容易讓人理解，適合組織運用，以發揮知識的最大功效。知識的轉換包括：外顯性變為內隱性、內隱性變為外顯性、抽象性變為具體性、分歧性變為統整性。例如：組織中成員將個人的研究心得（內隱性）整理後傳送給團體，成為外顯性的知識；這種外顯知識又為組織成員所吸收消化，成為個人的內隱

性知識。再如每一個組織成員提供各種顯性知識，然後加以統整組合，成為更豐富的知識，甚至創造新知識。

知識轉換可以說是知識管理的一種特色，特別是由內顯知識轉換為外顯知識，才能易於被傳播與分享，愈分享的知識才愈有價值。

四、知識的流通

知識取得經整理、儲存後，就要設法廣為流通運用，讓組織成員分享。流通的管道相當多，包括研討會、座談會、觀摩會、展覽會等以及媒體傳播，包括：書籍、期刊、影片、布告欄、電子郵件、網際網路等。其中最有效的，是定期舉辦研討會，如週三的進修研習會，透過當面的口授，問題解答，更能達到知識傳授的效果。

五、知識的運用

知識管理最終的日的是在有效運用，達成組織的目標，所以成員應將取得的知識確實運用到工作或生活上。知識的運用應採取開放的心胸，勇於嘗試的態度，將取得的知識用在實際場合上。知識運用的初期，欠缺熟練，容易產生挫折，所以要不斷地嘗試才會熟能生巧，使知識真正成為自己所有。

其次，知識運用成功後，對於提供知識的原創者應有適當的回饋，才能使知識源源不斷地輸入組織。所以，應對知識提供者提供適當的獎勵，包括獎金、口頭讚賞或感謝。

六、知識的創新

知識經過運用後，一方面可以考驗其有效性與真實性，一方面也不斷地再改進創新，以修正原有的知識，成為新的知識。這種創新知識可能成為一種個人的隱性知識，如何把這種隱性知識變成為顯性知識，又是一種

重要的課題。所以，組織定期出版刊物讓成員發表或舉辦研討會，讓成員交換心得，是一個可行的辦法。而對創新知識的人員，就要提供適當的獎勵以激發更多的創新。

以上是知識管理的流程，也是知識管理的主要工作，事實上，許多企業公司隨著組織的特性對知識管理有它們不同的把握重點。例如：美國某鋼鐵公司特別著重創造知識，鼓勵員工創造知識、累積知識，尋找降低成本、提高品質的方式；美華公司激勵員工提出創新的知識，包括點子大賽等，以提升公司的形象，吸收更多的客人為主。有些公司重視取得知識，尤其將內隱知識變為外顯知識，許多有價值的知識深埋在組織成員的腦海裡，有身經百戰的經驗或是滿腹的學問，如何將這些隱性知識變成大家可以分享的顯性知識，是他們努力的重點──特別是行銷部門。有些公司很重視保有知識，由於人員流動性高，公司面臨知識無法累積的困境，甚至造成知識的流失，所以有些公司就設法維持優秀的人力資源，吸收優秀人才、降低流動率外，並加強知識的保存。

又如醫院及高科技公司善於運用知識管理，例子相當多，特別是善用知識的方法，例如：提供電話醫療服務的Access Health公司採用重複使用模式，當有人打電話進來時，一名領有執照的護士使用的「醫療決策架構」軟體來評估對方的症狀，建議對方在家自行治療、看醫生或掛急診，這個知識庫包含五百多種疾病的症狀。該公司最高執行長陶爾曼（J. Tallman）說：「我們並沒有發明治病的新方法，而是發明一種能更善用現有知識的方法。」（《遠見雜誌》，1999）

第三節　知識管理主要探討的課題

一、要取得何種知識？如何取得有用知識？

　　知識管理首要的任務就是要取得任務，但是，要取得何種知識才是符合組織所需要的？這是很值得探討的課題。如果沒有經過適當選擇的知識，則取得之後堆積如山，未善加利用也是一種浪費。因此，知識的取得應訂定明確的目標，凡符合目標所需的知識才加以蒐集，不符合目標的則捨棄。例如：以「如何作好危機處理」為目標的知識，則蒐集一切相關的危機處理個案為主，其他一般糾紛的案件不列入蒐集的範疇。

　　目標如同交響樂的樂譜，幾百位音樂家之所以能夠在一位指揮的帶領下合作無間，乃因為他們有一本共同的樂譜，詳細記錄橫笛手何時吹奏、鼓手何時打鼓，同時也明確地告訴指揮家何時可聽到什麼樂音。目標也如同醫院的診斷報告書，這種報告書就是他們共同的樂譜，因為醫院的專業人員有一個共同使命——照顧及治療病患——他們需要這種診斷報告書作為他們共同的樂譜，根據這種報告書，X 光攝影師要知道照哪個部位，營養師知道如何調製膳食，物理治療師知道如何進行治療。換言之，也就是說資訊導向組織需要制定明確簡單的共同目標，讓組織成員轉換為具體行動（《遠見雜誌》，1999）。

　　至於如何取得有用的知識，可以循兩種途徑：一種是由內取，一種是由外取。內取的知識又可以分為兩種方式：一是按組織正式運作所獲得的顯性知識，如會議記錄、發表的研究報告、校務計畫等，傳統上都會依規定歸檔在文書組；另一種是屬於個人所有的隱性知識，就需運用各種激勵的方法去取得，如設置獎勵制度或榮譽制度，營造可信的組織文化，領導者的重視和支持，指定專人積極主動地去蒐集。至於外取知識更要運用各

種管道獲取,如透過網際網路、圖書雜誌期刊、校際合作交換等。

二、如何妥善整理、儲存知識? ⭐

　　知識取得後須加以妥善的整理才容易運用,知識整理的首要工作就是適當的分類。分類不宜過細或太粗略,分類的方法隨著組織的特性、任務、目標而有不同。凡是從事研究工作的學者或是圖書管理工作者,對資料的分類都有相當的研究,每一位學者由於他本身專長領域與研究專題,自會設計一套適合自己所用的資料分類系統。所以組織也一樣要配合自身的需求,由成員審慎討論,共同設計一套永久不變的分類表,如同圖書分類表一樣,以便知識可以作適當的歸類而後儲存;分類表絕不輕易變動,否則所有的知識存放就會造成混亂。有時同一件知識或資訊可以拷貝兩份或三份,分別放在不同的分類裡。例如:一個處理學生的個案,它牽涉到學生輔導、親師關係、教師修養等。

　　有關知識儲存的方法,過去以書面檔案儲存,現代更要配合資訊科技的設備,以提升工作效率。一般而言,電腦存檔比書面存檔效率高,交流也較廣泛。然而,以筆者個人經驗,書面存檔有其獨特的價值,尤其在知識的創新方面似乎比電腦存檔更方便。因為書面存檔可以就許多份雜亂的知識(資料),直接加以重組、修改、整合而成為創新的知識;電腦存檔則受畫面的限制就不會那麼容易。不過上述只是個人的體驗。

三、如何運用科技資源? ⭐

　　無論知識的取得、整理、轉換、交流、運用,都需要充分運用科技資源。資訊科技的發達加速了知識管理的發展,電腦與網路既經濟且方便的特性,為知識管理創造了新的契機;電腦網路在溝通、儲存、擷取知識的能力遠超過人為能力,所以舉凡電子郵件、群組網路、網際網路、視訊會議、多媒體系統等,都促使知識管理更為便利,因此運用科技管理為知識管理的一環。

　　學校宜建立一個資源中心，並指定專人擔負起知識蒐集整理、知識轉化與創造的功能，方便學校同仁運用，以提升行政效率及教學的效果。

　　有關資訊科技運用，各縣市各學校都極力在推展，例如：台北市首創「數位學習平台」，包括數位學習網及數位攝影棚，其中為國小建構數學和國中的落差，特別設計「國中小數學銜接課程」，送給全台北市小六畢業生；又如網上列出國小九年一貫與高中職各科課程。數位學習網方便學生複習，訓練學生自動學習，也可擴充學習領域，學生可自由跳級學習。這種學習可以說沒有國界、沒有時限。

四、如何營造知識管理的環境與文化？ ✦

　　建立知識分享與開放性的學習型組織文化，是組織知識管理的一個根基。在這種文化下，成員彼此緊緊相繫在知識管理的脈絡之中，能夠分享知識，凝聚共識，培養互信，尊重多元觀點，激勵知識創造。

　　建立知識管理的組織文化首需領導者和成員共同規畫願景，塑造一個高層次的目標，以激發大家共同努力的動機。其次，要鼓勵成員積極學習，創造良好的讀書風氣，利用正式或非正式的聚會，鼓勵成員分享心得，增進成員的情感與互信，在無形中凝聚出一種學習的文化，使知識的獲得、創造與交流源源不絕。根據筆者的經驗，影響知識創新交流的要件就是組織團體的和諧——組織缺乏和諧就會造成猜疑、鉤心鬥角。造成不和諧的原因有很多，其中最關鍵的人物是學校的領導者，領導者的作風民主與否、行事開誠布公與否、為人誠懇信實與否、獎懲辦法合理與否、正式溝通與非正式通兼重與否，在在都影響學校的和諧。領導者對知識管理的重視與支持與否，影響至巨，其中以領導者能否以身作則、親身參與投入知識管理的工作，是帶動知識管理的要件。因此，要建造一個知識管理的環境與文化，就端視領導者的努力。

五、實施知識管理的具體作法

　　以下僅提出實施知識管理若干經驗舉隅：

　　*1.*知識取得：隨時利用卡片或PDA筆記記錄訪談的過程；或寫下生活的啟示、感想或閱讀心得。

　　*2.*知識儲存：將上述卡片或 PDA 筆記分類存放。

　　*3.*知識流通：將上述的知識傳送給夥伴參考。

　　*4.*知識創新：夥伴補充或充實所接受的知識，成為創新知識，並回饋給原來知識的提供者。

　　*5.*知識統整：將每位成員所獲知識或創新知識整合，並分類儲存，成為系統的組織知識，儲存以便運用；除此之外，所有知識應註明提供者及創新者。

　　*6.*知識運用：成員遇到問題時，就取用相關儲存的知識參考；必要時，並請提供者或創新者當面說明指教，報告其經驗談。

　　統整的知識可以編輯成為手冊，方便隨時查考運用；這種手冊宜以活頁方式裝訂，以便隨時補充或抽換。

　　以上知識管理舉隅，僅是由個人隱性知識轉換成顯性知識，並加以運用的歷程，一般在學校教學、輔導、生活方面比較適用。至於學校行政管理方面，更應依循行政系統，有計畫地實施知識管理。例如：校長如何督導、激勵、推展知識管理；會議記錄者如何作好記錄成為有系統的知識；文書檔案人員如何儲存「知識」；圖書館人員如何蒐集、儲存及流通知識；行政實作人員如何取得知識、創新知識並善於運用知識；各單位之間如何交流知識、活用知識，發揮知識的最大功能。這些在在都是學校推展知識管理所應把握的要項。

第四節　個人知識管理要領及經驗談

個人知識管理的原則與方法，與組織知識管理有雷同之處。不過由於個人目標及組織目標的不同，因此知識的管理也有其差異性。根據莊淇銘教授的看法，提出七個重點，又稱為「知識生命週期」，敘述深入淺出，很值得作為個人知識管理的參考。茲分述如下：

一、知識的選擇

「生也有涯，知也無涯！」這句話用在現在比古代更為貼切。站在知識管理的角度，能吸收的知識是有限的，要吸收什麼樣的知識，讓知識發揮最高效率，產生最有利的效果，是非常重要的課題。「知識的選擇」就是要能選擇高「知識競爭力」，由先決定要達到什麼目標，來決定要選擇什麼樣的知識。

二、知識的獲得

在決定要選擇什麼樣的知識之後，接下來就是要去獲得所想要的知識。獲得知識不外乎經由學習的過程，然而，獲得知識的重點就在於效率的高低與學習方法的優劣。因此，如何培養高效率的學習方法，就是知識獲得的重要關鍵。

三、知識的儲存

知識獲得之後，必須要加以儲存。不論是存入人們的腦中，或是透過知識系統放入資料庫裡，儲存後的知識將會被提取出來運用。因此，掌握

有效率儲存知識的訣竅，將有助於往後運用知識的反應與品質。知識儲存最好方法是將獲得的知識適當分類，依類存放。

四、知識的運用與分享 ✎

當具備知識以後，這些知識可能會被用來解決問題，或是完成某些任務，這就是知識的運用。知識的運用需要經過經常的思考及訓練，才能產生良好的運用知識。

五、知識的萃取與建構 ✎

對知識的認知，應有優質知識及知識分級的概念。假如知識管理只是以獲得資料為目的，那在知識經濟中是相當沒有競爭力的。在獲得知識的過程中，可能儲存的會是資料、資訊或知識。因此，必須要從資料中萃取出新的資訊，然後進一步去「建構」知識，以得到具有知識競爭力的優質知識。

六、創意開發 ✎

一個人可以透過學習獲得許多知識，但是假如沒有創意與想像力，他將無法超越所學得的知識。如果在知識管理體系裡，沒有新的知識加入，或一直在既有的知識裡運用，久而久之，這個知識體系勢必落後於趨勢之後。知識經濟時代來臨，優質知識成為主要競爭力，而決定優質知識的重要因素之一就是「創意」。

七、知識的維護 ✎

在知識管理體系中，儲存的知識也將發生不足、衰弱、錯誤、閒置的狀況。因此，知識維護的重點在於維持知識的活化，補充知識的不足，擴

張現有的知識範圍，對於錯誤的知識也應修正。同時，知識若不再被運用或已經不合時宜，應該將之拋棄，並進行知識的最佳化策略，好讓知識管理體系所儲存的知識，得以保持其優質化與競爭力（莊淇銘，2003）。

　　以下是筆者對個人知識管理有關「知識儲存」方法的一點經驗談。

　　筆者的求學階段是在民國四〇年代，當時資訊科技尚未發達，學習、研究、寫作時所依賴的工具，除了筆記以外，卡片的運用相當盛行。有學者認為，卡片是知識生產的重要媒介，善用卡片時就能方便記錄，便於分類、儲存、取用、重組，所以當時的學者從事研究論著時莫不依賴卡片，而一般最普遍應用的卡片尺寸大小為 4 × 6 吋。

　　筆者常隨身攜帶卡片，無論是看到、想到、觀察到有意義的資料、資訊或知識，都及時記錄下來，回家後寫下分類號，然後再一一放在適當的地方，以便隨時抽用。至於分類的方法：一類代表「教育」、二類代表「行政管理」、三類代表「人際關係」、四類代表「健康休閒」、五類代表「生活修養」、六類代表「本人各種資料」、七類代表「美感經驗」、八類則代表「其他」──以上八大類是包括本人教學用及生活經營所必須具備的資訊及知識。至於每一類大致又有分為幾個「綱」：0 代表「總綱」、1 代表「定義」、2 代表「性質」、3 代表「功能」或「作用」、4 代表「方法」或「原則」、5 代表「總結」、6 代表「其他」、7 代表「個案」──不過視不同的「類」而有若干的差異。

　　再者，新聞剪貼資料也是寫作很好的參考。筆者也在民國七〇年代就已養成習慣，每見到自己喜歡的新聞或文章，就剪貼在活頁紙上，並依上述分類儲存。在民國八十年左右，自己購置一部影印機，影印各種資料，包括報章雜誌上的文章，因而取代剪貼；另購置西式檔案櫃，分類儲存各種影印資料。

　　隨著資訊科技發達，又開始在電腦儲存各種資料檔，特別是照片及錄影片等，在製造 PowerPoint 媒體教學時，隨時調閱取用。因為平時對資料、資訊、知識的廣泛儲存，不但對我教學寫作很有幫助，而且對我人生在各層面的參考運用也很有助益。直到現在，雖然新採用電腦輔助，但仍然以影印資料作為教學研究的主要工具。

- 與人交換一個蘋果，仍然得到一個蘋果；與人分享知識，可以增加知識；與人交換觀念，就會創新觀念。

1. 迪斯尼的創意經營

　　迪斯尼的不斷創新經營管理,結合科學、藝術、教育、文化及育樂於一體的獨特創作園地,不愧成為老少咸宜、歷久不衰的遊樂王國。筆者以迪斯尼為學習對象,藉以激勵自己,不斷研究創新,作為教學及生活經營的參考。

2.扶輪的經營領導

國際扶輪社創設至今將近一百年，現有一百六十六國，三萬一千社，一百二十二萬社友。扶輪社除了提供社友社交聯誼、學習成長的場所外，並對促進社會安定和諧、國際交流與親善有很大的貢獻。扶輪之所以為全世界各行業領導人所接受，主要在於扶輪宗旨的正確，組織的健全，扶輪領導人的遠見、理想及實現目標的行動力。

領導者的首要任務之一是為組織成員提出未來努力的目標或方針，為大家所遵循。一九九五至一九九六國際扶輪社社長賀伯‧布朗（Herbert G. Brown）為國際扶輪所提出的主題：「以真誠來行動，以愛心來服務，為和平而奮鬥。」

（左圖） 為賀伯夫婦及在國際扶輪會會場，賀伯為筆者簽名留念。

（下圖） 筆者擔任台中西南扶輪社社長時，與 Nylon 區總監夫婦，及日韓姊妹社代表，攝於授證慶祝活動會場。

3.領導者的風範

　　前中華扶輪教育基金會董事長廖泉生先生，現任台中仁愛醫院董事長。

(1)他雖已年近九十高齡，仍然繼續問診，每週工作四天，樂此不疲。

(2)他高明的醫術醫德、關懷病人的心地，贏得大家的敬愛，至今候診者仍須排隊等候看診。

(3)他至今熱心公益、樂善好施，服務社會的熱忱深為大家所感佩。

(4)他修身齊家，進而創辦成功的醫療事業，造福人群。

　　以上僅略述廖董事長生涯重點一二，其他待人接物，修身養性在在都令人敬佩，值得學習效法。筆者有幸在一九九六至一九九九年間，承廖董事長聘為中華扶輪教育基金會秘書長，得有機緣追隨左右，耳濡目染向他學習，獲益良多，影響筆者後期人生相當深遠。

（上圖）　　筆者與廖董事長攝於一九九八年至扶輪基金頒獎典禮。

（下圖）　　廖泉生夫婦與仁愛醫院創院五十四週年酒會上。

4.金字塔──人類偉大的建築工程

人類最早期的偉大建設工程，首推埃及大金字塔法老王庫福（上圖），塔造於四千五百多年前，塔基占地五公頃，塔高有一百四十六公尺，相當於一幢四十層的摩天大樓。全塔用石塊兩百三十萬塊，每塊至少兩噸半以上，其建築技術令人嘆為觀止，例如這麼大的石塊如何搬到上面？又如何堆砌得那麼正確？

接縫處連一張紙都塞不進去，即使用現代的電腦切割技術也只不過如此。至於如何設計？如何運搬？如何施工？在在都是給我們現代經營管理者很大的啟示。筆者於二○○○年世界之旅中，親臨其境，感受至深。

（下圖）　看一塊石塊有多大。

5.領導的良好風範──謝前副總統求公

謝前副總統歷任師範學院院長、台灣省教育廳副廳長、省政府秘書長、省議會副議長、議長、省政府主席、副總統與資政，他也創辦實踐家專（現為實踐大學）。他可說是一位政治家，也是教育家。

筆者有幸承求公栽培，得有機會進一步貢獻教育，實現辦學理想，使人生走得比較順暢，感佩良深。求公一生廉潔自持，寬宏氣度，嚴以律己、寬以待人，關懷體恤，知所進退，不忮不求的待人處事哲學，實令人敬佩。筆者自一九六〇至一九七五年在實踐服務，期間並有機會到美國遊學，而後於一九七六至一九九二年出掌省中校長，都是承蒙求公的栽培與愛護。

（上左圖）　係筆者任台中高農校長時，求公到學校訪視。

（上右圖）　求公到母校台中一中參加校慶活動。

（下圖）　係筆者與求公、陳奇祿教授、陳立鷗教授夫婦攝於一九七一年舊金山海邊。

*6.*舊金山州立大學校長柯立根

筆者母校校長 Robert Corrigan 自一九八八年到舊金山州立大學擔任校長，迄今已逾十五年，辦學績效卓著，校務蒸蒸日上，深獲全校師生及校友的擁戴。他在接受筆者訪問時，提到他對經營領導的創新、校園環境的改善、公關行銷的推展，是他辦學成功順利的重要關鍵。

（上圖） 係二○○二年柯立根校長在校長室接受筆者訪問。

（左圖） 係一九九○年柯立根校長訪台時與校友聚會。

7.與外國人溝通

溝通是建立人際交流的橋樑，也是促進生活情緒與經驗交換的媒介，經由良好溝通可實現四海皆兄弟的理想。筆者環遊世界之旅，不忘與當地的人交流。

（上左圖）　係筆者在英國一對扶輪社友夫婦家裡與其聚會。

（上右圖）　係筆者在南非與一對扶輪社友夫婦及其孫兒在家裡聚會。

（中圖）　係筆者在「愛之船」上與船長交談。

（下圖）　係筆者在南非約翰尼斯堡大學校園與學生交談。

8.領導成功的要領

回味美好過去就不會洩氣，憧憬未來就不會懈怠，筆者每逢畢業典禮又送走了一千多名學子繼續升學，走過五彩繽紛的花圈，如同邁向更美好的人生，多麼溫馨。

領導者多激勵部屬努力，並協助他們追求卓越獲得榮譽，是領導成功的要領。

（上圖） 係筆者主持台中二中時畢業典禮一景。

（左圖） 為筆者主持台中二中時，獲得師鐸獎的同仁。

第二部

學校行政領導

導　言

　　領導的意義，就是影響別人努力工作，以期達成團體目標的歷程。校長要具備什麼理念、什麼素養，用什麼方法、什麼要領，去影響教師認真教學、職員努力工作、學生勤奮向學，這些是第二部所要探討的內容。

　　基本上，校長應有正確的教育理念：他要了解教育的本質，是幫助受教者自我實現、發展潛能，以便適應社會，進而改造社會；他也要認明正確教育目標，以作為從事教育活動推展的指針，教育目標一般涵蓋認知、情意及技能三個層面等，而各層面都有其更具體的目標。其次，校長也要明瞭教育功能，教育雖有經濟的、社會的、政治的、文化的功能，但是最重要的，是要培養優秀的公民——是人格健全，具備經濟生活知能，關心公共事務，積極樂觀的社會人。校長在治校時，如果擁有上述教育理念，才會引導學校朝向正確目標而努力，培養出來的學生，才是優秀而健全的公民。

　　其次，校長要想把學校辦好，應備周全的行政管理概念，以便有效運用人力、物力、財力，而達成教育的最大成效。行政管理的概念包括：周詳計畫、健全組織、卓越的領導、良好的溝通協調及確實的督導管制等，每一項都有其重要性，缺一不可。尤其領導一項，更值得校長深一層地探討，有關領導者的職責、角色、領導的原則及領導者應有素養，將是第二部進一步探討的重點。

　　校長具備教育與行政管理概念後，要實際從事經營學校，首先應認明的是校長的職責與角色。嚴格地說，校長的職責相當多，凡是一校之大小事情的處理，都是校長的職責；但是如果從分層負責的觀點以及行政管理觀點而言，則校長的職責，應歸納為幾項重點。筆者以為，樹立正確教育

方針，培植人格健全的優秀青年為首要任務；其次，配合政府政策，教育計畫；再其次，營造良好組織氣氛，激發教職員工敬業精神，以及善用教育資源，促進學校不斷的發展。校長認明職責後，要如何去履行職責，達成任務，則需要扮演多種角色，包括：精心策畫者、多向溝通者、用心督導者、適時協調者、適當激勵者、知人善任者、良好公關者、問題解決者、研究發展者及綜合運用者。各種角色扮演的要領，本部另有詳細敘述。

認明校長的職責，扮好校長的角色，固然是校長治校的根本要件，但是想處理校務，使之井井有條，並有良好的績效，應把握正確的領導原則。

有關領導原則，並無一定規範，筆者融合專家學者及個人的經驗，就領導風格、領導信條、均衡原則及決定原理等，分別提出探討。在領導風格方面，提出七個原則，包括：尊重先於權威、身教先於言教、讚賞先於指責、指導先於要求、參與先於獨斷、服務先於監督及權變領導先於其他領導。有關領導者信條方面，以禮、勤、信、忍、恩、威、嚴、變八項，作領導者的態度行為規範，最簡明而實用。

有關均衡原則方面，筆者提出七個兼顧原則，包括：長程與短程、學校目標與教師需求、正式組織與非正式組織、正式溝通與非正式溝通、倡導與關懷、民主與權變，以及行政與教學等。

有關決定原理方面，筆者就決定要義、決定與授權、決定範圍與類型、決定的因素、決定與判斷、決定與會議等分別提出探討，藉此提供若干作決定的觀念與要領。

其次，談到校長的素養，一位校長須具備相當素養，才能有效地經營一所學校。他有別於教師，教師只要熟悉教材及良好的教學方法，加上敬業精神，就算稱職老師，而校長還要懂得領導。校長也有別於一般行政主管，他不只懂得行政領導即可，還要有相當的教育理念，並且要有良好的人格修養，才能成為作育英才的教育家。因此，一位傑出的校長所應具備的素養，可歸納為四大項：品德修養、教育專業素養、行政管理素養及健康身心、合宜儀態。

校長的素養非短期所能達成，而是要長期涵養歷練，才能做到。因此，身為校長，應隨時充實自己，請教別人，經常靜思檢討，並能克制言行，

久而久之，則成為好的領導者。

　　以上所敘述是有關校長應有的辦學理念，也是學校領導者所要認明的學校行政領導原理原則。校長在這樣的辦學理念下所經營的學校，實務與績效如何？筆者以經營一所學校為實例，作為理論與實務的印證。（其實，許多理論或原理原則，都是從實務中歸納而得，筆者在本書中所述的原理原則，不少從實務經驗中歸納領悟。）

　　經營一所學校的要領，可從初到任開始談起，首先應以了解學校為要務，透過各種管道來認識學校優缺點，尤其對「人」與「事」更需要深入了解，對學校改進應秉持一個重要理念，即「保持優良傳統，適度創新」。新到任校長，往往看不到學校良好的傳統，因而未能珍惜它、發揚它。

　　其次是樹立辦學的目標與方針，綜合教育理念、現實環境及校長個人能力專長等，經過審慎思考而成，筆者以為建立美好的教育環境為努力目標，其中包括有形的校園校舍的美化，及無形的制度與管理的人性化、科學化，進而精緻化。

　　有了成熟的辦學理念及明確的辦學方針，進一步是付諸行動的校務工作。學校行政領導實務，有別於一般學校行政實務。一般學校行政實務，包括教務、訓導、總務、人事、會計……等。校長主持校務時，固然要負責督導各處室業務之推動與發展，但許多例行公事或已推展順利之業務，則用不著校長費神關照。校長要把握的工作要項，諸如各處室做不到的統合工作；幹部能力所不及的工作；例行公事而難度較高的工作；集思廣益才能決定問題的事件；代表學校外的種種活動；建立獨特學校風格的規畫與督導；以及鼓舞士氣、激發潛能的工作等。基於上述的理念，筆者就多項領導實務中歸納為十大項，分別敘述，俾供讀者參考。

　　有了辦學理念與辦學實務，最後還要談到辦學績效。校長的辦學績效，才是印證校長辦學成功與否的指標，也說明校長辦學理念是否正確，領導方法是否卓越。關於辦學績效良好的特徵有許多，有的很具體明確可看出，有的較難客觀測定。較具體明確的，如升學或就業率、學校評鑑的成績、學生遵守紀律認真讀書、教師和諧團結，以及校園校舍的景觀、學校同仁及校長所獲得的榮譽等，都可作為辦學績效的指標，筆者就辦學績效較明

顯之部分，分列七項敘述。

　　最後，筆者感到很榮幸也很慚愧的是，在撰寫第二部快完稿的時候，跟我共事多年的同仁，欣然為筆者描述，這些同事，除了處室主任外，尚有教師及護士小姐，他們從個人不同的角度看筆者，描述筆者，反應筆者辦學的理念、領導的風格、待人處世的方法，以至於生活休閒的安排等。這些描述，一方面可讓筆者進一步了解自己，一方面也充實了本書內容，更對筆者辦學理念與績效等，提出真實而具體的例證。這種報導，對於讀者而言，可提供另一種行政領導材料，或許有助於對筆者領導理念的了解。不過這些描述，對筆者恐有溢美之處，使筆者愧不敢當，也請讀者多加包涵。

　　最後在附錄上，列出許多資料，包括照片集錦、筆者受獎記錄、筆者學歷、著作等，其目的並不在於炫耀，而是在提供有心研究學校行政者的原始資料。例如：從獲獎記錄中，可以了解教育活動的項目，也可進一步得知校長在校時所擔當任務的實況。

　　以上是對第二部綜合扼要的介紹，進一步的探討，分別在各章節詳述之。

第一篇　原理篇

# 校長應有教育及行政管理理念

校長想要把學校辦好，最重要的，是有正確的教育理念，才能樹立正確的教育目標與方針，使一切作為都符合教育的原則與規範。其次，要有相當的行政管理概念，才能有效運用人力、物力、財力，善於經營學校。再其次，要有學校行政領導的理念，才能知人善任，推動校務，使辦學有績效。有關教育理念、行政管理理念及學校行政領導，謹就學者專家的各種立論中，較為筆者所採納，且較淺顯易懂部分，分別敘述如下。

第一節　正確的教育理念

教育的本質，就其功能性而言，教育即生長，教育是經驗的改造，教育是自我實現，教育是潛能發展，教育是社會適應，教育是文化傳遞與創造，教育是知識技能的傳授。就其內涵性而言，教育是發展個體潛能，改造社會，繁衍文化內容，促進人類和平的活動。

教育目標是一種明確具體的教育活動發展的指針，是用來規範教育活動發展的方向，期使教育功能得以有效發揮，進而達成國家發展的需要。例如：美國一般性教育目標，包括：自我實現的目標，人際關係的目標，經濟效能的目標，及公民責任的目標。

我國的教育宗旨為：「中華民國之教育，根據三民主義，以充實人民生活，扶植社會生存，發展國民生計，延續民族生命為目的，務期民族獨立，民權普遍，民生發展，以促進世界大同。」

至於我國各級學校教育目標，可分為國民小學、國民中學、高級中學、

高級職業學校、專科學校及大學各級（詳見教育法令）。台灣省教育廳也訂定了教育總目標，計分為三個層次：(1)培養心胸開闊、體魄健全、有豐富創造力的國民；(2)培養愛好自由，並能自治自律，而體認社會責任的青年；(3)培養具有國家民族觀與世界觀的中華兒女。以上三項目標，就是教育廳規畫推動各項教育工作的方針。

又教育目標的分類，較普遍被接納是美國幾位大學教授所提出的教育內容三大領域，也就是人類學習行為的三種主要層面：認知層面、情意層面和技能層面。其中認知層面，包括：知識、理解、應用、分析、綜合、評鑑等六大層次；技能層面，包括：知覺、心向、模仿、機械化、複雜反應、創造等六大層次；而情意層面，包括：接受、反應、價值判斷、價值組織、品格形成等五層次。

以上教育目標的訂定，是教育活動實施依據，教育目標的分類，則可提供更具體有效的步驟或策略，以作為教育活動推展的參照（參考黃光雄主編《教育概論》）。

教育功能，教育有其獨特的功能，但這些獨特功能，則與經濟、政治、社會及文化等領域密切相關。

教育的經濟功能有四：(1)可提供經濟生活所需的技能；(2)可培養經濟發展所需的人才；(3)可促進經濟成長；(4)可改進人類生活品質。

教育的政治功能有四：(1)可塑造國民的政治意識型態；(2)可培養國家政治領導人才；(3)可增進國家政治建設成功；(4)可維護世界政治和平。

教育的社會功能有三：(1)可幫助個人社會化；(2)可促進社會流動；(3)導引社會變遷。

教育的文化功能有三：(1)可傳遞文化遺產；(2)可繁衍文化遺產；(3)可創造文化遺產。

第二節 周全的行政管理理念

行政要義，是政府機關為達到目的或完成其使命時，運用有效方法和適當的組織，對其所用人、財、物作最高的利用。

行政的內容，從管理學觀點而言，包括：周詳計畫、健全組織、卓越領導、良好協調溝通、確實管制等程序。計畫的內涵與程序包括：目標的認明、方針確定、方法步驟的研訂、工作項目及人員分工的明訂、各種方案的制定選擇，及經費預算的編列等。

至於組織程序與內涵，又包括：部門的畫分、分層負責的確定、人員編制的安排、權責的授與，以及設備經費的提供。

領導的要義是：影響別人努力達成組織的目標，就領導功能而言，包括：正確方針的認明、政策的決定、命令的發布、人員任免、士氣的鼓舞、工作的督導、紀律的維護、財務的管制、問題的發現與解決，以及對良好關係的建立。

溝通協調的功能，包括：團體意識促成、團結和諧增進、分工合作的達成、步調方法的一致、衝突誤會的化解、本位主義的消除。

管制的要點，就是適時了解各項計畫進展情形，並與原訂計畫目標、進度或標準加以比較，當發生差異時，給予必要修正。簡言之，就是管理者觀察實際所發生的和預期的是否有差異，如果有差異，則須施予必要的改正。管制的類別包括品質的管制、數量管制，以及時間的管制。就管制性質而言，包括：經費的管制、文書管制、人事的管制、物品的管制等。

管理的要義：有關管理的解釋，專家學者提出許多不同的說法，惟筆者以為張金鑑先生所提出的十八個M說明管理的要素與涵義較為簡明周詳。

十八個M的意義和內容如次：

1. 是組織的目的，即 aim：成功管理必須確立正確的目標與使命，以為趨赴的鵠的，以免走錯方向。

2.是業務計畫,即 program:目的既定,便根據目的,審察情勢,適應需要,制定切實可行的業務計畫。

3.是組織成員,即men:計畫制定後,應根據計畫需求選拔勝任人員,依其才能分配工作。

4.是所需經費,即 money:為執行計畫,推行工作,必須籌措經費,編列預算,以充裕財力,應付開支。

5.是各種物材,即 materials:推行業務和工作,必須有所需要的設備、機器、工具、家具、物品等。「工欲善其事,必先利器」,成功管理有賴於適切的物材供應。

6.是合理組織,即 machinery:即將人、財、物、事等要素加以適當配備與組合,使成合理組織,才能擔當使命,推行業務。

7.是工作方法,即method:目的、計畫、組織既已確定,便當研究有效工作方法,發揮組織功能,達成既定目的,完成既定計畫。

8.是工作指揮,即command:組織是一層級節制體系,工作分配高下不同,上有指揮之權,下負服從之責;在工作進程中須有集中的領導與貫徹指揮,方能成功。

9.是員工激勵,即 motivation:民主的管理不可恃制裁以驅使員工,應施以激勵,發揮潛能,提高士氣,使之踴躍熱烈地共赴事功。

10.是意見溝通,即communication:管理要運用意見溝通、訊息交換,使員工對業務有共同的了解與認識,俾能一心一德地努力工作。

11.是服務精神,即morale:服務精神亦稱士氣。戰爭勝負以士氣高低為轉移,管理的成功亦依賴於員工的高昂士氣。故管理培養員工的責任心、認同感、榮譽感、成就感,提高服務精神或士氣,藉以增進工作效率。

12.是和諧氣候,即 harmony:管理在使員工行動一致,合作努力,所以要摒棄本位主義和個人主義,培養團體意識,和諧氣氛,團結一致、和諧無間、協力以赴地共同工作。

13.是把握時效,即time:時者,金也,所以管理要把握時效,即能適合時需,又能及時,不遲不早,按預定時間完成工作。

14.是因地制宜,即room:管理要適應地理及社會環境,因勢利導,因

地制宜。

15.是不斷改進，即 improvement：管理要日新又新，精益求精，隨時研究，不斷改進；不進步即要失敗，落伍就遭淘汰。

16.是整體觀念，即 sum：組織是繫在高級系統的次級系統，又是整合內部次級系統的高級系統。所以管理措施無論對內對外都要本整體觀念以為處置，既不可以偏概全，亦不可作枝節應付。

17.是環境適應，即 adjustment：管理在使組織能接受外在的支持，並對之提供服務，以為適應，俾能維持功能輸入與輸出的平衡。

18.是組織發展，即 becoming 或 development：組織要具有新陳代謝的功能，汰舊更新，永保青春與少壯，日趨成長與發展，以維持生存，持續與生長。

就此十八個M合而言之，管理就是一個或組織為達成其目的，依據整體觀念，審察情勢，配合需要制定切實可行的工作計畫，並配備以所需的人、財、物，建立合理組織，以有效的方法謀求協調和諧的執行。在工作進行過程中對次級系統的員工施以積極的激勵，意見溝通及有效指揮，藉以提高士氣，並顧及時、空的關係與需要，且採取不斷的改進，對外在高級系統社會環境，要作功能適應，維持功能輸入與輸出的動態平衡，組織本身必須具有新陳代謝作用，生生不息，穩健地生長，俾能維持生存，持續與發展（以上參考張金鑑著《管理學新論》）。

第三節　圓熟的學校行政領導知能

學校行政領導，乃是學校行政主管指引學校工作方向，並糾合教職員的意志，運用團體的智慧，以及整體的力量，從而實現學校教育目標的一種行為。

研究學校行政領導理則，可根據學者專家所提出的五種立論分別探討。

(一)以涵養優良人格素養作為領導的特質

這類學者認為,優秀領導者具備領悟力、進取心、合作態度、機智、雄心、堅忍、判斷力、溝通技巧及穩定情緒等特質。另有學者認為有效能的校長,多具有友善、負責、活力、熱心、勇敢、自信、富同情心、積極主動、接納別人等特質。這些特質都值得領導者在進德修業中、溝通服務中、觀察接觸中不斷領悟而得。

(二)以有效促進團體朝向學校目標而努力,作為領導者的主要才能

這一類學者看法,認為領導者必須了解團體,珍視個人的尊嚴與價值,注重團體合作與集體智慧,以解決團體的共同問題。這種理念,事實上就是民主歷程,也就是能夠糾合成員意志,利用團體智慧,作明智決定。因此,領導者應培養民主風度,也就是要能尊重別人、平等觀念、採行參與決定等。

(三)以善於創造自我實現氣氛,作為領導者主要知能

這類學者以為,凡是能在學校中激發成員發展潛能,並引導潛能於正當方向,使每一位成員都有成就感,就是優秀的領導者。持這種理念的學者認為,這種領導較不必用「權力」;也就是說,根本不承認有任何權力領導存在。他們認為,權力與權威的運用,反而限制組織成員潛能的發展。必須是有理想、有高度抱負水準、能力素養為成員所接受的領導者,採取這種領導方式才會有效。

(四)以明智作決定,並有效執行作為領導者首要知能

這類學者認為,一個學校行政領導者重要任務,就是「作好決定」,並「有效實施」,因此重視領導者作決定及有效執行的能力。為達成這兩種任務,學校行政領導者宜努力進修,充實教育專業知識,加強行政管理理念,培養對問題的敏感性,及解決問題的能力等。

(五)以能擔任仲裁者、問題解決者、作為領導者的主要角色

這類學者認為，學校領導者，主要在於扮演折衝者及解決問題者之角色；也就是就校長處在學校教育目標之達成及成員在學校中需求之滿足兩者間，應扮演折衝者角色。運用各種可行方法，予以協調，儘量設法使學校教育目標得以實現，同時又能使成員需要獲得相當的滿足。因此，一位領導者不但要高倡導、革新校務、維護團體規範，同時也要體諒成員辛勞、關心他們的福利、尊重他們的人格、滿足他們需求。倡導與體諒兩者都不可偏廢；如果過於偏重體諒方面，流於放任、隨便，但若過於注重倡導方面，則領導者不易得到成員的合作，而無法糾合成員意志，辦學績效則不彰（以上參考黃昆輝著《教育行政與教育問題》）。

綜合上述五家學派所提出領導者之素養，都有其獨特之處。筆者以為一位優秀的學校領導者，應兼備五家所提的知能，包括：擁有優良的人品特質、善用團體智慧的民主風度、創造自我實現激發成員潛能的能力、明智作決定並有效執行的知能以及適任仲裁者及問題解決者的角色等。

 認明校長職責

具有領導能力的人，必須了解自己，認識別人，並能帶動他人，追隨其後。他必須選定目標，認明職責，以理性的態度，堅持到底，並讓大家在和諧氣氛中完成使命。

第一節　專家學者的看法

經營一所學校的校長，首要任務是認明校長重要職責，然後辦學才能把握重點，不至於怠忽職守。筆者謹就專業學者看法及個人淺見分別敘述如下。

一位學校經營者——校長，不管辦學理念如何，目標方針重點在哪裡，基本上要清楚認識其職責範圍：消極方面，避免怠忽職守而造成困擾；積極方面，使學校能正常發展，教師認真教學，學生勤奮用功，更重要的是要根據學校特有的環境、條件，把握辦學的目標方針及重點，才能使校務進展迅速，校譽良好。

有關校長的職責，根據我國各項教育法令，如高級中學法第九條規定為「綜理校務」，茲以中等學校務處理辦法大綱第四條列舉下列幾項：

1.規畫校務改進與發展。

2.擬訂及審核各項章則。

*3.*聘請或遴薦各科教師。

*4.*派定各處組職員。

*5.*考察輔導教學。

*6.*督促及協助進修。

*7.*考察及調整職員工作。

*8.*調閱學生各科作業簿及試卷。

*9.*考察學生健康體能及思想。

*10.*檢查校舍及設備。

*11.*核閱往來公文。

*12.*編製經費，分配預算，稽核經費收支。

*13.*主持或參加各重要會議及集會。

*14.*辦理對外聯絡事宜。

*15.*其他重要校務之處理。

劉真先生認為，中等學校校長職務有四：(1)計畫與組織；(2)行政管理與例行公事；(3)教育視導與學生生活指導；(4)對外聯絡。

鄭通和先生認為，中等學校校長應負下列四種職責：(1)負全校精神領導之責；(2)負全校改進計畫之責；(3)負全校校務進行之責；(4)負增進學校與政府和社會各方面密切聯繫之責。

Stanley W. Williams：中學校長職責有九：(1)提供良好組織、技巧及各單位間圓潤的協調；(2)領導改進課程與教學；(3)培養及維持學生、教師、家長及上級官員之間的相互了解；(4)注意教育專業發展與趨勢；(5)參與社區活動，特別是與教育有關者；(6)適當授權並督促完成工作；(7)擬訂或協助擬訂加速實施教育目標之政策與決定；(8)利用各種機會與上級官員溝通；(9)促使部屬經常努力實現學校教育目標。

Alvin Curich 認為，高中校長功能有四：(1)組織的功能；(2)管理的功能；(3)教學功能；(4)社區參與的功能。

William Greenfield 認為，校長職責如下：(1)確定學校使命：配合環境與不同社會階層家長的需要，確定學校使命；(2)管理教學計畫：課程與教學方面，校長要信賴教師，經常參觀教室。在選擇課程發展與教學計畫時，

校長有時要扮演指導的角色；(3)促進積極的學校氣氛：校長要塑造對學生成就有很高期望的氣氛，訂定獎勵辦法，以表揚有成就的學生。

William H. Roe 和 Thelbert L. Drake 認為，校長的工作，有行政管理及教育與教學領導兩大類。在行政管理方面：(1)適當保存學校所有記錄；(2)準備向教育行政機關及其他單位提出報告；(3)預算編製與控制；(4)人事管理；(5)學生紀律；(6)進度表的編訂與執行；(7)建築物的管理；(8)物品與設備的管理；(9)學生經費的管理；(10)監督教育行政機關所規定計畫與教學工作執行的情形。在教育與教學領導方面：(1)激勵教職員；(2)與教師編訂實際可行與客觀評量學習工具；(3)與教師合編評估工具，以評定進行中之計畫，了解缺失並謀改進；(4)與教師合作修訂教師評鑑表；(5)與教師合作制定學生評鑑報告表；(6)提供社區參與學校活動的機會；(7)鼓勵教師研究課程，改進教學；(8)輔導學生成立自治組織；(9)設立專業的學習資料中心，並加以應用。

第二節　筆者的看法

筆者個人對高中校長職責，提出四個重點：

(一)樹立正確教育方針，培育優秀學生

所謂優秀學生，是指有氣質、有理想、有禮貌，有正確的人生觀價值觀，肯上進、能合群的健全人格者；也就是德智體群美五育均衡發展的學生。要培育優秀的學生，在教學與訓育上，要先樹立正確的方針，施以合宜有效的方法。

(二)配合政府政策，執行教育計畫

政府針對國家發展，社會的環境，擬有階段性的教育政策與教育計畫，如資優教育、民主教育、法治教育、反毒教育等，高中是學校教育重要環

節，校長自應配合政府政策，執行教育計畫。

(三)營造良好學校組織氣氛，激發教職員工的教學服務精神

學校猶如一個大家庭，校長猶如大家長，因此校長要深切了解每一個教職員工，而加以關懷照顧，盡力為教職員工解決困難，多加激勵，鼓舞士氣，與教職員工打成一片，塑造和諧、團結、溫馨的氣氛，定能激發教職員工的敬業精神。

(四)善用教育資源，促進學校的正常發展，達成教育的最大效果

教育資源包括有形無形的人力和物力、財力，也包括學校資源和社會資源，必須善加利用。例如：對學生要因材施教；對各級單位主管的遴選，要適才適所，使其發揮專長；而對經費的運用，必須把握經濟有效的原則；至於社會資源，如校友、工商企業、政府機構、公益機構、公益社團等，都可提供，校長要努力謀求，善加運用，以促進辦學績效與學校的正常發展。

14 扮好學校行政領導者的角色

校長是一校之長，是學校行政的領導者，他具有多重的角色。首先敘述專家學者對校長角色的看法，再提出筆者看法。

第一節　專家學者對校長角色的看法

一、Van Cleve Morris 等的看法

1. 教學領導者：協助教師了解教學目標，選擇教材，編製測驗及其他評鑑工具，了解教師的優缺點，並鼓勵其專業成長與能力強化，了解如何以最佳的方法與家長溝通。

2. 決策者：校長為教育最佳決策者與問題解決者。

3. 學校管理者：(1)監督學校設備與財務；(2)製作與督導揭示板、簡報資料、記錄、舉行會議，以利溝通；(3)招募與遴用教員；(4)提供與督導學校輔助性的服務；(5)編製學校計畫進度表、分配與組織學生；(6)安排學生運動、戲劇與音樂等活動；(7)監督學生紀律。

4. 中介者：為學校與民眾間的中介者，擴大學校與社區關係，與當地團體聯絡。

5. 學習環境的創造者：培養學校的學習風氣，給予教師情緒上支持，與教師溝通，以達成學校成功的管理，創新組織的誘因系統，以鼓勵每學年均有傑出表現者。

二、James J. Jones 等的看法 ⟋★

　　1.教學領導人：負責改進計畫，促進教師專業成長，提高行政效率。
　　2.公共關係與特別服務：在增進公共關係中，校長為關鍵人物，要負責管理某些特別服務，如學生自助餐廳、保健室、圖書館與交通服務等。
　　3.學校設備管理與研究發展：負責學校現有設備空間利用與維護，並籌畫購置新設備。

三、Richard A. Gorton 的看法 ⟋★

　　1.經理人（manager）：爭取、分配與協調人力與物力資源，以達成學校教育目標。
　　2.教學領導人。
　　3.紀律維持人：學生行為問題由校長負責。
　　4.公共關係促進人。
　　5.改革推動人。
　　6.衝突的斡旋人：要求雙方都了解對方的某些正當，產生妥協，解決衝突。

第二節　筆者對校長角色的看法

　　筆者認為校長的角色是：策畫者、溝通者、督導者、協調者、激勵者、用人者、公關者、問題解決者、研究發展者、綜合運用者，茲分述如下：

一、精心策畫者 📌

　　所謂策畫，即指學校行政事務計畫和決策。校務計畫是學校事前決定應作何事及怎樣去做的規畫，包括：目標、方法、步驟、資源與預期成效、可能遭遇的困難等的考量。凡事訂有完善周詳的計畫，學校組織的任務必容易達成。但是如何制定計畫，卻不是一件簡單的事，它牽涉到許多心理上、技術上以及環境的條件。學校行政決策，又稱學校行政決定，是指學校為達成任務及解決問題時，就若干可能的行動與方法，作最佳抉擇的過程。雖然學校行政的決策，實質上是全校師生集體思考與相互的過程共同形成的結果，然而在形式上，學校行政領導者應負學校教育成敗之責，校務計畫與決策，便成了學校行政領導者功能與責任之一（有關決定原則與要領已詳述於第四章第四節）。

　　學校行政領導者要扮好策畫者角色，必須先要充分了解策畫的原則、方法與步驟。策畫的原則：(1)把握時機；(2)完備周密；(3)切實可行；(4)人力、物力、財力、時間調配得當；(5)集思廣益。策畫的要領：(1)合乎理性；(2)以常識判斷，勿作直覺反應；(3)用方法邏輯推理；(4)避免訴諸權威。策畫的步驟：(1)清晰了解問題；(2)尋求相關事實；(3)分析事實資料；(4)擬訂可行方案；(5)決定最佳方案。

　　如何才能作出一個有智慧的決策呢？有人認為，決策的良窳，在於決策者有沒有一套完整而清晰的決策準則。許多企業，開始重視並引進策略規畫（strategic planning），由幕僚人員蒐集資料，經過嚴密的分析、評估，來協助決策者作決策。但也有人認為，面臨環境的變數愈多，決策智慧往往顯現在決策者的靈犀或是直覺。這包括下達決策是否能綜合天時、地利和人和。

　　這兩種說法都沒錯，而且互不衝突，只是與決策者刻意傳達的經營理念及組織文化有關：前者強調邏輯分析，追根究柢的管理精神；後者則強調大膽創新，行動務實的領導魅力（參考《生產力雜誌戰略》1991-2，編者的話）。

校長在策畫校務時宜把握的原則

1. 把握目標與方針：如決策能否達成「培養優秀學生」之目標，有無影響教學的成效？

2. 決策應以現實環境為基礎，不要太理想化：如要求全體教職同仁都要參加升旗，有無可能？

3. 決策時應參考過去，衡酌現在，預測未來。

4. 決策時應先了解事務緩急先後：分別何者應近期急需辦理，何者須長遠發展，如先考慮目前學生學習所需的環境，再考量學校未來發展的需求。

5. 決策時應參考各階層人員的意見，如行政人員、教師，甚至工友、學生及家長。

6. 校長之決定，限以目標、方針或原則為主，儘量不要參與方法或細微末節的事。而在方針、原則決定前，儘量廣泛聽取意見後儘早決定，以便讓屬下去詳擬細節方法；不要等細微末節擬妥後，校長再全部給予推翻，這樣不但浪費時間，而且打擊士氣。

7. 在冷靜思考後才作決策，不要在激動或慌忙時作決定，尤其重大事情，特別是人事案，如調動、升遷及獎懲，必先對其優缺點作充分了解，適才適用，並非短期間可達成的。

8. 校長應有自知之明，自知能力有限。什麼是自己專長，什麼又是自己的弱點？如果事務屬於自己的專長，當然可提示較多的意見；如屬自己弱點方面，應請專家或多人提供意見。比方說校園美化，校長如無藝術眼光，則大可請專家設計規畫，校長只提出構想即可，不要加入太多意見，以免設計結果流於低俗。

9. 決定計畫時，儘量考慮多目標之達成：任何一項學校活動，無論是教學、訓育活動等都可收到多種效用。如每天的朝會活動，不但可激發學生的愛國情操，養成守秩序、守法的習慣，也可作為溝通、宣導、激勵、輔導、教學、自治、培植良好公民的時機。

10. 應認明什是自己的重要職責：應先仔細考量什麼事務由自己決定，

什麼事務交由部屬決定，亦即考慮如何授權。例如：學校的公文處理，什麼公文須校長親自批閱判行，什麼公文由處室主任批閱判行，應有明智的決定，否則不是大權旁落，校長無所事事，就是校長過於專制，而造成瓶頸，影響行政效率。其次在用人決定或大筆經費的運用，校長均應把握重點參與，不宜太多授權，而造成不可收拾的後果。

*11.*決策時應有正確的價值觀：校長是否已建立正確的價值觀，可就下列各項綜合考量：國家觀、倫理觀、科學觀、民主觀、整體觀。不要只憑個人主觀，學校利害得失或眼前利害得失來考量。例如：在決定校園如何開放時，不只本著學校立場來考慮，而應配合國家社會的立場，同時考慮老年人、青少年的需求，有計畫地開放，在不影響學校正常教學前提下，一方面協助解決社會問題，一方面也可和社區建立良好關係。

*12.*校長在校務各項決策應把握要點：工作——科學化、校園布置——藝術化、人事安排——適才適用、經費使用——經濟效益、教學——多元化、輔導——民主化、服務——人性化。

*13.*適時採用參與決定：校長在許多校務處理上，應適時採取多人參加作決定，使考慮更周到，並滿足同仁的參與感，使決定更有權威性，便於推行成為更多人所接納，同時也可減輕校長個人承擔的責任。例如．對學生的處罰，如能組成訓育委員會，則處罰必然公正公平，具權威性，不怕別人關說或批評。

二、多向溝通者

溝通是指將一個人的觀念、思想、意見、資訊和感覺，透過共同語言或文字，或一系列的行為，傳達他人的歷程。溝通是學校行政組織不可或缺的行政行為，溝通之於組織，就如同血液循環之於人體生理組織結構一樣，若沒有溝通活動，組織結構必然崩潰瓦解。賽門（Herbert A. Simon）說：「沒有溝通，即無組織。」真是一針見血的話。

溝通的功能，就積極面來說，可增進組織成員彼此的了解、情感的交融，建立和諧人際關係，加強良好的團體關係，可以集思廣益、達成共識、

獲得支持，使決策更形完善、合理、合情；也可以發揮協調整合的作用，促使單位之間或成員之間合作無間、觀念一致、步調一致。就消極面而言，多溝通可以減少誤會、衝突、紛爭，化解敵意，強化團隊精神；如溝通不良，會產生猜疑、迷惑、挫折、謠言、恐懼等。

溝通可分為正式溝通（formal communication）和非正式溝通（informal communication）二種。正式溝通是正式組織系下依命令的系統，循層級節制而運作的，其方式如各種會議、會報、研究會、研討會、早會、公告、通知、刊物、廣播、意見箱等。非正式的溝通，要靠非正式關係來完成，較不拘形式，如餐敘、聊天，設立各種俱樂部等。

學校是一個組織體，人事物都相當複雜，為使校務順利推展，必須強調溝通，學校行政領導都必須扮演溝通者的角色，要扮演好這個角色，必須講求溝通的原則與技巧。溝通的原則是：(1)溝通前先澄清概念；(2)了解溝通的真正目的；(3)配合情境；(4)儘量徵求別人的意見；(5)應注意溝通的內容和語氣或語調；(6)傳送資料要真實而有用；(7)要顧及現在和未來；(8)要言行一致；(9)要多聆聽；(10)要追蹤。

學校行政溝通的好壞，校長扮演主要角色，因為校長決定學校溝通策略，包括：要不要充分溝通，用什麼方式溝通。由於溝通好壞，牽涉到校長本身的態度、想法，很多校長不願意與人溝通，或者不善於溝通，或錯用溝通方法，而造成溝通不良。

校長要做好溝通工作，宜把握的原則

1.重視溝通對學校目標達成的重要性：如營造團結和諧氣氛，創造校務改進革新的動力等。

2.要主動積極地從事溝通：以坦誠、寬容、謙虛的態度面對各種溝通。

3.善用各種溝通媒介或方式：如口頭、文字、直接、間接的溝通。

4.要適時適地，不要錯過時機，也不要誤用場地：如一項重要決定，要及時請大家參與或及時說明，不要等大家群起反對或誤會時才提出報告。

5.應採雙向式多向式溝通：校長可以與師生雙向溝通的場合，如各項座談會、行政會報、導師會報、幹部座談。至於單向向下溝通，如校訊、

朝會、週會、公告、通知；單向向上溝通，如班會記錄、意見箱、日記、週記、記事本。

　　6. 可運用非正式溝通達成多項目的：如利用在校園閒聊、餐會時間、各種休閒活動時間等，都可達到聯誼、澄清誤會、增進了解、鼓舞士氣等作用。

　　7. 宜培養傾聽的修養：在溝通的過程中，傾聽是非常重要的，傾聽象徵尊重對方、了解對方、接納對方。

　　8. 應培養表達能力：如何言簡意賅、簡明扼要表達自己的想法、看法，也是達成口頭溝通效果的重要關鍵。

　　9. 要視情況而行之：誠如孔子所說：「可與言而不與之言，失人；不可與言而與之言，失言。知者不失人，亦不失言。」身負溝通重任的校長，自然不宜錯過，更不宜過錯。

　　10. 增進溝通能力，可從三方面努力：(1)充實廣泛知識，以充實溝通內容；(2)加強溝通技能，如演說技巧、談話技巧；(3)培養良好態度習慣，如表情、禮貌、傾聽等修養，以達成溝通之最佳效果。

三、用心督導者

　　督導含有監督與指導兩層意義。所謂「監督」，是學校行政領導運用權威促使教職員工生以迅速、確實有效方法，來完成其工作的一種手段，包括：工作指派、工作指導、工作控制與工作考核。指導是運用領導個人智慧、經驗、人格特質等，兼以溝通、整合、獎懲、提示、示範等方法，啟發教職員工生，使其能揣摩學校行政領導者的意圖，全力以赴，完成任務。就表面而言，監督是屬消極性的，而指導是屬積極性的，然而兩者實須相輔相成，相得益彰，不可偏頗。如果只重指導而忽視監督，無法糾正錯失，控制學校行政的品質；反之，只重視監督而忽略指導，則難免袖手旁觀，嚴苛指責，缺乏參與和提示。凡事若只看成果的好壞，而不知過程的困難，無法使教職員生信服和佩服。因此，一個學校行政領導者，要扮好督導的角色，必須指導與監督兼顧。

　　無論是行政或教學，固然由校長授權分層負責實施，校長應信任部屬，但信任並非放任，信任只是在他們職權範圍內信任他們，不要大小事情都去管；但是各單位要接受不定期的考察，看看是否依規定計畫進行。如果有偏差，也應加以糾正或適時指導。監督有如品質管制，沒有良好的品管，其品質無法達到標準，目標不能達成。

　　校長在監督時應把握下列原則：

　　1.監督以特殊事例為重點：對例行的事不一定太用心，即發生異樣時、特別情況時才去考察，如學生秩序不好時、有不滿情緒時、校園雜亂時、教職員工有怠惰現象時、部門之間不協調時、計畫未依期限完成時。

　　2.校長應了解各種死角：場所的死角，如廁所；時間的死角，如中午及下班時；職責的死角，如有事無人做，有人無事做；方法的不當；任務的疏忽。

　　3.善用監督的系統：除了親自走動觀察外，可透過意見箱、班會、正式會議、記事本或與教職員生聊天，多方面了解。每天下午簡短的會報，也可達成迅速了解狀況，及時糾正指導的功能。

　　4.走動管理督導：校長的督導應不只限於在校長室、會議室，而必要時應隨時隨地執行督導任務。如當走到校園某一角，遇到教師上課遲到時，可及時用適當的態度糾正；遇到某行政主管，可隨時就緊急改進事項提醒或指示要點，當然如果事非緊急，可留在辦公室或會議時再談。

　　5.糾正的要領：(1)要視情節輕重，採取糾正的行動，如不太重要的，可以先讓其嘗試錯誤，讓部屬在工作中獲得教訓。(2)必要糾正時（亦即情節重大時），宜選擇較充裕的時間，不受干擾的場所好好談。(3)糾正時談話應心平氣和，就事論事，不要情緒化，一味指責，開始可就某件發生事或不理想的事談起，然後讓對方說明，發表意見，然後校長才提出其看法或作法優點，再指出其缺點。

　　6.指導的要領：(1)指導部屬可以用比糾正較有彈性的作法，不一定有錯才加以指導，可以指導使其更好，因此隨時隨地都可以指導，在辦公室或校園任何一處，都可藉閒聊、非正式交流、會議進行指導；(2)指導時先指出部屬的優點，然後再提出指導項目；(3)可藉小型會報，透過與會者的

不同看法，給當事者參考、改進，也可提供書本雜誌供其參考；(4)如果校長本身對某一件事的看法或作法沒把握時，可多聽別人的意見，綜合歸納後才提出指導方法；(5)為使部屬能彈性處理，指導宜以方針、方向、原則為範圍，而不要太詳述方法，以免部屬在處理時左右為難，或未能發揮其創造力；(6)指導仍以個人專長方面較多發揮為宜，如校園美化、餐飲管理、領導溝通、教學方法、民主運作、制度規畫、工作簡化等。

四、適時協調者 ★

協調（coorclination）就字義而言，係在和諧的氣氛下調解事務，使組織的成員達成共識，意見一致，步調齊一，分工合作，共同完成組織所分配的任務，而達成既訂組織目標。其目的在促使組織成員密切配合，減少對立，各盡職分，提高效率。

協調和前述溝通，都是行政組織中二個主要的行政行為，二者關係雖然十分密切，但仍有不同。溝通的行為發生在先，協調的行為進行在後；溝通在尋求觀念思想的相同，協調在尋求行為行動的一致；溝通是達成協調的手段，而協調是進行溝通的結果（參考吳清基《教育與行政》，264至265頁）。

學校組織成員或部門之間，常因意見不同、立場相異而發生紛爭，新進人員和舊同仁不能和諧共事，為職責與權力發生爭執，致使學校組織力量分散，士氣低落。這時校長要扮演一個協調者的角色，作好協調工作，化解紛爭，促進團結。要使協調成功，其方法是使學校組織成員對學校的政策目標具有共識，利用學校組織層級體系進行協調，適切的工作指派，組成小組進行協調，透過幕僚協調，透過適切的地方人士協調等。在協調的過程中，要把握的原則是：(1)要了解事實，不只聽片面之詞；(2)公平公正，不具私心；(3)以讚賞代替責備；(4)以疏導代替壓制；(5)主動找機會協調溝通。

校長對協調工作應把握的幾個要領

*1.*了解衝突的原因：如(1)目標的對立——各部門或個人，不可能全部接受共同的目標，因為目標分歧而導致潛在的衝突；(2)組織各部門相互依存性，造成潛在的衝突；(3)資源不足以滿足成員的需求，如預算、升遷、獎勵等；(4)對語意的誤解；(5)個人價值觀、態度、期望、人格、認知上的差異。校長對此先要有清楚的認識。

*2.*應在衝突發生之前進行協調，也就是在平常就要多創造和諧氣氛，減少衝突，能將大事化小，小事化無。

*3.*平時應多觀察了解各單位，才不致被少數人所包圍或蒙蔽，如此才能公平公正地排解紛爭。

*4.*衝突必要協調時，應找適當的人選，如較有說服力者、人際關係良好者、服務熱心者、品德高尚者擔任，尤其不宜找品德差的人當協調者，免得發生不良的後遺症。

*5.*高中學校內，較容易發生衝突的單位是教務與訓導、訓導與輔導、主計與總務、人事與教務、訓導主任與主任教官。校長應客觀公平處理衝突，最好的方法是利用主管會報，用較長時間作公開性的討論、辯論，讓每一位都能發表意見，每一位皆有傾聽的修養、表達能力，衝突自然減少。必要時可以進行私下溝通或舉行餐敘，化解衝突。

五、適當激勵者

所謂激勵，是指以物質或精神鼓勵組織成員，使其有「工作滿意」感（job satisfaction）及成就感，以激發其向上進取、精益求精的精神，進而鼓舞全體成員的士氣，達成組織的目標。

美國心理學家馬斯洛（A. H. Maslow）倡導「人性激勵理論」，指出人類有生理、安全、歸屬、尊重、自我實現等五種基本需要，據馬氏的理論加以整合起來，人性的需要就是：(1)物質需要：衣食住行；(2)社會需要：交友、婚配、樂群、從眾；(3)智能需要：求用、求控制自然、掌握人生、

求知；(4)精神需要：安全、舒適、名譽、尊榮、優美、關懷、讚賞、成就感。

適切的激勵能使組織的成員滿足個人的需要，感覺有成就感，更加努力工作。而團體士氣也必振奮，生氣蓬勃，工作效率激增，品質提高，組織目標圓滿達成；反之，缺乏激勵，則個人得不到滿足，士氣低落，工作無效率，成員渙散苟且，組織目標非但不易達成，甚至於發生錯誤疏漏，危害組織，所以激勵是組織行政的法寶之一。

學校是一種行政組織，其成員教職員工生都是人，都有人性的需要，都需要得到激勵。因此學校行政領導者，須扮演一個激勵者的角色。據研究學校行政領導者的倡導和關懷行為，與老師的服務精神，存有顯著的相關。對老師關懷多，老師的需要獲得滿足，服務一定會提升，會對學校認同，工作專注，有團隊精神，肯犧牲奉獻；當然對學生多關懷，也是一樣的結果——關懷就是一種激勵。

因此，校長必須重視師生內在心理及外在環境的需求，鼓勵教師專業進修，調適教師行政兼職，採取高倡導、高關懷的領導方式，暢通溝通的管道（參考吳清基《教育與行政》，345 至 348 頁）。

而當實施激勵的時候，要注意適時、適度、物質與精神並重、獎懲考績客觀切實、公平公正等原則，尤其要注意人性化，必須誠懇、善體人意、相互尊重、相互了解、建立共識、建立同理心、信賴、設身處地尊重對方（參考吳清基《教育與行政》，348 至 349 頁）。

校長扮演激勵者的要領

1. 尊重每一位教職員工的獨立人格，不輕易貶低，即使是工友，也應以禮相待。

2. 認識並肯定每一個人的長處（即使有許多短處）及其工作價值，然後適時加以讚賞。

3. 先了解教職員工的困難及需求，先提供滿足大多數教職員工的需求，也解決部分教職員工的困難。如良好的工作環境是大家所需求的，因此可先改善工作環境；而個人困難如不影響公平性，不會有不良的後遺症，也

須適當地予以解決。

　　*4.*公開讚賞，私下糾正，是激勵的重要原則，因此多在公開場合表揚教職員工，在私底下告知缺點。但是適時適地的讚賞，即使是兩句話，也有其必要性，不一定再等公開場合，因過時則失效。

　　*5.*運用各種激勵方法，除了口頭讚賞外，可利用便條、書信、卡片表示慰問、讚賞、感謝，也可達到效果，其他如贈送獎品、紀念品、獎狀、獎金等，都可以激勵士氣。

　　*6.*透過辦理大型活動，好好規畫，認真執行，而獲得校外人士的肯定及讚賞，除了激發潛能外，可使教職員工有成就感、榮譽感，也是很好的激勵途徑。

　　*7.*不拘形式的餐敘，對於學校同仁也可達成激勵的效果。

六、知人善任者

　　「知人善任」之意，是指在組織行政運作中，安排最適當的人，擔任最適當的工作或職位。換言之，就是每一項工作或職位，物色最適當的成員來擔任。語云：「事在人為」，「謀事在人」，用人是學校行政領導者的權責之一。用人適當，是學校行政成敗的關鍵之一，因此，學校行政領導者也要扮演用人者的角色。

　　學校的組織龐大而複雜，行政領導者不可能事必躬親，因此必有其完整的組織體系，分為許多單位或部門，每一單位或部門各有應辦的業務，彼此分工合作，在學校既定的整體大目標之下，接受行政者指導，加以運作，完成單位任務。然而，只有完整的組織架構，而每一單位或部門缺乏適當理想的成員來負責，雖可運作如常，但其業務績效品質，必然無法達到組織整體的要求。

　　然而，「人」是最難了解的，因為每一個人基於其先天遺傳及後天環境，有不同的背景、環境、思想、人性、人格特質、教育程度、需求、理想等，要適當地用人，正所謂「運用之妙，存乎一心」了，因而用人成為一種藝術。

　　雖然如此，用人仍有其原則可循，即：(1)知人善任，充分授權；(2)了解人性及其個別差異；(3)捨短用長；(4)適才適所；(5)大公無私。也需注意不要犯以下九個大忌：(1)大才小用；(2)小才大用；(3)學非所用；(4)專才通用；(5)勞逸不均；(6)賢愚不分；(7)用人而疑；(8)因人設職；(9)搞小圈圈。

　　人事的進用，宜內升與外進同時考慮，學校行政領導者，平時對每位老師必須有充分的了解，作公正客觀的考核，鼓勵同仁專業進修，有計畫地儲備人才。

　　在用人方面，筆者有下列的體驗：

　　1.對人格特性，應有正確的看法：(1)每個人都有與生俱來的「食色」本性，因此，為滿足食色而努力的大有人在；(2)每個人都因先天遺傳不同及後天教養有別，具有不同的獨特人格，因此，思想、觀念、興趣，以及情緒反應都有差異；(3)每個人的人格係整個生活習慣的組合體，其特性是相當固定的，所以說：「江山易改，本性難移」；(4)每個人的人格雖然有其固定性，但也會受到環境及教育的長期影響而有所變化。因此，要把一個人看成一個相當複雜的個體。

　　2.了解每一個人的工作動機：凡人都有其工作的動機，有的為精神滿足，有的為物質享受，有的為名利，有的為安適、安定，有的為受人景仰。

　　3.對人性潛能發揮的看法：如果給每一個人適當的情境，就能將其潛能發揮出來，即使是一位工友，如果給他適當的條件，可以發揮三五倍的潛能。

　　4.校長在選才用才時，要能適才適用：一位好的教師，不一定是一個好的行政人才；一個好的組長，也不一定是好主任。

　　5.用才要循序漸進：任用行政幹部要按部就班，循序漸進。如當過好的導師，才能勝任組長，一位好組長才能成為好主任。是以如有升遷機會，應考慮經驗及年資，儘量避免空降或越級的現象。

　　6.用人要講原則，以選才為主，不應受人情包圍：用人時固然避免不了長官或朋友介紹，但仍以選才為要，如太遷就人情，一旦用人不當，則後患無窮。即使任用一位工友，都不可忽視，因為一位在辦公室服務的工友，可能影響到幾十位教師的工作情緒。

7.要禮聘教師，避免教師藉旁門左道而入：儘管社會有諸多不良風氣，但在新聘教師時，仍應慎選而禮聘，絕不能讓教師用不法手段聘用，否則師道尊嚴喪失，將不可能成為好老師。

8.要善用人才：除上述要點之外，校長應把握領導的原則（詳如第十五章〈把握學校行政領導的原則〉）及重視領導者的各種角色。

七、良好公關者 ⚡

學校的公共關係，是學校透過各種媒體和活動，向政府官員、民意代表、社會大眾、學生家長等，作適當的報導和接觸，使其對學校具有良好的印象，建立良好關係，進而獲得支持、鼓勵和指導。其目的在：(1)向公眾報導學校事件；(2)使公眾對學校建立信心；(3)使公眾對教育計畫予以適當支持；(4)使公眾體認教育的重要；(5)改進教師、家長的觀念；(6)整合家庭、學校及社會教育的功能；(7)導正公眾對學校目標的誤解（參考黃振球《學校管理與績效》，86頁）。

當今社會是個民主開放的社會，各方資訊迅捷而充分，學校是社會的縮影，更與社會結成一體，與社會脈動息息相關，所以學校行政與教育措施，不可閉門造車，我行我素，而必須妥善運用公共關係，才能達成上述七項目的。校長對於學校公共關係的促進，不但責無旁貸，也是促進公關的靈魂人物，必須扮好公關者的角色。

校長怎樣做好公關呢？(1)不斷提升升學績效；(2)加強親職教育；(3)善與社區合作；(4)適時說明學校的計畫與活動；(5)請家長自願參與學校計畫。而具體的作法是：(1)善用各種媒體，如報紙、電視、電台；(2)自行出版刊物；(3)學校行政領導者私人接觸；(4)以學生、教職員工、校友為媒體；(5)透過學生活動，展現成果；(6)召開家長會，請家長參觀學校；(7)妥善接待國內外來賓；(8)妥善規畫一年一度的校慶活動；(9)師生參與社區活動。當然要把握適時、適度、具體、確實、效果、經濟等原則，否則弄巧成拙，得到反宣傳效果，浪費人力、物力、財力、時間和精神，豈不枉然？

校長除了認真在校內治理校務外，也應適度從事社交活動，一方面可

以廣結人緣，贏得大眾對學校的支持，一方面可以在活動中培養開闊的胸襟，汲取廣泛的知識，培養服務精神，以強化領導者必備的素養。就廣義而言，公共關係是與所有大眾建立良好的關係，而學校有關的大眾，包括教職員工、家長、校友及其他社會各界，其要義是好好辦學，並與各界建立良好關係，適度宣傳，以贏得大家好感，並獲得大家的支持。

　　一個學校的領導者所能做公關項目很多，如與教職員工、家長、校友及時的溝通聯繫。筆者在學校中所從事的公關項目有：(1)定期與教職員工餐敘；(2)定期與家長會委員開會；(3)定期與校友會活動；(4)擔任台大校友會會長；(5)參加扶輪社；(6)擔任台中一中校友會理事；(7)擔任執政黨台中市黨部委員；(8)擔任彰化同鄉會理事；(9)其他奉上級指派擔任多項教育活動的負責人或協辦人；(10)其他如與新聞界保持聯繫，隨時提供值得報導的消息給他們。

　　或許有人認為，校長花太多時間在與辦學無關的事務上，成為政治校長，外務太多而影響辦學；實際上只要適度運用時間，並請學校同仁協助，不但不影響校務，反而在運作中帶動同仁活力、向心力及士氣。

八、問題解決者

　　學校行政是人、事、物、時、空、制度等因素的結合，十分錯綜複雜。在組織運作的軌道上，有時相當順暢圓滿，而有時難免會有脫軌不暢的現象，造成種種問題。諸如教職員工生的問題、家長校友的問題、各單位業務問題、組織架構制度法令規章問題，有些是既存問題，有些是偶發性的，必須妥善解決，才能使校務運作導於正軌。否則小問題變成大問題，處理起來更加棘手困難，甚至於無法解決，而影響士氣，釀成爭端，破壞學校形象與聲譽，削減學校行政績效。

　　當問題發生時，校長必須面對問題、解決問題，因此校長也要扮演一個問題解決者的角色。

　　解決問題的方法，最好是防患於未然，消弭於無形。其次要深入了解問題發生的原因、背景、經過、相關人事物，再考慮解決的步驟，善用溝

通與協調的技巧，當然更要冷靜、細密、及時、分析、研判、同情、公正、客觀等，都是應把握的原則。

校長在解決學校各種問題時，應注意下列要點：

*1.*培養正確的問題意識：即對學校各種措施，均要有敏銳的洞察力，在問題發生的初期，或發生最嚴重時，都要有正確的判斷能力，如俗語所謂「一葉知秋」，而不能等到事態嚴重時才發覺，此時已太遲。所以校長要多觀察、多溝通、多走動、多思考。

*2.*遵循解決問題步驟：解決任何問題均有一定的步驟或程序，不要顛倒順序，攪得治絲益棼，一般程序是：(1)察覺問題；(2)澄清問題；(3)提出多種解決問題的方法；(4)衡量各種方法利弊得失；(5)選擇較多的方案；(6)詳細計畫並執行。

如察覺最近學生好像很散漫，要進一步去了解原因，如發現是因學校某項措施不當，造成學生不滿，學生故意在各種場合表現無言的抗議。知道原因後，要盡量想出各種方案，愈多愈好，先不要決定哪一項最好，多集思廣益，解決任何問題一定有多種方法，經過多方思考後，再對各種方案分析利弊，然後融合起來，想出最好的解決方法，再擇定適當的人員去執行。

*3.*採取參與決定，勝過獨斷：學校發生問題，除了少數牽涉教師個人名譽，不便公開討論外，大多數問題都可邀集有關人員，共同研商決定，參與解決問題，較能考慮周到，作到公平公正，較能獲信賴，便於執行。當然校長就問題性質，慎選適當人選討論，也很重要。

九、研究發展者

(一)校長扮演研究發展者的角色

研究發展，就是依據學校組織現有的基礎，有突破現狀，發展未來的行政行為。就學校本身來說，學校是個有機體組織，本身在不斷地成長與變化；就社會來說，學校須配合社會的脈動，同步成長與變化，否則墨守

成規，維持現狀，便會落伍，被時代與社會所淘汰。

學校行政領導者認真研究，力求學校發展，也是應盡的職責之一，因此也要扮演研究發展者的角色。

校長本身不但要不斷研究，也要指導教師同仁不斷研究，在進行研究發展過程，要把握學校既定的目標，認清學校的特性，掌握學校有利的物質及精神條件，擬具前瞻性計畫，集思廣益，分工合作，在安定中求進步，進步中求安定。

研究發展具體可行的作法是：(1)舉辦各種研討會、討論會或研究會、觀摩會，鼓勵同仁參與；(2)激發教職員同仁的研究風氣；(3)充實圖書設備，創造研究的環境與氣氛；(4)鼓勵教師同仁在職進修；(5)擬訂研究計畫與方向，分工合作；(6)給予適當的獎勵與支持；(7)開闢研究成果發表園地，出版研究成果專刊。

校長既是一校的領導者，他除了扮演前述多種角色外，還要時時思考、研究對學校行政、教材教法、學生輔導等，要有創新的構想作法，才不至於墨守成規，學校死氣沈沈，學校發展落在他校之後。

有人以為，學校發展就是如何建設、增建房舍、添購設備等硬體設施而已；其實，更重要的是軟體發展。好比光有硬體的電腦機器，而沒有很好的軟體設計，也沒有什麼作用。

(二)在研究發展方面，校長宜把握幾個原則

1. 保持優良傳統，適度創新：創新並不是否定傳統，全部更新，而是把良好的傳統措施繼續採行，並發揚光大。然後在傳統外適度創新構想，例如：傳統升旗典禮，其主要目的在培養學生愛國情操，因此，除了升旗唱國歌外，就是訓話；不妨改變一點新措施，作為溝通、聯誼、激勵、休閒教育等多目標活動場合，而且要詳加規畫，使朝會變作有情趣、有益處的活動。

2. 在創新之前，應將傳統充分消化，成為自己的知能或架構，使傳統成為創新的動力。有人以為，創新否定傳統，傳統太落伍，不必去探討、採行──這是錯誤的想法。我們常犯有捨近求遠的毛病，如中國的傳統儒

家思想——忠恕仁愛之道，都被日本企業界吸收運用，使日本企業能超越美國講求現實的企業。而以為儒家思想落伍，其實是對儒家思想未能徹底了解，未能融會貫通，才有這種想法。筆者在學校用人之道，仍把握「忠恕仁愛」原則。

另外，我們有時會將前任校長建立良好制度，或打好的基礎加以否定或不加以重視，認為前任的作法有許多弊端，應加以徹底改革——這都是不正確的看法。筆者對前任校長的辛勞貢獻，都細加觀察了解，甚至珍惜它，然後在這些基礎上加以創新。

3.要建立清楚的研究發展程序架構：欠缺正確程序，則研究發展不可能達成很好的效果，除了把握前述二種原則外，還要依照下列順序：(1)了解學校現況優缺點；(2)建立若干目標，蒐集資料，參考別人，多方面了解，徵求各種意見，提出各種可行方案，加以選擇一個或若干方案，再確定步驟方法，擇定人員去實施，適時檢討改進。

筆者研究發展的實例有：
1.校務會議方式。
2.校園美化改進。
2.圖書館的改進。
4.合作社的改進。
5.升旗典禮的改進。
6.行政會報的改進。
7.註冊方法的改進。

十、綜合運用者

學校領導者為履行任務，善盡職責而扮演的角色相當多，已在本章前面九節裡分別敘述。一位好校長，不但會策畫，也要能督導；不但會溝通，也要能協調，不但會要求，也要會指導；不但知人，也要善用人；不但懂得授權，也要會激勵；不但重視內部發展，也要重視對外建立良好的公關；不但要重視目前的行政績效，也要兼顧未來的學校發展；不但是一位能把

握重點、立身崇高的領導者，必要時也是一位紛繁校務問題的診斷者與解決者。

這麼多角色集於校長一身，並不意味著校長時時都須扮演全部角色，要因時、因地、因對象、因情境扮演適當的角色。凡事要相機行事，在很自然的狀況下完成角色的扮演。

譬如校長一大早到學校，以親切態度跟師生們打招呼，必要時對他們問候幾句，如此已作到激勵者的角色。接著升旗朝會時的講話，如適當運用，也可同時達成溝通者、督導者及激勵者的角色。早會後巡視校園，遇到幹部如處室主任，適時指示校務計畫重點，或對某一問題提出說明，如此已作到督導溝通或問題解決者的角色。又在巡視校園時，觀察教師教學活動，可增進「知人」，進而達成「善用人」角色。其次，在校園走動時，透過觀察校園種種，諸如學生表現、校舍狀況、校園布置……等，可以激發問題意識，進而規畫學校發展計畫。總之，校長之校園走動，如善用敏銳的眼光、主動的口語溝通、親切態度及適時思考，都可達成多重角色。

校長如能善用開會時間，也達成多角色功能，如主席致詞時，可藉機激賞同仁某些優良表現，以鼓舞士氣，也可將校務改進構想，先行提出說明，以加強溝通，達成共識。有關會議運用，在第十九章第十節另有詳述。

其次，在各項休閒活動或非正式集會時，也可扮演多重角色，校長可參加各種運動，不但促進身心健康，並與同仁溝通聯誼，無形中增進溝通協調管道，有利學校團結和諧。藉運動而增進公關個案中，以打桌球及網球最為普遍。往往透過球賽或球友關係，與校外人士增加聯誼，進而幫助學校校務發展的例子並不少。

至於同仁聚餐，尤其幹部聚餐，更富多種意義。很多人以為宴會是一種浪費，其實校長善加運用餐敘，不但增進同仁生活情趣，也可紓解工作壓力，更可同時獲得校務發展的構思，甚至獲致發展目標方針之共識，增進團結和諧，鼓舞士氣，激發工作熱忱等作用。不過如要達到上述餐敘的良好效果，校長要扮演主導角色，甚至是服務的角色，不但不能高高在上，受人服務，而要以主人對待賓客，讓賓客盡歡的態度主導餐敘。通常校長先向同仁敬酒，製造輕鬆溫馨氣氛後，許多上述餐敘的良性作用，就會逐

漸達成。有關喝酒待客藝術，筆者最敬佩林洋港先生在擔任省主席時的待
客之道。

　　總之，校長要扮好各種角色，並能綜合運用，可以說沒有一定準則，
因校長本人的人格特質、風格而採取不同的措施。有關不同角色扮演的要
領，除在以上各節已敘述外，特再綜合提出淺見如下：

　　1.基本上，校長要想把學校辦好，就要扮演上述各種角色，缺一不可。
但如果因校長本人的個性、能力無法扮好綜合的角色，則應找到理想助手
或幹部以為輔助。能否作到這一點，端視校長之「知人善任」了。

　　2.在所有角色中，以「知人善任」最為重要，因為能用到適當人才，
即有能力、有意願又有共識的幹部，則校長大可多予授權。但是，幹部的
長處，應能與校長的短處互補，如此各種角色才能均衡達成。如校長本身
不善於公關，則應找一位長於公關的助手。

　　3.校長要扮演好多種角色實不容易，尤其對個性保守、思想封閉者而
言更不容易。因此，要培養開放心胸、謙虛態度，尤其是民主風度，尊重
每一個人的人格，讚賞每一個人的優點，並且了解自己優點和缺點，自然
就會扮演好種種角色。

　　4.校長的角色扮演，固然要因時、因地、因人、因情境，而採取不同
的措施，但是基本上還是要「誠」，「誠以待人」，不虛偽、不做作、不
欺瞞，大致上可讓人信服，校務推展自然順利。

 把握學校行政領導的原則

筆者在十幾年的學校行政工作經驗中，領悟到要能使學校同仁同心協力，把學校辦好，一位學校領導者應把握領導原則，茲就個人領導風格、嚴守領導信條、把握均衡原則及掌握行政決定的原則與要領等四大項，分別敘述如下。

第一節　創造個人領導風格

一、尊重先於權威

即一切以尊重教職員工人格或權益為優先，學校領導者個人是否有權威，倒是其次。例如：在上班時間、會議場合或私下生活，與教職員工在一起，以平等態度對他們表示敬重，學校領導者不宜濫用權威，高高在上。

二、身教先於言教

即以個人言行為楷模，去帶動或影響師生為主要方法，至於言教倒是其次。例如：在禮貌上、工作上、學習上、生活上都要檢點，隨時省察自己是否能作為師生的楷模，尤其要控制自己的情緒，不要喜怒無常。

三、讚賞先於指責

即儘量發掘師生們的優點，加以適時讚賞，而少指責。教職員工如有過錯時，在私底下稍微提示一下即可，在公開場合應多予表揚、讚賞，而少責難。

四、指導先於要求

即在任何工作的計畫及執行時，師生如有困難，儘量加以指導、開導或協助，而不要一味要求。尤其對新工作計畫，或對一位新進老師、新任幹部，更要耐心加以指導。

五、參與先於獨斷

即任何校務的決定、決策，儘量多人參與，以收集思廣益之效。參與人數少則二、三人，多則十餘人，視事務的性質而定。有時正式開會決定，有時私下溝通，充分研商後，校長再行決定，儘量不要獨自決定。

六、服務先於監督

即在要求師生努力教學或學習之前，儘量考慮服務是否周到、合理，讓他們有好的環境、好的感受，才能奉獻心力，所以無論在環境上、設備上、措施上，都要為師生們考慮。而服務品質要隨著時代進步而提升。以學校廁所而言，不但要乾淨，也要美化。先有了周到的設想，然後再作合理的要求與考評，自然令人心服口服。

七、權變領導先於其他領導

即領導方式，盡量採取情境領導法，而不固定採用民主或專制或放任，而是隨著人員、場合、事情、時機，採取適當的領導法。

如果一位學校領導者在領導基本上，都能把握「尊重」、「身教」、「指導」、「讚賞」、「參與」、「服務」等原則，那麼在領導方式上，就可隨機應變，採用各種領導方法。例如：一項重要人事案，因事關機密，校長可憑平時的觀察分析，作專制的決定；一項學生偶發事件的處理，則可授權幹部們研商決定。如處室主任或組長係新任幹部，尚未熟悉業務，校長可採用較集權方式領導；經過一年有經驗後，可採取較民主方式之領導。又屬校長本人專長的事，可採較制式、直接領導方式。如對校園美化，筆者較有心得，在設計、施工時，都參與指導並督導，而未放手給幹部去做。

第二節　嚴守領導信條

除上述之外，筆者在早期從事學校行政工作時，也曾研讀一些領導統御專書，提出八項原則供領導者參考：

禮——合理、禮貌：處事要合理，待人要有禮貌。

勤——勤勉、勤快：工作要勤勉，辦事要勤快。

信——自信、信實：態度要自信，為人要信實。

忍——忍耐、雅量：凡事要忍耐，待人要有雅量。

恩——施恩、感恩：適時助人，時時感激。

威——威信、威望：謹言慎行，有守有為。

嚴——嚴謹、規律：態度要嚴謹，生活有規律。

變——權變、應變：有所變，有所不變。

第三節　重視均衡原則

茲再參考吳清基教授所提出的立論（見吳清基所著《教育與行政》），參酌筆者過去經驗，綜合提出下列領導均衡原則：

一、兼顧學校短程目標與長程目標

教育是國家百年大計，學校是百年樹人園地，學校行政領導者是這塊神聖園地的園主，在學校行政運作上，首先必須確立目標，作為努力達成的標竿，才有事半功倍績效，否則便徒勞無功。

目標的確立，要短程目標及中長程目標兼顧，因為校務千頭萬緒，但如能識別其是非、本末、先後、輕重、緩急，必能有條不紊，日起有功，循序漸進，以抵於成。短程目標是指數月或一年內可達成的目標，有立竿見影的績效，如校園的美化、校舍修繕、設備的添購等。中長程目標是須三、五年，甚至十年內方可完成的事項，如各項制度的建立、校園祥和氣氛的營造、學生氣質的變化、升學率的提升、校風的締造、政府教育政策的圓滿達成、校舍大硬體的增建等。

一個成功的學校行政領導者，在校務經營運作上，要細心規畫短程目標，但不能短視近利，僅注意些細微枝節；更要有前瞻性的遠大眼光和智慧、魄力、耐力，從事長程目標的規畫。即使任期有一定的期限，也應妥為規畫，讓後繼者繼續完成，語云：「前人種樹，後人乘涼。」成功又何必都在自己呢？

二、兼顧學校目標的達成與教師需求的滿足

達成學校目標是學校行政領導者責無旁貸的天職，但也要兼顧師生需

要滿足。如果只達成學校組織目標，而忽視組織成員個人需求，結果必導致組織成員士氣低落，連帶影響學校目標的達成；反之，如果只注意學校組織成員需求滿足，而不重視組織目標達成，也是失之偏頗，矯枉過正。所以，一個成功的學校行政領導者，一方面要以達成學校組織教育目標，提升學校辦學行政績效為目的，另一方面也要考慮提振教職員工生的士氣，照顧他們的福利，要協助支持教師，爭取進修機會，及時適度獎勵教師，關懷同仁的生活，興辦同仁福利。

三、正式組織與非正式組織配合運用

組織是機構內各部門以及各層級之間所建立一種相互模式，可分為正式組織和非正式組織兩種。正式組織是指依法令規章政策所成立組織團體，如學校、各處、室、組、館、中心……等，學校行政人員依法執行領導指揮的職權，所以應建立組織層級體系關係，強化組織結構功能，分工合作，分層負責，以共同達成學校教育目標。非正式組織人員是交互行為下所產生的認同關係所形成的結果，組織中人員共同點愈多，其非正式組織關係也就愈密切。例如：具有同學、同鄉、同宗、同事、同個性的關係，必成為組織中最緊密的非正式組織。

非正式組織的存在，可彌補正式組織缺陷，分擔正式組織職責，可安定正式組織的內部。許多時機未成熟或不便直接進行的行政溝通或領導，都可經由非正式組織的試探或催化而間接達成目的。但是非正式組織也有對抗改變、角色衝突、傳播謠言、高度順從等反功能或缺陷，如果不能善加利用，可能抵制正式組織的變革，造成組織成員角色認同上的衝突，而影響到學校組織安定和成長。因此，學校行政領導者必須加強意見溝通，擴大參與決定機會，融合正式組織的利益，強化正式組織大我團隊認同意識（參見吳清基《教育與行政》，228頁）。

四、正式溝通與非正式溝通交互運作

有效的意見溝通，乃是達成學校組織目標所必須的途徑。學校組織常要依靠溝通去促成教職員工學生活動的協調，尤其今天學校組織規模日趨龐大，業務日漸複雜，特別是在遭到無可預料的狀況，如意見分歧、利害衝突，更感到意見溝通的重要。溝通之於組織結構，就如同血液循環之於人體生理組織結構一般，若無良好溝通活動，組織結構必然崩潰瓦解。

健全的溝通系統，應兼備正式溝通與非正式溝通的功能。學校行政運作，一方面要儘可能透過學校正式組織系統，發布命令，傳遞文書，召開會議，印行法令規章手冊等；另方面也要加強教職員工生之間的非正式接觸，社交與友誼，適時舉辦餐敘、郊遊及自強康樂活動等，以溝通情感及意見（參見吳清基《教育與行政》，228至229頁）。

五、實施倡導與關懷並施民主領導方式

所謂「倡導」（initiation），係指領導者藉限定成員間的交互作用，規定辦事方式、安排時間表、批評等方式，來組合及界定領導與成員間的關係；也就是領導者明確地告示其組織成員間的關係及目的，規範組織成員的工作任務與角色，一切都以完成任務，達成組織目標為依歸。而「關懷」（consideration），係指領導者藉友誼、互相信任、尊重、採納部屬建議及建立良好人際關方式來從事領導，俾使部屬感到輕鬆、愉快、友善、祥和及親切感；換言之，即領導者重視組織成員個體需要的滿足，深切關心部屬需求欲望，提供參與決定機會，為部屬解決工作或生活困難，關心他們的福利，尊重和信任部屬。

依據領導對權力運用區分為專制式、民主式、放任式等三種領導方式。專制式領導，以權力為基礎，以領導者為中心，以任務為導向，以嚴密監督為手段，以好惡定獎懲，與部屬保持距離，產生疏離感，獨攬決策權，部屬無緣參與。放任式的領導，以無為而治為基礎，以屬員為中心，以自

由發展為導向，領導者不干預團體活動。而民主式領導是以人格感召與學識經驗為基礎，以群體為中心，以目標與成員為導向，以一般督導為手段，以事實定獎懲，與屬員打成一片，鼓勵屬員參與決策（參見黃振球《學校管理與績效》，165頁）。

依前述關懷與倡導的意義，美國俄亥俄州立大學（Ohio State University），依據與在兩個領導行為層面上所表現之多寡，將領導分成「高倡導高關懷」、「高倡導低關懷」、「低倡導高關懷」、「低倡導低關懷」等四種方式。事實上，倡導與關懷二者並不相悖，而專制式領導變成獨裁，凡事領導者事必躬親，疲勞不堪，部屬對組織團體毫無歸屬認同感，凡事養成依賴的心理；而放任式領導正適得其反，部屬對領導者毫無敬畏之心，凡事師心自用，必然意見分歧，分崩離析，領導者毫無尊嚴可言。

因此，最理想的領導方式，就是實施倡導與關懷並施的民主領導方式，一方面以「高倡導」領導方式，講求組織目標與工作績效的提升與達成；另方面採「高關懷」領導方式，兼顧教職員工生的動機，滿足他們需要和福利（參見吳清基《教育與行政》，229頁）。總之，凡校長為民主式、高倡導、高關懷與參與性領導者，其學校不但教師士氣高昂，而且教育績效顯著。

六、兼顧民主與權變式的領導策略

學校的環境並非一成不變的，不同的情境，須運用不同的策略，也就是要因時、因地、因人、因事、因物而制其宜；換言之，就是採取「權變式」（contingency）的領導策略。所以有人說，學校行政是科學，也是藝術，其道理在此。學校行政的領導者，在強調學校組織目標的達成，工作績效的提高，與追求盡善盡美時，不可固執己見，一意孤行，因循苟且，墨守成規，而要兼顧民主與權變的領導策略，守經達變，才能精益求精，止於至善。

七、兼顧行政效率與教學效果

學校行政就運作的程序來說，就是從校務計畫、執行考評；就內容來說，包括教務、訓導、總務、人事、會計等。其目標是如何有效運用人力、物力、財力、設備等，辦好學校，其重點在講求工作效率及效益。而教學是學校的主要活動，以教師為主體，以學生為對象。學校的主要功能，是如何使教師認真地教學，使學生收到學習的最大效果，其要點在講求效果。

而行政方面當講求正確、迅速、經濟、效益、規則……等，且其要求對象是行政人員，包括各處室主任、組長及職員等。就組織結構而言，它是屬於「嚴謹的組織」，其結構較緊密，不能鬆散。例如：行政人員要準時上下班，定時開會，要常在辦公室，要提供迅速的服務。

至於教學方面，是講求豐富的教學內容，生動的教學活動，其主體為教師，老師的學識、愛心、熱忱，不一定以嚴格行政規定就能作到，所以其組織是屬於「鬆散的組織」。

校長對「嚴緊的行政」與「鬆散的教學」兩者都要兼籌並顧，都應重視，在行政方面，要求效率，不一定要求教師也一樣；而教學方面應重視教師教學效果，要求教師在教學前充分準備，改進教法，對學生要有愛心，校長應以較寬宏的胸懷，授權教師從事教學活動。

第四節　掌握行政決定的原則與要領

「作決定」是校長的要務，例如：決定學校方針、決定人員運用、決定經費預算、決定校務計畫……等等。凡是學校行政的處理就離不開作決定，而作決定的正確與否，影響學校發展至深且巨。因此，校長對作決定的素養不能不詳加探討，以便把握作決定的原則與要領。有關作決定的理論，學者專家均提出相當多的學說，如賽門的決策理論等，筆者不再贅述。

茲就一位校長對作決定有關範疇，分六個項目提出探討，希望對校長作決定有所幫助。

一、作決定的要義

專家對「作決定」一詞有不同的詮釋。一般而言，決定與決策不同，決策層次較高，通常是概括性的，而決定的層次較低也較具體，一般教育的決策是操在教育主管機關，如各級學校發展方向、教育經費的籌措與分配等。至於辦學的方法、學校發展計畫、用人原則、校舍的興建、師生的福利措施、經費的運用等，都是校長作決定的範圍。作決定的概念是：在所有可行的變通方案中作一抉擇。至於學校行政決定的涵義，可以說就是學校領導者在處理校務過程中，遇到各種可行方案時，經過深思熟慮後，所作的選擇與決定。

二、學校行政決定的範圍與類型

學校的行政決定範圍很廣，凡是一位校長在主持校務時所遇到的問題，都與作決定有關。依照傳統學校行政之性質而分，包括：人事的決定、經費的決定、總務的決定、教務的決定、訓導輔導的決定等，而每一項目又有許多細節要作決定。如果依照校務計畫的層次與內容來分，則包括：目標方針的決定、工作項目的決定、分工負責的決定、推展方法的決定、細部規則辦法的決定，以至於經費預算的決定。

其實無論學校行政哪一部門的決定，校長均應把握目標方針的決定、分工負責決定等，至於方法與規則辦法等決定，則可視情形授權屬下決定之。

關於決定的方式：有的是個人獨斷，有的是二、三人決定；有的是會議作決定，有的是以分開討論後，依正規程序作決定，有的是以私下溝通協商後再作決定。

校長在採取決定類型時，宜視行政個案，採取不同的方式作決定。不

過參與決定是較適合現代民主思潮的決定方式，它比較穩健可靠，也是大家所接受的決定方式。

三、影響學校行政決定的因素

影響學校行政決定因素很多，有的是外在的，有的是內在的，有的是法令規章限制，有的是人為的影響，並不一定是校長一人或少數人可作決定。究竟學校的各種決定措施受哪些因素影響，大致可歸納為：政府的政策、法令規章，外在環境如政治、社會、經濟環境，學校條件如師生素質、學校建築與設備、歷史傳統、學校性質、學校風氣，以及校長本身，在在都影響學校行政決定。例如：行政決定是採取男女合校時，就要考慮政府政策如何、社會壓力如何，同仁、校友的看法如何及校長辦學理念如何等因素後才作決定。

儘管學校的行政決定受上述各種因素的影響，不過扮演決定的重要角色，還是校長一人；因校長對任何方案的決定，可採取積極的或消極的態度，他的態度影響作法，作法不同就影響決定的品質。因此，校長本身的學識、價值觀、人格特質、經驗、能力、辦學理念等，都會影響學校行政決定的品質。身為一位校長，如果想要對學校行政作明智的決定，除了考慮到決定的種種因素外，並應對自己有深切的了解，知道自己的長處與短處、自己的人格特質、自己辦學理念等，然後適度運用多數人的智慧，這樣所作的行政決定才是穩當的。

四、行政決定與授權

「授權」就是授與權責的意思，也就是把權責適度地交給屬下，讓其自由裁決與運用。授權是提高效率或效能秘訣之一，一般人都吝於授權，以為什麼事都由自己決定較可靠。其實一位校長在處理紛煩複雜的校務中，能適度將權責分配給成熟老練的部屬，不但可激發部屬工作動機，使之全力以赴，並且校長本人有餘力從事更高層次的活動。

　　授權並非放任，也不是完全放棄權利，要視授權對象、業務的性質、責任輕重，採取不同的方式。若是幹練成熟而有共識幹部，可授與更大權責，讓其自行決定與處理；反之，一位新手或尚缺共識幹部，則少授其權責為宜。在業務性質方面，如果是屬於經常性業務，並已建立常規，可多授權，校長不必多加干預；反之，如果是一件新的校務計畫與措施，就要少授權，校長親自作決定為宜。至於責任的輕重方面，一般而言，在人事與財務及建設方面，有關校務發展，校長則要審慎用心思考，作明智決定；輕易授權則不適當。

　　然而權力的運用，是小心不濫用為宜，有一位管理學者說：「權力如果是讓人感受的，備而不用是最有力的運用。」這句話很值得深思。

五、行政決定與判斷

　　「判斷」可以說對一件事、一則傳說、一份訊息，以至一個人的價值觀、行為、動機事實認定，有了正確的判斷，才有明智的決定。我們常說判斷與決擇，兩者可以說是車的軒輊，不可分離。校長在作行政決定時，離不開要作各項判斷，判斷真偽、利弊得失、行為動機、實行後果等，如果在作決定之先，未作正確判斷，則所作決定就有缺失。

　　影響判斷的正確性因素很多，包括：判斷者的知識水準、教育背景、價值觀、情緒作用、感情用事、健康情況及其他外在因素等，都會使判斷有所偏差。因此，校長作決定時，常受到主客觀因素的影響，而失去正確判斷，因而未能作明智的決定。

　　判斷的重要根據是事實，事實非臆測，事實非意見，更非傳說，也非虛構。根據一時猜測，或他人片面之言，或耳邊傳聞就作判斷，然後就作某種決定，是非常不智的。另外，事實隨時間而變化，去年的事實與今年事實不一定相同，即使昨日的事實，也是跟今日的事實不一定相同。因此，判斷時應對時間因素多加考慮，以免因過時的事實而導致判斷的錯誤。

　　增進判斷能力的要點很多，如：平時多加觀察、多聽聞，多蒐集資訊；對任何事情不要遽下判斷，學習從不同角度去看問題，培養冷靜客觀的態

度。孔子說：「多聞，擇其善者而從之。」亦即多聆聽各種人的建議、經驗談，加以分析判斷後，選擇有價值的加以採納實行。

六、行政決定與會議 ✦

　　會議是行政決定或意見溝通的場合，會議成員少至兩三人，多至幾百人，會議時間少至半小時，多至幾天，隨著會議性質而有所不同。學校會議型態，包括：各處室會議、教學會議、行政會議，以至校務會議等。會議除了作決定外，如果善加運用，可達到多項功能，諸如：意見溝通、經驗的交換、觀念的改變、知識的充實、人格的成熟、智慧的開發、誤會的消釋、情誼的增進、士氣的鼓舞、成就的滿足，以至於問題解決，都可運用會議來達成。

　　校長作決定時，如善加運用會議，更能達成集思廣益的功效，尤其在小型會議裡，如主管會報，由於參與的人不多，素質整齊，且代表不同的部門，因此會議時大家較能暢所欲言，並能從各種角度看問題，這種會議因而較有意義，較為參與人員所喜歡。校長在主持此種會議時，宜適度發言，更應多培養聆聽習慣，不要有主觀意識，多聽各種意見，再作裁決。如果意見紛紜，或有尖銳對立，則校長應心平氣和，審慎處理，不一定當場決定，可事後再協商，以免傷和氣。至於校務會議，仍以宣導、溝通、表揚等為主要目的，不宜再將大小事都拿到會議場所討論，以免浪費時間，甚至破壞氣氛。至於偶發事件的處理，更須召集多數有關人員參與，讓每一位都能提供訊息及發表意見，如此不但集思廣益，獲致更周詳的處理方法，且能增進共識，減少事件所產生的後遺症（有關會議，另詳述於第十九章第十節）。

16 孕育學校行政領導者的素養

　　領導者必須把自己當作眾人中一員，而不是高高在上的神。在所有領導者天性中，最有價值的一項是「真誠」。只有對人真誠，別人始以真誠回應；以利結合，利盡了，交情也完了；以權操縱與駕馭，在權術用盡時，換來的只是別人的憤怒與鄙視。「真誠」不須造作，不須掩飾，「真誠」是最平坦易行的一條路。——文經《領導的藝術》序言

　　校長負責綜理校務、作育英才，肩負教育領導與學校經營責任，必須具備適當修養，始可正己正人，德能感人，領導師生，達成學校教育目標。校長究竟應具備何種素養，謹就我國法令規定、中外學者意見，及筆者淺見，分別敘述於後。

第一節　我國法令的規定

　　1. 教育部：〈公立各級學校校長遴用辦法〉第二條：各級學校校長之遴用，應注意其對國家之忠誠及品格之健全，並須富有領導能力，而對教育基本政策有深切認識，其學識、才能、經驗，應合於擬任學校之性質。
　　2. 〈教育人員任用條例〉第三條：教育人員之任用，應注意其品德、及對國家之忠誠；其學識、經驗、才能、體格，應與擬任職務之種類、性

質相當。各級校長……之任用，並應注意其領導能力。

由上述兩法令中，校長必須有忠貞思想、健全品格、能力及了解教育政策等。

第二節　專家學者的意見

一、J. C. S. Musaazi——學校領導人特質

1.較高智慧：包括先天的智慧、成熟與健全的判斷力、檢討問題並提供適當解決問題的能力。學校領導人的智慧，最少不能低於教師，否則無法使正常智慧教師發揮功能；但如其智慧超過教師太多者，則其觀念很難為教師接受。

2.有自信心：學校領導人每天要面對教職員工、學生或教育官員、家長及一般民眾。校長與他們交往時，對自己的觀念要有信心，否則勢必臣服於校內那些對自己觀念有強勢信心的人。

3.社交能力：學校領導者要成功地履行職責，必須與許多個人或團體交往，所以要具有人際關係的技能。與人相處時，態度必須和善、愉快、融洽。他必對師生的福祉與問題感到興趣，了解他們的工作，以他們的成就為榮。

4.體諒別人：人都希望得到別人的尊敬和體諒，學校領導者必須培養對別人尊敬、信任、謙虛、禮貌。當師生有困難時，總是表示同情與關切。

5.關心專業：學校領導人對師生、行政人員要有積極的態度，了解專業的理想，並能促其實現。要隨時增進專業知識、概念和技能，如出席各項專業會議及其他學習活動。學校領導者要有教學技能，輔導教師教學，在教育專業方面是個具有專長的人。

6.倫理道德：領導者必須具有崇高的倫理道德，有堅守真理的勇氣，

與教職員生相處時，態度誠懇，實踐諾言，以身作則。

　　7.謙讓虛心：學校領導者態度要謙虛，不可吹噓、自大、有虛榮心。不可藐視教職員，自誇為最有智慧、知識及才能的人，否則將會降低教師士氣，無益於學校行政，只是顯示自己的膚淺而已。

　　8.健康：身心健康是事業成功的必須條件。

　　9.其他：(1)有人性、可信賴；(2)不斷追求專業成長；(3)接近學生，關心學生福祉；(4)對個人與團體公平對待，避免偏祖；(5)愉快地接受建設性的批評，切實負起達成學校目標的使命。

二、Paul B. Jacobson 等──校長應有的特質

(一)一般特質

　　1.優秀的組織人員，熟練執行人員。

　　2.不用耗費全部時間而能有效管理學校。

　　3.督促或協調教學。

　　4.機智、堅定與熟練地應對家長。

　　5.適宜與正確的決定。

(二)個人特質

　　1.教學的才能。

　　2.良好的健康。

　　3.較高的智慧。

　　4.開闊的心胸。

　　5.個人的魅力。

　　6.良好的脾氣。

(三)獲得協助、合作的能力

　　校長應將學校進步的榮耀歸於教職員，用口頭或文字表揚有貢獻的教

職員。當學校進行重大改革時,應獲得上級官員的核准及社區人士的支持。

三、James J. Jenes 等——中學校長的修養 📡

1. 追求自我成長。

2. 參與專業組織。

3. 成為學術研究的生產者與消費者。

4. 將學校目標列為第一優先。

5. 善用人力資源。

6. 有道德:對人態度誠懇、公平、接受別人意見,對師生工作及問題有興趣。

7. 對教職員有信心。

8. 善用諮詢人員。

9. 關心教職員福利。

10. 具有專業精神。

四、美國學區徵求校長候選人應具的特質 📡

1. 有察覺他人觀點的能力。

2. 信任教師的判斷力。

3. 積極的支持態度。

第三節　筆者自我的體認

筆者參考中外專家學者的看法、黃振球校長經驗及個人的淺見,綜合提出校長素養如下:

1. 一般修養:思想純正、操守清廉、學識淵博、心胸開闊、情緒穩定、

思慮縝密、道德勇氣、自信心強、合作、體諒、誠懇和藹、謙虛禮貌、穩重端莊、力行實踐、犧牲奉獻、研究創新。

2.教育專業素養：教育思想的知識、課程教材知識、教育法令的知識、教學方法的知能、學生輔導的知能、教育評鑑知能、尊重信任教師。

3.行政管理的素養：策畫能力、組織能力、溝通能力、協調能力、督導能力、應變能力、統觀能力、領導能力、創新能力、評鑑能力、知人能力、表達能力、公關能力、時間管理能力、事物管理能力、財務管理能力、校園布置美化能力。

4.健康身心及合宜的儀表風度。

第四節　筆者孕育素養的過程

1.筆者自幼承受庭訓——五歲就開始練拳，表演國術，培養勤奮、耐心、毅力、勇敢的精神。

2.國小一至六年級都擔任班長，成績第一名，奠定領導基礎——如榮譽感、指揮能力、影響力、人際關係等。

3.考上台中一中初中部，是全鄉唯一考上者，在全班優秀學生中力爭上游，且參加童軍活動，受智、仁、勇三達德的陶冶。

4.繼續就讀台中一中高中部，除念書外，愛好籃球，一方面鍛鍊身體，同時體驗以運動達成團隊合作、培養毅力恆心、榮譽感、健壯體能等多功能目標。

5.就讀台灣大學時，參加社團，擔任班長、同學會長、同鄉會會長、學生宿舍總幹事，尤其擔任柔道社社長三年，代表出賽，爭取榮譽。

6.服務於實踐專校（實踐大學前身）十五年，奠下學校行政管理的基礎，承蒙謝創辦人求公及教務主任蘇惠鏗先生的領導與督導，獲得的啟示與經驗獨多。

7.在實踐服務同時至國立台灣師範大學教育系及教育研究所進修，於

教育思想頗受啟導。

　　8.在實踐服務十年並在師大修完教育課程後，至美國舊金山州立大學研究教育行政，啟迪辦學領導之理念。

　　9.學成回國後，擔任實踐家政經濟專科學校教務主任二年，所學教育行政理論，得與實務配合印證。

　　10.接著轉任台灣省政府研究委員一年，素養方面多所充實。

　　11.出任省立台中農校校長，苦心經營，績效優異。

第五節　影響筆者辦學理念最深遠的長者

　　影響筆者最深遠的長者，是前資政謝東閔先生及蘇惠鏗先生。謝東閔先生與筆者同鄉，又是台中一中前輩校友，為本人服務學校——實踐大學的校長，因此關係密切，從他擔任省政府秘書長起，經過省議會副議長、議長、省政府主席，以至副總統，筆者都或多或少有機會追隨左右，耳濡目染，學得許多為人處世的道理與方法。尤其在他擔任副議長及議長時，還兼任實踐專校校長，前後達十二年。筆者擔任該校的註冊主任，因學校規模不大，所以接觸機會更多，對他的理念、待人的方法、領導要領，甚至人生哲理，都有機會接受耳提面命或揣摩學習，潛移默化。他的知人善任、容忍、寬厚、關心別人等素養，更深印在筆者的腦海中。

　　至於另一位前後主持實踐專校教務二十年的蘇惠鏗先生（後曾出任嘉義師專校長），曾任光復初期台南一中校長，後被謝資政延攬為實踐專校教務主任。當時謝校長由於兼任省議會副議長、議長，所以充分授權給他。他在台南一中辦學績效良好，是一位有名的成功教育家，實踐專校在他的運籌之下，校務發展順利。他是一位忠誠的幕僚，也是一位仁慈的長官。筆者在該校註冊組工作，承其指導、督導、勉勵，受惠甚多。

第六節　筆者對領導素養自我檢討

　　一九八七年，筆者欣逢五十歲，頗有所感，曾自我檢討，覺得此生尚可欣慰之處，即嚴以律己、寬以待人、生活嚴謹、淡薄名利、善用時間、虛心學習、沈著冷靜、關心別人、創造活力、有目標、有計畫、追求卓越、不斷提升生活品質等。

　　1.雖然智慧並不高，但頗有觀察、判斷、創新、應變、適應、想像、思考、明辨能力。

　　2.在品德方面能堅守原則、嚴以律己、有良心、能容忍、勤勉、正直、明禮、尚義、仁慈、厚道、表裡一致，更能明辨是非。

　　3.在態度方面頗為積極、樂觀、堅忍不拔、平易近人、知足、感恩。

　　4.在能力方面自稍懂經營管理，又能識才用才、激發人性潛能，培養多方興趣能力，尤對「美感」素養不斷在加強。

　　5.交際方面人緣尚好，常能獲得長官、良師的教導與益友的幫助。

　　至於缺點也不少：

　　1.智慧既平庸，記性也不佳，不容易記住數目字，也容易忘記人名。

　　2.過分擇善固執，太堅守原則，常忽視人情。

　　3.又由於凡事過於積極投入，均欲達到完美境界，因此自己常擔負太大壓力，因而傷了身體，導致血壓過高。在溝通方面仍缺乏積極主動，因而有時導致誤會或溝通不良。

　　4.至於對人、事反應及動作不夠敏捷，因此工作效率不高。

　　5.寫作及口語表達方面也不盡理想，尚待加強。

　　殷切期望長官、親朋、好友能繼續協助、指導，俾能日有精進。

第二篇　實務篇

17 認識學校

領導人成功的原因，就在於他能否將繁雜的意象、訊息、預測、可行方案等資料，整合成一個清楚遠景——必須是簡單、易懂、做得到，以及令人熱中參與的。——《領導新論》，98頁

第一節　認識學校的要領

校長想要將學校順利辦好，固然要有許多條件促成，但與校長所採取領導風格有密切關係。有的校長採急進的、專制的領導以求速功；有的採穩健的、民主的不急不徐地推展校務。各種方式皆有其利弊得失，不過在許多行政個案中，快速急躁地改革，都受到挫折，甚至失敗。

因此，校長新到一所學校首要任務是先了解學校——有關的優點、缺點；學校值得繼續發揚光大的優良傳統；學校需要改進或加強的缺失及弱點。校長如果尚未看清楚學校種種狀況，就冒險改革是不明智的。至於了解學校方法可透過下列管道：

1.先與各處室主管個別面談，從他們口中了解他們想要改進的地方。

2.分別舉行處室簡報，讓各處室提出業務概況、面臨的問題及未來計畫。

3.抽樣與老師、面談，在談話中了解他們的需要。

4. 參閱既有的各種規章、刊物資料、文件。

5. 到校園各角落走動，透過觀察或聊天，發掘問題。

6. 設置意見箱，接納建議事項。

7. 從校友或學生來信中了解學校。

8. 由家長電話中所提的申訴或建議，了解學校措施。

9. 觀察學生日常表現，了解學校管理成效。

以上各種管道都是了解的方法，只要校長抱著謙和的態度及敏銳眼光，必能深入了解。

第二節　認識學校的實例

茲以筆者赴任台中二中為例，說明如次：

一、台中二中簡介

一九七七年八月，筆者出任省立台中高級農業職業學校校長，七年半後，即民一九八五年二月，奉調出長台中二中，因此，未到中二中之前，對中二中已有初步的認識。中二中在歷任校長耕耘經營下，尤其前任孫校長在任十一年，學校在硬體和軟體兩方面，都已奠定良好的基礎。

二中自一九八三年起兼招收女生，男女合校，男女生的比率是三比一，學生有七十二班，計三千七百名左右，自一九八六年起增為七十五班，學生人數將近四千名，教職員工有二百三十名，規模不算小。筆者在中二中服務前後共七年半。

茲將到任初期對中二中的優缺點，提出個人的看法，並針對缺失提出學校改進的構想。

二、初晤中二中的印象──好的一面 ✦

*1.*美好的硬體設備：有雄偉的校門，壯觀的志清樓（辦公室與教室兼有），多用途的中正堂（兼禮堂及圖書館），設備齊全的工藝大樓，全省獨特的音樂館，設備新穎且合乎標準的音樂廳。

*2.*相當團結和諧的教職員工：教職員素質好，教師教學認真，職員工作勤勉，平時見面很有禮貌地打招呼，在第一次校務會議時，就有一團和氣的感受，而最難得的是資深者與資淺者互相尊重，資深者提攜指導資淺者，資淺者敬重資深者，有困難時互相幫助，例如：有一次出納組長的錢被搶，同仁紛紛慷慨解囊相助，一口氣募捐三十萬元。因此，十多年來沒有發生相互控告的案件。

*3.*素質整齊優秀的學生：學生都是來自各國中最優秀、最聰明的學生，入學聯招考試高達五百六十至六百分，才能獲錄取，與台北市國立台灣師大附中相同。

*4.*獨特的音樂班：除了設備完善外，由於音樂班師生的教學活動，給學校帶來濃厚音樂氣息。

*5.*工作認真的行政人員：工作認真，大都能盡責，完成任務。

*6.*盡責的工友：無論內勤外勤都很盡責，更難能可貴，內勤工友為老師服務，配合得很好；外勤工友整理校園，清理廁所，都能使大家滿意，很少有偷懶的情事。

*7.*熱心校友：校友會經常舉辦活動，提供獎學金及刊物，回饋母校。

總之，整個校園欣欣向榮，和諧、團結、進步、高尚、尊重而榮譽。

三、初晤中二中的印象──缺失的一面 ✦

台中二中在歷任校長經營下，已奠下良好的基礎，學校的優點很多，已如上述。但是，教育建設千頭萬緒，教育的問題層出不窮，永久解決不完。筆者發現學校尚有下述欠理想的地方。

　　*1.*生硬的校園：校園除建築物外，地面大都是水泥地，雖然在若干角落種植花木，但就整體來看，感覺到太生硬，缺少綠化、美化，置身在學校主要集合場中，感覺如處在水泥沙漠，一到夏天更覺悶熱，感覺上很不調和。

　　*2.*不合時宜的規章辦法：學校許多規章、辦法等已行之有年，顯已落伍，不合時代的要求，而未加以整理及配合硬體建設而修正或增訂、充實改進。

　　*3.*若干措施上的缺失：如

(1)辦學方針偏重升學而忽視其他。

(2)學生留級人數太多。

(3)課外活動不受重視。

(4)生活輔導尚不理想。

(5)組織上不夠健全，如分工、分層負責及人才運用不理想。

(6)經費運用不理想，即未有效運用經費。

(7)運動場規畫不理想，影響上課安寧。

　　*4.*學生表現心態欠積極

(1)聯考時以第二志願考入本校，所以缺乏信心。

(2)升學率尚欠理想，約在百分之三十左右。

(3)學風不佳，讀書風氣不好。

(4)除考試前外，上圖書館閱讀的學生很少。

(5)集會時秩序欠佳，精神散漫。

(6)不少學生生活欠規律，遲到早退者相當多。

(7)服裝儀容不理想。

(8)打架事件不少。

(9)校外生活欠檢點，如賭博、抽菸、玩樂的學生常被發現。

四、勾畫對中二中辦學的初步理念

　　參酌中二中的優缺點及個人專長、辦學經驗等，筆者勾畫出對中二中

辦學的初步理念，第一是培養氣質好、品德好、又肯用功上進的學生，三年後能順利升大學。而要達成此一目標的根本方法或途徑，是營造一個美好的教育環境，使學生喜歡到學校讀書，使老師熱心教學，使員工樂意服務。而美好的教育環境，包括精神環境與物質環境，精神環境的改善，在制度、辦法、措施合理化、科學化、人性化；物質環境的改善，在於校園、校舍的綠化、美化、藝術化。而改善方針，筆者始終把握一個──「保留優良傳統、適度創新」的目標。而初期的改善措施，宜先從物質環境改善著手，後再提升精神情境，如此，可減少阻力，並可收立竿見影之效。

18 確立辦學的方針——營造美好的教育環境

　　塑造眾望所歸的遠景——一個成功領導者要能為團體勾畫出未來的畫面，明示畫面中的事物……，他還要使共事者相信：要達成不是他個人的目的，而是大家的目的，它是從團體的活動和意願中產生出來的。——《領導新論》，122 頁

　　美好希望——領導者應掌握方向，把握原則，確立具體而切實的團體目標，可行性愈高，部屬的信心與意志也愈高，成功美好果實觸手可及，必能在昂揚的情緒下集中全力，甚至於不顧一切的達成目的。——《領導藝術》，203 頁

　　教育環境包括有形的校園、校舍、教室及辦公室的布置，及無形的校園氣氛與文化的陶融。美好的教育環境，基本上，有形環境必須是整齊的、清潔的、高雅的；無形環境是安定的、溫馨的、祥和的，使學生喜歡學校，安心向學，老師願意奉獻心力，熱心教學，而職員、工友樂意為師生服務，社會各界也願意支持學校。茲將營造美好教育環境的內容分述如下。

第一節　校園校舍的綠化、美化

　　學校是教育場所，學校環境也是教學的一部分，它對陶冶性情，變化

氣質，塑造崇高人格，增進團體和諧氣氛，培養創造思考能力，增加生活情趣，具有無形的教育功能，所以學校要發揮更佳的教育效果，除充實教材內容，運用適當的教法外，校園環境的布置美化，也是不容忽視一環。

(一)良好校園布置美化原則

*1.*美觀高雅：以藝術眼光，配合大多數人喜好，並求適合教育環境。

*2.*經濟實用：以有效運用人力、物力、財力、空間為準則。

*3.*安全舒適耐用：要顧及堅固、耐用、美觀、顧慮安全，材料的品質，布置的場所，都要考慮到師生的安全。

(二)實施校園布置美化的若干要點

*1.*設計宜多集思廣益：避免個人主觀意見，宜多接納學校同仁及專家的意見，使構想較純熟。

*2.*有效運用人力：運用校內熱心老師協助，學生共同維護管理，尤其應激發工友，熱心參與並分工合作達成任務。

*3.*平時多觀摩學習：要提升校園美化水準，宜多注意國內外資料，或實地考察觀摩，以取人之長，補己之短。

*4.*有效利用空間：校園每個場所每個角落，都是布置美化場所，即使是死角也不要忽視，小至垃圾桶也要精心設計，加以美化。

中二中校園面積雖不大，但經過幾年的綠化美化結果，成效非常好，走進校園就如同進入公園一樣舒暢，學生也由於在這樣美好環境的薰陶下，品德學業均有顯著進步。

第二節　制度的合理化、人性化

良好的教育環境，除了有形的校園美化外，無形的制度、辦法、規章，也要合理化、人性化。因此學校行政領導者，要指導制定補充辦法，無論

在教務、訓導、總務、會計及人事業務方面，除了法令限制外，執行時應情理法兼顧，要深切體會人性的基本需要，尤以尊重與關懷看待師生，以滿足師生心理和物質需求，是為合理化、人性化。制度合理化、人性化後，才能激發教職員工的工作情緒和潛能，激發學生的學習意願。行政領導者若能隨時隨地，設身處地為教職員工生著想，解決其困難，謀求其福利，部屬與學生必定會感動，而不辭辛勞，努力教學、工作與學習。如果制度未合理化、人性化，那麼師生會產生不滿的情緒，甚至起而反對學校的行政措施，學校環境難以安定，更遑論教學與行政績效及教育目標的達成了。

　　職是之故，早期學校行政領導者只強調建立分工細密、規則嚴謹、不講人性的科層制度，已被揚棄，而改以制度合理化和人性化。成功的學校行政領導者，不但要講求工作效率，也要懂得微妙處世待人藝術。

第三節　行政管理精緻化、科學化

　　良好教育環境，除了環境美化、制度人性化外，也需要精緻化、科學化的管理。

　　所謂精緻化，就管制與效率講求整合。精緻化的管理，在強調如何有效實施行政管理應有作法，其目在求高品質和有效率。精緻化的行政管理理念，包含卓越性、績效性和科技性三種概念規準。卓越性的概念，不但在追求有，更要追求美；不僅在求量的擴充，更求質的提升。績效性的概念，在提升教育內容的附加價值，提高教育工作過程績效。科技性的概念，在強調用科技方法，以提升行政運作效率，提供科技設備，以利教育行政活動的實施（參考吳清基《教育與行政》，357頁）。

　　所謂科學化，意謂學校行政的設計、執行與考核，都要有系統、有組織、有方法、有步驟，以期經濟而有卓越效率，與精緻化可說是一體兩面。

　　學校教育領導，必本著精緻化、科學化的理念，才能在積極方面產生新的理念思維與作法，使學校行政更上層樓，精益求精；在消極方面，也

可革除積弊，突破現況的困難，提供更好的教育環境，提高教育品質。

　　在實施精緻化與科學化的學校領導時，要激勵教職員工士氣，使其有參與感，強調溝通的技巧，講求領導的權變方式，使用合適的評鑑考核技術，在辦理各項活動時，要考慮活動內容多元性目標，使其充實活潑，活動的方式，多講求呈現的技巧。至於科學化方面，要配合科技設備與科學方法，如藉由電腦輔助學校行政事務（參考吳清基《教育與行政》，358頁）。

19 治校興革實務及績效——經營台中二中七年半

　　一個蒸蒸日上，名譽響亮，規模宏大，人人豔羨的團體，身為其中之成員，不但可以滿足自己尊榮感覺，更因為這個團體每一件作為都出盡鋒頭，占盡光彩，其所屬成員分享其成功的榮譽，充滿無盡的希望，當然也願意竭誠努力，協助團體，使之更有希望，更能成功。——《領導藝術》，204頁

　　筆者在台中二中服務期間，始終把握辦學主要方針與信念——營造美好教育環境，培育優秀的青年。因此，非常重視校園校舍的美化，制度的合理化、人性化，以及管理的科學化、精緻化（已在第十八章敘述）；同時認明校長的主要職責，在專心經營學校（分別在第十三章敘述）。在過去歷任校長打下良好的基礎上，繼續發揮優良的傳統，並適度創新，使校譽蒸蒸日上，學校在各方面都有長足的進步，尤其培植人格健全的優秀青年，目標幾已達成，感到非常欣慰。茲將這幾年來，比較特殊的辦學實務，及辦學績效分別列舉敘述如下。

第一節　運用社會資源，充實學校設備，解決學校問題

　　筆者於一九八五年二月到任時，鑑於該年度應屆畢業生即將畢業，在校時間只剩下三個月，正在為準備聯考而衝刺，便想到改善圖書館閱讀環境，加裝空調設備，使他們能專心讀書。但是，當時學校經費拮据，正規預算也不可能用作空調設備，於是一一找出熟識朋友，凡其子女過去或現在就讀中二中者，然後提出這個構想，請他們捐助。出乎意料之外，短短一個月內就募足經費，在五月中旬裝好空調，距聯考還有一個半月，應屆畢業生能在冷氣房內作最後的衝刺，其效果果然很顯著，聯考成績比預期好得很多。

　　其次，在第二年又發動校友會、家長會捐款，在一、二個月內，完成禮堂加裝空調設備，使週會或其他集會能達到最佳效果。

　　另外，音樂館二百十坪的地下室，平常是音樂班管絃樂團練習場所，而本校全體教職員校務會議時，也利用它作為茶敘場所。為使它更舒適美觀，筆者透過私人關係，請台中西南扶輪社捐助地毯，從此經常在此地辦理各項活動及接待外賓聚餐，充分發揮其功能。

　　筆者對運用社會資源，改善學校設施，有如下幾個看法：

　　1.凡是正常預算無法一時支應的設施，就得運用社會資源。

　　2.為學校所需，對學生有利之設施，校長可不必顧慮太多，向大眾坦誠溝通提出訴求。

　　3.訴求對象應適當選擇，以免產生後遺症，如請託聘用教師，或為學生請求特別通融者，都應避免。

　　4.社會資源相當豐富，凡樂捐者除可讓其表現對學校關心外，其捐款收據並可當抵繳所得稅之憑證，因此，可多方溝通，以發掘資源。

第二節 有效運用經費，改善並充實各項設施

中二中由於前任校長在任內規畫建造志清樓（五層樓建築，供辦公及教學用），工程費用龐大，因此，先向省府貸款一千萬元，分三年攤還。筆者到任時，剛好要還債，每年還三百多萬，在三年中經費感到拮据。在此情況下，最初三年，經費使用不得不精打細算，分辨輕重緩急，從最經濟實用者先著手，俟三年後經費充裕，才更積極地充實與改善。

首先改善的是圖書館。筆者認為圖書館是學校神經中樞，它是師生研究、閱覽、集會，甚至高級的休閒場所。本校圖書館與禮堂同一大樓，位於學校中心地帶，如加整修，充分運用，可以達到多項功能。因此，除前述請家長捐助裝冷氣外，並利用學校有限修繕經費，加強照明，加裝天花板，改善桌面。並將原有二十五坪的雜誌室，增置書櫃，使成為視聽教室、媒體製作室及視聽教具教材存放室等綜合教室，讓該室變成師生所喜用的活動空間，充分發揮功能。

其次，又利用有限經費，將輔導室遷於圖書館轉角處，使輔導學生方便並喜歡到輔導室。

為使女生有獨特運動空間，也在志清大樓地下室修建一間寬大而實用的韻律教室。

其次，為使學生獲得更好的生活教育，運用合作社福利金，改善販賣部為超級市場，並逐年改善用餐室等空間及設施。

以上是在學校經費拮据時的改善措施，俟三年後，經費寬裕時，又積極改善及充實各項設施。諸如儀器充實、電腦教室之闢建與學生宿舍餐廳之裝潢布置，及教師休閒中心之建立，還有美術教室三間、普通音樂教室二間，都是在有效運用經費之下完成。

對經費的運用，筆者把握幾個原則：

1. 基本上校長應了解全校最需要的是什麼，所以平時應多走動、多觀

察，如廁所之修繕、教室之油漆、辦公室之改善，特別是教室的充實，都可在走動中觀察了解，主動請總務處處理，而不必等反應時才被動去做。

2.無論是修繕或設備，採購要找殷實可靠而有經驗的廠商，不要憑交情或為私利而任由少數廠商操縱。光是以印刷廠商來說，以其經驗來分，就可分為三種層次以上，如適合一般報表者、普通簿冊者、彩色印刷者，各有其獨特功能，不可隨便交付任務。再以修繕工程而言，也分為好幾類，如木工、水泥工、油漆，以至室內裝潢，各有其專長，應視工程性質，請適當廠商修繕，不要一味交給土木包商。

3.凡較精緻設施的規畫，就應集思廣益，多人參與，發表意見，再請裝潢公司綜合設計，不要憑自己的喜好或少數人的意見來決定。

第三節　精心設計，充分利用空間，興建數棟美侖美奐校舍

在台中二中七年半期間的後四年，共興建大小六棟新校舍，在興建之前，都與學校有關同仁充分溝通，並與專家們一起集思廣益，以期有效運用空間，建造實用、堅固、美觀的校舍，包括在原有大樓增建美術教室三間、音樂教室二間、普通教室七間，及新建辦公室、開放式乒乓球室、學生宿舍、信義樓及明智館。

這些校舍的完成，可是達到筆者辦學主要方針──「營造美好教育環境，培育優秀青年」重要硬體設施，也就是達到重視五育均衡發展的教學理念，包括體育、美術、音樂、工藝教育之改進，科學教育之加強。又隨著學生宿舍的新建，改善學生生活教育，對教師辦公休閒設施的改善，在在都使師生更喜歡到學校來學習或教學。

工程設計及建造應把握如下原則：

1.校舍之設計藍圖及地點選擇，都要經由學校有關同仁參與構想建議後才作決定，藍圖之設計，更要經過三、五次以上的會議研商才能定案，

不要只憑校長或一、兩人一時的構想就決定。

　　2.工程之發包及驗收，都要經由稽核小組共同監督執行，校長應保持超然客觀態度，甚至要用心參與督導，不得偏袒廠商，當然千萬不能從廠商那裡獲得任何好處。

　　3.工程進行時，隨時監督，了解實況。廠商遇到困難，或有疏忽情況時，應及時協助或糾正，不要等錯誤成事實，或困難不能及時解決而延誤工期，則造成損失，就很難彌補。

　　4.無論任何工程之進行，均要注意安全、清潔之維護。學校可嚴格要求廠商，否則造成意外事件或破壞學校景觀環境，影響教育成效，其損失是相當大的。

第四節　精心設計，完成校園公園化，達成境教目標

　　校園公園化是達成美好教育環境重要措施，筆者認為美好的校園，直接影響師生教學或學習情緒甚大，進而可影響到生活習慣，以至於健全人格成長。筆者由於過去所學多年經驗累積，懂得將校園綠化與美化，而成人人喜愛校區公園。

　　茲將公園化的階段性要措施，概述如下：

　　1.首先在集合場北邊，即升旗時正前方，將原來的矮牆拆除，改填土丘，種植草皮，並配合季節，種上花草。

　　2.在集合場南邊大樓下，修砌花壇，種上花木及爬牆虎。

　　3.在重要角落，布置精緻的造園景觀。

　　4.在集合場及校門廣場上粉刷綠色水泥漆，一方面增加美觀，一方面減少太陽輻射熱度。

　　5.在原有花園上加以修飾美化，並加種四季花，使成為二中後花園。

　　6.在原有二中小森林區，再加種樹木，並加上人工布置，現已成為綠

蔭蔽天的二中森林教學區。

　　7.增建空中花圃，培養花木，必要時移植或將盆栽布置學校各辦公室或校園角落。

　　8.在學校任何死角，如牆角、洗手台，都設法種植花木。

　　有關綠化美化之原則，除詳述於第十九章第二節外，筆者特別強調如何鼓勵工友認真執行，是主要關鍵。

第五節　發揮團隊精神，舉辦多項重大教育性活動

　　筆者在中二中服務期間，承辦教育廳或教育部指定舉辦的許多重要教育性活動，或編輯重要刊物。在辦理過程中，培養同仁團隊精神，激發榮譽感，並加強行政、溝通、協調能力；一方面又可在活動中獲得經費補助，充實設備作工作獎勵用。且每次活動之成功，獲得上級的肯定，與會者的讚賞，對全校師生都有與有榮焉之感。

　　茲將經辦重要教育性活動列舉如下：

　　1.一九八五、一九八八、一九九一年三度承辦全省工藝展。

　　2.一九八七、一九八八年承辦全省私立高中評鑑。

　　3.一九八八年擔任全省高中聯招命題主辦工作。

　　4.一九八七年主編教育法令彙編。

　　5.一九九〇、一九九一年承辦全省教育建設座談會。

　　6.一九九〇年主編營繕工作手冊。

　　7.一九九一、一九九二年主編科學教育通訊。

　　辦理教育活動，要順利成功且不影響學校正常運作，應把握下列原則：

　　1.集體參與原則：凡大規模活動，應發動各單位人員共同參與，避免偏勞某一單位少數人。

2.任何活動，權利義務都要規畫清楚，力求公平合理。

3.活動的計畫，應以書面詳細敍明，共同研訂，並徹底溝通，以便根據計畫行事。

4.任何計畫都要參考過去與現在，並適度創新，一方面將好的吸收，一方面要發揮創意，使工作成果達到更好的境界。

第六節　克服困難，收購學校預定地

台中二中學生有三、四千名，而校地只有五公頃，扣除宿舍用地，教學用地實際只有四公頃。學校周圍的民宅，雖然早在三十年前，就規畫為學校預定地，但由於住宅密集，又位於市中心，但歷任校長都因情況複雜，受到各種壓力，而始終未敢碰此一問題。直到筆者到任後，一九八六年起，才運用各種方法，以徵求收購方式，說服居民讓售給學校。至一九八七年，共收購預定地的五分之三。其過程相當困難，學校同仁發揮團隊精神，運用各種關係，有的動之以情，有的訴之以義，有的誘之以利。當時學校也儘量在合法原則下，提供有利條件，因此當時讓售居民，原來一間二十坪的破舊房子，可以換到郊區一棟透天二層樓房。學校因此也增建校舍，如新建信義樓、明智樓，都是收購校地後興建的。

但剩餘未收購的五分之二校地上之民宅，知悉等一九九○年底，奉政府命令應強迫收購的情事後，想盡辦法抗爭，央請民意代表到上級機關施加壓力，改變都市計畫。並誤以為學校有權改變計畫，少數居民並且到學校理論，甚至在一九九○年七月大專聯招時，在學校周圍拉白布抗議。學校遇到這種困難，只有冷靜沈著因應，幸好全校師生都能保持冷靜態度，團結一致，使傷害減低到最少。筆者感歎的是，當時缺少一個有「力」、有「智慧」的團體來支援解困，可以說全憑筆者及少數同仁發揮個人有限的經驗與智慧，去尋求解決方法，幸得家長會、校友會聲援，使抗爭平息，最後在「仁者無敵」、「誠以感人」的情況下，使抗爭停止。至今收購案

未決，不決定也是一種可行方案，尤其在公告地價與市價相差懸殊之下，要以公告地價收購，委實對居民不公平，今後只好用時間來解決此一問題。

要處理收購校地的艱巨工作，根據筆者經驗，宜把握下列幾點：

1.請教有經驗人士：由於這項任務並非經常性，也非真正辦教育的人所應該辦的事，尤其遇到居民抗爭，如沒有經驗，實束手無措。所以宜向有經驗的學校校長或總務主任或地方人士請教，他們或有許多成功或失敗的經驗可供參考。

2.發揮團隊力量：因這種任務涉及多數群眾，面對各色各樣的群眾，學校也要組成因應小組，借各種專長同仁，發揮其個人獨特長處，協助解決，譬如有的人善於溝通，有的人攀交情，有的人有威嚴，有的人長於人際關係，大家分工進行，就會使阻力減少，助力增加，千萬不能只靠總務主任或校長少數幾人。

3.運用社會各種人才：校友會、家長會、公正人士等有經驗的人或民意代表，雖然民代為了選票，大多會站在群眾一邊，但如多加聯繫溝通，他們也多少會為學校著想，而減少不利的影響。

第七節　提升教職員工素質，健全學校行政組織

筆者到職之初，覺得教職員工素質大致尚不錯，不過還可以好上更好。因此，教師、行政人員以至於工友，一有出缺，就謹慎選聘新人，儘量排除人情壓力，而主動招考或遴聘新進人員。凡不適合的人才，即使上級介紹，也加以婉拒——因為一時感情用事，就永遠為學校帶來遺憾。久而久之，外界都了解中二中的作風，凡沒有實力而依靠要人介紹，是不可能進中二中的。這幾年新聘的人員中，比較特殊的介紹如下：

新聘圖書館主任，筆者主動請台灣師大社教系推薦圖書管理組畢業生，已服務多年，且現任組長以上者，結果由該系主任推薦一位優秀的校友，

到校擔任館長，本校圖書館就在這種良好的基礎上發展，後來被教育部指定為全國三所示範圖書館之一。

新聘二位保健室護士，係經過公開甄試，由二十多位應徵人員中，公正客觀地遴選。筆者以為，護士如果優秀的話，除可擔任師生一般護理外，更可擔任心理輔導人員；因為不健康的學生，並不一定是生理問題，許多是心理問題。因此，筆者特別將招考資格條件定得很高，諸如學歷、經歷、儀表、口才、服務熱忱，都要優秀，能依照目標達成。

至於教師的甄試或商調之條件，筆者一開始就訂定一些基本原則，諸如以師範院校本科系為主，服務至少滿三年，服務成績有具體表現者，口試時注意其表達能力、儀表端莊，並從其談話中，了解其為人處事的素養等。大致上來說，在這七年半內共聘了三十多位老師，進來後表現尚稱滿意。特別值得一提的是，在新老師中，配合各單位行政工作的推展，事先都約定請其義務協助行政工作，對各處行政之推展，不無幫助；本校的圖書館就有二位老師協助電腦及媒體工作，教務、訓導各組都請一位老師義務擔任類似副組長的工作。

至於各單位的主任、組長選任，儘量作到適才適用，並考慮到倫理觀念，依年資、經驗循序漸進。例如：處室主任一定擔任過組長，才能升任，組長一定任過副組長或資優導師才升任，而且每項職位，一定要任二年以上才提升。因此本校各單位人事都非常健全，而且個個行政能力都很強，同時也因承辦不少大型活動，經驗豐富，卓越幹練。

由於筆者用才原則及學校承辦多項活動，歷練出人才濟濟。因此，有兩位處室主任分別出任高中、高職校長，並且幾乎每年有一位榮獲師鐸獎，這是筆者引以為榮者。

筆者選用教師原則是：

*1.*教師學歷以師範院校的本科系為主。

*2.*除學歷外，以具有良好儀表氣質為重，這一項由筆者的主觀經驗判斷。

*3.*參考過去的服務成績，可以判斷未來的表現。例如：未擔任過導師者，就比擔任過者，在未來服務熱忱度較差；擔任過組長比未擔任過者，

更懂得為人處事。

4.經常調換學校之老師，較不宜聘用。

5.堅守既定原則，大公無私，凡不合條件者，不管是何人推薦，都不要破例聘用。

第八節　改善各項制度與措施，以達成精緻化管理

精緻化管理主要目的，就是在求高品質和有效率，也就是說行政措施，不但求好，而且要更好；不但要達成目標，而且要有效率達成目標，也就是要使學校行政精益求精，已在前面第十八章提到。

要求精緻化，必須從各項制度辦法著手。筆者到任後，要求各處室重新檢討各種規章辦法，凡不合時宜的、不周全的、不合理的，都應加以改進。過去規章辦法未加改進，原因都是由於人的惰性，因循苟且，懶得每年詳加檢討修訂，因此年年照樣辦理，但仔細觀察檢討，發現許多浪費時間的、沒有效率的、不合情理的、疏漏的、錯誤的、簡陋的、不實用的……表格或辦法等問題。

茲將修訂的事項提出若干作參考：

(一)改進行事曆

過去行事曆未詳細研商，謹慎訂定，常常漏列或排定後經常改變，或列了而不可行，因此行事曆形同虛設，失去權威，讓人無所遵循，影響行政教學很大。因此筆者特重視行事曆的訂定規畫，使它成為大家所信賴所遵循的日程表。改進方法是先由教務處擬訂草案，然後會各單位，擬成初稿，然後提交行政會報詳細討論，至少花上一小時以上的時間，有時詳細到連上級尚未實施的彈性放假，本校已在計畫執行。

(二)改善註冊手續

註冊日是學校大日，安排不當，則浪費學生時間，造成怨尤，有時甚至影響教學，或是養成學生不良生活習慣，諸如不守規矩、不依時限辦理等等，經過改進小組研討，幾次改進，使本校的註冊日即成開學日。在註冊那一天，全校三千多名學生同時到校，先集合升旗，舉行開學典禮，然後到教室進行活動，各班派代表到圖書館辦理註冊手續，在教室者進行打掃。註冊完畢，舉行班會，包括新編座次。如此一個上午完成，學生不用等候排隊，浪費時間，並且在一個上午做了許多事。這種改進辦法中，並規定學生在註冊前到家裡附近郵局繳納註冊費，如此也可避免金錢遺失之慮。

(三)學生獎懲處理之改進

過去學生的記過處罰，僅憑教官或導師簽報，蓋一兩個章就通過，造成許多弊端，也使學生或家長不服，進而在記過後家長請民代來說情，造成困擾，尤其僅憑少數人的判定就記過，有時難免失去客觀，有失公平、公正，甚至公信力。為求公平公正，並建立獎懲的公信力，筆者特別指示訓導處主任任召集人，邀請輔導老師、教官、導師代表等組成訓輔小組，定期舉行獎懲會議，對每一案例均經過公開討論後才決定，如此對學生記過處罰，都能獲得家長、學生信服，從此以後，再也沒有民代前來要求改變。

(四)升旗典禮的改進

對於每天早上全體師生集會的措施，可以說對學生學習態度、生活規範、守法、守秩序的習慣，以至正常人格發展等，影響很大。許多學校忽視其重要性，尤其是以升學為主的學校，以為這是一種浪費時間活動，筆者則不以為然，因此特別重視，並詳加規畫改進如下：

1.訂定全學期升旗計畫書，主要列明升旗的主持人、演講或活動內容。

2.升旗主持由校長、主任等輪流擔任，主持人兼報告或演講。

*3.*週四安排教師作專題演講。

*4.*週六學生演講。

*5.*加強樂隊之演奏，使它更悅耳動聽，因此，本校樂隊甚至在月考時，都主動出席演奏，不休息。

*6.*全學期除雨天，無論月考或期考，甚至暑假輔導課，都照常升旗。

其他改進之制度辦法，如畢業紀念冊之改進、考試及成績單之改進、圖書館服務之改進、出缺勤之改進、班會之改進以及教學措施之改進等，不再一一詳述。

第九節 重視員工福利，以激發教師敬業精神

增進員工生福利也是建立美好教育環境的一項措施，前述辦學方針，所謂「學生第一，教師為重」，兩者都要兼顧，不能偏頗，而較直接影響到師生之情緒的措施，就是他們日常學校生活所需的福利措施。本校除了提供優美的校園環境外，對室內設施也注意充實改進，茲列舉主要改進措施敘述如下：

*1.*建立員工休閒中心：中心包括餐廳、歌唱音樂設備、健身房、乒乓球室等，尤其設備高雅、空調的餐廳，更是員工聯誼用餐的好場所。

*2.*辦公室裝置電冰箱，除供存放飲料外，並可供女性員工肉菜暫存場所。

*3.*經常舉辦旅遊活動或全體餐會，以增進情誼，調劑身心，促進健康。

*4.*改進合作社餐廳及各種措施，改善師生餐飲服務及休閒設施。

*5.*員工生日，或舉辦慶生會，或致送禮品，或致送精緻賀卡，每年均變換方式，以提高生活情趣。

第十節　運用集會，促進團結和諧與共識

(一)集會的功能

　　集會可以達成多項功能，有利學校之各項發展，很多人誤以為集會只是一種形式、讓員工發洩不滿情緒的場合，或者是主管唱獨腳戲。單向溝通的場所，就是因為未善加運用集會，發揮其功能，才會有這種想法。筆者以為，集會如果安排得當，則可達成多項目標，諸如宣導、溝通、集思廣益、解決問題，凝聚共識、激發潛能、增進情誼、增加生活情趣等綜合目標。因此，本校一直重視各項會議，茲將幾項會議敘述如下：

　　1.校務會議：每學期第一次由校長擔任主席，第二次以後，由各處主任輪流擔任。除主席、單位報告、討論事項、頒獎外，特別增加茶敘，甚至餐會，有時增加專題演講及音樂演奏，也就是將會議與休閒、聯誼結合在一起。

　　2.行政會報：每週舉行一次，寒暑假也照常舉行，由處室主任參加，每次三小時，每位主任輪流當主席，除報告外，並將議案提出討論，由校長裁決。這種會議可以較不拘形式，交換意見，但發言者都保持良好風度，不批評別人，可以委婉提出個人看法。長期如此下來，每個人由於富有參與感，且沒有爭吵的事，因此，大家都樂意貢獻智慧，為學校之進步而努力。雖然有些項目與本身業務無關，大家還是樂意聆聽或發表意見。最難得的是，會計和人事主任每次都全程參加，因此，本校人事和會計可說是與大家最能配合的單位。

　　3.擴大會報：每月舉行一次，除處室主任參加外，增加組長，有時增加科主任、合作社主席及經理，會議內容與前述會報大致相同，只是增加溝通協調的層面而已。

　　4.其他訓輔會議：已在本章第八節敘述。至於導師會報、教學研究會

等,大致跟一般學校相似,不再贅述。

(二)如何使會議開得有意義、有效果

謹提出個人淺見如下:

1.首先要培養與會者的良好風度,也就是在發言時要心平氣和,不激動,不攻擊別人,也不要很率直地批評別人。同時要培養聆聽的習慣,一方面表示尊重,一方面更能了解別人——這些態度校長要能以身作則。

2.每次開會前均要做好準備,幕僚單位要將議程擬妥,資料準備齊全,會場要布置好,要選購精緻可口的茶點。

3.要視大小會議而採取不同的方式:小型會議大家多發言;大型校務會議,除主席報告外,儘量用各種人員作代表性的報告或發言。儘量不要在大會中傷和氣,有任何困難,可在報告時先說明,不必等同仁提出來批評。

4.每次會議要使同仁都有所收穫,如精神鼓勵、知識的吸收、感情的結合、觀念的溝通、共識的凝聚、溫馨的氣氛、誤會的化解,甚至滿足人的基本需求——口福,都可在一次集會中規畫達成。

第十一節　辦學績效

筆者的辦學實務,比較特別的具體措施,已在上章敘述,至於辦學主要目標——培養五育均衡發展的優秀青年,是否達成,以及各項的評鑑如何,在在都是值得檢討。茲將辦學成果較具體部分,分別敘述如下:

(一)升學率逐年升高

本校學生升大學成績,自一九八五年的百分之三十九,逐年提升,每年大約升百分之十,至一九九一年已升至百分之八十,如以當年升學人數排名,已列全省第四名以內。

㈡學生氣質不斷提升

本校學生除了一年比一年勤奮用功外，其品德、習慣都不斷改善，全體學生的氣質都在改變。可從集會時的秩序、活動表現看出學生的氣質。

㈢校外各項競賽成果豐碩

除升學成績優異外，其他各項學藝競賽成績也相當優良，諸如音樂、美工、體育等，每年在中區或全省都有良好的成績。

㈣教職員工成就輝煌

由於學校各項進步發展，教職員工也同時提升水準，獲得榮譽或高升。例如：本校原總務主任升任職校校長，原教務主任榮任私立高中校長。又本校幾乎每年都有同仁獲得師鐸獎，或入選杏壇芬芳錄。

㈤各項評鑑成績優良

本校辦學績效優良情形，也可由教育廳主辦各種評鑑結果獲得印證。如：一九八七年全省高中評鑑成績，本校各項成績均列為優等，總成績名列全省數一數二。一九八七、一九八九年輔導評鑑優等，一九九〇年圖書館評鑑優等，因而被選為示範圖書館。一九九一年軍訓評鑑優等。

㈥筆者榮獲多項獎勵

本校由於全體同仁努力，辦學方針正確，以及上級愛護與嘉勉，辦學績效因而良好，筆者也因此沾光，獲得許多獎勵，光是一九八七至一九九二年五月，共獲師鐸獎，計大功一次，小功十三次，嘉獎九十六次，並於一九八八年列入杏壇芬芳錄，一九八九年獲師鐸獎。一九九〇年榮獲行政院保舉總統核定特優公務人員。筆者有這些榮譽，要歸功於台中二中全體同仁努力的成果以及上級長官的愛護。

第三篇　迴響篇

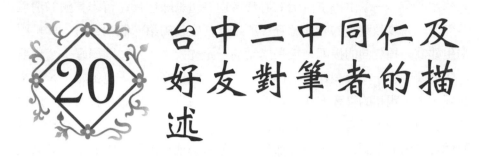

20 台中二中同仁及好友對筆者的描述

　　筆者在台中二中服務了七年半，感到最欣慰的是同事的合作、愛護與共識。尤其在編著此書時，同事們都很樂意為筆者而賜稿，不但使本書內容充實，更使筆者辦學理念及實踐獲得具體的佐證。在此先向賜稿的同仁表示由衷的感激。

　　下列文章編列係依賜稿日期先後為序。

一、以學生為主教師為重，營造美好校園的陳校長 （台中二中數學科教師　吳憲宗　撰述）

　　欣逢省立台中二中六十八週年校慶日，帶著學生參加慶祝大會，也陪著校友觀看學生活動與社團作品成果展後，心中浮起了二中成長喜悅，這份喜悅在服務本校二十五年的過程中，歷經多任校長辦學方式，比較最近五、六年來，陳校長苦心經營，稍加整理，以誌此校慶日。

一、對待學生的方式

　　隨著時代的潮流，這三、四年來，社會對民主的呼聲高張，在新舊秩序的交替尚未完備之前，陳校長就能洞悉一股隱藏在校園裡而即將顯現出

來學生心聲──學生民主自治的心聲。也許這是陳校長在留學美國的環境薰陶下，專攻教育後的心靈感覺，所以就任之後的第一個朝會日，就是跟學生建立一種雙向的接觸，校長講話前一定先說：「各位同學好」，也要求學生要回應：「校長好」，再進一步：「主任好」、「老師好」、「來賓好」──親和的管教方式，當然有別於道貌岸然的嚴肅管教方式。以往升降旗時，學生只有安靜地聆聽宣布事項或告誡語句，現在演變為，以鼓勵代替責備的教訓方式，每週都有學生上台講他（她）心中的話，老師上台談自己待人處世的經驗或學習功課的方法，主任上台報告學生意見的處理過程。慢慢地，這些青少年，有感於意見被重視，在群體中表現出更成熟，更理性的觀點，以贏得多數同學讚賞。因此這種情況頻頻出現在班會，導師面前的表決：總是由班級幹部的理性要求，透過多數同學的贊同，要求少數有不良表現同學改過。這些少數有不良表現的同學，也常感於多數同學在團體紀律、團體榮譽要求下，自動自發地要求自己。

　　對青少年來說，一種習性的養成，並不是短暫時間就能看得清楚的。最近三、四年來，我仔細觀察，發現學生比以往樂於接近老師，遇有問題也常主動求見校長，也要求主任參加他們的班會。以往，校園裡學生遇到校長，舉手敬禮後就走開了；現在學生在走廊上、校園裡，遇到校長，除了舉手敬禮外，總帶上一句「校長好」。以前學生老遠看到老師，常會繞道迴避；現在學生遇到老師，尤其是高三學生，不但不迴避，還自動趨前跟老師並肩而行，然後問東問西的。下課後，經常看到有學生跟老師在走廊上討論功課。學生不怕老師，樂於接近老師，於是班級上某些問題，常在閒談中被老師發覺，而防患於未然，也疏導並及時糾正部分學生的錯誤偏差觀念，適時發揮「機會教育」的功能。這樣的功能與事後嚴厲處罰功能，有著相當程度的差異。而在十六、七歲青少年心中，「校長都可以接近談談」那「老師更可以接近談談」的念頭，所造成的教育效果，常於不知不覺之中潛移默化。

　　一個孩子的生長過程中，隨著「依賴性」的漸漸消失，「可塑性」也相對地漸漸提升，「獨立處理事務」的要求也跟著增強。尤其到十七、八歲的年齡，細胞活力最旺盛，什麼事都想學、都想參與。專攻教育的校長，

一定也體察到這一點，於是以前所沒有的學生社團，廣泛而多樣的成立，在各處室的指導下，展開學習，參與比賽。今天校慶日所看到的學生作品成果展、社團活動成果展，各界有極高的評價——這也是幾年來教育行政下的灌溉，才能開出豔麗花朵。此外，像是二中校訊學生投稿、畢業旅行籌劃、校慶邀請卡的設計、畢業紀念冊的投標與編輯、員生合作社的學生代表……，樣樣都讓學生參與，尤其積極鼓勵學生參加校內、校外的各項比賽，如有得獎，不但公開在朝會頒獎鼓勵，還特別在下午第八節茶點慰勞會上，讓學生報告心得，滿足學生的成就感。幾年下來，我發現：如去年高三學生經歷過的事務，常傳播到今年的高三學生，今年高二學生承繼去年經驗，也想有突出的表現，而更用腦筋去構想、去計畫、去創新。這應是懂得教育心理的校長，循著人類的天性，給予學生一種成就感與表現欲的滿足——尤其是在男女合校的本校。

最近「班聯會」主席競選活動，從班級初選到登記校內競選，再到朝會時的政見發表，其成熟度，絕不亞於國內立法委員、縣市長的競選。而政見發表，競選者面對學校三、四千位學生所展現的台風與政見理性，較於國內公職民意代表的競選，毫不遜色。前天，我還有疑問：為什麼前幾年只在班上初選代表，然後由代表選主席，今年卻由全校學生來投票呢？今天我有了答案：一定是校長感覺到，學生民主的心境已然成熟，有需要推動，讓它開花結果，於是大膽嘗試；而學生的表現，果然讓人鼓舞讚賞——多麼珍貴民主花朵，終於在二中亮麗地綻開怒放，想到這裡，決策者陳校長的才智，實在令人敬佩。

二、對待教職員工的方式 ★

教育是一種良心的事業，人性的尊嚴，最容易表現在教育工作人員的工作過程中。校長一定也明白這一點，所以跟他相處的時候，常聽到「謝謝您了」、「辛苦您了」，就連勞煩工友整理校園花圃時，也常可聽到陳校長對他們講這些話。這些話本來也沒有什麼特殊之處，可是奇怪的是，教職員工們在聽了這些話之後，一天的疲勞，常常消失了大半。

記憶中很深刻的一件事是,陳校長上任後的第二次教學研究會上,他親自以投影機、幻燈片,講解「教學八大原則」,引起學生學習動機,提高學習興趣,談到主學習、副學習等等,大家聽得津津有味。這正顯示出,校長期望老師們從改進方法中達成教學目標的心意。漸漸地,在上課時,教室裡就有笑聲傳出,學生在輕鬆愉快中,每節學習到所該學到的東西,打瞌睡的人數減少了,高三症候群的人數減少了,而升學率卻年年升高了──這應該是工作效率的問題。學校同仁在被尊重、被感謝的情況下,樂於花費心血,欣然投入更多的心力,使自己負責的工作更為完美,因而有事半功倍的成效。

重視同仁的休閒活動,也是陳校長掌校中的一大特色。從一開始的媽媽教室、教師合唱團,到後來成立的登山社、網球隊、乒乓球隊,以及年年都有的自強旅行活動,在在顯示校長關懷部屬的休閒康樂,以及存在心中:「休息是為走更遠的路」的信念。我也經常參加自強活動,一次活動日的晚會上,校長居然推銷起「把婚姻當事業來經營」的觀點,多次強調和諧家庭的重要性。現在我明白了校長的用心,因為這除了有益於同仁個人家庭與社會外,也有益於工作的專注和效率。

不時會有的餐會上,校長總唱著招牌歌曲:「朋友!我永遠祝福您!祝福您健康,祝福您快樂!朋友!我永遠祝福您……」,同仁們也都齊聲回應:「校長!我永遠祝福您健康快樂……」,同事間就在和諧氣氛中,和樂融融地展開隔天的工作。

常存在校長心中的「感激」念頭,不但感染了同事們,也感染了學生。最近幾年來,即將畢業的學生在班長聯席會上,全數通過:捐款給每位工友先生訂作一套衣服。就我所知,這種現象,在目前全省高中裡,並不多見。而十七、八歲的青少年心中,有著感謝的心,將來長大了,對父母、學校、社會、國家的感激心情,必然也會逐漸擴大,也許這是「風行草偃」的功效吧!

再說說同仁的生日,這六年來,校長不間斷地贈送每位同仁生日賀卡、花朵,賀卡裡傳出「祝您生日快樂……」的歌曲,流露出校長的關懷愛護。也難怪學校這些年來,團結、和諧、進步與日俱增,對外比賽的得獎祝賀

海報，幾乎每星期未曾間斷，這絕不是一朝一夕所能見其功的。

三、校園環境的整理方式

　　這幾年來，校園內雖沒有凸顯出層層的大樓，但各角落的美化綠化，卻隨處可見。猶記得六、七年前，有位教授朋友來訪，進門的第一句話是：「你們學校建築很雄偉」，第二句卻說：「很像個大衙門。」我問為什麼？他提到，學校就是學校，綠化美化絕對不可或缺。當時我並沒有注意這話的涵義，可是這幾年來，我體會到了，也看到了。從精神牌樓前的綠草、志清樓的爬藤綠葉花卉，中正堂前的老藤燈飾、奇石水池，外操場門前的花圃，到升旗台前如茵碧草，樣樣都顯露著：陶冶學生心性、改變學生氣質、提升學生情操等等為主的寓教育於環境美化中。

　　每天早上我走進校門，總看到那一團團圍起的花盆花卉，迎著朝日展開，就讓人有著「喜歡進來」、「溫馨開朗」的感覺。對學生來說，在這份感覺裡進入校園，開始一天的學習，其效果當不是冷清乏味的。而門口這有限的場地，花盆是可以隨時搬動的，又不礙於場地的活動空間，從這裡也讓人感覺到這是智慧構思下的設計。

　　前年農曆春節後，有位即將出國深造的校友回校，看到多位學生各自躺在校園椰子樹下的一片綠草地，在冬天的太陽下看書，不禁嫉妒地說，他以前就沒有這份福氣能享受到，而現在的學生卻是身在福中不知福呢！

　　新近完成的森林區，總看到不少學生在微風輕拂中，漫步其間。前幾天，更看到有老師帶著全班學生圍著池塘，坐在木板上，面對著森林小木屋上課，池塘北邊學生所提出的問題，由南邊學生回應見解看法，使同學間在自然的森林區裡相互腦力激盪，擦出智慧火花，豈是僅僅綠化環境本意而已！

　　排除萬難興建的地下道，是為學生安全著想；而宿舍的興建，更讓很多離鄉背井的學生無食宿煩惱，也大大降低青少年被社會污染的程度，這是大家都熟知的事情。至於外操場的被重用，不但解決了志清樓上三十多班的上課安寧，也讓青少年充沛的體力，有正當活動的空間可以發洩。只

要看到放學後或假日裡，球場上人群之多，就可明白校長要使學生遠離社會上不良場所的苦心。

尤其讓我印象深刻的是圖書館的充實改造。記得陳校長剛上任的那學期，第一件事就是將圖書館的燈光高度降低、燈光數量增加，讓寄宿生晚上都能好好讀書；其後新裝的冷氣設備，讓無數學生不必冒著暑熱到文化中心或省立圖書館去排隊爭搶座位；而開架式的圖書閱覽，資訊媒體的充實，教學錄影帶與研究用書的齊備，到各類雜誌之多、數量之冠，使二中圖書館，從沙漠變綠洲，進而成為全國楷模。每天下午第七節後，就有很多同學搶著去占位置的事實，正印證著：「留在圖書館的學生，絕不變壞。」難怪這幾年來，二中校風顯著提升，社會各界讚譽不絕——當然這也是有眼光、有遠見的教育學家，才會將之列為第一優先的重點工作。

四、結語

陳校長的許多事蹟無法一一列舉，而就只從上面所述一些細微處看，不難發現到：陳校長的辦學，不是僅僅教育行政而已，他有著崇高的教育哲學理念，並將這份理念，透過教育行政，不露痕跡推動著。學生在不知不覺中愉快地學習，其潛移默化功能，奠定了青少年一生發展潛能與才華。對著「百年樹人」教育，我深深相信，在二中受教育的學生，將來長大學成，在社會各階層的表現，二中校友的人才輩出，也將突破記錄，一鳴驚人。在二中的校史上，校友一定會深刻地感激陳校長的心血，教職員工也一定會永遠懷念著我們大家長——陳校長。

二、我所認識的陳義明校長——
一位實現教育理想，為人典範之校長

（台中二中總主任　陳永泉　撰述）

一位校長的辦學理念和領導能力，關係著一所學校之榮枯。台中二中

何其有幸，近幾年來，就在這麼一位觀念新穎、博學多聞的好校長陳義明先生之卓越領導下，校譽蒸蒸日上。筆者於一九八六年二月迄今，先後獲聘擔任台中二中教學組長和總務主任等職，有幸接受校長之引導，獲益良多，進而得以感受到其為人處世之風範，和高人一等之辦學理念。今謹竊述一、二，提供有識之士共享之。

(一)陳校長之特質

　　民國七十四年歲末，陳校長在校門口和藹親切地對筆者說：「你是二中校友，應出來為大家服務。」當時的教務主任魏驥培先生在旁也附和著：「少年吔，做看看啦！」一九八六年二月一日，筆者就正式展開學校行政生涯，擔任十年內第七個教學組長職務。因此機緣，筆者接受陳校長指導，也得以體會陳校長非凡的領導理念和脫俗的個人特質。

　　陳校長天生異稟，其記憶力、耐力、洞察力和判斷力皆高人一等，尤以洞察力和判斷力最令人折服。有一次陪校長巡視校園，途經校門口，看見幾個工友先生，正忙著修理經常空轉脫軌之自動鐵門，工友先生向校長報告，他們準備拆下四個鐵輪，以減少四個支撐點，如此一來，可增強磨擦力，自動鐵門就不會再空轉，更不會脫軌了。校長聽了他們的說明後，瞄了一下自動鐵門，立刻指出，鐵門脫軌是因為有了二個滾輪裝反了。工友們聽了大吃一驚，半信半疑地仔細察看，果然不錯，有二個輪子是裝反了，大家無不佩服校長之觀察入微。

　　陳校長判斷力之強，可由他平日睿智言語中找到答案，他說：

　　「選擇活動之地點，其要領有二：一、當對象是經常旅遊者，選擇奇特的地點；二、當對象是不常旅遊者，選擇最好的地點。」

　　「身體有毛病，是自己跟自己沒有溝通好。」

　　「當用不省，當省不用。」

　　「學校行政職務更替，猶如人體器官之移植，不可不慎。」

　　「可與言而不與言，失人；不可與言而言之，失言。」

　　陳校長平日注重儀表，講究服飾，並鑽研說話之藝術，談吐幽默高雅，其所以能事事不忘，面面俱到，除擁有超強記憶力之外，更得力於他有隨

時做筆記的良好習慣。陳校長公餘不忘隨時充電，每天閱報十數份，包括英文《中國郵報》，並把精彩部分剪貼分類，隨時瀏覽參考。為了解時代潮流和社會變遷，使學校教育能跟上時代，並和社區結合，陳校長參加多種社團，包括國際扶輪社。他曾謙虛解釋參加扶輪社的原因：「扶輪社社友，皆為當今社會各行各業之成功者，若能學習到每一社友一個成功的優點，則有五十位社友，你就可以學到五十個優點，終身受用不盡。」

(二)陳校長辦學理念和行政領導方式

　　陳校長辦學理念著重於推展生動活潑且精緻化之教育，亦即教育實施之過程，不呆板、不迂腐、不陳舊，且趣味橫生，多彩多姿，創意連連，以達精緻細膩、高品味之境界。欲實踐此理念，他提倡制度化，亦即任何活動辦法或措施，均須研擬周詳、完整之書面資料，以利日後之推展實施。任何活動計畫，且應隨時檢討改進，以符實際。他常說：

　　「保持優良傳統，並適度創新。」

　　「任何計畫或措施，均應參考過去，衡量現在，預測未來。」

　　「消除任何不合理的制度與方法，尤其是會傷害別人的措施，更應改革。」

　　「任何可行的辦法，不是真理，也不是絕對的，都可以加以改善。」

　　他主張，一切措施應以學生為主，老師為重，採取最妥善、最周全之方法，並配合時代潮流，掌握住原則，不盲目跟從。他更著重於建立同仁以服務來領導之觀念，使行政人員不致流於威權心態。他認為，民主制度是讓更多人參與、更多人費心的一種制度，因此人人應該學習開會的方法，培養開會的素養，以達集思廣益、多溝通、多協調、多尊重、多包容之目的。一方面他高關懷，另一方面亦高倡導，並以身作則，期望大家都能成功快樂，有創意，肯服務。

　　他常告訴我們：

　　「發揮熱忱，即是投入。」

　　「態度不強硬，也有考慮周到之方法。」

　　「科學化、人性化之領導，才是好領導。」

「把沒有事，當有事辦。」

「善盡職責，恩威並重。」

「做任何事，一定有更好的方法，只是你還未想出來而已。」

「任何事，應衡量是否合乎倫理、民主和科學。」

創意關係著行政工作能否推陳出新。陳校長是個相當有創意的領導者，許多新構想、新方案，皆為其泉湧般之創意下的產物。例如：校園中美化型垃圾箱、塑膠片板擦箱、塑膠水溝蓋、花盆型旗墩等都是他親自設計製造出來的，他並把學校垃圾場命名為「踏上更美好的境界」，充分表現陳校長支持環保優美創意。最值一提的是，學生宿舍餐飲方面的創舉。眾所周知，住宿生係居住外縣市，離鄉背井、負笈他鄉求學之莘莘學子，寄寓宿舍，往日可由家人協助解決之各項生活起居事宜，自由學校安排代為處理。台中二中於學生宿舍將興建完成前，即成立「學生宿舍管理委員會」，負責規畫住宿生各種宿舍生活事宜，其中為確保餐飲之優良品質，提供營養衛生之伙食，以維護住宿生之健康起見，特別組織「餐飲管理委員會」。由學校伙食技工，製作精緻可口、營養衛生之伙食，期使住宿生能獲得更好的照顧，而安於學，親於師。近四百人之伙食，由學校工友先生自製供應，是一樁多麼艱巨困難之事，很多學校不願意也無能力擔負起如此重責大任，紛紛將此燙手山芋委託廠商辦理，廠商所提供之伙食，基於營利為目的，欲要求其既營養衛生又價廉物美不太可能。除此而外，更缺少學校師長所付出之愛心。

為達成宿舍伙食自製之理想，陳校長發揮無比的毅力和創意。首先他情商賢慧的另一半——享譽本省中部地區烹調名師敏惠老師，教導員工餐飲知識和技術，從最基礎的衛生常識指導起，乃至操作技術等等，循序漸進，密集研習，直至熟稔為止。一方面充實廚房設備，依據員工特性，採購符合科學化、安全性高之器材，期使員工均能利用科技，簡便操作，就能烹製精美可口之膳食。陳校長為求每餐伙食，能臻於理想目標，特採取漸進方式製作，也就是先熟稔早餐製作所有工作事宜，而後再嘗試自製午餐或晚餐——如此，既可減輕員工負擔，又可達成伙食自製之真正理想。

為求工作圓滿成功，陳校長廣徵眾意，一方面根據學生喜愛菜色多變

化之反應，一方面也體恤員工製作之辛勞，特別精心設計專供宿舍伙食之食譜，融和雙方需求，一併達成製作過程既科學化、精緻化，產品又新鮮衛生、營養可口、多變化等目標。

其實在學生宿舍伙食自製過程當中，陳校長還有許多創意之舉，諸如：廚房作業分工之科學管理、分菜作業之特殊技巧、整潔維護之通盤規畫、鼓舞員工士氣之特殊作法……等等，筆者有機會將再做特別報告。

陳校長相當重視境教，他首倡校園寧靜化，將體育教學活動，儘量安排於外操場實施。同時他也推展校園公園化，一方面請學校工友先生自己油漆球場、校園廣場和走道，整個校園立即五彩繽紛，增添朝氣，並節省公帑無數。一方面在全校各處遍植四季花卉和青翠草木，連最不顯眼的角落，亦以巧設之石景、流水、花木加以點綴，使整個校園呈現高雅脫俗、美不勝收的景象。

此外，他認為學校教育應五育並進，即使是以升學為主之高級中學，對於智育以外的德育、體育、群育和美育也不可偏廢。因為教育首重人格教育，而且成功的人格教育必有利於智育的推展。

簡而言之，陳校長之生動活潑精緻化教育理念，即是透過生動活潑精緻化之行政領導來推展，著重五育並進，及引導正確之價值觀，亦即凡事應衡量是否合乎倫理、民主和科學等要素。至於配合理念所實施之任何教育措施，均透過整體的、合理的行政規畫，以科學化、人性化、藝術化為準則，發揮團隊精神，建立美好教育環境，以培育出具備愛校、愛榮譽、守法、守秩序之健全人格之學生。

台中二中在陳校長充分發揮其辦學理念下，迄今教育成果非常豐碩，對外比賽連連奏捷，升學率更是大幅提高，去年（1991年）應屆畢業生升學率高達百分之八十，錄取人數之多，名列全省前四名內。陳校長本人也深受上級肯定，所有教育界的大獎，如杏壇芬芳錄、師鐸獎等，他都得過，一九九〇年再度榮獲七十八年度行政院保舉、總統核定之「最優行政人員」獎。

筆者認為台中二中有這麼一位傑出的校長，真是二中的福氣。

三、永遠的開拓者——記陳校長二、三事

（台中二中教師長秘書　林坤燦　撰述）

"Nay, be a Columbus to whole new continents and worlds within you, opening new channels, not of trade, but of thought."

——Henry David Thoreau, *Walden, or Life in the Woods*

（意：做你自己內心新大陸，新世界的哥倫布，開闢出新的航道來，不是為了交易，而是為了思想。——梭羅）

梭羅是美國十九世紀偉大的思想家，在他的作品裡，充滿人生智慧的文字到處俯拾可得，他要人們力求心靈的甦醒及生命的更新，他更教人們要自省，要往自己內心深處想、往遠處看，不斷追求最高的人生境界。

如此看來，陳校長應當是梭羅的忠誠信徒了。他不但擁有一顆汲取新知及創意的心，而更能時時反省，在新知識與舊經驗的法則裡找到一個平衡點，不偏不倚；因此，在他的行政理念下，頗能令人感到一股從舊制度與傳統下汩出的清流。

回想六年前，我到二中應徵英文教師的職位，當時，我實在不敢有任何的希望，因為應徵的人實在太多，人才濟濟。但幸運之神似乎非常眷顧我，蒙校長約談後，我獲聘為英文科教員——這真是出乎我意料之外。我沒花一毛錢，也沒什麼特殊背景，校長竟然肯錄用我。從此我對校長的清高人格有更深一層的認識。接著，我一面教書，一面也在秘書室幫忙，平日也就有較多接近校長的機會。以下僅就六年來所見大者，約略敘述誌之。

校長不會開車，每天早上，我便順路接載校長到校上班。常常，當我們很幸運地沒碰到紅燈且安全迅速通過幾條大馬路時，校長總會露出滿意的笑容，因為這條路線是他細心勘查出來的。這時，他把話鋒一轉，「人生的道路也是如此，必須先認清楚自己的目標，然後應用智慧，作出最好的判斷，選擇最佳途徑」。校長就是這樣一位用心、細心的人，他能看到

人家所看不到的，想到人家所想不到，因此，學校裡的一些大小事情總會在他睿智的判斷下得到圓滿的解決。

由於他有隨手記卡片的習慣，因此，每天也就有許多講不完的經驗故事和大大小小的靈感與啟發。

在晨間的朝會裡，校長不用教條式訓話來勸勉學生，而是用平時卡片記載下來親身體驗的小故事來闡釋印證。他通常只是把事情的原委、利弊分析給學生了解，問題留給學生自己去判斷、決定。不過，當每個問題經校長分析說明後，答案似乎已很明顯地呈現在每個人面前了。

校長私生活十分嚴謹，而且相當規律正常。每天早起必讀英文中國郵報，每遇有單字必查字典；如此，數十年如一日，目前英文功力已相當可觀。此外，清早往學校途中，也一定收聽 ICRT 廣播節目，且每遇有關鍵重要字彙必考問筆者，於是，六年下來，我的英文能力也大有增進。

校長總是如此在百忙中強迫自己學習，學英文是這樣，打網球也是如此。在一個禮拜中，校長總會挪出幾天，於下班後，在學校球場與同仁切磋球技。別人打球可能有幾個目的，可是，校長打球卻可同時達到十幾種以上的功能，仔細聆聽他分析其打球的哲學，不得不佩服其用心過人之處！

由於自己親身體驗運動的好處，他非常鼓勵學校同仁從事各項球類運動。目前本校桌球人口最多，人數達到五十餘人；其次是網球二十餘人。學校也常舉辦球賽，在比賽運動中，同仁笑聲不斷，大家似乎忘卻了平日的教學辛勞，也加強了彼此間的情感，這對學校校務的推展也有莫大的助益。

除了學英文、打球養成習慣外，禮拜天他必定上「教堂」做「禮拜」。二、三十年來，校長在大學兼任教席，教授教育行政、管理學、秘書實務等，因此每日仍必須汲取新知，而禮拜天可說是他最完整的充電時間了。

早上，他坐擁書城，獨自盡情享受一個思考和閱讀的快樂上午。他說：「人唯有不斷地閱讀和思考，才能永遠保持年輕。」其實，不僅是禮拜天早上，平時在車上，或是一天零碎的時間，他都隨時用來思考、作筆記，沈醉在浩瀚思想大海之中。

後來，校長要我承辦家長會的工作。家長在一般人的心目中只是一個

捐款的組織，一年也難得開一、兩次會。校長為了落實家長會的功能，特別訂定了委員會工作計畫、年度預算表及未來工作展望等，都一一刊印在委員會年度工作手冊裡。透過家長會，委員除了提供建言外，大家也都依自己的興趣、專長或旅遊心得，在會中報告，分享經驗。有許多委員後來成了要好的朋友；也有許多委員表示，開會讓他們學到許多，促進他們個人的成長。

校長做事用心的地方也可從最近美國姊妹校來訪的各項安排上看出來，今年四月加州首府姊妹校──米拉‧羅瑪中學（Mira Loma High School）來訪，事前幾個月，校長就囑我要多方蒐集資料，以便訂定接待行程的參考。校長告訴我：「訪問不只是讓他們來學校參觀，招待遊覽、吃吃飯而已；一定要同時能達到多項功能的目標。」在校長指示下，各處室全部動員主動配合，經過無數次的溝通、協調，最後終於訂定出理想的行程來。而事後證明，在校長親自招待下，每位客人對台灣都留下深刻的印象，並表示這是他們終身難忘的經驗。

轉眼校長來二中服務已七年半了，在這二千多個日子裡，校長默默地為學校奉獻出他個人智慧及一生最寶貴的壯年歲月，無怨無悔；從他逐漸稀疏的頭髮，我們看到二中正大步地邁出穩健的步伐，成長、茁壯。在晨曦裡，望著正在校園巡視熟悉的背影，我驀然發現，校長的人格、風範已一一融入學校的歷史當中。

四、陳校長──我認識與尊敬的一位長者

（台中二中主任輔導教師　黃書鑒　撰述）

一九八七年我因為舉家遷到台中，很想就近在台中市內服務，聽說陳校長重視校友，於是央請學長引見，蒙校長厚愛，終於順利返回母校任教。有一天，我們夫婦倆帶著兩瓶洋酒到校長公館拜訪，想不到那兩瓶洋酒帶了去又帶了回來，校長夫婦無論如何都不肯收下這份薄禮，校長的為人令

我們印象深刻，也至表欽佩。

一九八八年有幸在陳校長指導下，從事「高中聯考國文科作文題評分客觀性及相關因素研究」，也因而有較多機會與校長接觸，對校長的治事辦學有更深刻的印象。這是一項相當大的研究工作，剛開始時，我很擔心不知要從何著手進行，於是找校長討教，校長總是表現出極大的興致和耐心，願意和我作深入的討論。常常在言談的互動間，可以發現校長一直在腦力激盪與作縝密的思考。臨告退時，校長從抽屜裡拿出一張活頁卡片給我，裡頭正是我所要的大綱，條列得非常清楚——他告訴我，把剛才一起討論出的重點再加上去就可以了。我照著這張卡片的內容去做，花了一年時間完成研究報告。期間他全權交付我、相信我，也給予最大的空間，讓我盡情發揮，使我在從事這項研究工作時，非常愉快。

其後，我擔任主任輔導教師的職務，有更多的機會請益校長，發現校長對輔導人員的專業素養與輔導人員的人格特質要求嚴謹。校長認為，輔導室應該是學校的輔導諮詢中心和專業機構，輔導教師不但要對學生提供各種專業的諮商輔導，更要成為一般老師可以獲得輔導協助的地方；輔導教師不必是輔導的第一線，但必須是老師們的專業資源機構。因此對新聘輔導教師的要求，除了必須是本科系以外，還必須有相當的人生閱歷，也要有成熟的人生觀，同時更須具備有良好的輔導人員特質。由於堅持這種原則，在學校輔導教師出缺時，校長必須排除很多人情壓力和困擾——這種人情壓力有來自上下的直屬關係，也有來自左右朋友付託——但只要不符合前述原則，校長都一一婉辭了，而且似乎也沒有損傷到他既有的人際關係。這種堅持專業品質、堅守原則，又無損於良好人際關係的圓融火候和智慧，令人折服。

專業能力與品質是校長堅持的原則之一，其實校長進用輔導教師也考慮「性別」的平衡需求，校長笑稱之為「校園生態平衡」。一九九〇年輔導室有一年的時間裡，只有我一位男性輔導教師，另有四位女性輔導教師，校長認為這種搭配對辦公室並不調和，當一九九一年有機會調整時，校長堅持進用男性輔導教師。然而，輔導教師性別的平衡並不表示要凸顯輔導教師的性別角色，相反地，校長認為在今天社會急遽變遷下，輔導教師的

性別角色要更能符合社會時代脈動需求，固然不可以是大男人強勢，當然也不可以是小女人的柔弱，在兩性世界的所有互動中，輔導教師要拿捏得不慍不火、不亢不卑、恰到好處，校長稱之為「中性」的角色。Spence教授在他的性別向度裡提到，性別向度有四，分別是「兩性化」、「男性化」、「女性化」及「未分化」，校長所說「中性」的性別角色正是新時代需求的「兩性化」角色。

校長對輔導室位置的取捨和安排相當重視，他認為要發揮學校輔導的功效，除了人為因素外，還要營造美好的輔導環境。輔導室既然與學生關係非常密切，一方面需要有隱密性，使學生有安全感，願意走進輔導室；另一方面又不可以處在偏僻之隅，以免喪失和學生接觸的機會。如何在兩者之間取得最佳的適當交集地點，也是校長長遠思考的諸多事物之一，以二中的現有環境來講，校長認為輔導室與圖書館為鄰是最理想的搭配，學生進出圖書館之同時，自然而然地可以常常接觸到輔導室、認識輔導室，進而會喜歡到輔導室。校長常以「西門町」一角比喻輔導室地點的合適選擇。緊接著在位置選擇後，開始對輔導室的地理環境逐年予以改善。目前的輔導室擁有較完整的、精緻的，也是美侖美奐的輔導中心，包括辦公室、諮商室、會客室以及提供學生各種資訊的滋心園。

校長輔導的理念特別重視輔導預防性和發展性，因此學校輔導工作除了個別輔導外，首重團體輔導。校長強調，團體輔導做好了，個別的個人困擾也就相對地減少。他更強調，輔導是全校共同參與的活動，也因此，本校輔導室除了本身規畫的許多團體輔導活動，例如：輔導教師走入班級、選組輔導、一年級家長親職教育、二年級家長親職教育、一二年級親師座談、三年級升學經驗傳承、選填志願輔導、大一新生聯誼及編輯與你同行、輔導園地、輔導專欄等等之外，積極參與教務處各項有關學生學習輔導活動；也積極主動與訓導處保持密切聯繫，參與學生生活輔導；輔導室亦安排在每學期期中校務會議時，聘請輔導學界的專家學者專題演講，老師們都受益匪淺，也非常喜歡。二中輔導室在陳校長領導下，於一九八五年、一九八七年、一九八九年接受教育廳評鑑皆名列優等，一九八六年、一九九一年並在中國輔導學會全國教育年會時接受頒獎，肯定本校輔導工作的

貢獻與成就。

其實二中之受到上級獎勵與肯定是全面的，不論教務處、訓導處、總務處、圖書館、音樂班，樣樣都有最好佳績。尤其可貴的是，這一切的成效充分表現在二中學生的成長、氣質、學習和升學的一再突破上，令人刮目相看。陳校長重視學校教育五育並重，不過從心理學的角度來看，除了學校各單位的努力外，幾年來校長要求大家要積極地、正面鼓舞學生、肯定學生是很重要的因素。校長認為，難免會有少數學生不守規矩，這些學生只要個別輔導即可，千萬不可在一日之晨的朝會上訓誡學生，只要保持愉快的心情，每個學生都會有成功的學習。心理學家都強調正向增強功效；校長治校對學生如此，對老師亦然。校長常常提及：「看人要看他的優點，用人要用他的長處。」當然這已經超越了「知人善任」層次，往往需要付出更多的溝通，也要有更大的胸襟與更大的包容心。

校長重視溝通和協調。在我參與學校行政工作時，就發現每個禮拜除了固定星期三早上的行政會報外，還有很多專案討論，後來又增設星期一的午餐會報，是我以前服務的學校所沒有的。透過這些會議，不但取得共識和增進了解，促進團隊的合作和細目的分工，更可藉由大家的腦力激盪，獲得更美好、更周全的策略；同時透過這些會議和溝通，把學校行政建立制度和模式。校長也非常重視人際溝通，除了到校長室可以與校長長談外，有時候校長經過輔導室，我也有機會與校長作長時間的談話，往往是邊走邊談。校長談話的興致好，有時候談到深入處，我們就站在原處討論，一站就是四、五十分鐘。校長人生閱歷豐富，對很多觀念都有過人的思考，同時他思考敏銳，例如：我們談到溝通的對象這個主題時，他能延伸到身體層面，要我嘗試去體會身體的訊號，用心靈與肉體交談……。我喜歡與校長作這樣的談話，也喜歡他非公事的——非正式的談話——我往往從中獲得很多。

陳校長喜歡溝通，可謂是其人格特質的一部分，而不是基於領導的需要；不過因為他天生具備有這種特質，使他的領導益形出色。校長自述在台大念書的時候就積極參加社團活動，擔任過校友會長、班代、學會理事長、班聯會核心幹部，也在這些參與中結交很多位當今已成為國家重量級

人物的同學，例如：施副院長、林市長等等，都是他當時好夥伴。校長具備良好溝通特質，不但使校長擁有美好的人際關係，也使他的部屬蒙受其利。一九九一年二月底，我在日月潭參與第九屆教育建設座談會的會務工作，期間突然因為身體不適，大量出血，連夜趕回台中就醫。但因誤診，一直拖到三月四日，右腹部已經鼓起如拳頭大小，才確定為蘭尾炎。校長得知後，立刻交代陳秘書迅速聯絡在醫院服務的校友洪醫師。中午十二點十分，承洪醫師前來診視後，洪醫師放棄午休緊急操刀，於十二點二十分把我推入手術房，發現蘭尾炎已完全糜爛在內，感染成可怕的腹膜炎，而且情況非常危急。據說當時若非緊急動手術，若按一般程序安排好值勤醫師，再等到下午醫師上班時，恐怕我早已回天乏術了。幸得校長人際關係之助，才得以即時挽回一命，這件事我衷心感謝校長，還有洪醫師、陳秘書及牟老師。

　　能與校長談話中得到收穫，除了前述校長本身的人生閱歷豐富外，我也注意到，事實上校長喜歡作學問也是主要的原因之一。大家耳熟能詳的故事是，陳校長每個禮拜天都要上「教堂」，大清早到中午，一杯咖啡，一枝筆，幾張活頁卡，幾本書，就這樣子遠離塵囂、繁忙與應酬，獨自靜心思考。聽說他的許多精心構思，都在這個時候熟慮而得，作成活頁知識寶庫。校長自喻上「教堂」，用茲勉勵自己持之以恆。事實上，校長作學問不分時地，大家常常看到他口袋一摸，就是一張活頁筆記卡；走進校長室，也常常可看到校長一書在案，紙筆在握，無日間斷。校長常常談到，每個人都要不斷地成長，不可一日鬆懈。當然，這並不意謂讓自己生活緊張，其實，從校長凡事「追求美好」來看，校長是最懂得生活享受，也最會享受人生的。校長之要求自我不斷成長，可以是在期許自己達到馬斯洛所謂的「自我實現」的境界，亦即追求「成功快樂」的人生。

　　無日間斷地作學問，其實只是代表陳校長驚人的恆心毅力的一部分。大家都曉得校長注重運動，每天無論多忙都要抽出一段時間打網球，運動使他獲得一整天高效率工作的旺盛精力，即使下雨天也要盡可能出去打網球，這種毅力令人佩服。一九八九年底某一天校長自美國歸來，發現校長背包裡仍然帶著一支球拍，這種恆心和毅力叫我很是感動。校長說帶球拍

出國不但自己隨時可以運動，還可以以球會友、以球會親戚，更可以和在美國的兒子及媳婦共享天倫之樂。看來光打球一項對校長來說，不僅是鍛鍊身體、培養恆心毅力，還可以達到「多目標的功能」。

「多目標的功能」是校長常常提醒學校同仁的一句名言。從事任何一項工作或活動，除了本身想達到目標以外，往往有其他寶貴的附加收穫和價值。例如：我個人參與承辦了第八屆及第九屆教育建設座談會的會務工作，從中學到的不僅是辦一次活動，而是如何檢討原有的優缺點到新的構思、規畫、討論、再規畫、再討論、取得共識等內部作業，到實際作業的聯繫溝通、課程及活動安排、人員規畫、社會資源運用，及至執行階段的環境布置、情境掌握、氣氛營造、實務運作、人員調度、人際溝通、情感交流，到終結實錄的編撰等等，都讓我收穫豐盈。雖然很辛苦，但想到不是只在協助把一件事情辦好交差而已，更是在協助整個過程中獲得學習和成長。內心的想法更積極，做起事來當然也更積極，收穫也就更多。

其實，要想把每一件事情都達到「多目標的功能」，以我的感覺是他凡事都在「追求美好」，而在過程中凡事都很「用心」。「追求美好」是理想的實現層次，「用心」則貫穿在每一個理想的實踐過程裡，環環相扣，終至於成。這些年來，就在陳校長這種領導下，二中有長足的進步，二中的學生更有信心、更有氣質，也更有實質的成就。上個月篤行國小三四年級的小朋友們到二中來親善訪問——「戶外教學」，校長在歡迎的時候問小朋友走進二中有什麼感覺，一位小妹妹說：「你們學校好漂亮，好乾淨，空氣好新鮮！」小客人已經注意到二中美好的外在環境，而我在二中這幾年來更深深感受到校長所追求的美好一一實現。如今，校長有意把自己寶貴的辦學理念與實踐彙整成冊，作為與二中結緣的留念，我慶幸能在校長帶領與薰陶之下，與二中一起學習、一起成長，也願意把我的心得寫下來請教陳校長——我所認識與尊敬的一位長者。

五、永遠的舵手——我們的校長陳義明先生

（台中二中主任教官　陳煜群　撰述）

　　如果說，百年樹人的教育事業，像一片寬廣海洋，那麼學校就像航行在海上的船；一位好舵手，會將船更順利地駛往彼岸。民國七十四年的二月一日，如同春臨大地的節氣，一位內在質樸，外在親切，語音略帶草根性的長者蒞臨二中，成為全校近四千位教職員生的大家長。時光飛逝，寒暑更迭，多年來，二中在陳校長義明先生人性化、科學化、民主化的教育施政下，所獲致的各項成就，造福了二中全體師生，他在平凡中顯露出不平凡的特質，在在證明他是我們台中二中了不起的舵手。

　　「獲得成功快樂的人生，是人人嚮往的目標。成功非指擁有名利權勢而是工作上的成就、人品的崇高、家庭的美滿、身心的健康及良好的人際關係。成功快樂之道，在於訂立目標，發揮潛能，全力以赴，並激發創意與熱忱服務社會，關懷他人。」在許多場合，校長經常對學生們分析闡釋這個觀念。在接受校長領導的這段日子，感覺到校長治校方針，不論對教職員工、或是對學生，均是以這個觀念為依歸，然後精心擘畫出各項措施，最後目的導向於教育目標的達成。

　　若從軍事學角度來看，「追求成功快樂的人生」這個理念，正是校長教育策略，也是治校施政的指導原則；而在戰術方法上，就是讓每一個人，都有一個確定的目標，然後發揮其潛能，激發其創意與熱忱，使他們在工作、學業、家庭……等各方面獲得成功，進而擁抱成功後的喜悅。尤其幸運的是曾受二中洗禮的青年學子，在這個教育理念的薰陶下，同學們更能建立正確人生觀，去自我實踐並服務人群，充分發揮學校教育的功能。

　　站在學校教官的立場，軍訓教官所扮演的角色，除了軍事生活輔導之外，「管理者」是最不易討好的角色。少數學生往往只是會覺得被管得太多、太煩，卻不曾仔細去體會管理者之用心，其實是從「關懷」出發的本

質。但在校長的指導之下,「輔導」與「管理」在本校的訓輔工作上,不但達到了平衡,而是剛柔並濟的教育利器。就以學生獎懲來說,事不論大小,均透過學生訓導獎懲會議的召開,由輔導老師、導師、教官及相關人員,共同開會討論審核,公平、公正又公開;之後,學校又有一套周延的遷善改過銷過辦法,充分給予學生奮發向上、改過自新的機會。從前被處罰的學生會有不服,甚至記恨某位師長的情形發生,現在學生卻會反過來向師長道謝;這樣的一個獎懲流程,使訓輔工作達到了管理的目的,同時也落實了輔導的功能。老師們因學生的遷善改過而獲得教育工作上的成就感,學生也因偏差行為的自我改進,從而建立負責守紀的言行,健全的身心。此外,校長指導我們將軍訓工作,朝向生動活潑精緻化的方向推展。一般人對軍訓教官的印象,總以為是刻板不知變通,嚴肅不苟言笑,但是校長卻經常在會報、在餐敘、在任何的隨機場合,隨時給我們指導與鼓勵,軍訓工作上所需的各項軟、硬體,亦全力規畫與整建,並要求各處室全力支援。因此全體教官在天時、地利、人和的情況下,得以全心全力的去為學校、為家長、為學生服務。由於軍訓工作的生動活潑精緻化,不僅開拓了教官在學校的人際關係,而且也成為學生最親近的朋友,並獲得家長極大的迴響。

由於校長的卓越領導,加上全體同仁的全力以赴,使得本校的軍訓教育獲得輝煌的成果;軍訓工作的績效,歷經上級多次的視導評鑑,得到各界高度的評價與肯定。軍訓工作的成功,活絡了訓輔教育管道,進而與其他各行政處室,發揮相輔相成、相得益彰的功能,全體師生榮辱一體的協調配合,將二中推向更高一層的境界。這種成就,正立即而明顯地輝映在校長「追求成功快樂人生」的理念之上。

校長教學與教育並重,教師學生兼顧的施政作為,充分顯出凡事追求完美的性格。所謂「兵隨將轉」,二中在校長的掌舵下,學生一年比一年優秀,師資一年比一年精進,校運更年復一年昌隆,把整個校園營造成如家庭般和樂融洽的環境,使校園倫理的情境,發揮到了極致。在這兒,學生臉上洋溢的是充滿自信的笑容,表現在外的行為是進退有序的節度,是具有高雅氣質與謙恭有禮的時代青年;全體教職員更由於校長的知人善任,

下至工友，上至主任，都能激發潛能，敬業樂群，個人工作崗位上發揮專才，扮演恰如其分的完美角色。身中的一份子，慶幸能有這麼好的一位舵手來領導我們，他引導我們走向成功，真正體驗出快樂人生的真諦。

六、人力工程師——擅長經營生活的人

（台中二中校長室秘書　陳美玲　撰述）

如果說生命像一瓶香醇美酒，有些人看看瓶上的標籤就滿意了，而陳校長卻是很用心在品嘗箇中滋味。

「凡踏實走過，必留下痕跡；凡揮汗撒種，必歡笑收割。」七年多來，校長走遍二中每一角落，每一分鐘，甚至每一秒鐘都在揮汗耕耘。如今，校園處處留下美麗的痕跡，處處是歡笑的收割聲。這一切絕不是促使校長努力的動機，而是按其本性生活的成果。可見校長確實是一位「勤勞」的「農」夫（借用馬廣亨館長當年在二中校長交接典禮上所用的話）。

有幸忝為校長秘書，這些年來學習了許許多多做人處事的道理、方法，可以說是個人生命史上最充實、最有意義，也是收穫最多的時期。為了表達內心無盡的謝意，不揣鄙陋寫出所見所聞，提供後學者進一步了解：成功者自有其成功必備之條件。

二中的進步是大家所肯定，也是大家有目共睹的事實，不必在此多加贅述，只願就個人見聞記下生活點滴，望能藉沙粒窺見世界。在聖經箴言篇有一句話「智慧者謙遜、謹慎」，那麼校長可以說是大智慧家，他待人處事之謙虛謹慎聞名杏壇。就拿每週行政會報來說，除了讓與會者輪流當主席外，任何一件事均請大家提供意見，從不武斷決定一事。當發言者偏離主題或滔滔不絕時，也從不曾看到他表現絲毫的不耐煩情緒，依舊聆聽、筆記，直到結論時才開口；對於部分不合宜觀點或作法，也不曾堅定否決、只是說：「你們看看這樣合不合適？」等委婉的話。有人誤以為這是猶疑不決、缺少魄力，殊不知那是客氣謙虛表現——不傷人自尊。因為他常提

醒大家：「聽別人講話是藝術，可從中看出許多人性特點、弱點、學習到許多的事……。」想想從事教書這行業的我們，早已養成「發表意見給別人聽是當然」的習慣，多少人有耐心每週坐上幾個小時聽別人講話？尤其是主管!?撇開公事不談，現在來看看校長個人生活的另一面：這幾年校長在家庭的角色不斷升級，由父親升為公公、岳父，再升為爺爺、外公……無論哪一階段，在扮演那角色之前，總是很用心從書報雜誌上或親朋好友身上去學習技巧與知識，所以連那甫週歲的外孫都成他的「好朋友」──這絕不是一朝一夕憑空得來，是用盡心血、點滴匯聚而成的。他常說：只要虛心，連三個月大的小孩都有值得我們學習的地方，就是一隻狗也有效法的所在。這種生活境界真正達到：「好鳥枝頭亦朋友、落花水面皆文章」。

　　談到「謹慎」，陳校長實在是男士中少有。若不是敬人敬事者，誰能為之。舉出改換學校制服的過程即可見一斑。當學生提議更改卡其校服時，先請輔導室進行全面問卷調查意願，之後召集老師、學生代表共同遴選代表組織小組，並商請合作社蒐集廠商及他校制服式樣提供製作小組參考。從質料、顏色、款式、價格多方面考量後，再委請合作社與廠商溝通議價。這過程相信參與者仍印象深刻，雖然繁瑣，但卻能達到實用、美觀、經濟等功能──這是對事的謹慎。至於對人的方面：從每年送同仁的生日禮物來說，從選物到贈送方式等都相當用心設計，雖然禮輕但情意卻頗濃，務期表達出對同仁尊重關懷，這種態度七、八年來不曾間斷，大概只有少數人做得到吧！

　　「以身作則」也是校長另一特點，除出差外，每天準時在七點半左右到校，風雨無阻，偶有私事離校，即使只是半天，也一定辦好請假手續，因為他說：「只有自己先守法，才可能要求別人守法。」至於出差時，只要趕早班車來得及赴會，就絕不提前一天前往，開完會若還有車可回家也絕不多留停一夜，當然填報出差費都是據實填寫。有人戲稱他像苦行僧一樣虐待自己，而這正是他自律嚴謹的態度。而在如此律己的背後，卻是極其寬厚與善良。偶爾有同仁行事差錯，校長除婉轉探詢真相外，總是殷殷關懷其生活起居、家庭狀況等，充分以愛心體諒對方，無形中消除了長官

與部屬間的疏離感，也因此激發其對本分工作的專注與熱忱。這是校長寬容與愛護部屬的具體表現。

猶記得剛到二中時，因為要償還前任校長蓋志清大樓所借貸的建築費一千萬元，學校的開支相當拮据，為了表示對同仁辛勞感激，經常是自掏腰包來買禮物或請客。知情的人勸校長不必這樣做，但校長堅持說：「同仁願意配合工作，應該表示一點兒謝意，學校經費不充裕，也不要為難會計，自己花點錢沒什麼關係⋯⋯。」這又是何等的胸襟啊！至於對學生的照顧，更是周到，除了知識傳授之外，在食、衣、住、行各方面都盡力照顧。第一天到校，看到二千多人齊集在沒有冷氣設備的中正堂，大家汗流浹背，很是心疼，於是立刻就向扶輪社友募捐，裝了三台冷氣機，從此進入中正堂不再被視為畏途。接著圖書館也裝上冷氣，進入圖書館看書的人愈來愈多。去年全校每間教室都安裝四台電扇，其他方面的改善都看實際需要逐年改進。這種處處為學生著想，表現了大家長的風範，無形中卻也帶動了校園讀書風氣，這種潛移默化，是校長的辦學理念。

「凡事往好處想，看人只看優點」這是校長另一修養。他常說：「一個人如果只想著過去不如意，只想到自己曾受到的傷害，那麼如何去欣賞眼前的美景？如何得到快樂？又如何能夠成功？」七年多來，不曾聽到他一句消沈、洩氣的話，也不曾聽到過一句批評他人的話；無論何時何地都能找出好的成分並加以發揚光大，任何時刻都積極地、樂觀地在動腦筋、在思考，任何一個人都能被找出許多優點來讚美。尤其待人方面，總是那麼溫文有禮，無論在哪裡遇到，總是那麼親切地向人招呼，即使是一天出入辦公室幾十次的人，都一樣受到禮貌的招呼，反而是我們忘了還禮呢！這種數年如一日的作法真是何等難能可貴。

我們常用「一目十行」來形容看書速度，而「一目十物」卻是校長的特殊能力。如果你跟著走十分鐘路程，我們可能看不到一件特殊的，但校長卻能清清楚楚地看到十種以上特別的東西，這樣長期累積下來的知識，拓展了他寬闊的視野，使生活內容充實、多彩，成為品味生活高手，這實在不是我們容易追得上的腳步，也就難怪我們常無法達成他的理想。

初見校長的人，大概被他嚴肅的外表所誤導，以為是不近情理、難以

親近的人。但只要你與他交談過，就會發現，他其實是相當和藹可親的。尤其在公餘之暇或餐會時，他那純真無邪、毫不造作的談吐，一定促使你無所顧忌地盡情說、盡興吃喝。這種同仁真正共融的團體，恐怕為數不多，然而卻是二中目前的事實。

提到激發潛力，校長是個中高手，大概是自己心得的累積吧！現在讓我們來看一看校長如何激發二位千金：大小姐溫柔婉約，就訓練她「公關」的技巧，利用召開社團會議時，請她設計邀請的款式、場地的布置型態、茶水點心的安排，以及電話邀請技巧等等，然後用心逐步指導，如今已達到高級公關主任的標準。而二小姐活潑、好動，就鼓勵她作採購、聯絡等工作，如今已經成為「創藝」的主要創意人選之一。這種「因材施教」的情況，在學校中也經常可見。而如此願意將理念和知識以極大耐心來傳授、教導給部屬，並不是人人辦得到的；若不是有愛心、有恆心者誰願意做呢？所以常會聽到同仁說：「工作雖然很忙、很累、壓力也很大，但收穫也實在不少……。」這也印證了校長所說的話：「人的潛力是大的，只看如何去激發它而已。」

曾有人說過：「人的財富不在他收藏了多少，而在於他能付出多少」，從這句話看來，校長是一位「大富翁」，他不但懂得如何付出，也教導別人如何成為「大富翁」。因此他的財富是永遠也不會減少的，可見校長是一位多麼善於經營生活的人呀！

七、現代圖書館經營的導師

（台中二中圖書館主任　鄒錦秋　撰述）

本人自一九八七年九月應聘到台中二中，擔任圖書館主任，秉承校長崇高的教育理念，從事學校圖書館工作。四年多來，承蒙陳校長多方指導，圖書館經營，進步神速，令人矚目。一九八八年蒙教育部指定為台灣省中部地區高級中學示範圖書館。目前整個館務處理已邁入自動化的階段，是

諸多高級中學圖書館的先驅，也是許多學校模仿與學習的典範。

　　數年來，與校長朝夕相處，蒙校長之指導甚多，益發覺得陳校長之人格崇高、處事明達及溝通領導技巧高超，在在令人敬佩。他不僅是一個令人敬愛的長者，更是一位優秀的行政領導人才。由於他，使台中二中師生上下一團和氣，校務蒸蒸日上。在此僅就我所知，提出校長對整個圖書館的經營理想、原則、發展方向及轉變過程，略述一、二以彰顯其高明。

(一)有崇高的理想與正確的觀念

　　校長深知高級中學的教育目標是以「發展青年身心，並為研究高深學術及學習專門知能之預備為宗旨」。為達成上述目標，學校圖書館理應配合課程實施，成為支援教學活動的單位，同時也是提供各種資源訊息的中心，更是實施情操教育、生活教育、陶冶品行、擴大學生知識領域、培養學生自我學習、獨立思考、尋求解決問題能力最為埋想的環境。校長自一九八五年接掌校務以後，立即籌措經費，加編預算，訂立圖書館發展計畫，積極改善圖書館各項措施。舉凡增設視聽教室，擴充書庫空間，裝設電扇、冷氣機，更新閱覽室桌椅，添購新書，充實各學科視聽器材……等等。幾年下來，圖書館已發展為設備完善，資料充實的教學中心、視聽媒體中心、休閒中心，更是學生愛去、常去的地方，充分發揮圖書館多元化的功能。

(二)建立館員積極的工作信念

　　校長認為圖書館要吸引大家去用它，去愛它，才能發揮其最大的功效。要求身為一個優秀的圖書館人員必須要有吸引學生、老師的魅力。這個魅力就是：

　　　　*1.*以主動積極替代被動消極。

　　　　*2.*以熱忱笑容替代冷漠無情。

　　　　*3.*以發展研究替代墨守成規。

　　　　*4.*以開闊心胸替代悲觀消沈。

　　　　*5.*以迅速便捷替代推延拖拉。

　　　　*6.*以創造精進替代得過且過。

　　假使圖書館員具有以上的工作信念和服務態度，必定是非常優秀的人才。

(三)用人唯才，專才專用

　　校長用人，注重慎選人才，適才適用，絕不感情用事，或憑藉關係，隨意晉用，以致影響校務的推動，而破壞整個任用原則。被選用的人才，除了具備優異的能力之外，還應兼其他特殊才能。例如：圖書館主任是國文教師，並兼有圖書館專業學識；鄭銘洲老師，是生物科教師，專精電腦程式設計；胡慧明老師是地理科師，對於媒體的製作、使用，駕輕就熟——因此特別安排兩人在圖書館內，協助推動教師媒體製作，與推廣應用。圖書館自動化作業系統開發，也是在鄭老師的努力之下完成。二位幹事也都是大學國文系畢業，素質優異。館內人才齊備，在工作岡位上均能發揮其專長，創下圖書館在管理上的良好績效。校長善選人才，又特別愛才，並能給予適度發展空間，培植人才。二中近三年來已經培植不少幹才，造就了二位校長：一位是現任宜寧高中魏驥培校長，另一位是大湖農工林文雄校長。他們都是校長手下培植出來的人才，由此可見一斑。

(四)思考縝密，閱歷豐富

　　近年來本校接辦許多重大活動，都在校長指導之下，順利完成。例如：建立豐原新闈場完備設施，辦理台灣省既高雄市高中聯招命題工作，籌辦兩屆教育建設座談，籌設省立文華高中，舉辦禮貌教育觀摩教學研究會、合作教育觀摩研討會……等等，為這些活動建立了良好的模式。這些活動都是無前例可循，得須自行構思，仔細規畫。但經過他縝密思考，研究策畫，皆能順利圓滿完成，獲得大眾好評，傳為美談。從籌辦上述活動中，更顯示他辦事精明幹練，似乎任何事情都難不倒他。因此，許多行政同仁都說：「有校長在，我們什麼事也都不用害怕！」因此，當凡事在無所措其手足時，只要就教於他，經過他指點修正，許多困擾便能迎刃而解，而整個計畫也更形完美。

　　校長不但博學多才，經驗豐富，更有真知灼見與創見，是他人無法比

擬的。因此，近來常被邀請參與有關教育問題決策的研討會議，在會議中，經常有精闢的見解、不凡的表現，因此使得他更為忙碌。

(五)嚴謹正直，功成不居

　　學校各種設備，或各處室提出採購申請案，校長必須仔細評估，進一步了解其使用的必要性。學校圖書採購亦復如此，都由圖書館彙整辦理，而後經相關單位、會計、圖書館委員審查，而後交由總務處負責估價採購事宜。絕不輕易購買不需要的物品或設備，而浪費國家公帑。每一分錢皆謹慎使用。任何事務，都是採分層負責的方式進行。校長處事，始終保有嚴謹正直的作風。記得有一次，為他撰寫一篇稿子，事後他堅持要把稿費給我，讓實際工作者受惠。學校籌辦各種活動，負責的人，常受校長的鼓勵、肯定，但他個人卻從不居功。因此，許多老師在校長感召之下，自動自發，犧牲奉獻，許多活動也都辦得有聲有色。他出國旅遊，回來絕不會忘記給同仁帶一份禮物，以慰勉大家工作的辛勞，這種風範令人敬仰。

(六)首開風氣，將視聽媒體納入圖書館

　　校長有先見之明，認為圖書館人員必須熟悉非書資料管埋。所以，首開風氣將設備組的教學媒體，全部轉移圖書館接管，使得塵封多年的媒體教具，再度得到完善管理，並且發揮了教學的功能，提升教學品質。並開闢視聽教室、媒體製作室，安排二位熟悉媒體製作的老師，協助推廣，使教師媒體的製作成果豐碩，許多老師共同享用，深受其惠。由於錄影帶、錄音帶及雷射唱片的充實，圖書館得以利用中午休息時間播放供同學觀賞，達到休閒等多功能的目標。在這種情況下，圖書館氣氛有很大改變，因此，服務的品質亦不斷地提升。

(七)強調科學化、體制化

　　校長常說：「凡事有周詳計畫，才能發揮事半功倍的績效。合理的、進步的、正確的、就是科學；保持優良的傳統，再求適度的創新，循序漸進，止於至善。不可一味地為了尋求創新，而忽視優良的傳統。重要的是，

還要不斷地謀求改善，創造精進，以提高績效。」例如：早期圖書館規定，學生入學一定要辦理借書證方可借書，在借書證上要填寫班級、姓名、座號等資料，還要貼相片、蓋館印，手續才算完畢，過程相當麻煩；借書證遺失，還得申請補發，真是煩不勝煩。後來經校長指示後，改用學生證辦理借書，同學或服務人員均感方便。現在二中圖書館完成了自動化系統作業，辦理借還書作業快速簡便。同時尚可作查詢、列印卡片及作各項統計等多項功能。這些都是校長積極推動科學化的成果。

(八)提倡境教，變化氣質

「建設美好的校園，樹立優良的校風」是校長的教育方針。校園的美化，可以培養學生愛校的情操，更能培育優美的氣質，以收境教之功。為了達成此一目標，不管是教室、辦公室、圖書館、輔導室，校園的每一個角落，都要面面顧到。近年來圖書館已完成了許多改善：空間開闊，光線明亮，並有良好的空調設備，空氣特別清新，盆景、字畫、風景照片點綴其間，環境優美，已成為同學的最愛。

(九)心胸寬大，信任同學

許多學校圖書館，是另闢一間期刊室收藏雜誌，並設專人管理。但是本校圖書館的雜誌是陳設在閱覽室（自修室），同學隨時都可以自由翻閱，甚為方便。校長為了培養學生廣泛閱讀課外書籍的風氣，每年捐贈圖書，至今已逾十餘萬元。所贈圖書展示於閱覽室之圓形書架上，同學隨時可以自由閱覽，不須辦理借閱手續，學生受惠良多。不管是雜誌或是圖書，很少有遺失的現象。學生影印資料，也是採用自找零錢的方式，實施以來，成效良好。這種心胸寬大，信任他人的氣度，難得一見，更是其他學校不敢輕易嘗試的作法。

(十)結語

台中二中圖書館，經過校長指導改善，七十五學年度教育評鑑是少數榮列優等學校之一，經過最近幾年努力，更發揮了多元化的功能，提升至

更完美的境界。在此工作的同仁，受到重視與肯定，工作愉快，績效卓著。同學也非常喜歡這麼一座又充實又美好的圖書館，這是二中師生之福，亦是國家之福。

八、「治大國若烹小鮮」——談陳義明校長的治校理念

（台中二中英文科主任　魏萬發　撰述）

《老子》一書第六十章有云：「治大國若烹小鮮。」河上公註曰：「鮮，魚。烹小魚不去腸，不去鱗，不敢撓，恐其麋也。」也就是說，治理國家和烹煮小魚一樣，都需要細心與耐心。治理學校也是如此。要循序漸進，不可躐等僭越，要腳踏實地，不可刻意求功。教育乃百年之大業，要教育工作者苦心經營和耐心雕琢，方能有成。這就是陳校長的治校理念。陳校長自接掌台中二中以來，校務蒸蒸日上，學生素質日益提升。茲列舉陳校長治校二三事，且看他如何以治大國的胸懷，用「烹小鮮」的理念，將二中躋身於一流學府之林。

(一)以身作則，以德服人，凝聚向心力

陳校長以身作則，以校為家，每日七時半以前到校，下班幾乎是最後離校。凡事必親臨主持，積極參與。同仁受其熱忱感召，無不兢兢業業，莫敢等閒。同仁有喜，校長必親臨道賀；若有病痛，也必親往慰問。同仁生日最早接到的禮物，是校長手書的生日卡。校長經常宴請同仁，地點或在校長公館，或在學校餐廳，均由夫人親主中饋，益見校長犒賞同仁之忱。校長為人「望之儼然，即之也溫」，但自認「儼然」並非其內心之本然，徒增同仁之困惑而已，遂每日對鏡練習微笑，其用心乃為親和同仁也。誠然一校之治，殆不能老靠校長一己之力，必也，全校同仁上下一心，群策群力，方能有成。校長以身作則，以德服人的親和力，是直接促成這股凝聚力的因素。

(二)鼓勵進修，提升教學品質

　　校長平日戮力校務之推展，公餘更不忘進修。每日必讀中國郵報，每晚必聽英文廣播；也常於英文教師的聚會上，以英文致詞。此舉雖為個人磨練英文之便，更以刺激英文科同仁精益求精。每逢假日校長必上圖書館看書，名曰「做禮拜」。校長衣袋裡，時時備有活頁紙卡，每讀書有所獲，沈思有所得，或觀照有所悟，必隨手寫，復經常溫習。因此，每當校長對學生講話，或在會議上致詞，均有源源不斷的靈感和創意，使聽者如沐春風，獲益良多。校長自己好學，也鼓勵同仁進修。經常慫恿同仁參加暑期研究所進修課程；力促同仁多做研究和創作，俾能爭取更多出國考察機會。時代不斷在進步，教育事業日趨多元，停頓便是落後。校長認為：身為教育工作者，不能安於現實而不思精進。由此，足證其高瞻遠矚、精益求精之治校風範。

(三)溝通協調，集思廣益，尋求共識

　　二中的校務會議，內容豐富，不像一般學校的虛應故事，流於形式。開會前先是茶敍，一面等候人數到齊，一面同仁寒暄聯誼，氣氛愉快融洽。進了會場，先聽一場音樂演奏（音樂班學生現場演出），或觀賞一段影片，把整個氣氛帶到一個最和諧、最熱情的境界。接著依序進行，彼此交換意見，充分溝通。陳校長施政，從不一人專斷，每有興革之意，必與同仁磋商，以求集思廣益，達成共識。校長以為開會必須達到溝通目的，否則便是浪費時間。因此，開會前校長必先徹底了解議題，掌握重點，會中作出剴切中肯提示，以激發同仁靈感。原本無打算發言者，均在校長的疏通誘導下，知無不言，言無不盡，陳校長主持的會議，是一節腦力激盪課，也是口才訓練班。開會結果，非但溝通目的達成，同仁更是最大的收穫者。

(四)用人唯才，克服人情包袱

　　「用人唯才」是陳校長另一樁感人的操守。陳校長聘用新進教師的條件有三：(1)國立大學畢業；(2)曾修滿暑研所四十學分；(3)曾在高級中學任

教者優先。面談時，應徵者要提示大學成績單或得獎證明，還要接受校長、學科主任及資深教師的專業口試。想獲聘為本校教師，不需要人情關說，只憑真才實學而已。當有處室主任出缺時，繼任人選往往造成諸多猜測，咸以為某某「圈內」人士必受擢拔，但結果經常「跌破專家眼鏡」，最後「入閣」者，是優秀的「圈外人」。陳校長所禮聘的人，都是有才華、肯用心、有共同理念、願為教育事業共襄盛舉的人。

(五)五育並重，教學正常化

普通中學雖是升學導向之學校，但陳校長的治校理念在於培養五育並重，術德兼備的青年。他所堅持教育原則是：「教育方法多元化」以及「教育目標多樣化」。其實，要想提高升學率，並非只靠「智育」的直接灌輸而可得，其他如獨立思考的訓練、心靈的美化、體魄鍛鍊及品格的陶冶等潛移默化工夫，也不可偏廢。有鑑於此，陳校長除了責成教師們努力於知識傳授外，並開辦活動，以供學生更開闊的學習空間，充分落實班會功能，以訓練學生的溝通能力，培養民主素養。每週週會均聘請學者教授給學生做專題演講，更豐富了學生的思想內涵。而工藝、美術、音樂、家事、體育等，在校長五育並重的原則下，都成了「主科」。由於校長作風穩健踏實，老師教學正常健全，二中學生個個品學兼優，六藝兼備，去年升學率更創下百分之八十佳績。

陳校長治理台中二中七年半，他憑著高度的智慧，和豐富的實踐經驗，上承先賢治國風範，融合「烹小鮮」的藝術理念，兼顧理想與現實，循循善誘，孜孜不倦，將二中這道「小鮮」，烹得風味四溢，鮮美絕倫！

九、陳校長面面觀

（台中二中會計主任　石德起　撰述）

陳校長是我從事公務人員三十年生涯當中最敬佩的機關首長。由於與

校長共事七年，朝夕相處，深切了解其為人與處世態度，與眾不同。列舉其數項特質，簡單敍述我對於他的一些印象。

校長容貌儀表與現任行政院新聞局長胡志強（二中校友）極為相似，服飾整潔，儀態端莊。予人有「望之儼然，即之也溫」的感覺。每次見到他時，他一定微笑向你點頭問好，顯現溫文高雅的氣質與長者的風範，是一位受人敬重的好主管。

他是美化環境的設計師。近年來，二中校園環境綠化與美化，成效卓著，不管大小環境死角，皆有美景。如垃圾場的設計、宿舍餐廳之美化、校園花圃的改造，辦公室、教室的布置，都經過設計，並配以世界風光相片點綴（由本人捐贈），更是美輪美奐。全校的花圃、森林、草坪、魚池，四季皆美。對於綠地之美化，配合草皮與油漆相互使用，予人有如置身大自然美景中的感覺。同學們常說，二中校內「有亞哥花園」，也有「維也納森林」。這些環境美化，都是由工友先生們施工，不但節省不少經費，也減少了夏日不少的熱度。一九九一年五月二十二日中國電視公司來校拍攝特別報導，並榮獲八十年度台灣省政府主席頒發綠化美化績優獎勵。

校長對預算編列及經費運用，執行績效良好，一切財務狀況，亦非常了解。所有經費的運用是依校務發展計畫來推動，依輕重緩急的需要來編列；採公開、公正、合情、合理的方式來執行，經常是一文錢當二文錢用。例如：教職員餐廳的興建，從設計到施工，校長親自參與；內部工程，如土木、水電、室內裝潢、音響設備、圖畫美飾等，每個細節，都聘用專才，分別討論而後施工，校長並親自監督，以達到高品質、高格調的水準。

校長對待老師、職員一視同仁，也尊重工作人員意見，無論公私方面，經常主動溝通協調，以達成共識。在經費運用上，能圓滿達成任務。亦經常利用慶生活動、研究會議、校務會議邀約同仁小聚，年節也不忘致贈禮物。對待同仁，照顧與關懷，無微不至。

校長是位難得的良師、益友。如果要學習做人處世的方法，建立良好的人際關係，向校長請教、學習那是最恰當不過的。我在校服務期間，從他那兒吸收很多人生的經驗，亦習得很多作事道理。校長常勉勵我們說：「成功之道無他，是要多請教良師，多結交益友而已。效法有成就的人，

吸收他們的學識，關懷別人，關懷社會。凡事訂立周詳計畫，以智慧、能力、辛勤工作必能達成目標。」由於這一段話，啟發了我的靈感，改變了許多生活的態度。說來真是三生有幸，能夠在我退休之前，遇到這麼一位優秀的首長。

校長也是位熱心助人、關愛社會的忠實資深扶輪社社友。扶輪社是世界國際四大社團之一，本人是國際同濟會會友，性質相同之社團，都是為社會服務的一群仁人志士。一九九一年五月，蒙校長推舉我為台中市西南扶輪社的敬業楷模，榮幸當選，這是我一生最高的榮耀。這些都得感謝校長對我的厚愛，才有這份榮幸。

十、比美專業的音樂教育家

（台中二中音樂班秘書　王憲躬　撰述）

他是一位追求真、善、美的實行家，在生活中時刻不忘將音樂帶入情境的長官。他精力充沛，對於事業，有旺盛的企圖心，充滿豐富的想像力、創造力，以及努力不懈的精神，更富有全力照顧員工的使命感。

跟隨陳校長工作數年，學習了不少做人處事的方法與技巧，尤其對他卓越的領導才能更是深感佩服，在此僅略舉數端記下個人觀點，以供有識人士參考。

(一)聘請老師，堅守原則，不畏人情困擾

校長為提升音樂班師資水準，師資遴選、聘用及資格審核相當嚴謹，為此得罪過不少的達官顯貴。記得有一次，曾有某專科學校畢業之老師，想到本校服務，因資格不符予以婉拒，引起某要員大動肝火，後經幾番折騰，這件事情才告平息。校長不感情用事隨意任用老師，以照顧學生權益及維護學校原則之精神，令人敬佩。

(二)平常心看待音樂特殊教育

音樂班因為教學情況特殊，學生活動較多，且常有上台表演出風頭之機會。原本音樂人才之培養，也當如此，但因本校非音樂專科學校，為顧及全校學生和諧，並能讓音樂班同學有充分發揮、成長的機會，在「平凡中的特殊」、「特殊中的平凡」的情境中，適時的表演、合宜的鼓勵與不卑不亢的態度訓練，校長皆能把握得恰如其分。因此，本校音樂班同學與普通班同學不嫉不妒，融合成一片，相處甚為和諧。

(三)把音樂帶入生活

「以音樂美化人生」的美言，通常是貼在牆上當裝飾用，但是校長卻將之融入生活，美化人生。例如：畢業典禮加入音樂演奏，頒獎以樂團實際演奏，開會或集合時安排學生表演，餐敘後安排演唱或卡拉 OK，把原本枯燥單調的會議變成溫馨聚會和無限甜美的時光。音樂美化人生的功能發揮得淋漓盡致，校長在這方面確實拿捏得恰到好處。

(四)學校音樂融合於社會教育中

校長樂善好施，廣結善緣，尤其注重人際關係之培養，宛如現代之「孟嘗君」。因此，其社交活動廣泛而品質亦高，每當有社團辦理活動，校長為了提高社員音樂欣賞水準，總是不忘提供場地及安排音樂班學生演奏，並常自掏腰包，鼓勵同學表演，同學們除了有良好磨練機會外，並能獲得獎勵鼓舞。

社員們亦因參與活動，接觸音樂，欣賞音樂，進而愛好音樂，無形中潛移默化，提升活動品質，推展樂教成效卓著。

(五)追求美中之美

音樂的演出，有時相當艱澀難懂，令人感覺單調，即使曲調優美、氣氛高雅，由於節目之類同，仍顯枯燥、乏味。為此，校長經常提示，希望節目多樣化，內容多變化，場地更是布置得美輪美奐，他常說：「除了聽

覺的享受還要有視覺上的享受。」這種美中求美、精益求精的精神，使得每次的演出都非常成功，令聽觀眾滿意。

穴擅於建造優雅環境，激發同仁創造能力

本校音樂班教學環境幽靜高雅，頗具水準，除了有好的硬體設施以外，校長經常鼓勵同仁，發揮潛力，安排創作情境。音樂班的職員，對製作小提琴頗有興趣，校長即不斷鼓勵，並舉辦小提琴展示發表會，讓製作者有演奏機會、與發展空間。積極鼓勵與推展創作能力，把握適當機會展示，對激發同仁創作的能力，功不可沒。

化一位卓越的領導者

藝術化內涵與外交手腕，求美的精神，充沛的體力，不畏強權，堅守原則的處事態度，都是校長成為一位卓越領導人物特質──可惜目前只有機會治校。期望有朝一日，能更上層樓，服萬人之務，必能造福更多群眾，美化社會大眾。謹贅數言聊表敬意。

十一、陳校長兩則箴言的啟示

（台中二中教務主任　韓雪民　撰述）

陳校長義明先生，任職於本校台中二中迄今已七年有餘。七年多來，陳校長秉持著正確的教育理念，導引著學校，不斷地成長和發展，使台中二中的校譽不斷地改善和提升，全體師生同仁團結和諧、士氣高昂，社會和校友均給予極高的評價和肯定。

陳校長的內在細膩而敏銳，表現外者則實際且豐富多樣，充分顯現出教育家無休止的奉獻精神，令人敬仰。雖然常提醒我們要「保持優良傳統、適度的創新」，但他經常身先士卒、突破困境、除弊興利、創造新局，在在都表現出過人的膽識和前瞻的眼光，使校務成績蒸蒸日上。

以下選錄的兩則箴言，是他在平日諄諄善教的例子，同時也能看出陳校長精神所在：

第一則

　　獲得成功快樂的人生，是人人嚮往的目標。

　　成功非指擁有名利、權勢，而是工作上的成就，人品的崇高，家庭的美滿，身心的健康，以及良好的人際關係。

　　成功快樂之道，在於立定目標，發揮潛能，全力以赴，並激發創意與熱忱，服務社會，關懷他人。

第二則

　　請教良師、結交益友、效法有成就的人。

　　吸收豐富的學識、關懷別人、關懷社會。

　　訂定周詳計畫，以智慧、能力和辛勤工作完成目標。

　　第一則是摘自陳校長自編的一九九二年袖珍型週曆手冊，這一段話其實正是陳校長為人處世的寫照；高尚的人品，樂觀積極的態度，淡泊名利，但不斷追求工作上的成就。更值得敬佩的是陳校長的服務精神，全力以赴、激發出創意，為學校創造出美好教學環境。

　　另值得一提的是在這本週曆手冊的封面上，上方燙金印著「成功、快樂」四個字，下方印著「創意的服務，帶來成功快樂」，也印著英譯文：「Creative service leads to success and happiness」，縮寫為「CSSH」。這本手冊曾發送給全校每一位同仁，涵義深遠，是最為珍貴的一件禮物——尤其是這一句話。

　　第二則是在本校「畢業班聯考前自我激勵卡」上摘錄的。此卡也是陳校長的創意，內容包括學生在聯考前一個月計畫表和計畫原則等，鼓勵學生「六月努力耕耘的人，七月必將豐收」，讓學生知道要把握目標，預定計畫，辛勤努力才能成功，將來除了吸收知識，還要關懷他人和社會。這

一段話也道出陳校長長者的風範，給學生定下最有意義的目標。近年來本校學生在各方面都有優異的表現，升學率亦不斷提升，學生進入大學之後，都能牢記校長叮嚀；請教良師、結交益友、關懷他人和社會，使台中二中在大專院校的校友深受注目。

由以上兩則陳校長的箴言中，可以看出陳校長意誠心正，表裡如一，學識淵博、經驗豐富、有守有為，獲得大家的尊敬。所以才能夠感召萬千學子，教師潛心教學，順利推展教育，正是一位值得效法且有成就的人。

十二、良師益友陳義明校長—— 在他的詞彙裡沒有「責備」二字

（省立台中二中訓導主任　周朝松　撰述）

一九八六年六月，在本校劉真好老師的引薦下，我認識了陳義明校長。當時我還服務於省立台南女中，由於家庭需要，一直想到台中來。巧的是，那年台南女中主辦高中聯招的聯合命題，我奉指派參與入闈工作，而陳校長也在闈場主持數學科命題，使我又有機會見到了他。在兩次見面談話之後，承蒙校長的厚愛，於一九八六年八月一日商調到本校服務，兼任主任輔導教師之職。

到本校之初，內子還服務於省立台南商職，擔任軍訓教官，因此不能舉家搬來台中。校長認為：「家庭安定幸福，是工作順利成功的主要因素。」所以，一方面請總務處騰出一間單身宿舍借給我暫時居住；一方面積極協助內子請調。他多次向教育廳軍訓室及教育部軍訓處的提報與推薦，而獲審定通過，內子於一九八七年三月奉調靜宜大學，終能全家團聚，生活安定。這都得感謝校長在生活上對我的關心與照顧。

感到最特別的是，校長在工作上的指導方式。常在校園的某個角落不期而遇時，駐足而談，從環境的認識，到教育理念的溝通，與工作方法探討，無所不談；也有好幾次是在計程車上討論問題。還有一次是在一個週末，校長請我吃飯，兩人面對面邊吃邊聊——這是我到校第一年和校長談

話最久、印象最深的一次，感受到校長待人的親切、誠摯與辦學用心，也明白了自己應該把握的工作方向。校長非常重視同仁間和諧相處，與溝通協調。他對學校輔導工作的獨特見解：「輔導室人力有限，高中生有幾千人，因此必須經營成學校輔導資源中心，提供導師或任課教師輔導知能與資訊，以推展輔導工作，除輔導行政與特殊個案之個別輔導外，其他輔導事項，透過導師去推動或執行。」

一九八八年，本校承辦台灣省暨高雄市高中聯招聯合命題工作，我擔任副總幹事，使我對校長又有更深入認識。校長做事非常公正忠誠、謹慎周圓，首先啟用了新設立闈場，創建了各種專設闈場的制度。我們對這項任務的完成，很有成就感，內心對校長的敬佩更是難以形容。

陳校長在我心目中，就像一位園丁，那麼辛勤地辦學；就像一位有智慧、有毅力又勇於擔當的舵手，引導著我們台中二中正確的航向，邁向進步成功。一九八八年八月一日，我奉調整兼職，擔任本校訓導主任，感謝校長讓我有此機會把輔導理論運用到訓導工作上，並能多加訓練。四年來，在他細心與耐心的指導下，使我充實與成長，敬佩與感激之餘，僅就其在訓導工作上的一些理念與作為，列舉其大要，略加記述，以分享同仁。

（一）生動活潑精緻化訓導工作理念

陳校長認為：「教育學生，不僅要使學生能適應現代生活，更重要的是要能開創並適應未來的生活。」因此，生動活潑的訓導方式，才能於生活教育中，培養學生旺盛的生命力、敏銳的應變能力及開闊的心胸。工作精緻化，才能精益求精，提升教育品質，以培養有為青年。在這種理念的指引下，本校訓導活動，莫不集思廣益，再三研訂，精心設計，求內容之充實、多變化而不呆板。

（二）凡事計畫周詳，講求方法

跟隨校長幾年，我發現他閱歷非常豐富，對事物觀察入微，思慮尤其縝密。在精緻化理念下，每一件工作或活動之推展，必先詳訂計畫，雖然我們都盡心盡力地廣徵意見，進行研訂，但任何一件工作計畫，只要經校

長的指導，才覺完備周詳；平日行政會報的裁決事項，也都是設想周圓，面面俱到。

　　一項工作的執行，校長最強調的是，要科學化，以科學精神，尋求最好的執行方法，他認為有好的方法，將事半功倍，更有成效。

(三)以身作則，做師生好榜樣

　　校長一向平易近人，閒聊時猶不失風趣，但他確是自律嚴謹，甚具教育家的風範，其一言一行均為師生之表率。

　　訓導工作要能變化學生氣質，使之更為高雅。他非常重視學生服裝儀容的規範，本校學生制服白衣藍褲（裙），因此，校長的衣著始終是白衣藍褲，已成了他的標誌。記得有一次朝會，在勉勵同學要端整服裝儀容，切實把制服穿好的同時，還說明了自己也和同學一樣，每天都穿著二中的制服到校。這件事就可看出校長於身教之用心，令人敬愛。

(四)善用獎勵，以鼓舞師生士氣

　　善用獎勵，可以提高教學效果，促進教育目標達成。本校學生雖然素質很好，但畢竟在高中聯考中是第二志願入學，其自信心受到打擊，最需要家長及師長的鼓勵與肯定。校長除了透過家長座談，請家長配合共同鼓舞學生之外，舉凡學校朝會、週會等各種集會，都以稱讚方式來肯定學生；對於學生好表現、好行為，也能適時予以嘉勉或獎勵，從不作消極的批評或責難。久而久之，學生在接受長期的鼓勵下，對於良好習慣的養成，及良好行為的表現，都獲致正面的增強而有成效。

　　同時，校長對全體教職員工，除了尊重與關懷之外，也只有及時而適切的讚賞或獎勵。因此，本校同仁一向團結和諧，士氣高昂，工作有效率。更難能可貴的是，老師們也能師法校長，對學生多作正面的鼓舞，於是，不但增強了學生的學習興趣，對於訓導目標的達成，更受到了良性迴響。

(五)多變化的朝會方式，達成多方面的功能

　　本校朝會的實施方式頗具特色，在校長的精緻理念下，即使是短短二

十分鐘的活動,也要詳加計畫與安排,更為了使它生動活潑。因此,週一、三、四,由校長主持,週三則安排頒獎,頒發整潔、秩序競賽優勝獎,或各種獎項,並由校長對獲獎學生或班級及時再予口頭嘉勉;週四則安排各科主任或教師作簡短的報告與期許。週二由訓導主任主持,實施精神鼓舞,或說明各班班會所提的有關建議事項;週六也在訓導主任主持下,安排學生演講。週五則由教務主任主持,進行學習指導,或有關事務報告。至於輔導、總務、圖書館等單位,也可因應需要,臨時安排主持朝會,作必要性的報告。

由於朝會實施的方式較有變化,學生也較能專注聽講,多年來不斷地檢討改進,已深得全體師生肯定。

㈥推動校園民主化

只要與校長相處,都能發覺他深具「人性化」的管理理念,而處處尊重他人,包容他人;特別重視溝通,更精於溝通;民主式領導功能幾乎到了充分發揮的境界。他的民主素養早已成為其人格的特質,加上修養有素,其風範令人景仰。他早已洞察民主法治教育的重要,並自七十七學年起積極倡行校務工作民主化,七十八學年度繼續推動訓導工作民主化,俾能有效推行民主法治教育,期使學生將來成為一個有民主素養與法治觀念健全的現代人。三年來,在校長的倡導下,本校同仁們都能以民主的態度去面對學生,處理學生問題;伙關學生之獎懲或權益事宜均讓學生有申訴機會,並由導師、輔導教官及輔導教師,或其他有關人員共同會議,審慎研商,獲得最適當之獎懲方式或處理辦法的決議後,才呈請校長核定公告辦理。

對於受記過懲處的學生,事後得依本校學生改過遷善銷過辦法,接受輔導,申請銷過。本項作法民主化、公平、公正、公開,已成為本校訓導工作一項重要制度。至於如班會之實施學生意見之處理,及學生班聯會之選舉等,其流程也都相當合乎民主的精神,其他事項不一一敍述。總之,本校校園民主化已真正落實有成,表現於師生日常生活中。

(七)男女學生之間有一道無形的牆

記得剛到訓導處時，校長跟我談到男女學生相處問題，本校男女合校，女生只占全體學生人數五分之一左右。如何輔導男女學生在校園中能有所規範、和諧相處？參加社團活動能自然大方、謹守分寸？他說：「男女學生之間有一道無形的牆。」當時我不太能夠理解，而今終能明白校長見解之獨到。本校學生素質很好，只要心無旁鶩，專心向學，則必能考取大學，達成升學目標。因此，家長的期望及學生的自我期許必然很高，正值青春期的男女學生，對異性本就相互愛慕，如果學校管理不當，必將造成不良的影響。

對於男女相處的管理，寬嚴必須適當：既不能過於限制，而影響正常的男女生學習活動；更不能過於放鬆，使之相互間各有單獨交往的機會，而無心向學，甚至有所偏差。如何拿捏分寸，的確不易。而校長所謂「無形的一道牆」，並不是透過管理的手段設置，而是運用教育方法，教導學生，使男生知道尊重女生，遵守應有禮節；使女生也知道如何端莊自己，讓人尊重。這一道無形的牆因而形成，時時規範著男女學生們，保持分寸，參加任何男女生相處在一起的活動，也都不有所踰越。

本校男女學生能在這道無形牆的兩邊，健康地相處，校長的見解與做法令人敬佩。

(八)發揮環境教育功能，陶冶學生心性

校長不僅有園丁的精神，辛勤地辦學，事實上他確實有園藝的專長。幾年來，本校校園環境在他精心經營之下，置身其間那種賞心悅目的感覺足可比美一座景觀公園。花草樹木栽培，綠化了校園；再加上景觀的設計，更美化了校園，美化綠化校園的績效卓著，聲名遠播，而真正享受者則是全體台中二中的師生。

校長也是一位設計師，除了室外景觀設計之外，其他的環境設施，無論校舍的建築，或一道牆、一幅畫、一處欄杆、一座陽台，乃至垃圾場、垃圾箱等巨細靡遺，都經過一番苦心設計與布置。在校長的理念中，他提

供學生美好學習生活環境才能發揮環境教育功能，學生的表現一年比一年好，有禮貌、愛整潔、守秩序三項生活要求最有顯著進步，從而可以驗證。

(九)喜愛美的事物，重視美的教育

愛美是人的天性，人人都喜愛美的事物。但是，不但喜愛美好的事物，又能去鑑賞它的就不是人人所能了，倘若再將鑑賞知能運用在工作上，並加以發揮的人就不多了，而校長正是這樣的一位鑑賞家。

校長除了將個人的鑑賞知能運用到校務行政上以發揮指導與評鑑功能；以及運用到如前述美化校園與布置環境外，並將之運用在推展本校的「美育」上。本校有音樂班，音樂班資源豐富，於是，校長乃透過各種活動，讓全校學生都能接受音樂的陶冶，在美的旋律下美化心性。

同時，校長也積極充實美術教學設施，重視美術教學，並透過教室布置比賽及壁報或展覽活動等以培養學生欣賞能力。感謝校長重視美的教化，影響了學生的心境，是訓導工作上一股無形的助力。

「六」是我最喜歡的數字，到本校「六」年，因此，在工作之餘，我就靜靜地、清晰地回想這六年來在學校工作的一切經歷。在這裡，我成長很多，也獲得很多，尤其受到校長陳義明先生的提攜與指導最令我銘心。六年來，他就像我的師長，不斷地以他淵博的及豐富的經驗指導我，使我在工作上能夠順利而有成就感。他就像是我的兄長，經常地關懷我，使我在生活上獲得照應。他就像我的益友，時常地鼓勵我，使我成長。所謂「靜思有得」，終能將心目中的「良師益友」在指導我推展訓導工作上一些令我體會特深之處記述下來，惟拙於文筆，未能盡意。

十三、散播杏壇芬芳──為人人敬仰的好校長

（台中二中人事主任　羅開仁　撰述）

筆者有幸於一九八二年八月進台中高農服務，並於一九八九年五月調

任台中二中，有緣與校長義明先生二度共事深感榮幸，其間對於校長卓越的領導及對員工同仁溫馨的照顧，尤感敬佩。

陳校長義明先生鑑於人事管理對推展校務行政及支援教學工作具有關鍵性的影響，因此特別重視人事工作，落實以服務替代管理，期以人性化的人事管理達到提升教學及服務的目的。是以，人事單位在校長領導下，竭誠配合各業務主管，積極順利地推展各項有關業務或委辦事項，表現極為優異，全體同仁稱許。在此除恭賀校長平日辛勞之領導有成外，個人也深感與有榮焉！

深知陳校長常有為別人設想之美德及寬恕他人的雅量，為促進團結和諧，均全心全意投入，思索如何使二中更好、更進步，如此領導著全校同仁在安定中，銳意革新校務，改善大夥兒環境，散播杏壇芬芳，為人人所敬仰。

「中興以人才為本」，「辦學以良師為首」。陳校長本此信念，特別重視教職員之學養素質。因此，本校新聘教職員均以富有教學或教職經驗之中等以上資質優秀人才為原則，故近年來教職員缺額之遞補，採「甄選商調」方式處理能達到很好效果。商調作業程序：首先由校內有關科主席及各處、室、館之主任先行提出需要人選之條件，而後在教學研究會行政或校務會議中宣布，請同仁推薦，再規定送交人事評審委員評審決定。

新聘人員到職後，校長指示人事室適時通知，令其參加主管會報，提供各種書面資料、介紹主管、學校沿革、環境，並殷殷垂詢其需要等，使新進人員都能很快地熟悉、進入工作情境。服務一段時間後，並請他們在校務會議時提出來校後心得報告，期以他山之石，收校務革新之效。

陳校長以民主方式領導，實質上即是人性化領導的典型。從一九九○年十二月二十日《中央日報》記者詹順裕特稿報導中指出：「……陳校長回憶往事，一直抱持著感恩的心情，謝資政告訴他凡事要忍，有容乃大，無欲則剛，而且眼光要大，不要僅著眼於眼前的小事，要有通盤策畫的能耐。」這便是中二中大家長領導群倫，過人之處的心歷路程。所以詹記者特稿報導的結語是：「陳校長始終秉持著精緻理念來辦學，他要求最好的，不論是人員、制度、設備、教學都要一流，不容馬虎。他要讓學生喜歡上

學，老師願意奉獻心力，員工樂為師生服務，在這種和樂融洽的大環境薰陶下，為國家社會培育出優秀的人才。」而「十年樹木，百年樹人」的教育大計，也就在陳校長以身作則的領導下，成為全體同仁努力的目標！

由於領導者重視激勵原則，以增強生產力詮釋，加上考核評鑑與人性化管理之互動關係，恰當微妙之運作，塑造美好的工作環境，促使大夥積極奮發、團結和諧，共同致力締造理想佳績，教育主管長官之讚賞與嘉許。就以四年來所獲的獎勵統計記大功一次、記功十三次、嘉獎九十六次，可見陳校長主持校務理念與方式，可謂獨樹風格，堪稱杏壇楷模！所以其本人在繼受「杏壇芬芳錄」、「師鐸獎」之表揚後，復於一九八九年度經行政院保舉，奉總統核定「最優公務人員」之殊榮，確是「實至名歸」！

十四、智慧圓融仁愛為懷——談我們的校長

（台中二中健康中心護士　朱秀菊、廖麗娜　共撰）

校長是一位高瞻遠矚的教育家。他不僅對校務推展不遺餘力，同時對全體師生之健康，更是關懷。我倆到二中服務以來，受其薰陶甚多，茲以醫護人員的立場，就平日校長對醫護保健工作之指示與關切，略述一二，以示其明德。

㈠印象中的校長

校長一向是學、思、行並進。有深厚廣博的學養，還有崇高的理想，務實篤行的工夫，以及造福人群為人群服務的精神。

校長總是以親切口吻、建設性的言論與屬下溝通，使下情充分上達；其恢宏氣度、包容的雅量，是一般人難以達到的境界。與之閒談，往往能獲得許多新知。他的觀念既先進又切實，是融合他個人智慧、閱歷的箴言。我們何其榮幸，蒙受教導。因此，工作上我們更加鞭策自己，堅守崗位，不敢稍怠，拳拳服膺校長「為人服務」的精神，善盡醫護人員之職責。

(二)活用檢查結果的新理念

本校對 B 型肝炎的防治工作甚早，全校性篩檢工作已有七年歷史，衛生單位也只不過三年前才開始實施，這種造福師生的措施，完全拜校長新觀念所賜。校長常叮囑我們，檢查結果是死的，我們應該活用檢查結果所顯示的訊息，作為追蹤、預防、提供正確醫療資料，以解決更多的健康問題，使健康檢查發揮它多重的功能。

(三)關懷學生深切入微

校長對師生健康十分重視，常詢問有無特別的身心問題發生，也常提醒我們，日常工作不只是注意表面的問題，更應該了解其背後原因。對學生疾病要探究其潛在因素，並設法疏導、協助解決問題，必要時得與輔導室共同處理。校長注意多層面健康理念的導引，多年來不斷地嘗試、應用，使得我們經驗愈見豐富，在面對學生任何大小問題，皆能以較完美方式處理之，同時也建立了對「健康的病人」研判正確認知。

校長縝密的心思，隨時可見。例如：他發現早上遲到的同學，都是熟面孔。他說，學生遲到是有原因，可能是晚睡、睡不好或有不良習慣，如果不改正這種生活方式，必會形成惡性循環。況且早上匆忙進食或不食，都會影響學習情緒，一定會出現問題。這些學生，為何會有這種現象？最主要的原因是他們缺少正確生活指導，需要從觀念及行為上實際糾正，才能解決遲到問題。由此事可知校長遇事觀察入微，思考格外周密，有別於一般人「遲到就處罰，處罰就改進」的治標之法。

(四)提倡運動，治病強身

校長愛好運動，幾年來從未聽過校長有任何運動傷害。原來校長自有一套熱身運動哲學，是向一位同好前輩學的，方法簡便而有效。校長深切了解運動的功能，並親身體驗歸納出多項益處，且條條合理，符合運動生理知識。茲列舉他所指網球十項益處如下：

　　1. 可促進血液循環，排除體內廢物。

2.使全身肌肉放鬆，消除疲勞。

3.鬆弛緊張情緒並緩和壞心情。

4.訓練體力，促進手、眼、腳之靈活配合。

5.增進朋友情誼。

6.培養恆心、耐心。

7.從運動中學習做人處世。

8.增進家庭、親子和諧關係。

9.治療疾病、預防感冒。

10.維持年輕的心境，建立朝氣、活力與信心。

校長深感運動功效，幾天不運動，便覺廢物堆積，精神欠佳，有心事放不下似的，所以不論如何忙、累，他從不間斷。正因為校長深切體認及積極堅定的決心，即使像高血壓這般難以克服的疾病，亦能以極少量的藥物控制，達到不藥而癒的境地。現代人，尤其勞心、忙碌的主管，有高血壓者不在少數，有人完全仰賴藥物控制，有人則因無重症狀而掉以輕心，導致令人遺憾結果；校長在面對疾病時，坦然接受，完全了解自己疾病狀況，謙沖地接納醫護人員建議，在忙碌生活中，時時以最細密的感覺，調整心態及生活步調。所以有疾病，最靈的藥方不是名醫開出來的，而是如何對待自己的態度。凡有高血壓者，若有機會與之接觸，不要忘了請教他那世上獨一無二的醫藥處方。

運動方式很多，一定要選擇合適自己的，校長在嘗試多種運動後，發現網球最好，達到腦、眼、四肢、神經、肌肉、心肺全身運動的效果，且可持續到八、九十歲。也為了讓大家多培養運動興趣，他在校區增設了網球場、桌球室、韻律室、健身房等，鼓勵大家樂於運動，享有更健康的生活。

最近校長又有心得與體驗，運動時配合呼吸的運作，對惱人的過敏問題有很好的改善效果。校長對每件事都能深入探討，評估效果、不斷反省、改進，即使是大多數人忽略的運動，也能悟出這麼多道理，若不用智慧細心觀察，殊難有此成效。

㈤精確的醫病觀

一般人的就醫經驗，無不抱怨醫生態度不夠熱心，看病時間太短，病人口述未完，醫生已開好處方；取回的藥不放心吃，疾病未獲改善，既浪費金錢、時間又浪費資源。個人就此醫病關係曾與校長討論，校長認為很多醫生的確缺乏溝通技巧，醫病誤會就此產生。但病人對疾病的描述及對醫生的態度也很重要，他以為，若有健康顧問這項服務，作為醫生和病人間的橋樑，彼此關係將趨向和諧，更具療效。目前醫生面對的病人太多，在有限的時間內，分給病人的時間相對減少，這種醫療品質當然不佳。因此當個「好病人」亦很重要，意即是就醫前，先請教健康顧問，經健康顧問群傾聽、歸納、整合，並記錄重點，再轉介至適當的醫院、科別、醫生，既可免「病急亂投醫之害」，亦可在最短時間內讓醫生了解病人過去病史、現況、疾病之態度、期望。如此，才能空出短暫時間，讓醫生對疾病有所解釋或說明處理方法。既然在「病」的點上，雙方能有所溝通，當然在醫病關係中看到的、感受到的都將轉好。校長這種想法，實在很符合現代實際的需要。若有這種組織成立，相信醫療品質將可改善，醫療資源可被充分運用，醫生與病人之間問題也可迎刀而解。

校長認為，我們每個人自出生就該擁有一本健康記錄簿，伴隨個人成長，如此，每個人有了詳實記錄的健康歷程，就醫時即可代表心中的千言萬語，也讓醫生很快地進入情況。因此，校長希望我們能將學生的健康表，儘可能地記錄詳實，在學生畢業時，送給學生作為參考，讓學生繼續保存，以發揮它的功能。這真是一個好主意，使我們深切體驗到要成大事，要先從小事做起，凡事由自己先帶頭做，或許能收拋磚引玉之效。

㈥舉辦活動，力求完美

本校主辦的大小活動甚多，無一不圓滿成功。校內自強活動，大小會議皆有好口碑外，乃至校外的各項研習會，早已美譽遠播。這都是校長花費心思，多方考量、妥善安排的結果。記憶最深的是二次明潭教育建設座談。在籌備會議中，校長即指示我們要作到主動、積極的服務。在校長的

指導及重視護理功能之下，我們盡力而為，主動關心別人。幾天下來，發現不少人有潛在的健康問題，如高血壓、腎臟疾病、糖尿病等等；也提醒很多已患病者，認識疾病可怕與預防的重要，包括胃疾、眼疾、情緒問題。當時除醫療保健資料供不應求外，前來諮詢者亦不少，可見現代老師專注於教學，對自己健康維護態度疏忽，也欠缺正確保健知識。而校長有先見之明，事先就希望我們能突破傳統健康服務所扮演的保守角色，最為人們所忽略的保健服務，也能吸引這麼多老師的注意、參與，真是始料未及。

　　校長常對我們說，學生身體的病，有很多心理、環境因素所造成。不要只解決他表面的疾病問題，他相信我們有能力解決學生更多其他的身心問題。他的話令我們為之汗顏，卻也因為他的激勵，使我們始終抱持著謹慎態度處理，並能多方面學習，不敢稍有懈怠。校長也常說，一個人要不斷地吸收新知，頭腦要靈活運用，以免加速退化。他認為到了他的年紀，已無所求，鞭策他前進的是，幫助更多的人獲得健康的信念。校長的一番金玉良言，使我們覺得自己知識淺薄而深感慚愧，慶幸的是，我們有機會向他學習，以他為榜樣。他領導群體，智慧圓融，對待學生，仁愛為懷，著實令人肅然起敬。

十五、台中二中陳義明校長，
倡導精緻理念引導教育卓然有成

（轉載自《中央日報》七十九年十二月二十日第五版　記者詹順裕　特稿）

　　走進台中二中的校園，會讓人覺得那是一個非常美、非常綠的天地，與他校的景觀截然不同，而背後推動經營者，即是倡導以精緻理念引導教育的園丁──陳義明校長。

　　畢業於台大森林系的陳校長，在最近三年內，個人事蹟先後被列入杏壇芬芳錄，獲師鐸獎，並榮膺全國保舉最優人員。有人認為不可思議，熟知內情者，則了解這是實至名歸的殊榮。

　　陳校長由於一個偶然的機緣，結識了當時任台北市議會副議長及創辦

實踐家政專校謝資政東閔先生。基於同鄉、學弟及愛才的情緒，陳校長在退役後，即被延聘至該校協助辦學，在毫無經驗的情況下，代理註冊組長的職務，足見其受重視的程度。任職期間，陳校長有感於學養之不足，毅然排除萬難，前往師大夜間部教育系進修，前後四年。不久，又前往舊金山州立大學攻讀教育行政研究所，兩年後學成歸國，接任實踐專校教務主任，後來擔任台灣省政府研究委員，一年後，奉派接掌台中農校，一九八五年二月，調任台中二中迄今，從門外漢進而登堂入室，成為教育方面的行家，成就並非偶然。

　　陳校長一直強調五育均衡發展理念，所以校內有專用的家政教室、韻律舞場地、綜合工場及電腦資訊、動力資源教室，學生一律正常上課，連普通科學生，也有與音樂班學生共享相同的教學設備。他認為目前學生在強大的升學壓力下，應該透過正常管道，加以紓解，何況這些休閒活動，還可以激發他們的創造力，給予他們相當多的成就感，對他們日後的升學或就業，均有莫大的助益。

　　陳校長回憶往事，一直抱持著感恩的心情，謝資政告訴他凡是要忍，有容乃大，無欲則剛，而且眼光要遠大，不要僅著眼眼前的小事，要有通盤策畫的能耐。任職台中農校期間，面臨很多難題，他都还一克服，磨練出堅毅不拔的意志力，培養出崇高的教育理念。調至台中二中後，由於前任孫鴻章校長奠定扎實的根基，讓他的教育目標能夠先後實現，他覺得自己非常幸運。

　　「治大國如烹小鮮」，也是陳校長治校態度，選材要佳，火候要適中，加上不多不少的調味料，才能成為色香味俱全的佳餚。材料是人，要有中上的資質才可，火候形同管理與督導，要剛柔並濟，過猶不及，調味料則為激勵與服務，是推動校務的助力，三者相輔相成，自然如水之就下，水到渠成。其實，陳校長不僅是這個理論的實踐者，他更是一個名副其實的烹調高手。

　　多年來，陳校長仍有記卡片及隨身攜帶的習慣，遇有好文章，也隨手剪下，然後摘錄菁華。經常性地閱讀，進行腦力激盪，迎接知識爆發時代來臨。公餘之暇，他唯一的嗜好就是打網球，這項運動充沛了他的體力，

也讓他達到娛樂的效果,是他的最愛。他無心無暇去做其他的消遣,他幾乎連睡覺的時間都不太夠。

　　陳校長始終秉持著精緻理念來辦學,他要求的是最好的,不論是人員、制度、設備,都要第一流,不容馬虎。他要讓學生喜歡上學,老師願意奉獻心力,教職員工樂意為師生服務,在這種和樂融洽的大環境薰陶下,為國家社會培育出優秀的人才。

21 結語

　　要辦好一所學校，固然要靠全校教職員工共同努力，及各方面的支持與愛護。但是，教職員工是否願意努力貢獻心智，各界是否要支持關照，主要還是看校長的辦學理念與作為，因為校長是學校的領航者，是舵手。如果校長沒有正確的辦學目標與方針，則努力的方向就會偏差，績效就不很顯著。再者，如果校長的作風，不為教職員工所接受，則不能激發他們工作熱誠，奉獻心力，敬業樂群，其辦學績效不彰，那是必然的。

　　筆者以為高中的教育目標，與高職有所不同。因此學校辦學方針就有所差異。筆者在出掌台中高農時，所持的方針，就與出掌中二中時不同，職校重實習，重手腦並用，以便就業準備；而高中重理論課程，重工具科目研修，以便升學準備。然而，無論高中或職校，五育並進，健全人格教育同等重要，尤其培育品德良好，懂得修身養性，健康活潑的青年，比其他課業更為重要。基於這個理念，雖然是高中教育，仍應重視生活教育、藝能教育，以至人權教育。中二中在這樣辦學方針下培育學生，結果除了學業成績進步顯著外，各方面也都在進步。例如：在大學就讀的校友，表現非常好，學業成績名列前茅，或擔任社團領導人才。

　　其次，校長的領導作風，影響學校氣氛，因而影響教師教學熱忱及職工的工作意願。因此，校長除了善盡職責外，也要採取一種為同仁所欣賞或接受的作風。獨裁作風一般都不被喜歡；而放任的作風，組織必然散漫，非學校之福；民主作風應為大多數人所喜歡，惟一味強調民主，是否就能讓學校進步發展，也不無疑問。因為民主，行政必然沒有效率，因而進步緩慢，而學生入學，一晃眼三年就過，如果學校進步太慢，吃虧的是學生。因此，學校行政領導光是民主也不行。筆者以為所謂「情境領導」，該是較佳的領導風格，也就是因人、因事、因時、因地、因物、因狀況採取不

同的領導作風，而究竟在何時？在何狀況？面對什麼人該採取什麼領導風格？這就看領導者的判斷力及其人格修養。所以領導也可說既要具備科學觀念，也要具備藝術修養，一方面講原則，一方面講主觀判斷隨機應變，有時要能剛，有時也要能柔（有關領導的原則，第十五章已詳述）。

　　此外校長除了把握適當領導風格，更重要的，就是扮演好各種有關角色，如果一位校長，在他治校時，隨時都能考慮到他是多角色的領導者，那就較能成為一位勝任領導者，領導的角色包括：精心策畫者、多向溝通者、用心督導者、適時協調者、適當激勵者、知人善任者、良好公關者、問題解決者、研究發展者等，這些角色對領導者都很重要。當然，如果有適當的幹部，而善於扮演上述角色，則可減輕校長負擔。就公關而言，如果有一位善於公關的總務，有一位善於協調的秘書，則校長就可儘量授權他們去處理，而自己則可將時間放在其他角色上。

　　校長要想成為傑出的領導者，除了要有基本辦學理念及懂得領導原則外，基本上還是要不斷地培養領導者應具備之修養，這些修養，非一朝一夕所能達成，而是要長期涵養歷練才能作到。因此，身為校長，必須隨時充實自己，經常靜思檢討，隨時克制自己言行，久而久之，自然形成自己獨特的領導風格。

附錄一
生活經營的哲學

一、全方位人生哲學

陳義明 2002.7.22

1. 人生目標：(1)追求成功與快樂：滿足人性的各種需求；(2)追求真、善、美的人生崇高理想。

2. 人生觀：達成健康、快樂、豐富的人生。

　(1)積極樂觀；(2)全方位關照人生各層面；(3)人生以服務為目的終身理念。

3. 職業觀：達成自我實現、成就感。

　(1)適合自己的興趣、性向；(2)要敬業與執著；(3)在工作中追求卓越。

4. 教育觀：造就健全人格的學子。

　(1)重視德、智、體、群、美均衡發展；(2)視每一位學子都有無限潛能值得開發；(3)懂得因材施教，適性發展。

5. 家庭觀：實現家和萬事興的理念。

　(1)堅信以身作則是最好的家教；(2)以愛心、包容與家人相處；(3)以民主的理念經營家庭。

6. 健康觀：追求身心的健康。

　(1)把握適度運動、足夠休息、適當飲食之原則；(2)特別是持之以恆的運動；(3)遵守規律、節制的生活習慣。

7. 人際觀：達成自助、人助、天助的機運。

　(1)以和為貴，少與人衝突；(2)誠懇、信實待人；(3)利人、利己的人際交

往。

8. 修養觀：達成受人敬重的人。

(1)嚴以律己，寬以待人；(2)把握知足感恩的心情；(3)經常檢視自己的言行。

9. 領導觀：達成群策群力的團體目標。

(1)堅持人性化、民主化、權變化的領導作風；(2)知人善任的用人哲學；(3)把握禮、勤、信、忍、恩、威、嚴、變的領導者行為。

10. 學習觀：達成終生都是有用的人生目標。

(1)秉持終身學習的理念；(2)認為人人、時時、處處、事事都可學習；(3)學、思、做三者並重。

11. 老人觀：追求更有智慧的老人。

(1)相信老人更有智慧可以助人；(2)相信老人可以學得更好；(3)老人要把握五好及五老就會健康快樂。

（五好：老身保養好、老本保存好、老伴照顧好、老友聯繫好、老頭運用好。五老：活到老、學到老、做到老、玩到老、就不老。）

二、最富有的人

　　財富或物質的富有是身外的、易失去的，只有精神的或心理的富有才是無窮的、隨身的、不易失去的。

　　一位受尊重、受歡迎、有智慧、有用的老人：

　　1. 謙虛的態度：如大海、海綿，如蘇格拉底的無知，無四蔽——毋必、毋意、毋固、毋我。

　　2. 智慧的頭腦：如電腦程式、判斷力、分析力、清楚、運用、明智決定。

　　3. 崇高的心靈：積極、樂觀、仁慈、愛心、同理。

　　4. 鑑賞的眼睛：敏銳、明亮、美感、欣賞他人的優點、特點與善行。

5.傾聽的耳朵：敏銳、專注—道理、心思、見解、理念、情感。

6.金言的嘴巴：讚賞、謹言、美言、警言。

7.健康的身體：肌肉、筋骨、五臟六腑、體能、耐力、白髮與黑髮。

8.控制的情感：喜、怒、哀、樂、憂、懼、愛、惡、欲，能控制節制。

9.豐富的思想：創意、點子、聯想、寬廣的思考空間。

10.感恩的心地：感恩、惜福、可愛的、美好的、溫馨的。

11.良好的人際：子女、兄弟、小孩、學生、同事、朋友、家長、長輩、社會。

12.善用的時間：壞的時間變好時間、零碎的時間變完整的時間、充分利用好的時間。

13.寧靜的心境：清心寡欲，無憂、無慮、無貪。

14.滿意的人生：學業、家庭、事業、健康、人際，求真、求善、求美。

三、人生經營的十二心

陳義明 2002.7.24

1. 信心：才能發揮潛能，追求卓越　　➡ 對自己
2. 虛心：才能吸收知識，增進智慧
3. 專心：才能意志集中，達成目標　　➡ 對事情
4. 細心：才能體察細微，避免錯誤
5. 用心：才能考慮周詳，事事圓滿
6. 誠心：才能令人信任，獲得支持　　➡ 對人際
7. 愛心：才能關懷別人，廣施恩澤
8. 熱心：才能感動別人，領導群眾　　➡ 對群眾
9. 耐心：才能鍥而不捨，達成目標
10. 恆心：才能堅忍不拔，終至成功　　➡ 對成功
11. 喜樂之心：才能精神愉快，身心健康
12. 感恩之心：才不怨天尤人，積極樂群　➡ 對健康

四、成功之道

陳義明 2002.8.1

(一)成功公式

(1)清楚目標；(2)想出達成目標的方法或手段；(3)全力以赴；(4)檢討改進。

本人成功之公式在於立定目標、發揮潛能、全力以赴，並激發創意與熱誠、關懷他人、服務社會。

(二)成功之準則

成功的七大準則：(1)操之在我；(2)確立目標，全力以赴；(3)掌握重點；(4)利人利己(人際觀)；(5)設身處地(溝通原則)；(6)集思廣益（合作原則）；(7)均衡發展（成長原則）。

全面的成功哲學：(1)工作成就；(2)家庭美滿；(3)人際良好；(4)身心健康；(5)品德崇高。

(三)本人成功之道

每階段都有清楚目標：每一種主目標外，並找出多種細目標：如留學、網球、校長、教授。

一定會想出達到目標的手段或方法：如請教、看傳記、思考。

堅守達到目標之原則或方針：

1.十心：(1)誠心；(2)專心；(3)用心；(4)熱心；(5)耐心；(6)虛心；(7)信心；(8)細心；(9)愛心；(10)恆心。

2.扶輪四大考驗：真實、公平、友誼、互惠。

3.生活之戒律：不貪財、色、權、職。

　　4.本人特別遵守之準則（情感智慧）——參閱自己人生奮鬥名言。

　　(1)誠實為上策：待人處事，堅守誠信，被人信賴是人生值得之處。

　　(2)踏實、漸進，不求速功：如演算數學習題，留學準備十年，每項工作維持七至八年，甚至十五年。

　　(3)服務的人生觀：為弟妹、學校辦學，扶輪基金會秘書長、社長。

　　(4)專心致志。

　　(5)嚴以律己，寬以待人。

　　全力以赴，不分心，不怕艱難。耐心、毅力加上韌性（彈性）。

　　*1.*一中——考上台大。

　　*2.*家專十五年。

　　*3.*留學準備十年。

　　*4.*中農開創所吃的苦頭。

　　*5.*二中之成就。

　　*6.*師院轉變。

　　由內而外，涵養個人獨特的人格。

　　*1.*誠信、老實、勤奮、專心、耐心、勇氣、公正、愛心、榮譽。

　　*2.*把握階段性重點：(1)小學生時為升學而學習；(2)實踐時為工作而學習、校長時為辦學而學習；(3)師院教授時為思考、寫作、教學而學習。

　　※永久保持良好的人品，隨時調整合宜的角色。

　　每階段作明智的決定：適時退下校長之智慧、升學的決定、婚姻、辦學、擇校、居住、購屋、生涯、社團、運動的抉擇。

五、我的生活經營要領

陳義明 2002.7.25

一、時間之安排與善用——做時間的主人

(一)格言

要掌握你的命運，先掌握你的時間，也就是要安排時間、善用時間。

(二)善用時間的重要性

1. 時間就是金錢。
2. 要掌握生命就要善用時間。
3. 生命不在於長短，在於生活的意義——即善用時間。
4. 時間的善用對學習的效果、工作的成就、家庭的和諧、身心的健康都有很大的影響。

(三)善用時間的原則

1. 做事要有清楚的目標。
2. 事先要有周詳規畫與安排。
3. 善用零碎時間：如在等候時寫卡片。
4. 同時兼做若干事：如在教學時兼聽英語廣播。
5. 善用無聊時間：如心情不好時去繪畫。
6. 改善時間品質，提升工作效率：如運動後，精神較佳。
7. 善用別人：如授權。
8. 善用科學機器：如電腦、影印機。

9.其他減少時間之浪費——當時間主人：(1)看報紙只看標題，選擇性地
　閱讀；(2)看電視，隨時轉台，選擇性地看；(3)減少電話聊天；(4)減少
　不必要之應酬。

二、感情的節制與涵養——做感情的主人，能節制喜、怒、憂、懼、愛、惡、欲。

(一)格言

　　人是感情的動物，也是理性的動物。太過重感情或感情氾濫，就一定
會傷害自己；太過理性、冷酷，就會傷害別人、讓人難受。懂得拿捏就要
靠智慧。

(二)感情節制之重要性

　　怒如猛虎，欲如深淵。
　1.喜樂不節制——事業失敗
　2.恨怒不節制——人際差
　3.憂慮不節制——身體弱
　4.情欲不節制——家庭失和

(三)情感節制與涵養之原則

　1.運動——可以解除煩惱，紓解情緒。
　2.忙碌——保持忙碌可以減少負面的情緒。
　3.多接觸美的環境或欣賞藝術作品，可以使情欲昇華。
　4.常感恩——減少憤怒、怨天尤人。
　5.多禪修——省察自己，原諒別人就是寬待自己。
　6.多關心別人就會快樂——助人為快樂之本。
　7.冥想就會快樂：心中浮出自己想到「心情很舒服」的事物。

三、明智的判斷與抉擇——人是一連串無數決定之產物

(一)格言

人是一連串決定的產物,今天的我們是我們過去作決定的結果。例如:人類最大的資產就是有選擇權。如動物之候鳥,不放棄選擇權。

(二)明智判斷與抉擇之重要性

1. 一步錯,步步錯。第一個鈕扣扣錯,以下都錯。

2. 錯誤的決策比貪官污吏更可怕。

3. 男怕選錯行,女怕嫁錯郎。

你想改善你的人生,先改善你的決策品質。

(三)明智判斷與抉擇之原則

1. 清楚的目標(多功能的活動目標)。

2. 蒐集足夠資訊—多問一下、多請教。

3. 具有多種想法或方案,衡量其效果。

4. 以某些準則加以考驗——如扶輪四大考驗。

5. 主觀的滿足,客觀的合理。

6. 以開放的心胸參考別人的意見。

7. 有所變,有所不變——永遠保持良好的人品,隨時調整合宜的角色。

四、和諧的人際

(一)格言

家和萬事興,以和為貴,天時不如地利,地利不如人和,和氣生財。

(二)和諧的重要性

1. 和諧就會快樂、就會健康。

2. 和諧就會有人合作——事業。

3. 和諧就會溫馨、溫暖。人善天從願，家和萬事興。

(三)和諧人際之原則

1. 尊重別人，少傷人自尊——談話、態度、語氣。

2. 多溝通，少孤立——多交談、多說明、多了解。

3. 多包容，少抱怨，多體諒。

4. 能欣賞別人優點，少批評缺點。

5. 多讚賞別人，少炫耀自己。美言一句三冬暖。

6. 多施捨，少吝嗇。

7. 每天檢討自己是否有改善。靜坐當思己過，閒談勿論人非。

六、精緻化的理念

陳義明 2003.1.21

精緻化的理念，包括：效率、效用、條理、規律、優雅、調和、品質等。大致分為下列幾項：

1. 善用時間：把任何時間都變成很有用的時間。例如：善用等候時間：在飛機上、在車上。

2. 善用環境：把任何地方都變成很美好的場所。從家庭、辦公廳、廁所，甚至各種死角。也要善於利用公共環境。例如：綠園道、公園。

3. 善用金錢：把金錢都變成最有用的花費。有時候一分錢要三分用，無論是個人的金錢也好，公家的金錢也好。

4. 善用資源：把自己或是社會上的各種資源都善加利用。無論是人力、

設備、環境、知識、財物都善加利用。例如：球場、社團、文化中心、圖書館，都能作為很好的社會資源。

5.善用人員：把任何與我們相處的人都成為有用的人，發揮他的潛力。無論是家人也好，同事也好，上司也好，長輩也好，都能變成我們生活上的助力。

6.善用知識：把任何知識都變成實用、可行的一種知能。所謂：「知識是力量」，知識能夠利用才能成為力量。例如：三民主義的本質是倫理、民主、科學，把其利用於日常生活或管理上，甚至把歷史、地理應用於旅遊上。

7.善用方法：作任何事都想出最好的方法去處理。例如：學習的方法、理財的方法。

8.善用你的腦力：多用腦筋、多思考，去解決各種問題。

9.善用你的感官：用眼睛欣賞世界的美景；用耳朵傾聽美好的心聲；用嘴來品嘗人間美味；透過鼻子作深呼吸。

10.善用你的本能：運用個人的特質，發揮其潛能。

11.善用你的雙手：把你這雙手變成一種很巧妙的工具。譬如：能寫、能作、能畫、達成手腦並用的境界。

12.善用你的身體：把你的身體作最佳的運用，保持各部身心的和諧與健康。

七、對校長們之建言

1.管理五準則：（工作）科學化、（領導）人性化、（決策）民主化、（組織）系統化、（環境）藝術化。

2.領導行為準則：

(1)禮、勤、信、忍、恩、威、嚴、變。

(2)誠正信實是塑造威嚴最可靠的化妝師。

⑶以身作則是影響他人最持久的權力來源。

3.決策三準則：智、仁、勇（理智、感情、魄力）。

決策的程序：博學、審問、慎思、明辨、篤行。

4.改革二準則：

⑴保持優良傳統，適度創新。

⑵在安定中求進步，在進步中求發展，在發展中求安定。

5.個人行為之準則：

⑴嚴以律己，寬以待人。

⑵永遠保持良好的品德，隨時調整合宜角色。

6.人際美德：慈悲心、關懷情、專注眼、傾聽耳、微笑臉、金言口、勤快腳、親切身、智慧腦。

7.人生哲學：

⑴淡泊明志，寧靜致遠。

⑵全人關照的人生觀。

⑶享有何必擁有，擁有何必占有。

⑷永遠保持積極樂觀。

8.身心修養：養身在動，養心在靜。

9.生涯規畫：

⑴定、靜、安、慮、得。

⑵凡事豫則立，不豫則廢。

⑶終生學習理念：人人、時時、處處、事事。

10.經營成功人生十二心：信心、虛心、專心、細心、用心、誠心、愛心、熱心、耐心、恆心、喜樂之心、感恩之心。

11.五好：老身保養好、老本保管好、老伴照顧好、老友聯絡好、老頭運用好。

12.五老：活到老、做到老、學到老、玩到老、就不老。

八、我的祈願文

陳義明 2002.7.25

*1.*感恩：感謝上天賜給我這麼富有，我有：(1)智慧的頭腦；(2)豐富崇高的心靈；(3)滿意的身體；(4)和諧的家庭；(5)眾多的菩薩；(6)心想事成的成就。

*2.*相信：相信能夠成為一位傑出的人類工程師：(1)善於演講；(2)善於寫作；(3)善於輔導。

*3.*期望：期望不久的將來能夠：(1)受聘為生活顧問；(2)擁有一間美好的工作室；(3)存有足夠的金錢。

*4.*希望：希望今天是收穫豐碩的一天：(1)能夠幫助別人；(2)也能夠增進自己的智慧。

*5.*遵守：遵守言行的五個準則：(1)真實；(2)公平；(3)友誼；(4)互惠；(5)謙虛。

*6.*但願：但願今天又是美好的一天。

我的祈願文涵義：

*1.*滿懷感恩的心情　　（感恩）

*2.*積極樂觀的思想　　（積極）

*3.*肯定希望的信念　　（信心）

*4.*勤勉奮發的精神　　（勤勉）

*5.*嚴以律己的生活　　（自律）

*6.*均衡和諧的生活　　（和諧）

附錄二
教育生涯自述

◀◀◀◀▶▶▶▶

一、教育生涯四十年感言

陳義明 2002.9.28

◀◀◀▶▶▶▶▶

　　人生有夢,築夢踏實。

　　我從小就想做一位教育工作者。我雖然畢業於台大森林系,但是由於
個人的志趣和各種機緣,一踏進社會就到實踐家專服務。而後,到台中農
校、台中二中、台中師院,從一九六一年十月起,迄今已逾四十年,從未

間斷。今年教師節，獲教育部長表揚，總統設宴款待，非常榮幸。

我這一生覺得很慶幸，選對了這一個作育英才的志業。因為它符合個人的志趣、價值觀、人生理想。我喜歡人，樂於助人、教人，願意為造就青年學子而奉獻心力。我也很想在服務的過程中，能鞭策自己、不斷學習、自我成長、追求卓越。

我的理想實現了，我栽培了上千萬的學子，而自己也同時成長。我雖然資質平庸，能力有限，但是專心執著，全心投入教育工作。因此，在我服務過的學校，都留下了值得懷念的事蹟。不過我工作的順利，除了自己努力外，仍應歸功國家的栽培、長輩的提攜、朋友的幫忙、同事的合作、家人的支持，以及上天的庇祐，在此表示由衷的感激。

雖然我即將屆齡退休，但是仍將繼續貢獻社會、服務人群，以報答大家的厚愛。以下各篇文章，係義明四十年教育生涯簡要敘述，希望各位好友對義明有進一步的認識，並請惠予指導勉勵，謝謝！

二、我的學習及教育生涯概述

我從台大畢業，服完一年兵役，自一九六一年十月起，即從事教育工作，到今年已滿四十年，榮獲總統頒發獎狀，覺得很榮幸。

我一生感到很欣慰的事，是一踏出校門就選對了行業──從事教育工作。由於教育是我的興趣，為人師是我的心願，所以一投入就未曾徬徨，與它永遠不分離，成為我終生的使命。

我成長在二水，家庭清寒，但家父管教甚嚴，對我的期望甚為殷切。他希望我長大後成為允文允武、有用的人。所以從小他就教我打拳、學習武術，並督促我努力向學。因此在國小六年中我都獲得第一名，小學畢業後順利考上台中一中初中部，然後繼續升入一中高中部，畢業後順利考上第一志願──台大。當時心想考入名校熱門科系就心滿意足，並未考慮自己的興趣，所以在台大就讀四年間，並未努力用功，學業成就有限。還好

在這自由的學府裡，我享有寬廣的學習與活動的空間。我熱心參加社團活動，曾經擔任柔道社長、同鄉會長、同學會長、宿舍總幹事、班級代表、學生會顧問等等……，可說在服務活動中學習、成長。或許就在台大四年的課外活動生活裡，已悄悄地播下了教育服務的種子。我要感謝台大森林系的師長對我的指導及愛護，樹立師表的良好風範，影響以後的教育生涯。

上天對我很厚愛，在我大學畢業服畢預官役後，由於謝求公東閔先生（當時省議會副議長）創辦實踐家專，我基於鄉誼及台中一中校友的關係，加上謝敏初先生極力推薦，得有機會到實踐服務。在實踐，我由助教、代理組長開始，主要負責註冊組的工作，在當時可說是私立大專行政工作的重心。由於我在工作中體驗出它的意義與樂趣，所以這個崗位我一做就是十年。為了決心奉獻教育與考慮未來的前程，我把握機會到師大教育系夜間部進修三年，並參加師大教育研究所暑期班，進修兩期，讓我在教育理念方面打下了稍許的基礎。

由於我在實踐專心地工作，主辦的業務績效良好，加上勤奮地學習、進修，幸獲得謝校長的嘉許與賞識。因此在服務滿十年後，特許我留職帶薪到美國留學（當時是一九七二年）。在留學期間，謝校長在參加聯合國代表會後，順道到舊金山來看我，並拜訪我們校長、院長、教授等，我感到非常榮幸，得到很大的鼓勵，也對我的順利學習有很大的幫助。

皇天不負苦心人，由於專心攻讀，在舊金山大學一年半後，就順利取得教育行政碩士，接著利用半年期間到美國各地參觀旅遊，然後又回到實踐服務。我又很幸運地一回校就接任教務主任職務，當時由於謝求公已就任省府主席，原來的蘇教務主任已派任師院校長，實踐校長交由謝求公長公子孟雄接任，初期教務主任由其夫人林澄枝暫代，等我學成回校後，就指派我接任。在此我要感謝謝孟雄校長夫婦對我的照顧，讓我一回國就有機會發揮所長，奠定以後的辦學基礎。我在擔任教務主任兩年後，奉謝主席之邀，到省府擔任研究委員，為期一年。在這期間得有機會閱歷省政概況，一年後，很幸運的被派到台中高農擔任校長（當時是一九七七年）。到中農算是我人生承擔重任的開始，我以堅苦卓絕的精神治校，當時中農已面臨廢校的邊緣，計畫與霧峰農工併校。我到任後，經過一番努力，就

扭轉了校運，使中農起死回生，並欣欣向榮。我在中農任滿七年半後，很榮幸地調掌台中二中。在二中期間可以說是我一生享受無上榮耀的時光，二中在我前幾任校長領導下已打下良好基礎，不過尚有許多亟待改善與發展的空間，所以我到任以後，用心規畫，美化校園，推展五育均衡發展的教育，以人性化的領導推動校務，並追求卓越、精緻化的教育。因此，中二中在我執掌的幾年間，已成為一所人人稱羨、校譽良好的學校。我也很榮幸在師生共同努力下，獲得無數的獎與功，從列入杏壇芬芳錄、師鐸獎，以至行政院頒發特優公務人員的最高榮譽獎。就在這個高峰時期，心想在教育界服務的最高榮譽我都已享有，辦學理念已經充分地發揮、實踐，往後恐怕很難再遇到像二中那種情境，可以讓我施展抱負。所以，綜合各種考量（另詳述）在任滿二中快兩屆（七年半）時，毅然決然辭掉二中校長，轉任台中師院副教授。

　　我之所以決定到師院，主要有黃昆輝先生的極力推薦，並有當時校長簡茂發先生的禮聘，兩位都是我亦師亦友的教育夥伴，所以很順利就進入師院。不過其中有一個很重要的關鍵是：我在十多年前已取得了副教授資格，缺此資格恐怕就與師院無緣。雖然很榮幸地進入師院，但是初期的境遇可說是非常的艱辛，由校長轉任教職，其角色、任務以及應有的知能都有很大的差異。幸虧我在擔任校長十五年期間，繼續在大專兼課，並沒有完全放棄教師的角色。然而兼任的教師與專任的教師，仍有很大的差異，幸好師院的同仁對我很愛護、幫忙，因此減少了我的挫折感，並加速我在師院的成長與適應。不過我進了師院後，又秉著過去辦學的精神，全力以赴，認真投入教學與研究工作。在教學上，不斷改進教材與教法；在研究上，用心撰寫論文，以升等教授為目標。所以最初幾年幾乎沒有寒暑假的休息。歷經五年的艱辛，終於達成我的願望，順利地獲升教授；並在我升教授的次年，也獲得師院同仁推舉為優良教授（在同一年我的小兒健文也獲得普渡大學博士學位）。

　　總之，我的人生何等幸運。我出生遇嚴父，學習遇良師，工作遇貴人，生活遇好友，雖然活得很艱辛，但過得很平順。尤其，我能在教育崗位上服務滿四十年，實現我人生的抱負與理想，更感榮幸。

在此我重申,也藉此機會表達我的感恩:

我慶幸我選對了志業——教育工作,

感謝貴人的指引與提攜,

感謝朋友的幫忙與鼓勵,

感謝同事的合作與支持。

最後敬祝大家:健康快樂,心想事成。

筆者留學時與謝求公、陳奇祿教授、陳教授夫人攝於舊金山。(1971.10)

指導台中師院同學

與台中師院學生攝於教室

三、我為什麼不再當校長

　　許多朋友都對我辭去校長轉任教授感到好奇。在我領導中二中到達最高峰時，突然放棄這個職位確實令人費解，要回答這個問題並非三言兩語可以說得清楚，如果要簡單說：是由於主觀因素考量與客觀條件限制，加上自己早期準備計畫等綜合因素所作的決定。

㈠主觀考量方面，也是人生堅持的原則

　　1.成就名譽重於一切，權力、金錢視為次要。所以我想永久保持好的名譽，如果我繼續當校長到退休為止，也許因年老力衰，較無心辦學，就不一定保有好的聲譽。

　　2.完美的結局，最後的成功比過程的好壞得失更重要。所以我要把握見好就收的機會，因此在二中最高峰的時候，這是最好的離開時機。

　　3.終身學習與服務是我生涯規畫的重點。所以我要退而不休繼續為人群服務，我心想只有轉換跑道，擔任教職較有可能，因為大學教授可以不斷進修、研究。

4.全方位發展的生活經營是我的人生哲學。我認為不但在追求工作上的成就，在家庭、人際、健康、修身及社會服務方面也要重視、兼顧。如果我繼續擔任校長，恐怕很難做得到。

　　以上是我主觀的想法。

(二)就客觀條件限制方面

1.我擔任中二中校長將任滿兩屆（八年），依照規定要調動到他校。

2.如果調到別校，想要能夠被安排到像中二中當時那種良好的學校氣氛，可能性並不大。

3.尚且，台中市是我的第二故鄉，我在此除了與學校同事，過去的同學建立良好的友誼外，並參與扶輪社二十多年，結識了許多社友，如果要離開台中市是很可惜的事。

(三)在自己早期準備及努力運作方面

1.我在一九七四年就取得副教授資格，如果想返回大專服務，尚符合條件。而為了要保持這個教職的火種，我在擔任校長十五年中，仍然克服萬難，繼續到實踐、逢甲、清大、師院兼課。

2.我除了認真辦學外，不斷進修，並為教育界提供服務，所以結識了不少教育界的朋友，並獲上級的肯定。因此當我想辭去校長，轉任大專教職時，尚有幾個機會可以讓我選擇。

3.最後我決定到台中師院服務，主要是當時簡校長茂發是教育界的好友，有他的禮聘及照顧，轉任教職工作較能適應。

　　所以我綜合上述各種因素及考量，在一九九一年七月任滿二中校長七年半時，毅然辭去校長職位，轉到台中師院任教。

　　到了台中師院，至今已滿十年，再一學期就要屆齡退休。但我將退而不休，繼續工作，服務社會。主要是因為我在師院沈潛十年，不斷地進修、學習，建立自己的智庫，如同老車進廠整修，並安裝了一具性能更佳的引擎，可以馳騁更遠的路途。所以我在此特別要感謝台中師院的同仁與同學對我的愛護及鞭策，才有今天的信心與期望。

四、我的教授生活與校長生活有何不同

　　我擔任校長十五年，教授十年，感想很多，兩者各有優點與缺點。譬如，當校長比較有權力可以支配，有豐富的資源可以運用，有自己的園地可以開拓，可以實現理想與抱負，可以享受桃李滿天下的喜悅。但是，也有很多缺失。以下是我個人的體驗與感想，不代表所有教授與校長。

　　1.教授每天可以專心看書、研究；校長每天為學校的安定發展而操心。

　　2.教授每天除了上課以外，可以自由自在的生活；校長要過著早出晚歸的刻板生活。

　　3.教授每天可以面對一群活潑青年男女學生；校長要應付複雜的成人社會。

　　4.教授每天可以欣賞、品味學生所寫的精采報告；校長要每天批閱枯燥無味的公文。

　　5.教授可以暢所欲言，較無顧忌；校長囿於身分、地位，因此說話要有分寸、保留。

　　6.教授可以較有時間整理思想、從事寫作、發表心得；校長為瑣碎的校務羈絆，而較少有時間可以運思、動筆。

　　7.教授可以因教學的多元不斷的創造成長；校長為校務發展而用心思想，易陷入思考的泥沼。

　　8.教授可以經常和一群博士的學者交談，吸收知識或增進生活情趣；校長整天為校務的推展，與同仁交談時，都偏重工作導向，而少有情趣。

　　9.教授在開會時都以旁觀者的身分輕鬆發言，不必有太多的顧慮；校長是以主席的身分，因此，要謹言慎行、察言觀色，以期達到會議的效果。

　　10.教授遇到學校慶典或集會時，可以自由自在的參與、欣賞；校長則須戰戰兢兢協調、指揮，以期辦好活動。

　　11.教授每天只要用心教學、研究就有收穫；校長每天卻要認真投入，

經常都要為校務傷腦筋，但不保證安全、順利，有時還要上法院。

　　12.教授可以有餘力去思考、探討，以建立自己的人生哲學；校長每天光是為校務已應付不暇，沒有餘力去思考太多的人生問題。

五、我在台中師院的十年（1992-2002）

　　我到師院任職已滿十年，作為一位教授始終把握大學使命：(1)作好教學；(2)作好研究；(3)作好服務與推廣。也就是說，不但要教好學生，也要作好研究，同時也進而要推廣服務社會。

㈠在教學上

　　教學對我而言，是一大挑戰，因過去以擔任行政為主的校長，突然改為以教學為主的教授。開始時所遇到困難在所難免，不過我將行政管理、領導的理念運用在教學活動中，建立了我獨創的教學風格，很快就適應了。

　　1.多元施教：我在教學上接納多元授課，只要是學校安排的科目，我都較少推辭，因為我認為多教幾門課可以多學習、多研究。我教過的科目，包括行政學、教育行政、教育實習、學校行政、學校行政領導、學校行政決定原理、學校公共關係、學校建築規畫、人際關係與溝通及終身教育學習。

　　2.互動的教學：教學的時候儘量採取師生互動，達成雙向溝通的目的，一方面可以啟發學生思考與發表，一方面可以獲得學生的回饋，也激發教師的成長。所以，我上課時幾乎有一半的時間讓學生發言。在課前課後，我經常要他們寫預習或學習心得，一則可以督促，一則可以增加對學生的了解。

　　3.權變的教學：我對不同科目、不同單元、不同時段、不同年級，採取不同的教學方法。基本上把握互動的教學，但是對媒體運用、討論發表的活動、腦力激盪的方法，也視情況而適當運用。通常在學期前半段教師

發表較多，而在後半段由學生發表較多。而對一、二、三、四年級、研究所，不同對象也採取不同的教學方法。

4.評量的多元：為了達成學習的多元目標，包括：知識的充實，觀念、態度的改變，技術、方法的加強等。因此在評量上採取多種考量的方式，尤其在平時考量方面特別重視。

5.開放的態度：我在學生面前最大的改變是忘掉自己過去的身分——校長，與學生平起平坐，與他們做朋友，與青年們共同學習成長。因此，在面對多元社會的青年學子，教學上並不覺得有什麼困難。

(二)在研究上

研究是大學教育的重要目標，不過不同領域有不同的研究方法與重點。我因為講授教育行政、領導，以及過去有擔任校長的行政經驗，所以，研究主題都以學校行政領導為核心，並把握下列幾個要點：

1.加強思想、方法的訓練：這是一般研究的重點，如何蒐集資料並將雜亂的資料加以分析、歸納、統整，變成有系統的知識，是思想訓練的一種方式、途徑，在我研究過程中獲益不少。

2.從理論與實務的結合：由於有過去的行政經驗為基礎，因此研究的時候特別去探討如何將理論的架構與行政的實務結合在一起，成為一種有深度的實用知識。我個人認為，許多理論的東西是不合時宜的，而且來自不同文化背景學者的論述並不見得適用本土。所以，如何思辨、取捨是重要的課題。

至於實務的東西也因太瑣碎、紛繁，又發生於不同情境。所以如何加以整理、歸納、認明屬性也是非常重要的工作。

3.實用重於理論：由於我有自己的實踐的人生哲學，所以認為任何研究都要能實際應用，否則就是一種浪費。所以在研究、寫作上都比較少空談，或引用太艱澀難懂的理論，以免花費太多時間，而仍不知所云。不過我自己覺得，由於探討的課題過於廣泛，服務社會參與活動太多，因此，在學術研究上，量的方面尚嫌不足，質的方面也深度不夠——這是我感到遺憾之處。

4.以終身學習的職志：我認為大學教授最可貴的是：研究方法的訓練與開發。有了這項基礎後，可以不斷地吸收資訊，轉化成有用的智慧。因此我抱持著終身學習、研究的精神，並以我的專業為基礎，拓展到整個人生經營，希望將研究心得提供給他人參考。所以我在六十三歲的時候，仍利用半年的休假，作一百四十五天的世界之旅，也利用另外半年到美國，任訪問學者。從這兩次的學習之旅，磨練心智，改造心靈，探索人生，對終身學習、人生哲理研究有很大的啟示，也對我終身學習的理想有很大的幫助。

(三)在服務及推廣上

由於我從事教育行政工作多年，加上所講授的科目都與教育行政有關，因此我雖然不兼學校行政工作，但是，在教學之餘也擔任學校許多義務性的服務工作。我認為，服務不但是貢獻己能，也可以增進自己的專業知能。在服務方面我分為兩項：

1.校內服務推廣方面：我在校內擔任過多種委員，包括：校務發展委員、經費稽核委員、校務基金委員、營繕工程小組委員、校園美化委員、教師申訴委員、校務評鑑委員、學校基金會董事……等多項義務性工作，有時同一個學期擔任過六種以上服務性的委員。因此，花費不少時間，但替學校提供不少意見以利問題解決。而在參與的過程中，可以汲取很多的行政實例，同時也啟發思想，有助於教學與研究。

2.校外服務推廣方面：我參與校外服務工作也很多，其中以扶輪社較特殊。我參加扶輪社二十多年，從中學習待人處世、服務社會，也將我的專業知能運用在扶輪的服務上。所以我擔任過中華扶輪教育基金會秘書長三年、台中西南扶輪社社長一任、GSE（group study exchange）的領隊，訪問美國奧瑞崗一個月。這些職務都是讓我可以服務又可以學習的良好機會，因此我在這社團裡奉獻智慧，也在此歷練、汲取知識，作為教學研究的參考。

總之，我在師院的十年，都把握了大學教育的重要使命：教學、研究、推廣服務，這三方面我都齊頭並進。一方面傳道授業，一方面研究發展，

另一方面也服務社群。因此讓我教育的生涯很充實,也覺得很有意義,也同時激起了退而不休,將繼續為社會服務的信心與決心。退休後,我除了在師院兼課外,將提供更多時間協助後進辦學或者隨緣幫助朋友,增加能量,指點迷津。在此,感謝師院簡前校長茂發、劉前校長湘川、賴校長清標三位的栽培與愛護,同仁們的幫忙與照顧,同學的合作與敬重,讓我在師院過得很順利。

六、中二中七年半感言(1985-1992)

陳義明 2002.10.10

我曾向二中同仁提到這個溫馨的故事。在我離開二中六年後,有一次我與內人到日本旅行,搭亞航飛機。往東京途中,在機上看到一位女空服員,很有氣質,面帶微笑,服務親切,我被她吸引住,向她多看了幾眼。令我驚喜的是,她也向我回報親善的眼神,讓我有點不自在。過了一會兒,她走進我,俯下身來,問我:「請問你是陳校長嗎?」我愣了一下,回答:「是啊!妳是⋯⋯?」她說她是中二中的校友,是我到任後一學期就畢業的校友,但她非常懷念我。

我們交談了不算短的時間,之後我與內人受到更親切的服務。而在飛機快抵達東京,我還在閉目養神時,這位校友提著一袋的東西送給內人說:「不要打擾校長,這些小東西是給校長在旅遊中享用的(袋內裝有一包包的小點心與一罐罐的小瓶酒)。」我下機時,除了感謝她以外,還覺得很欣慰。我們之間只有一學期師生之緣,就得到這樣的回報,足證二中教育之成功。每次回想起來就覺得很溫馨。

我與二中的感人故事很多,限於篇幅,就不多贅述。現在讓我來簡述我在二中七年半辦學的經過與成果。

我在一九八五年二月,奉調出掌中二中。中二中在歷任校長經營下,學校無論是在硬體或軟體都已奠定良好的基礎,例如:美好的校舍,尤其

是全省獨特的音樂館；有團結和諧的教職員工；有素質整齊的優秀學生；有獨特的音樂班；有熱心的校友。不過我發現當時中二中還有若干的缺失，例如：缺少綠化、美化的校園；不合時宜的規章；不適當的措施，如學生留級太多、只重升學忽視其他；學生表現的心態欠積極，缺乏信心。我分析其優缺點後，就開始規畫出對中二中辦學的初步理念。首要是培養氣質好、品德好又肯上進的學生，使其都能順利升上大學。要達到這樣的目標，就必須營造美好的教育環境，使學生喜歡到校讀書，使老師熱心教學，使員工樂意服務。

綜合我七年半的辦學，從事了下列改進措施：

1.應用社會資源，充實學校設備。如請校友、家長、朋友，捐助學校圖書館禮堂的冷氣。

2.有效運用經費，改善各項措施。如充實圖書館設備，使其成為全省的示範圖書館。

3.興建校舍。如美術、音樂教室、科學館、學生宿舍等。

4.完成校園公園化。在學校各個角落種植草皮、花草、樹木，並精心設計造園景觀。

5.發揮團隊精神，舉辦多項重大教育活動。如承辦全省工藝展、全省教育建設座談、主辦全省高中聯招命題工作。

6.克服困難，收購學校預定地。打破三十年來始終未輕易碰觸的難題，雖然只收購五分之三，但也因此建設了學校幾棟大樓。

7.提升教職員工素質、健全學校行政組織。如建立標準原則，甄選新聘教師，尤其新聘圖書館主任，主動請師大社教系推薦圖書館組畢業校友。

8.改善各項制度與措施。如學生獎懲處理的辦法。

9.加強員工的服務，激勵士氣。如改善教師辦公環境、建立員工休閒中心等。

10.妥善經營集會，促進團結與和諧。無論是校務會議、行政會報，各項會議都能達成多重目標。如宣導溝通、集思廣益、解決問題、凝聚共識、激發潛能、增進情誼、增加生活情趣。

由於我的苦心經營、同仁的合作，使得中二中辦學的績效非常顯著。

譬如：

　　1.升學率逐年提高，由百分之三十幾到百分八十多。

　　2.學生的氣質不斷地提升，對課業相當用功。

　　3.校內外各項競賽成果豐碩。不論是音樂、體育、學術都有優異的表現。

　　4.教職員工成就非凡。員工榮獲上級獎勵者很多，幾位同仁升任校長。

　　5.各項評鑑成績優良。全省高中評鑑都獲優等，表現數一數二。

　　6.本人榮獲多項獎勵。身為校長的我，由於同仁的努力、辦學方針的正確，以及上級的愛護跟勗勉，本人在這段期間功獎不計其數，特別是m一九八八年列入杏壇芬芳錄、一九八九年獲師鐸獎、一九九〇榮獲行政院保舉特優公務人員。

　　由於中二中同仁的共同努力，使得辦學績效卓著，也因此有豐富的題材來完成《學校行政領導》專書的著作，除了提供他人辦學參考外，也留下中二中燦爛成果的永久紀念。

　　中二中真是我教育服務的菁華期，它讓我施展人生的抱負，實現教育理想，在此我獲得無數的掌聲跟殊榮，也在此享受溫馨的友誼跟和樂。在我擔任兩任校長後，我懷著感恩與榮耀的心情而離開，尤其臨別時，同仁送我的一份「厚禮」，它隱含著深厚的友誼與信任，對我以後的人生有莫大的鼓舞與幫助。

榮獲師鐸獎及杏壇芬芳名錄同仁們

辦學績優受獎

特優公務人員受獎

七、台中高農七年半（1977-1985）

　　中農是我真正辦學的第一所學校，是我磨練心智、發揮潛能，接受嚴酷考驗的場所。中農在日據時代及光復初期，原是一所中部名校，學生素質良好，就業率非常高，與台中高工及台中商職同列中部有名的職業學校。但是，很可惜由於社會變遷，教育政策的改變，當時有一度曾經面臨廢校，走向歷史的厄運。

　　我在一九七八年，接掌中農。這時的中農，校舍破舊不堪、設備簡陋、人事不安定、教師士氣低落、學生人數遞減，八個科二十四班，學生總數只有四百多名，有的班級只剩下十多位學生，走下坡的處境可見一斑。經過深入去了解後，發覺問題其實更嚴重，學校制度、辦法，費時不彰，教學、實習都混亂不堪。或許由於當時農業轉型工業，就讀農校的學生意願不高；或許由於主政者無心經營，學校又處在都市的中心，由於時、地不宜，上級決策預定要廢校，也因此使得師生的士氣更加低落。但是我一到校後，以一種拓荒者的精神，不畏艱難，接受各項挑戰去重新開創中農，扭轉中農的命運。

　　我首先以美化校園、改善學校環境為首要工作，在短期間就將學校變

為公園，不但鼓舞士氣，更贏得市民的喝采。其次是整理教室、更新課桌椅、鋪裝全校的地板，保持清新，乾淨的學習環境，這樣一則可養成學生的整潔習慣，一則增進學生學習的效率。再來是逐漸建立起制度，特別是實習的各種辦法與加強技能的訓練，並增進學生的信心，也增加了學校資源的運用。為了學生的實習及就業，在沒有經費、人員的狀況下，創辦了托兒所。其次我們協助台中市的市容美化，不但改善了環境與建立了跟社區良好的關係，更提升了校譽。

我們為了要鼓舞士氣，增進團隊合作，提高學校的知名度，中農也主辦了聯招的工作，並主辦全省的校長會議，也主辦了全省的技藝競賽，同時也為配合現代化農業的經營，在西屯農場規畫，開闢了觀光農園。在學校獲得肯定後，也爭取了經費，獲得上級的補助，建造了農業教育館。所以中農在這短短幾年期間，就煥然一新，成為一所校務蒸蒸日上的職校，學生人數由原來四百多名增至一千多名。在這段期間為了推展校務吃盡了苦頭，更曾受到民意代表的攻擊、誣衊，但是，終於忍辱負重，達成任務。

為了要達成辦學理想，把握聘任的原則，因而得罪了不少長官及親友（蒙上忘恩負義、不近人情的罪名）。還好由於我的誠正不阿、大公無私的精神，才能抵消這種攻擊、誤會；加上我們大多數同仁的信任、合作，同心協力，才能克服這種難關。

我在此很感謝台中農校校友的支持，也很榮幸當時期間三位省主席，包括：謝主席東閔、林主席洋港、李主席登輝，到校巡視，表示關心，對我們全校師生士氣的鼓舞有莫大的幫助。在此，謝謝中農的同仁與校友。

謝主席東閔巡視中農

林主席洋港巡視中農

八、實踐大學十五年 (1961-1977)

　　我從台大畢業，服完一年兵役後，自一九六一年十月起進入實踐專校服務，當時的校長是創辦人謝東閔先生。他於三年前創辦了當時所稱的「新娘學校」，我因與謝公是同鄉也是中一中校友的關係，加上求公胞弟謝敏初先生對我的厚愛，特別向求公推薦，於是我很快就進入實踐服務。初進家專時，我先以組員的職位在註冊組工作，後以助教兼代註冊主任，一方面做行政工作，一方面可以從事學術研究。

　　除了專心從事本身的行政工作外，我為了能長遠從事教育工作著想，克服了困難，到師大夜間部修讀教育學程三學年，並到研究所暑期班修讀兩期，在教育理念方面，奠定了一些基礎。除此之外，為了工作的需要，自行研讀行政管理專書，在領導、管理上又增進了不少知識。

　　我所擔任的註冊工作是負責學生學籍、成績的管理，以當時的教育環境而言，這項工作對私立學校之學風好壞、學校的發展正常與否有很大的影響，有任何差錯或不真實將會造成學校的困擾，影響校譽至巨，十年間我都以敬謹誠正的態度去處理。隨著學校的發展，註冊組由一位增加到五位組員。因此在工作的過程中，體會到要將工作做好，不但要有教育家的愛心來面對學生；以敬重的態度面對教師；以卓越的領導面對部屬；以忠誠的態度來面對主管；以親切的態度面對家長；以具耐心又有信心的態度去處理業務——我在此奠定了辦學初步的基礎。很幸運地，當時我的直屬上司教務主任是蘇惠鏗，他是以前台南一中的一位傑出校長，後來被謝求公禮聘到家專協助辦學；而校長謝求公東閔，是當時省議會的議長，也曾經擔任過省政府秘書長、教育廳副廳長、師大的校長。在他們兩位教育家的領導下，我學習了很多，對日後的辦學有很大的幫助。十年後，獲得校長的特准，到美國舊金山大學，修讀教育行政，兩年後就依約回校服務。當時的校長謝東閔已榮任省主席，新校長由他的公子孟雄接任，我有幸受

到器重擔任教務主任，也讓我有機會去發展辦學的理想。擔任教務主任兩年後，我又受省主席的聘請，擔任省府兼任的研究委員，也才有機會閱歷省政的概況。一年後，就出任台中高農校長。

　　我在實踐前後共十五年，由一位懵懂無知的教育工作者，慢慢地學習、歷練、成長，奠定了我日後辦學的基礎，種下了良好的教育種子。我在此，非常感謝求公的提攜、孟雄校長及夫人的厚愛，直到我以後出任校長後，一直都是受到他們的關心、勉勵。

實踐的過去與現在

赴美留學與內人、同事攝於
中正機場。（1971）

在舊金山留學時與謝創辦人求公及陳奇祿
教授合攝於咖啡廳前。（1971）

本人與秘書科林主任及助教 攝於實習教室

實踐大學校慶酒會時，與謝校長孟雄舉杯
歡祝。（本人於 1973 年學成歸國承謝校
長聘用為教務主任）

本人會同秘書科林主任澄枝，帶領學生到省府參觀實習（前
排中係省府黃專門委員）。（1976）

擔任實踐家專教務主任。（1973-1975）

秘書研討會

實踐兩代同堂（左起）：劉主秘昭仁、本人、
林主任、小兒陳健文（任實踐大學助理教授）。

謝文宜係謝校長的大千金，
本人看她成長。已自普渡大
學獲得博士學位，回實踐任
教。

九、留學及遊學二年

　　我在一九七一年八月赴美國舊金山州立大學教育
行政研究所進修，那時我在實踐家專服務滿十年，家
裡有三個小孩分別就讀於幼稚園及國小。為了我的前
程，及實現辦學的理想，我克服萬難走向這條留學之
路。

　　要達成這個願望，首先要獲得實踐同意給予留職
留薪，否則工作沒有保障，家裡的生活會有問題。幸
好由於當時的謝校長東閔的愛護，同意我的請求。

　　其次要作好留學的種種準備，包括通過英文托福考試、打好教育學程
學習的基礎、留學生活的心理準備、要籌備兩年的留學生活費用。這些問
題在六〇年代，對台灣一般人而言，是很大的挑戰。所以我早在幾年前就

開始計畫，譬如到師大修讀教育學程，到英語中心學習英文，蒐購了二十
多本有關留學的書籍來閱讀參考，常跑美國新聞處查詢美國大學的相關資
訊，還要設法讓學校在我離開時，不用增聘新人，註冊組就可以照常運作。
這些困難我都一一進行規畫、準備妥善，然後我就告別家人，踏出國門，
追求我的留學夢想。

　　到美國後，我抱著「不成功便成仁」的決心來面對學習生活。想想光
是金錢的花費就相當可觀，當時兩年留學費用大約美金六千元，換算台幣
為二十四萬（當時台灣公務員每月薪水大約一千元，約要二十年才能回
收）。雖然是這樣，我仍放棄打工的念頭，專心讀書，每天都耗在圖書館、
教室，看書寫報告。這樣一年半之後，就拿到碩士學位。

　　回想我在舊金山大學學習得順利，固然本身需要努力之外，還要感謝
許多貴人的幫忙。當時謝校長東閔，在參加聯合國會議後，由紐約返台前，
順道至舊金山看我，並與我的校長、院長、教授們聚會，我感到十分榮幸，
對我的學習有很大的鼓舞與幫助。還有當時在舊金山大學任教的陳立鷗教
授，他的照顧與幫忙讓我在異國的生活減少了許多麻煩。特別要感激的是，
當時的教育學院院長 Anewler，他待我如親友，讓我覺得很溫馨。還有教授
們也都以和藹、友善的態度對我，讓我減低了不少壓力，也讓我在一年半
後就以尚佳的成績畢業， 取得碩士學位，也留下美好的回憶。接著，我利
用半年的期間環遊美國，並繞道英國遊覽一週後，就回國繼續至家專服務。

　　由於對舊金山有一種特別的懷舊情感，在畢業三十年後，於二○○一
年七月，以訪問學者身分回到舊金山母校研究。雖然母校改變了不少，但
是美麗的校園、古老的圖書館大樓，還有十多面的網球場仍然存在。我跟
內人住進三十年前很嚮往的公園公寓，每天在此重溫舊夢，去尋找過去的
足跡。我這次的遊學雖然不修學位，但是抱著終身學習的精神，擴大了學
習的生活層面，與各式各樣的人們接觸，希望從中體驗到更豐富、多采的
人生，也藉此改造我的心靈，更能夠幫助我未來的人生。

　　我在舊金山前後住了半年，雖然付出很多，身心稍感疲憊，但是收穫相
當豐碩，與我預期的目標相去不遠，在此又奠定了對未來人生的良好基礎。

　　我在此除了要感謝舊金山大學過去的師長外，還有在我訪問學者期間，

對我照顧有加的教育學院程副院長萬里、鍾教授、李教授明曄、以及好友陳信雄夫婦、郭秉松夫婦。更要感激的是，內人敏惠的支持與鼓勵。

十、我未來的服務構想

　　我雖然將在二〇〇三年二月屆齡退休，但是我仍然秉持終生學習，終身服務的精神，將退而不休，繼續服務。

　　我已向上天祈禱讓我多活幾年，多為社會服務幾年，這樣才不會辜負上天對我的厚愛。

(一)我為什麼想要繼續服務

　　我的理由有下列幾點：

　　1.我要償還人情債：過去我受到無數長輩、親朋好友的提攜與愛護，想趁尚有餘力，要回報大家。

　　2.我想要償還國家債：過去我的人生都受到國家的栽培，無論是就讀的學校，或者是在服務的學校，同樣都獲得培育，讓我學習成長。所以我現在要在尚有能力、智慧的時候，回報國家社會。

　　3.我想活得很有意義、有尊嚴：我不想在退休過著沒有目標，遊手好閒的生活，所以，我很想繼續努力，服務社群，仍然像過去一樣，受人敬重。

　　4.我想活得健康、快樂：多服務、多活動、多用腦、多與人接觸溝通，就較有益於身心健康，因此只有繼續工作服務，才能達成。

(二)我未來能替大家提供什麼服務

　　我將透過兩種途徑來服務大家

　　1.繼續在學校教學：教學可以幫助青年朋友，並可激發自己學習研究，促進不斷的成長，不過要量力來選擇適當的教學時數。

　　2.隨緣助人：我不刻意掛牌擔任什麼顧問，而是在時間、能力範圍內，

隨緣幫助朋友，我認為可以幫助的項目如下：

(1)助人扮好領導角色——以發揮團隊的力量。

(2)助人作好生活規畫——使人生過得較順利。

(3)助人增加能量——使人更有幹勁、更有活力。

(4)助人發揮潛能——使人充分發展自己的力量，達成目標。

(5)助人認明目標——使人清楚地了解努力的方向。

(6)助人作好決定——使人面臨困惑、猶疑不決時，作好明智的判斷與抉擇。

以上係本人不成熟的想法，但實際上由於每人的理想抱負及所處的情境不同及複雜性，以我個人能力來協助不一定都能達到預期的效果，我在這裡要特別聲明。

我的老人哲學：活到老，學到老，做到老，玩到老，就不老。

十一、我的家

(一)我的家

我與內人敏惠，結婚已滿四十年，現有：

長子：健文

長媳：雪影

女兒：秀玲、秀君

女婿：志松、建成

孫子女：虹羽、千驊、佳立
　　　　千瑋、鈴宜、冠霖

(二)我的學經歷、服務及榮譽獎

學歷

1. 二水國小畢業　　　　　1950
2. 台中一中初中部畢業　1950-1953
3. 台中一中高中部畢業　1953-1956
4. 台灣大學森林系畢業　1956-1960
5. 師範大學教育系結業　1968-1971
6. 美國舊金山大學教育行政系碩士
　　　　　　　　　　　1971-1973

社團服務

1. 國民黨台中市黨部委員　1982-1990
2. 國際扶輪社：中華扶輪教育基金會秘
　書長　　　　　　　　1995-1998
3. 國際扶輪台中西南社社長 1999-2000
4. 台灣大學台中市校友會理
　事長　　　　　　　　1988-1990

經歷

1. 實踐家專（大學）
　助教、講師、副教授　1961-1977
2. 台中高農校長　　　　1979-1985
3. 台中二中校長　　　　1985-1992
4. 台中師院副教授、教　1992-2002
　授

榮譽獎

1. 杏壇芬芳名錄　　　　　　1988
2. 師鐸獎　　　　　　　　　1989
3. 全國特優公務人員　　　　1990
4. 服務滿四十年資深優良教師 2002

參考書目

● 中文部分

㈠書籍

王可、楊崇明、宋專茂（1991）。《學校行政》。台北：五南。

王家通、曾燦燈校訂（1991）。《學校行政—理論、研究與實際》。高雄：
　　復文。

王家通、曾燦燈校訂（Wayne K. Hoy）（Cecil G. Miske 原著）（1995）。
　　《教育行政學——理論、研究與實際》。高雄：復文。

王德馨、俞成業（1995）。《公共關係》。台北：三民。

江文雄編著（民 1998）。《走過領導的關卡——學校行政領導技巧》。台
　　北：五原。

余朝權譯（1983）。《領導學》。台北：天麟。

吳玫琪、蘇玉清（1997）。《行銷公關》。台北：台視文化。

吳清山（1993）。《學校行政》。台北：心理。

吳清基（1987）。《教育行政決定理論與實際問題》。台北：文景。

吳清基（1990）。《教育與行政》。台北：師大書苑。

吳清基（1986）。《賽門行政決定理論與教育行政》。台北：五南。

吳清基（1989）。《教育行政決定理論與教育行政》。台北：五南。

吳清基（1989）。《教育行政決定理論與實際問題》。台北：文景。

李文英譯（1992）。《頂尖領導人》。台北：生命潛能。

李建興（1988）。《中等教育研究》。台北：黎明。

李約翰譯（1990）。《領導藝術家》。台北：遠流。

李約翰譯（威廉‧柯漢著）（1990）。《領導藝術》。台北：遠流。

李普生譯（Kenneth Blanchard. Patricia Zigarmi. Drea Zigarmi 合著）（1992）。《一分鐘領導》。台北：聯經。

林振春（1992）。《人文領導理論研究》。台北：師大書苑。

林海清（2002）。《知識管理與教育發展》。台北：元照。

林清江（1986）。《教育的未來導向》。台北：台灣書店。

林清江（1972）。《教育社會學》。台北：國立編譯館。

柯進雄（1987）。《學校行政領導研究》。彰化：台聯出版社。

唐樹萬（1992）。《做一個創意人》。台北：聯經。

徐西森、連廷嘉、陳仙子、劉雅瑩（2002）。《人際關係的理論與實務》。台北：心理。

祝振華譯（1988）。《公共關係學》。台北：黎明。

秦夢群（1988）。《教育行政理論與應用》。台北：五南。

尉騰蛟譯（史丹福大學教授布拉福、柯漢合著）（1988）。《追求卓越的管理》。台北：長河。

張明輝（2002）。《學校經營與管理研究》。台北：學富。

張金鑑（1975）。《行政學典範》。台北：中國行政學會。

張金鑑（1985）。《管理學新論》。台北：東華。

張清濱（1988）。《學校行政》。台北：台灣書店。

張德銳（1994）。《教育行政研究》。台北：五南。

張潤書（1995）。《行政學》。台北：三民。

戚宜君（1980）。《領導藝術》。台北：水芙蓉。

莊淇銘（2003）。《創意總比別人多》。台北：圓神。

莊懷義（1987）。《教育問題研究》。台北：國立空中大學。

郭有遹（1994）。《創造性的問題解決法》。台北：心理。

郭為藩等（國立台灣師範大學學術研究委員會主編）（1980）。《明日的師範教育》。台北：幼獅。

陳義明（1992）。《學校行政領導—辦學理念與實務》。台中：省立台中

二中。

陳慧玲（1994）。《學校公共關係》。台北：師大書苑。

陳慧劍（1984）。《證嚴法師的慈濟世界：花蓮慈濟功德會的原起與成長》。慈濟功德會發行。

喬玉全、陳鋅、錢華（1991）。《學校行政領導原理》。台北：五南

曾端真、曾玲民譯（1996）。《人際關係與溝通》。台北：揚智。

湯志民（2001）。《e 世代的校園新貌》。中華民國學校建築研究學會。

湯堯（2001）。《學校經營管理策略：大學經費分配、募款與行銷》。台北市：五南。

黃志典譯（米契爾・拉伯福著）（1986）。《世界上最偉大的管理原則》。台北：長河。

黃昆輝（1980）。《教育行政與教育問題》。台北：五南。

黃昆輝（1988）。《教育行政學》。台北：東華。

黃昆輝（1987）。《教育行政學》。台北：東華。

黃昆輝主譯（1990）。《教育行政原理》。台北：三民。

黃政傑（1988）。《教育的理想追求》。台北：心理。

黃振球（1990）。《學校管理與績效》。台北：師大書苑。

楊國賜（1990）。《現代化與教育革新》。台北：師大書苑。

葛東萊譯（松下幸之助著）（2001）。《松下理想國》。台北：方智。

雷飛龍譯（Simon H. A. 著）（1982）。《行政學》。台北：正中。

熊智銳（1990）。《中小學校教育情境研究》。台北：五南。

蓋浙生（2002）。《教育經營與管理》。台北：師大書苑。

蔡保田總校訂（E. L. Morphet、R. L. Johns 和 T. L. Reller 原著）（1987）。《教育組織與行政》。台北：五南。

鄭華清編著（2002）。《管理學──個變動中的世界》。台北：新文京。

謝文全（1987）。《教育行政理論與實》。台北：文景。

謝文全（1993）。《學校行政》。台北：五南。

謝文全（2003）。《學校行政學》。台北：五南。

顏斯華譯（1989）。《問題分析與決策──KT 式理性思考方法》。台北：

聯經。

(二)期刊論文

江志正（1992）。國民中學組織管理型態與教師工作士氣之關係。台灣師
　　範大學教育研究所碩士論文。

何福田（1990）。談校長的角色與任務。台灣省立高中校長領導知能研習
　　會講稿。

吳清山、林天祐（2002）。人力資源管理——名詞解釋。《教育資料與研
　　究》雙月刊，第 47 期，頁 134。

吳清基（1984）。影響教育行政決定之因素研究。《師大學報》，第 29
　　期。

吳清基（1989）。賽門行政決定理論及其在教育上的應用。台灣師範大學
　　教育研究所博士論文。

呂木琳（1977）。國中校長領導方式與學校氣氛之關係。台灣師範大學教
　　育研究所碩士論文。

林山太（1986）。高中校長行政決定運作方式與學校氣氛之關係。台灣師
　　範大學教育研究所碩士論文。

林新發（1983）。五專校長領導型式與教師工作滿足關係之研究。台灣師
　　大教育研究所博士論文。

林新發（1990）。我國工業專科學校領導行為、學校組織氣氛與組織績效
　　之研究。台灣師大教育研究所博士論文。

遠見編輯部（1999）。哈佛教你知識管理。《遠見》。

施明發（1973）。公共關係在學校行政中的應用。《師友》，第 70 期。

張清濱（1982）。校長怎樣扮演「十項全能」的角色。《師友》，第 186
　　期。

郭男先（2003）。證嚴法師慈悲喜捨理念對教師教學之啟示。《教育資料
　　與研究》雙月刊，第 54 期，頁 117-123。

陳義明（1996）。「學校行政領導」教材之建構及「校長領導知能」之實
　　證研究。國立台中師範學院。

陳慧玲（1990）。國民小學推展學校公共關係之理論與實務研究。高雄師
　　範大學教育研究所碩士論文。

黃昆輝（1975）。教育行政決定理論。《師大教育研究所集刊》，第 17
　　輯。

黃昆輝（1984）。教育行政溝通原理及其應用。《師大教育研究所集刊》，
　　第 26 輯。

黃昆輝（1985）。教育行政決定理論之分析。《台灣師範大學教育研究所
　　集刊》，第 14 輯。

黃政傑（1994）。國民小學教育評鑑之研究。行政院國家科學委員會專題
　　研究計畫成果報報告。

黃哲彬（2003）。學校組織再造在學校行政之衝擊與因應。《教育資料與
　　研究》雙月刊，第 54 期，頁 11-115。

慈濟月刊（2001）。

葉學志（1980）。系統理論在教育行政上的應用。中華學術院編：《教育
　　學論集》。

廖春文（1994）。溝通理性取向領導整合模式及其在國民小學行政之運用。
　　國立台中師範學院。

劉興漢（1985）。領導的理論及其在教育行政上的運用。中華民國比較教
　　育學會主編：《教育行政比較研究》。台北：台灣書店。

蔡培村（1985）。國民小學校長的領導特質、權力基礎、學校組織結構及
　　組織氣氛與教師工作滿足關係之比較研究。政治大學教育研究所博士論
　　文。

蔡進雄（1993）。國民中學學校管理型態與學校效能關係之研究。台灣師
　　範大學教育研究所碩士論文。

鄭美俐（1983）。國民小學校長行政決定之調查研究。台灣師範大學教育
　　研究所碩士論文。

鄭崇趁（2002）。校務評鑑與知識管理。《教師天地》，第 117 期，頁
　　21-25。

鄭進丁（1990）。國民小學校長運用權力策略、行政溝通行為與學校組織

氣氛之關係。台灣師範大學教育研究所博士論文。

鄭燕祥（1993）。香港小學校長之領導研究。香港中文大學《初等教育》，
　　第 2 期第 3 卷，頁 15-26。

● 英文部分

Barnard C. I. (1947). *Functions of the Executive.* Cambridge, MA: Harvard University Press.

Bruner, J. S., V. Goodnow, & G. A. Austin (1956). *A Study of Thinking.* New York: J. Wiley.

Eble, K. E. (1978). *The Art of Administration.* San Francisco: Jossey-Bass Publishers.

Hoy, W. K. & Miskel, C. G. (1982). *Educational Administration: Theory, Research, and Practice.* New York: Ramdon House, Inc.

Hsich, W. C.. A Comparative Study of Relationship between Principals' Leadership Style and Teachers' Job Satisfaction in The Republic of China and The State of Iowa in The United States, Unpublished Doctor Dissertation, May, 1976.

King, L. T. (1981). *Problem Solving in a Project Environment.* New York: John Wiley & Sons Inc.

Koontz, H. & O'Donnell, C. (1974). *Essentials of Management.* New York: McGraw-Hill.

Leithwood, K. & Jantzi, D. (1990). Transformational Leadership: how principals can help reform school cultures. Paper presented at the Annual Meeting of the Canadian Association for Curriculum Studies, Victoria.

Lipham, J. A. (1981). *Effective Principals, Effective School.* Reston, VA: American Associaition of Secondary.

Paul Hersey/Kenneth H. Blancharo. Management of Organizezyional Behavior—Utilizing Human Resources.

Senge, P. M. (1990). *The Fifth Discipline—the art and practice of the learning or-*

ganization. New York: Doubldday.

Sergiovannie, T. J. & Carver, F. D. (1980). *The New School Executive: A Theory of Administration.* New York:Harper & Row.

Simon, H. A. (1980). "Problem Solving and Education" , in *Problem Solving and Education: Issues in Teaching and Research.* Edited by D. T. Tuma, & F. Reif, Hellside, New Jersey: Lawrence Erlbarm Associates.

Simon, H. A. (1976). *Administrative Behavior.* (3rd ed.). New York：Free Press.

Stodgill, R. M. (1974) *Handbook of leadership.* New York: Free Press.

Taylor, D. (1963). "Decision-making and Problem solving", in *Handbook of Organization*, edited byJames G. March. New York: Rand Mc Nally.

Taylor, F. (1991). *The Principles of Scientific Management.* New York: Harper & Row Pbulishers Inc.

Thomas S. Bateman & Scott A. Snell（2002）。*Management*（管理學──新世紀的競爭）。台北：麥格羅‧希爾。

Yukl, G. A. (1989). *Leadership in Organizations.* (2nd. Ed.). Engle─wood Cliffs, NJ: Prentice Hall.

國家圖書館出版品預行編目資料

學校經營管理與領導／陳義明著. --初版.--臺北市：
心理，2005（民 94）
面； 公分.--（一般教育；86）
參考書目：面

ISBN 957-702-756-3（平裝）

1.教育－行政　2.學校管理

526　　　　　　　　　　　　　　　　　93023090

一般教育 86　**學校經營管理與領導**

作　　者：陳義明
執行編輯：李　晶
總 編 輯：林敬堯
發 行 人：邱維城
出 版 者：心理出版社股份有限公司
社　　址：台北市和平東路一段 180 號 7 樓
總　　機：(02) 23671490　　傳　　真：(02) 23671457
郵　　撥：19293172　心理出版社股份有限公司
電子信箱：psychoco@ms15.hinet.net
網　　址：www.psy.com.tw
駐美代表：Lisa Wu　Tel：973 546-5845　Fax：973 546-7651
登 記 證：局版北市業字第 1372 號
電腦排版：臻圓打字印刷有限公司
印 刷 者：東縉彩色印刷有限公司
初版一刷：2005 年 2 月
初刷二刷：2005 年 12 月

定價：新台幣 500 元　■ 有著作權・侵害必究 ■
ISBN 957-702-756-3

讀者意見回函卡

No. _____   填寫日期：　年　月　日

感謝您購買本公司出版品。為提升我們的服務品質，請惠填以下資料寄回本社【或傳真(02)2367-1457】提供我們出書、修訂及辦活動之參考。您將不定期收到本公司最新出版及活動訊息。謝謝您！

姓名：_____　性別：1□男　2□女

職業：1□教師 2□學生 3□上班族 4□家庭主婦 5□自由業 6□其他____

學歷：1□博士 2□碩士 3□大學 4□專科 5□高中 6□國中 7□國中以下

服務單位：_____ 部門：_____ 職稱：_____

服務地址：_____ 電話：_____ 傳真：_____

住家地址：_____ 電話：_____ 傳真：_____

電子郵件地址：_____

書名：_____

一、您認為本書的優點：（可複選）

　❶□內容 ❷□文筆 ❸□校對 ❹□編排 ❺□封面 ❻□其他____

二、您認為本書需再加強的地方：（可複選）

　❶□內容 ❷□文筆 ❸□校對 ❹□編排 ❺□封面 ❻□其他____

三、您購買本書的消息來源：（請單選）

　❶□本公司 ❷□逛書局⇨_____書局 ❸□老師或親友介紹

　❹□書展⇨____書展 ❺□心理心雜誌 ❻□書評 ❼其他_____

四、您希望我們舉辦何種活動：（可複選）

　❶□作者演講 ❷□研習會 ❸□研討會 ❹□書展 ❺□其他____

五、您購買本書的原因：（可複選）

　❶□對主題感興趣 ❷□上課教材⇨課程名稱_____

　❸□舉辦活動 ❹□其他_____　　（請翻頁繼續）

廣 告 回 信
台 北 郵 局 登 記 證
台 北 廣 字 第 940 號
（免貼郵票）

心理出版社 股份有限公司

台北市 106 和平東路一段 180 號 7 樓

TEL: (02) 2367-1490
FAX: (02) 2367-1457
EMAIL:psychoco@ms15.hinet.net

沿線對折訂好後寄回

六、您希望我們多出版何種類型的書籍

❶□心理 ❷□輔導 ❸□教育 ❹□社工 ❺□測驗 ❻□其他

七、如果您是老師，是否有撰寫教科書的計劃：□有□無

書名／課程：＿＿＿＿＿＿＿＿＿＿＿＿＿＿＿＿＿＿＿＿＿

八、您教授／修習的課程：

上學期：＿＿＿＿＿＿＿＿＿＿＿＿＿＿＿＿＿＿＿＿

下學期：＿＿＿＿＿＿＿＿＿＿＿＿＿＿＿＿＿＿＿＿

進修班：＿＿＿＿＿＿＿＿＿＿＿＿＿＿＿＿＿＿＿＿

暑　假：＿＿＿＿＿＿＿＿＿＿＿＿＿＿＿＿＿＿＿＿

寒　假：＿＿＿＿＿＿＿＿＿＿＿＿＿＿＿＿＿＿＿＿

學分班：＿＿＿＿＿＿＿＿＿＿＿＿＿＿＿＿＿＿＿＿

九、您的其他意見

＿＿＿＿＿＿＿＿＿＿＿＿＿＿＿＿＿＿＿＿＿＿＿＿＿＿＿

謝謝您的指教！ 41086